KB127138

위기의 국가

김성수 지음

명인문화사

위기의 국가

제1쇄 펴낸 날   2024년 2월 26일

지은이   김성수
펴낸이   박선영
주 간   김계동
디자인   전수연
교 정   김유원

펴낸곳   명인문화사
등 록   제2005-77호(2005.11.10)
주 소   서울시 송파구 백제고분로 36가길 15 미주빌딩 202호
이메일   myunginbooks@hanmail.net
전 화   02)416-3059
팩 스   02)417-3095

I S B N   979-11-6193-082-4
가 격   29,000원

ⓒ 명인문화사

○ ○ ○
세부목차

도해목차

지도

국기와 지도

○ ○ ○

서문

국가의 위상이 달라지면 어떻게 될까. 국가의 위상 변화가 사회에 미치는 영향을 보여주는 대표적인 국가의 하나가 바로 대한민국(한국)이다. 과거 한국은 전세계 국가 중 최빈국의 하나였다. 일본의 식민지 지배에서 벗어나 국가의 틀을 갖추기도 전에 전쟁을 맞았다. 미국의 원조와 식민지 지배의 배상으로 받은 금쪽같은 자본으로 근대화의 기초를 닦았다.

경부고속도로를 깔고, 포항제철을 세웠다. "싸우면서 건설하자"는 구호는 1960년대 한국의 상황을 가장 분명하게 보여주는 표어일 것이다. 부존자원 변변한 것 없는 땅에서 맨손으로 가꾼 근대화의 기적 속에 한국은 세계의 기적을 이룩하였다. 이제는 국제무대의 일원으로 G7에 버금가는 국가로 성장하였다.

국가의 위상이 달라지면 책무도 달라진다. 국제사회의 주요 일원으로 역할이 맡겨진다. 인류 평화에 적극적인 기여도 해야 하고, 기후, 환경, 재난, 인권 등의 보편적 인간 권리에 대한 책임을 맡아야 한다. 그런 책무에 맞추어 대한민국정부의 이름으로 유엔 평화유지 활동을 비롯해 개발협력을 포함하여 다양한 민간 차원의 사업을 진행한다. 아프리카에 새마을운동을 주도하고, 황무진 곳을 찾아 산림녹화사업을 진행하고, 광해(鑛害)방지사업도 지원한다.

한국의 이런 변화를 이룬 원인은 무엇일까? 이 책은 "국가란 무엇인가?"라는 근본적인 질문에서부터 "국가의 흥망성쇠를 결정하는 요인이 무엇인지"를 분석한 책이다. 전 세계 모든 나라들이 잘사는 국가가 되고 싶어 한다. 하지만 성공한 나라보다는 실패한 나라가 더 많다. 풍부한 자원을 가진 나라들이 잘 사는 것일까? 아니면 지리적으로 요충지에 위치해서일까? 아니면 이웃과의 관계를 잘 맺고 있어서일까? 쉽게 결론 내릴 수 없다. 국가의 흥망성쇠를 결정하는 것은 자원만의 문제도 아니고, 지리적인 문제만도 아니다. 국가를 구성하는 하드웨어보다 중요한 것은 사회내 공존하는 가치인 소프트웨어이다. 즉 국가를 운영하는 시스템의 공정성과 신뢰를 구성하는 제도의 문제이다.

국가는 어떻게 출발하였고, 국가의 권력은 어디서 나오는 것이며, 권력은 어떻게 운영되어야 하는지에 대한 이론적 성찰 없이 표면적으로 보이는 문제로 국가의 흥망을 예단할 수 없다.

이 책에서는 국가에 관한 기본적인 이론과 구체적인 국가별 사례를 살폈다. 국가란 무엇이고, 어떻게 운영하는가에 대한 이론을 소개하고, 국가를 구성하는 기본 원리로서 '배분'과 '가치'에 대한 검토를 바탕으로 세계 국가의 위기 사례를 소개하였다. 세계의 여러 국가 중에서 어떤 이유로 발전하고, 어떤 이유로 실패하였는지를 이론과 사례를 통해 긴 호흡의 시각을 키우고자 기획되었다.

'위기의 국가'는 국가란 무엇인가, 국가 운영에 필요한 것은 무엇인가? 어떻게 국가를 운영하는 것이 필요한지에 대한 이론과 구체적인 사례를 살폈다.

한국은 여러 지표에서 세계화에 성공하였다. 세계 10대 경제 강국이고, 상술하였듯이 G7에 버금가는 영향력을 발휘하는 선진국의 반열에 올라섰다. 하지만 인식의 차원에서 본다면 우리는 한반도의 영역에서 크게 벗어났다고 하기 어렵다. 놀랄만한 경제성장으로 경제적인 지표는 달성하였으나 문화적 성숙, 감각적 성숙은 아직 세계화에 익숙하지 않다. 무엇보다 세계를 보는 눈을 틔어야 한다. 흥하는 나라, 망하는 나라를 보면서, 한국의 좌표를 그리고 세계 일원으로 발전하는 데 기여하기를 바란다.

위기의 국가가 세상에 나오기까지 내용과 구성에 조언을 아끼지 않았던 건국대 전영선 교수, 한양대 윤성원, 송원준 교수와 국가사례를 차분하게 정리해준 이세린 박사후보와 꼼꼼하게 지도와 도표 편집을 맞아준 홍준현 박사후보는 책에 생명을 불어넣어 주었다. 원고의 기다림을 인내하며 출판에 도움을 주신 명인문화사 박선영 대표와 빈틈없이 편집을 맞아주신 전수연 디자이너께도 지면으로나마 도움 주신 분들께 감사드린다.

가족은 나에게 큰 힘이 된다. 가족의 소중함을 알려주신 아버지의 모습, 항상 버팀목이 되어 준 아내의 모습, 성실한 아들, 용권의 모습을 생각하며 이 책을 마무리한다.

2024년 1월
저자 김성수

1장

서론

국가의 흥망성쇠는 무엇 때문일까? 한때 세계를 호령하였던 국가 중에서도 이제는 몰락하여 옛 영광을 그리워하는 국가도 있고, 국제 정치의 주변부에서 신흥 강국으로 부상한 국가도 있다.

국가의 성장과 발전에 영향을 미치는 요소는 다양하다. 일단 지리적인 요인이 있다. 영토의 크기, 기후, 환경, 자원 등을 포함하여 자연지리적인 요인은 국가발전의 긍정적인 요인과 부정적인 요인으로 작동한다. 지리적 요충지에 자리 잡아 지리적 이점을 크게 보는 국가도 있고, 국제 물류와는 거리가 먼 높고 깊은 산맥에 자리 잡은 국가도 있다. 자원이 풍부한 나라, 자원이 빈곤한 나라, 기후가 온난하여 농업이 발전할 수 있는 나라, 기후가 척박하여 농업이나 축산업이 매우 어려운 나라도 있다.

자연 지리적 요인이 국가 흥망에 미치는 영향은 고정된 것이 아니다. 교통수단이 바뀌고 새로운 수단이 등장하면 상황이 달라지기도 한다.

지구는 해양과 항공을 통해 하나로 연결되는 지구촌 시대에 살고 있다.

역사적 관점에서 내해의 시대가 종말을 고하고 대양의 시대로 접어든 것은 14~16세기의 일이었다. 15세기 명나라 정화 함대의 대항해가 있었다. 정화 함대는 인도양 및 아프리카 동부해안인 현재의 소말리아와 케냐 근처에 도달하였다. 15세기 말에는 포르투갈의 가마(Vasco da Gama)의 인도 상륙이 있었고, 스페인의 콜럼버스(Christopher Columbus)의 아메리카 신대륙 발견이 있었다. 대륙을 가로막던 대양이 소통의 공간으로 열리는 발견이었다. 새로운 길을 발견한 국가들은 15세기 국력과 해양을 통해 상업의 번성을 이루었다. 지리적 요건이 국가의 흥망에 미치는 영향을 설명하는 사례이다. 해양의 개척은 수 세기 동안 '바다를 통한 해외 식민지 건설'로 연결되었다.

지리적 요인은 국가의 부를 창출하는 문제였다. 역사적 정치적 측면에서 '해양지배권 장악을 위한 경쟁'이었다. 보다 멀리 나갈 수 있는 능력은 곧 그 나라의 위상이었다. 육상을 통한 교역도 있었다. 하지만 보다 많은 기회가 주어진 것은 바다였다. 유럽을 떠나 바다를 건너기 시작했다. 강대국의 위상은 곧 '해양 강국의 지위를 차지'하는 문제였다. 더 나아가 '지역 및 세계 패권을 장악'하는 문제였다. 해양 개척과 국력은 불가분의 관계였다. 제국주의, 식민주의 시기를 넘어 냉전기와 탈냉전기에도 여전히 해양 패권은 곧 국력의 척도가 되었다.

자연 지리적인 요인은 국가발전의 중요한 요소인 것은 분명하다. 하지만 그 자체가 국가발전과 직결하는 것은 아니다. 산악지형을 잘 활용하여 관광이나 축산업을 발전시킨 나라도 있고, 비슷한 환경인데도 그렇게 하지 못한 나라도 있다. 기후환경의 변화로 척박했던 땅이 농토로 변한 나라도 있고, 풍요롭던 대지가 황폐해진 나라도 있다. 지구온난화로 해양 수면이 높아지면서 사라질 위기에 있는 국가도 있다.

위기의 국가

부존자원이 풍부한 나라 중에는 자원을 잘 활용하여, 발전에 성공한 나라도 있지만 그렇지 못한 나라도 많다. 반대로 자원 빈국이지만 관광이나 다른 산업을 통해 국가를 발전시킨 경우도 많다.

비슷한 조건의 자연 지리적 환경을 가진 국가의 흥망이 갈리는 이유는 무엇인가? 비슷한 환경과 조건을 가진 나라 사이에 이렇게 차이가 나는 이유는 무엇인가? 그것은 국가라는 물리적 조건인 하드웨어를 어떻게 운영하는지를 결정하는 시스템의 차이 때문이다. 국가를 운영하는 소프트웨어의 차이에서 발생한다. 내부적으로 공정한 분배와 가치를 창출하여, 국가구성원들을 하나로 모았고, 외부적으로 이웃 국가와의 관계를 잘 이용하였기 때문이다. 사실 국가의 흥망은 타고난 하드웨어보다는 어떻게 운영하는가인 소프트웨어에 많이 의존한다.

국가 흥망을 결정하는 내부적 요인은 어떤 것이 있을까? 무엇보다 내부 구성원들의 합의가 중요하다. 국가는 영토와 주권을 기본으로 한다. 영토의 주인은 국가를 구성하는 구성원, 즉 국민이다. 국가의 구성원은 하나의 공동체로 구성된 경우가 많다. 대부분 국가는 구성원의 공통성을 기반으로 탄생하였다. 하나의 공동체를 이루는 기준이 되는 것은 생활 공간, 혈연, 인종, 종교, 역사, 가치(문화, 이데올로기), 제도 등이다.

이 공통성이 구성원을 하나로 묶는다. 구성원들이 동의하고 합의해야 하는 것은 자원의 분배이다. 정치는 어떻게 보면 자원을 분배하는 간단한 행위이다. 그러나 자원을 배분하는 주체, 자원을 배분하는 방식은 간단하지 않다. 국가는 국가의 기능을 수행해야 하는 많은 개체로서 국민이 있고, 국민이 해야 할 많은 일들이 있다. 지속적인 발전을 위해서 투자도 해야 한다. 어떤 일에 어느 정도를 투자하고, 어떤 방식으로 분배하는 것이 적실한지는 대단히 복잡한 문제를 포함한다. 오늘날 대부분 국가에서 구성원의 민의를 반영하기 위한 민주주의 제도를 도입한 것도 국가의 자원을 적실하게 배분하기 위해서이다.

자원이 편중되어 특정한 세력에게 혜택이 집중된다면 국가 운영을 잘할 수 없다. 국가를 구성하는 다양한 주체들에게 균형 있게 자원을 배분해야 한다. 자원이 제한되거나 구성원들의 이해관계가 복잡하게 얽히면 분배는 더욱 복잡해진다.

국가구성원이 다양한 경우에는 분배도 쉽지 않다. 단일 구성원을 이루는 혈연공동체, 즉 민족을 기본으로 한 국가들이 많은데, 여러 민족으로 구성된 국가도 많다. 근대 이후로는 경제적 또는 정치적 이유로 이민이 많아졌고, 다양한 민족을 구성원으로 하는 국가가 오히려 일반적이다. 다양한 민족 구성은 구성원들이 합의할 수 있는 가치의 창출이 필요하다. 그렇지 못한 경우에는 민족 간의 분쟁이 쟁점이 되기로 한다. 다양한 민족으로 맺어진 부족 사이의 다툼은 아프리카를 비롯한 많은 다민족 국가에서 겪고 있는 문제이다.

인종문제도 있다. 흑백 갈등이 치열하였던 남아프리카공화국의 사례부터 최근 미국에서 있었던 흑백 갈등 사례가 있다. 인종문제는 정보통신과 교통의 발전으로 지구가 하나로 묶어진 현대에서도 인종은 역시 중요한 갈등의 요소이다. 이 밖에도 종교나 이데올로기로 인해 갈등을 겪고 있는 나라들은 매우 많다. 종교문제로 갈등과 충돌은 세계 곳곳에서 일어나고 있다. 체제 이데올로기의 대립도 여전하다.

국가의 구성원으로 본다면 단일한 민족, 단일한 역사, 단일한 문화를 가진 나라는 찾기 어렵다. 국가 흥망의 또 다른 요인은 대외적인 요인이다. 국제 관계이다. 세계 모든 나라들은 다른 나라와 일정한 관계를 맺고 있다. 근대적인 국가체제를 형성한 이후로 홀로 살아가는 나라는 없다. 국경을 접하고 있는 이웃 나라와 우호적인 관계를 유지하기도 하고, 갈등을 겪기도 하고, 전쟁을 치르기도 한다. 협력과 갈등, 통합과 분열은 긴 호흡으로 국가를 보는 것이 필요하다. 정치적으로 협력하기도 하고, 경제적으로 협력하기도 한다. 나라는 다른데, 민족이 같고, 종교가 같고, 문화가 같고, 이데올로기가 같아서 하나의 공동체 관계를 유지하기도 한다.

국가가 내외적 위기, 대내적 위기에 어떻게 대응하였는지가 관건이다. 국가가 사회적 가치를 적절하게 배분하여 권위의 정당성을 유지해야 한다. 적정성의 결여는 국가 공동체 안에서 불평등, 경제위기, 무질서, 종교와 문화 갈등으로 이어질 수 있기 때문이다. 나아가, 국제 제재 등의 부정적 가치가 확산되면 내부 권위의 정당성을 상실하게 되기도 한다. 국가의 흥망성쇠는 가르는 요인을 세 가지로 보았다.

첫째는 가치의 문제이다. 사회구성원들이 동의하고, 참여할 수 있는 가치이다. 전 세계 대부분의 국가는 자유와 평등을 기본 가치로 추구한다. 자유와 평등은 불가분의 관계이다. 자유를 누릴 수 있는 권리가 평등해야 한다. 평등하지 않은 자유는 내부의 분열로 이어진다. 내부의 분열 요소를 잘 극복하고 집단을 하나로 모으고, 구성원들이 단결할 수 있는 가치를 창출하고 유지하는 것이 중요하다.

이때 중요한 것은 '가치'를 국가구성원들이 동의할 수 있는 가치여야 한다. 민족, 종교, 인종이 달라도 성공적으로 국가를 운영하는 나라는 합의된 가치를 잘 유지하기 때문이다. 민주주의를 위한 시민사회의 활성화와 더불어 관용과 타협이 충분조건이라면 법에 의한 통치는 필수조건이며 권력의 절제가 우선되어야 한다. 법치는 민주주의를 지탱하는 국민주권, 권리와 자유 그리고 복지의 근간이 되기 때문이다. 하지만 특정한 종교나 특정한 인종, 특정한 거주민에게 편중된다면 민주주의는 발전할 수 없다. 아프리카, 중동, 남미, 동유럽 등과 같이 정당이 이념화, 종교화, 인종화 세력으로 변질된 국가에서 민주주의가 쇠퇴하는 것은 당연한 일이다. 정리하자면, 정치제도의 근간은 개인의 자유와 결사적 삶을 보장하는 법치로 이루어져야 한다. 그리고 안정적인 국가 관료 시스템이 구축되어야 한다. 그리고 자원의 희소성으로 발생하는 약육강식의 무질서를 바로 잡는 제도화된 경제사회가 존재해야 한다. 그에 따르는 성숙한 시민의식이 함께해야 한다.

둘째는 '분배'이다. 현대사회에서 정치는 경제와 불가분의 관계에 있다. 정치와 경제는 기본적으로 목표가 다르다. 정치는 궁극적으로 정의를 지향한다. 정의는 여러 의미가 있으나 현대사회에서 정의는 개인의 자유, 이익과 의무의 공평한 배분, 사회질서의 준수를 지향한다. 경제의 목표는 활용할 수 있는 자원으로부터 가능한 최상의 물질적 생활 수준을 달성하는 것이다. 경제문제는 자원의 희소성으로 발생한다. 이 경우 분배의 공정성, 분배의 주체에 대한 이슈가 생길 수 있다. 무엇을 얼마나 생산 할 것인가를 기반으로 누가 분배를 결정하고, 어떤 방식으로 분배하는 것이 적실한지에 대한 합의 구조가 있어야 한다. 위기의 국가 대부분은 분배에서 공정성이 확보되지 않거나 독점되어 있다.

정치와 경제의 목표가 다르다고 해도, 현대사회에서 정치와 경제는 뗄 수 없는 관계이다. 정치는 시민들이 필요로 하는 공공재를 공급해야 할 역할이 있다. 그리고 경제 주체들의 공정한 경쟁을 촉진시켜야 한다. 국가 운영에서 경제적인 측면만 강조된다면 시장의 효율성을 달성했다고 할 수 있어도 사회적 효율성을 달성하지 못할 수도 있다. 오늘날 정치경제의 과제는 정치와 경제의 두 가지 상반되는 영역의 유기적인 상호보완적 통합을 어떻게 만들어나갈 것인가의 문제이다. 현대 대다수의 국가들이 시장경제체재를 근간으로 계획경제적 요소를 담은 혼합경제체재를 운영하는 이유이다.

셋째는 국제적인 관계이다. 세계화가 빠르게 진행하면서, 국제적인 주권국가 시스템이 출현하였다. 국가를 구성원으로 하는 글로벌 차원의 시스템에서 서로 영향력을 주고받는다. 국제사회에서 국가는 외교(diplomacy)라는 국가 상호 사이의 메커니즘을 통해 상호 간 격식을 갖추고 대등하게 행위 한다. 현대사회에서 세계 각국은 국제적인 시스템에서 벗어나 홀로 존재할 수 없다. 국가 사이의 역할을 조율하기 위한 협의체인 유엔을 비롯한 국제기구가 오늘날 다자주의 외교를 대표한다고 볼 수 있다. 국제사회와의 연계 속에서 하나의 체제로 작동한다. 국제 규범 속에서 각각의 역할을 담당한다. 국제 규범과 국가의 욕망이 충돌하게 되면 제재가 따른다.

국제기구에서 각국은 동등한 권리를 갖는다. 하지만 일부 국가는 다른 국가에 비해 더 강력한 권한을 행사하기도 한다. 한 국가가 다른 국가에 영향을 네가지 측면에서 미친다고 볼 수 있다. 첫번째 측면인 '경제적 수단(economic leverage)'이다. 일국이 다른 국가에 제공할 수 있는 이익이 되는 무역과 재정적 상호행위, 그리고 경제구조에 기반을 두고 있다. 두번째로 '군사적 수단(military leverage)'이다. 타국의 군사적 도발, 위협 행동과 같은 부정적 요인이나, 타국 보호를 위한 군사적 원조, 군사 자원의 저장, 훈련 등과 같은 긍정적 요인 양 측면을 모두 포함한다. 세번째로 '정치적 수단(political leverage)'이다. 협상 기술과 효율적인 정치제도, 그리고 국가 상호 간의 정치적 자원 행사 등을 통해 상대 국가의 행위에 영향을 발휘할 수 있다. 마지막으로 '문화적 수단(cultural leverage)'이다. 자국의 종교, 언어, 영화 등과 같은 문화적 요소의 전파 혹은 이식을 통해 상대 국가의 행위에 영향을 끼치는 것을 의미한다.

이 책은 '취약국가지수(FSI)'를 활용하여 위기 국가의 사례를 분석하였다. 국가위기의 원인을 정치, 경제, 문화 그리고 국제체제 차원에서 '가치'와 '분배'의 관점에서 분석하고 있다. 정치정당성의 위기는 일반적으로 현대사회가 다양한 이익집단이 공존하는 다원화된 사회라는 특성을 무시하고, 합의 보다는 차별을 통한 부족화 현상이 강화되면서 나타나고 있다. 민주주의체제 안에 법치를 근간으로 하는 개인의 자유와 평등 그리고 결사적 삶이 보장된 안정적인 관료 시스템과 함께 다름을 인정하고 소통하는 성숙한 시민의식이 필요하다. 경제는 소유권 제한에 따른 무기력이나 빈곤에서 오는 사회적 박탈감이 분노로 표출되면서 충돌이 발생한다. 우선적으로 소유권을 보장하는 자본주의체제가 기반 되며 자유로운 교환이 가능한 시장질서 유지가 바람직하다. 물론 시장에서의 경쟁은 자원, 정보, 기술적인 조건에서 차이가 있기 때문에 온전하지 않다. 공평한 분배와 공정한 경쟁이 의미하는 바가 무엇인지에 대한 공론의 장을 국가가 끊임없이 마련되어야 할 것이다. 문화와 종교는 국가구성원을 결속하고, 정체성을 형성화는 비합리적 동기를 포괄하는 상징체계이다. 정치적 갈등과 폭력의 수준과 형태를 포함해 사회적 질서, 행동의 동기가 되기도 한다. 저급한 문화와 종교로 취급받고 결국 자기의 가치를 잃어버린 문화와 종교는 다른 대상들을 상대로 반목하게 되고, 반목은 언어적 표현뿐 아니라 폭력의 형태인 테러 또는 시위로 나타난다. 문화는 정체성과 밀접한 관계를 유지하기에, 자민족중심주의(ethnocentrism)를 지양하며 서로 다름을 인정하며 타인의 자유를 제한하지 않는 자유주의적 전통이 기반 되어야 한다. 외부요인으로, 국가들로 이루어진 세계적인 차원의 시스템에서 각국은 상호 영향을 주고받는다. 현실주의적 국제체제와 자유주의적 다자주의는 서로 다른 지향점을 지니고 있지만, 국제관계의 동학 측면에서는 분리될 수 없다. 하지만 어떠한 형태라도 국제협력체제로 부터의 배제는 정치, 경제 그리고 안보의 영역까지도 위기의 원인이 될 수 있다는 현실을 직시 해야 한다.

어떻게 보면 위기를 초래할 요인이 없는 나라는 없다. 위기 요인을 어떻게 관리하는가에 따라서 국가 흥망이 결정된다. 성공한 국가는 균열과 갈등을 극복하기 위하여 '합리적인 분배'와 '정의의 실현'을 지향한다. 요컨대 민주주의와 자본주의, 그리고 자유주의가 '균형적인 조합을 이룬 정치경제를 구성하는 것이 바람직한 공동체의 역사적인 조건'일 것이며 외부적으로는 '현실적 균형을 유지'하는 지전략(地戰略)적 자세가 필요할 것이다.

제1부

국가의
발전과 위기

2장

국가의 정의

국가는 일정한 영토 내에 거주하는 구성원들에 대해 통치권을 행사함과 동시에 구성원들의 욕구를 실현해 주는 가장 큰 사회조직으로 정의된다. 20세기 후반 이후 세계화의 확산과 더불어 '국가 쇠퇴' 현상에 주목해야 한다는 주장에도 불구하고 국가는 여전히 가장 강력한 영향력을 미치고 있다. 국가의 발전과 위기를 결정하는 것은 타고난 자원과 지리적 조건뿐 아니라 주어진 환경 속에서 국가구성원으로, 시민들이 가치로 공유하는 철학과 지향에 따라 좌우된다. 국가를 구성하는 하드웨어와 국가를 운영하는 소프트웨어는 지속가능한 국가의 발전을 위하여 매우 중요하다. 소프트웨어의 정점에 판단의 토대를 제공하는 정치이념이 있다. 정치이념은 한 사회가 지향하는 '가치의 성격과 방향'을 설정하기에 매우 중요하다. 더불어 국가로서 국제사회 구성국으로서 활동하는 것 역시 국가를 발전시키고, 융성하게 하는 요인이 되고 있다.

1. 국가의 하드웨어

정치 영역의 핵심 행위자는 국가다. 20세기 후반 이후 세계화의 확산과 더불어 '국가 쇠퇴' 현상에 주목해야 한다는 목소리가 제기되기도 했다. 하지만, 사회과학의 분야를 막론하고 국가가 정치학 연구의 가장 중심적인 주제로 기능해 온 것은 분명한 사실이다. 정치사상 분야에서도 마찬가지다. 고대 플라톤과 아리스토텔레스, 근현대의 마키아벨리, 밀(John Stuart Mill)에서 케인즈(John Keynes)에 이르기까지 국가는 정치경제 현상을 결정하는 핵심적 정치체(政治體)였다.

20세기가 되어서도 정치학은 곧 국가를 연구하는 학문으로 인식되었다. 국가는 정치의 주요 행위자였고, 책임성(responsibility)을 보유한 불가결(不可缺)한 행위자였다. 국가는 구성원의 삶을 관장하는 최고 책임자로 인식되었다.[1] 같은 맥락에서 스피로(Herbert J. Spiro)는 정치를 삶의 문제를 관장하고 해결해 나가는 공동체(community)의 역할로 봤다. 국가는 공동체의 정점에 놓였다.[2]

정치 행위자로서의 국가 중심성은 비단 '근현대성'에 국한되지 않는다. 어떤 의미에서 국가 중심성은 21세기적 현상이다. 2022년 2월 러시아의 우크라이나 침공은 국가 중심적 세계관을 단적으로 드러내는 사건이었다. 지정학적 국가이익이라는 국가 중심성과 내정 불간섭주의(Non-interventionism)라는 국가 중심성, 두 개의 국가 중심적 가치관이 충돌하는 지점이었다. 틸리(Charles Tilly, 1929~2008년)의 유명한 경구가 떠오르는 대목이다. "전쟁이 국가를 창출했고, 국가가 전쟁을 구성한다(War made the state, and the state made war)."[3]

러시아-우크라이나전쟁의 양상을 떠올려보라. 해당 전쟁은 갈등 당사자 간 생활 공간(living space) 또는 영향력 확보의 문제다. 또 인종과 민족의 문제다. 나아가 종교와 역사의 문제이자 가치와 이데올로기, 그리고 제도의 문제다. 핵심은 이것이다. 정치학은 과거에도 국가를 연구하는 학문이었고, 현재도 국가를 연구하는 학문이다. 앞으로도 그러할 것이다. 공동체로서의 국가는 사멸하지 않는다. 요컨대, 정치학은 국가를 연구하는 학문이다.

그렇다면 국가란 무엇인가? 재강조하지만 국가는 정치학 연구의 가장 중심적인 주제의 하나이다. 언제부터 국가가 생겨났고, 국가는 어떻게 발전하고, 어떤 체제로 운영하는 것이 최선인가에 대한 논쟁에 이르기까지 국가에 대한 논쟁은 진행 중이다.

국가에 대한 이론과 체계에 대한 논의와 논쟁은 끊이지 않았다. 국가는 국가를 이루는 구성원에게 그들이 정치 행위를 할 수 있는 공간적 토대를 제공해준다. 뿐만 아니라, 스스로 정치적 행위를 하거나 자기의 권한을 양도함으로써 자기의 삶은 물론 집단의 발전에 영향력을 행사한다.

국가를 이루는 구성원들은 자신이 속한 국가가 잘 되기를 바란다, 즉 발전하기를 희망한다. 하지만 국가의 발전은 제각각이다. 다른 나라들이 부러워할 정도로 잘사는 나라도 있고, 그렇지 못한 나라도 있다. 잘살고 못사는 이유도 다양하다. 풍부한 지하자원을 가진 나라도 있고, 지형적으로 중요한 곳이 있어서 다른 나라보다 유리한 조건을 가진 나라도 있다. 지형적인 조건이 국가의 발전을 결정하는 것은 아니다. 자원도 없고, 국토 환경도 좋지 않은 국가 중에도 일찍이 선진국으로 발전한 나라도 있다.

무엇이 국가의 흥망성쇠를 결정할까. 국가를 이해하기 위해서는 먼저 국가란 무엇이고, 무엇으로 움직이는지에 대해서 생각할 필요가 있다. 인류학적 차원에서 보자면 인간의 사회조직은 국가 이전에 가족이나 혈족 단위의 작은 소집단에서 출발했다. 심리적인 요인인 안전, 사랑, 그리고 소속감 등의 필요성이 증대됨에 따라 집단생활을 하기 시작했고, 집단이 점점 커지면서 갈등이 생기고 그것을 통제하고 이끌 지도자가 필요했다. 그 아래에서 다양한 부족이 결합하면서, 국가라는 개념이 탄생했을 것이다.

국가를 이루는 요소는 하드웨어와 소프트웨어로 나누어 볼 수 있다. 흔히 국가를 구성하는 3대 요소로 영토·국민·주권을 언급한다. 하드웨어, 즉 물리적인 조건이 있어야 한다. 동양에서는 영토, 국민, 국방을 국가의 기본 구성 요소로 보았다. 한자에서 나라를 의미하는 국(國)이라는 글자는 영토, 즉 국경을 의미하는 '口'에 국민을 의미하는 입 구(口)와 무기를 의미하는 창 과(戈)로 이루어져 있다. 국가를 이루는 최소한의 영역이 있어야 하고, 국민이 있어야 하고, 지킬 수 있는 병력이 있어야 한다.

주권과 결합하는 것은 영토 보존이다. 속지주의(屬地主義, territorial principle)라는 개념이 나온 것도 이 때문이다. 국가는 영토주권의 배타적 보유자다. 영토주권이란 국가가 영토 안에서 어떠한 공격, 침략 또는 간섭을 거절하거나 그에 대해 저항할 수 있는 권리를 의미한다. 흔히 1648년 베스트팔렌 평화조약(Peace of Westphalia)을 기점으로 주권국가체제가 등장했다고 얘기하지만, 주권을 영토에 대한 배타적 권리 추구의 개념으로 바라봤을 때 동서양이 생각했던 국가의 개념은 크게 다르지 않다. 삼국시대만 떠올려봐도 그렇다. 고구려, 백제, 신라의 경계 지역이었던 한강 유역은 쟁탈전(爭奪戰)이 벌어지던 곳이었다. 한강을 차지하는 국가가 한반도 전체의 주도권을 차지했다.

세상 모든 나라들이 국가를 이루는 기본 요소를 갖추고 있을 것 같다. 하지만 반드시 그런 것은 아니다. 독립 국가들은 가장 먼저 영토를 확보한다. 싱가포르는 말레이시아에 속하였다가 1965년 주권국가로 독립하였다. 국토는 매우 협소하여, 다른 나라와 비교할 수 없을 정도로 좁다. 큰 도시 정도의 국가도 있다. 반대로 땅이 있지만 독립을 인정받지 못한 국가도 있다. 독립적인 주권을 주장하지만 국가로 인정받지 못한 집단이나 조직도 있다. 서사하라(Western Sahara, Sahrawi Arab Democratic Republic), 소말릴란드(Republic of Somaliland), 북키프로스(Northern Cyprus), 팔레스타인(State of Palestine) 등이 대표적이다. 대만(Taiwan, Republic of China)도 1971년 이후로는 유엔(UN: United Nations)에서 더 이상 중국을 대표하지 못하게 됐다.

식민지가 되었다고 할 때는 땅에 대한 권리, 즉 국토에 대한 권리를 상실함을 의미한다. 식민지 시대의 종식과 함께 새롭게 독립한 국가들이 먼저 자기의 영토를 분명히 하는 것도 그 때문이다. 땅은 넓은데 국민이 부족해서, 외국으로부터 이민을 받아서 국민으로 받아들이기도 한다. 국방이 없는 나라도 있다. 주로 도시국가나 연방국가들이다. 이런 나라들은 다른 나라에 국방을 의존하고 있다. 모나코, 리히텐슈타인, 안도라 같은 나라들이 그렇다.

국토, 인구, 국방은 국가를 이루는 기본 요소이기에 세 가지가 충족되어야 한다. 세 가지 중에 하나라도 약해지면 국가의 존립도 위태로워진다. 예기치 않게 영토가 없어지는 나라도 있다. 예컨대 섬이 바다에 잠기게 되면 영토가 없어진다. 그렇게 되면 국가라고 할 수 있을까? 실제로 태평양 한가운데 위치한 섬나라 중에는 기후 온난화로 인해 해수면이 상승하면서, 국토가 점차 없어지는 나라도 있다. 키리바시, 투발루 등이 대표적이다. 남아시아의 방글라데시 연안 지역도 해수면 상승으로 인한 침수 피해가 심각하다.[4] 수몰 위기에 놓인 몰디브의 경우 이미 부유식 해상도시(floating city) 건설사업에 착수했다.[5]

국민 즉 국가의 인구가 없어지는 나라도 있다. 출산율이 낮아지면서 인구가 점차 감소하고 있다. 한국도 인구 위기국이다. 2022년 한국의 합계출산율은 0.78 이었으나 2023년에는 0.7명으로 떨어졌다. 세계 최저 기록이자 경제협력개발기구(OECD: Organization for Economic Cooperation and Development) 평균(1.59명)의 절반에도 미치지 못하는 수준이다. 2017년 1.05명, 2021년 0.81명 등 출산율이 지속적으로 감소하고 있다. 절대적 인구 감소 부분을 해외로부터 받아들여야 한다는 여론까지 제기되는 상황이다. 일본에서도 마찬가지다. 일본 정부에 따르면 일본 내 외국인 인구는 전체의 2.2%에 불과하다. 일본 내에서는 인구 감소 상황이 돌이킬 수 없는 지점으로 돌진하고 있다는 암울한 전망이 나온다.[6] 국가를 이루는 구성원을 채워야 한다. 경제력이나 국방력이 약해지면 다른 나라의 침략에 대응할 수 없다. 국권을 상실하면 다른 나라에 복속된다. 한국도 '일제강점기'라는 국권을 빼앗겼던 역사가 있다.

2. 국가의 소프트웨어

영토도 있고, 사람도 있고, 국방력도 있다면 나라의 기본은 갖추었다. 이것은 물리적인 조건이다. 기계로 치면 하드웨어에 해당한다. 국가는 이 세 가지로만 이루어지지 않는다. 국가를 운영하는 소프트웨어가 있어야 한다. 컴퓨터가 아무리 좋은 부속품으로 이루어졌다고 해도 프로그램을 운영하는 소프트웨어가 없다면 작동하지 않는다. 부속품이 아무리 좋아도 소프트웨어가 형편없다면 충분한 성능을 발휘하기 어렵다. 국가 중에는 풍부한 자원을 갖고도 빈곤과 갈등 그리고 무엇보다

제1부 국가의 발전과 위기

분쟁에 허덕이는 나라도 많다.

국가를 움직이는 것은 시스템이다. 일개 혈족이나 부족 단위의 조직이라면 체계적인 시스템이 없어도 된다. 사적 네트워크나 경험을 통해 집단을 이끌어갈 수 있다. 광범위한 조직의 단계로 들어섰을 때, 국가는 리더십을 제공해주는 역할, 사회적 상호작용에 대한 통제, 그리고 집단적 필요에 공헌하고 조직적 제도를 갖추어야 한다. 현대 국가 대부분은 정치, 경제, 사회문화체계를 운영하는 시스템을 갖고 있다. 국가를 움직이는 소프트웨어이다.

국가를 움직이는 소프트웨어는 가치, 제도, 문화 등이다. 국가 시스템의 최상위에 있는 것은 가치이다. 국가마다 추구하는 가치가 있어야 한다. 국가라는 체계 안에서 공통으로 추구해야 할 합의된 가치에 동의해야 한다. 가치는 사회적 행동의 기준이자 준칙이다. 개인에게 개인이 지향하는 철학이나 가치가 있는 것처럼, 국가도 국가가 지향하는 가치가 있어야 한다. 공동체의 가치가 없는 조직은 단순한 이익집단에 불과할 뿐이다.

국가의 가치는 국가를 구성하는 국민의 동의를 얻어 결정한 지향점이자 철학이다. 민주주의나 자본주의 그리고 사회주의 등이 국가의 가치이다. 국가의 가치를 구체적으로 규정한 것이 헌법이다. 국가 가치의 전달자로서 헌법은 최상위의 규범이다. 앞서 언급한 영토와 같은 국가의 하드웨어적 가치도 헌법에 포함된다. 헌법 제3조는 대한민국의 영토를 "한반도와 그 부속도서로 한다"고 명기하고 있다. 통치의 주체와 통치조직 등은 헌법이 규정하는 소프트웨어적 가치다.

헌법에는 국가가 목표로 하는 방향과 판단 기준 또한 제시되어 있다. 헌법 전문에 따르면 대한민국은 "대한민국임시정부의 법통"과 "4·19 민주이념을 계승"한다. "자유민주적 기본질서" 아래 국가적 목표로서

의 민주화, 정의로운 사회국가, 민주주의적 민족주의, 평화통일과 국제
평화주의 등이 한국이 목표로 하는 방향과 판단 기준이라고 할 수 있다.

헌법은 동시에 최고법규로서 법령의 해석기준이 된다. 입법의 지침
이 되는 것이다. 헌법을 근거로 하위법들을 만들고, 이 법을 근거로 적
법한 것과 그렇지 않은 것을 나눈다. 헌법 조항의 정신에 맞지 않는 법
률과 명령, 규칙, 그리고 국무에 관한 그 밖의 행위는 효력을 갖지 못
한다. 헌법재판소는 그런 측면에서 '합헌성 심사권'을 보유한다. 실제
헌법재판소도 "헌법은 … 최고원리로서 국가가 입법을 하거나 법을
해석하고 집행함에 있어 따라야 할 기준"이라고 판시한 바 있다.[7]

제도는 국가가 지향하는 목표대로 사회를 움직이는 절차, 방식이
다. 국가를 운영할 대표자를 뽑고, 국가를 운영하는 구체적인 조직을
만든다. 그리고 그 과정에 필요한 절차와 과정을 제도로 규정한다.

한국의 정치체제로서 민주주의와 시장이 중심이 되는 자본주의를
기본 제도로 규정하고, 자유주의라는 가치를 어떻게 국가 운영에 실현
할 수 있는지를 고민하여 규정한 것이 법과 제도이다. 민주주의의 원칙
으로 국가 운영의 기본 방향을 정하고, 절차에 따라 선거를 치르고, 예
산을 운영하며, 교육도 하고, 문화생활도 한다. 동시에 자본주의 원칙
에 따라 개인의 소유권을 인정하고 개인과 기업의 자유로운 교환을 위
하여 시장을 보호한다. 그런 과정 속에서 계층 또는 계급 간의 긴장이
존재하게 된다. 긴장 해소를 위한, 국가와 사회의 관계를 잘 유지하기
위하여 다양한 제도들이 적용된다.

하지만 때에 따라서 '제도의 역설'과 같이 항상 긍정적인 결과만을
도출하지 않는 경우도 존재한다.[8] 제도는 한 번 만들어지면, 사람들에
게 새로운 경험을 제공한다. 노벨 경제학상 수상자인 오스트럼(Elinor
Ostrom)은 '공유지의 비극'으로 인위적 규제이자 제도가 어떻게 사회

적 신뢰를 무너뜨리는지 설명하였다.[9] 어부들의 마구잡이로 어자원이 고갈될 것을 우려한 정부는 금어기라는 제도로 어족자원을 보호하고 자 한다. 과연 어족자원은 다음세대를 위하여 풍족해졌을까? 아니다. 반대의 결과가 나타났다. 어민들은 정부가 알아서 잘 관리해 줄 거라는 믿음에 부담 없이 마구 잡게 되었다. 기존에 자원을 공유하는 어민 간 에 긴 시간동안 시행착오 끝에 체득한 어획량 조절이라는 사회적 공감 대가 무너진 것이다. 사례에서 보이듯, 규제나 제도는 보조수단일 뿐 상호신뢰가 더 중요하다는 것이다.

한번 만들어진 제도는 정해진 경로로부터 벗어나기 어려워진다. 볼 링공이 거터에 빠지면 빠져나오지 못하는 것과 같은 이치다. 과거의 어느 한 시점에서 시작된 원인이 현재까지도 영향을 미치는 역사적 인 과관계가 존재하듯이 어느 시점에서 만들어진 제도가 미래의 선택을 제약하는 것도 경로의존성 때문이다. 정책집행에서 신중해야하는 이 유이다.

문화는 무엇일까? 넓은 의미에서 문화는 국가를 이루는 다양한 요소 들이 국가의 가치에 맞추어 작동하게 하는 혈액과 같다. 개인과 집단의 정체성을 연결해 주기 때문이다. 문화는 집단내부와 외부의 차이를 고 려한 사회화를 규정한다. 문화를 이해하고 배운다는 것은 집단적 동기 와 행위 그리고 나아가 다른 영역에서 다른 구성원들이 어떻게 행동하 는지에 대하여 학습하는 것을 의미한다. 국가를 이루는 기본 요소가 있 고, 가치와 제도를 갖추었다면 이것이 구체적으로 작동해야 한다. 국가 안에서 이루어지는 모든 행위를 법적으로 다 규정할 수는 없다. 법으로 규정하면 되겠지만 법으로 사회의 모든 영역을 규정하는 것은 불가능 하다. 규정하기 어려운 부분도 많다. 보수주의자들은 근본적으로 인간 의 능력은 다르기 때문에 일률적인 규정보다는 전통과 관습이 우선시되어야 한다고 주장한다.[10] 사회변화에 적극적이지 않은 이유이다.

국가를 이루는 요소를 갖추는 것으로 끝나지 않는다. 국가를 이루는 물리적인 요소도 있고, 국가를 움직이는 소프트웨어가 작동한다고 해서 국가의 역할을 다했다고 할 수 없다. 우리 사회가 조직이듯이 국가 역시 국제체제 수준의 조직 차원에서 본다면 국제사회를 구성하는 구성원의 하나이다.

국제사회에서 국가로 활동하기 위해서는 먼저 국가로 인정받아야 한다. 국가로 인정받아야 외교관계도 맺을 수 있고, 동등한 자격으로 외교를 할 수 있다. 유엔 같은 국제기구에도 가입하고, 올림픽 같은 국제대회도 참여할 수 있다. 국가를 이루는 물리적인 조건이 갖추어져 있다고 해도 국가운영은 단독으로 해 나갈 수 없다. 아무리 강한 나라라고 해도 국제적인 협력이 필요하다. 급할 때는 서로 돕기로 약속도 한다. 다른 나라로부터 침략받거나 경제적으로 어려울 때는 서로 도와주기도 한다. 국제협정, 국제협력이 나오는 배경이다. 국가들끼리 서로를 인정하고, 서로에게 필요한 약속을 하는 것이다.

국제기구, 국제협정의 수가 증가한다는 것은 그만큼 국가 간 협력의 필요성이 커지고 있음을 방증한다. 기후변화, 팬데믹, 테러리즘, 빈곤 등 21세기 현대 국제사회가 직면한 주요한 문제는 모두 초(超)국경성을 특징으로 한다. 한 국가의 힘으로 해결할 수 없는 문제다. 평화와 안정을 구축하는 일도 마찬가지다. 군축(disarmament)과 분쟁해결(conflict resolution), 평화유지(peacekeeping), 평화구축(peace building)의 모든 과정에서 국가 간의 협력은 필수다. 한국도 평화유지활동을 위하여 1993년 소말리아 파병을 필두로 앙골라, 동티모르, 이라크에 전투병력을 파견했으며 이후에는 남수단, 라이베리아, 코트디부아르, 레바논 등의 분쟁지역에 임무단, 참모장교, 감시단 등 군인, 시민단체, 민간인들을 다양하게 파견하고 있다.

기후변화에 대하여 잠시 살펴보자. 한국만의 문제가 아니다. 국제수준의 문제이다. 기후변화문제는 지역·계층별 격차를 심화시킨다. 연평균 기온은 산업 전반에 영향을 미친다. 1970년에서 2019년 사이에 발생한 2만 2,326건의 재해 중 홍수, 태풍, 폭염 등의 자연재해가 1만 1,072건이며, 206만 명이 숨졌고, 경제적 손실은 3조 6,400억 달러에 달하였다. 연구 결과, 선진국들이 산업화 과정에서 배출한 이산화탄소가 지구를 '가열'시킨 주요 원인이었다. 선진국은 이산화탄소 배출로 경제성장을 이루었는데, 빈번한 기상이변과 해수면 상승에 따른 실존적 위협을 겪고 있는 것은 가난한 나라들이다.

아프리카는 이 같은 기후 부정의(climate injustice)의 대표적 피해 지역의 하나이다. 전 세계를 기준으로 볼 때, 아프리카가 배출하는 온실 가스량은 2021년 기준으로 4%대이다. 상대적으로 미미한 수준이지만, 기후변화의 부정적 영향을 가장 크게 받은 10개국 가운데 절반이 아프리카 국가인 것으로 나타난다. 세계기상기구(WMO: World Meteorological Organization)에서 2021년 발간한 '아프리카 기후 보고서'에 따르면 1991년에서 2020년까지 30년간 아프리카의 평균 기온은 이전 30년인 1961년에서 1990년과 그 이전 30년인 1931년에서 1960년까지의 평균 기온을 훨씬 상회한 것으로 나타났다. 특히 최근 들어 북서아프리카, 서부 적도지역, 동아프리카 지역에서 이상 기온 현상이 두드러졌다. 아프리카에 접한 해수면 상승률도 세계 평균을 상회했다. 타라스(Petteri Taalas) 세계기상기구 사무총장은 산악 지역의 퇴빙 현상이 현재의 추세로 계속된다면 2040년대에는 아프리카 대륙에서 더 이상 만년설을 볼 수 없을 것이며, 아프리카의 뿔이라 불리는 동북부아프리카 지역(에티오피아, 소말리아, 에리트레아, 지부티, 수단, 부룬디, 케냐, 르완다, 탄자니아, 우간다)의 가뭄과 남아프리카 지역의 홍수 같은 현상은 더욱 심각해질 것이라 전망했다. 기후변화는 농작물 수확량에도 부정적이다. 세계보건기구(WHO: World Health Organization)는 기후변화에 따른 에티오피아, 케냐, 소말리아, 남수단, 수단, 우간다, 지부티 등 7개 나라에서 8,000만 명 이상이 환경 파괴로 일상생활에 불안을 겪고 있다는 현황자료를 내놨다.[11] 기후변화는 국가 간 협력이 필요한 대표적 이유가 되고 있다.

세계화가 진전되고 세계시장이 통합됨에 따라 무역과 투자의 건전성에 입각한 각국의 안정적 경제성장을 유지해 나가기 위해서라도 국가 간 지식과 정보를 공유하고 경제정책을 조율하는 협력이 요구된다. 2021년 OECD와 G20 주도로 '디지털세 합의안'이 마련된 것은 디지털 시대 경제 분야의 국제협력의 좋은 예가 될 수 있다. 한편으로는 다국적 기업의 글로벌이익에 따라 발생하는 국가의 과세권을 보다 형평성 있게 배분하면서 조세 회피 사례를 방지함으로 국익 증진에 기여하고, 다른 한편으로는 기업 입장에서도 이중과세로 인한 부담을 최소화할 수 있게 된다. 주권국가, 국제기구, 다국적 기업 등 그야말로 국제협력을 위한 주요 행위자가 구축하는 글로벌거버넌스체제가 마련되는 것이다. 이 밖에 민주주의와 인권 증진, 과학기술 증진 등 여러 분야에서 국제협력이 필요함은 자명하다.

한편 국가를 구성하는 하드웨어와 국가를 운영하는 소프트웨어, 그리고 국가로서 국제사회 구성국으로 활동하는 것은 국가를 발전시키고, 융성하게 하는 요인이자 동시에 국가를 위기에 빠트리는 요인이다.

세계 모든 나라들이 꼭 같은 환경에서 세워진 것은 아니다. 중동과 남미의 산유국들처럼 땅 속에 풍부한 석유를 가진 나라도 있고, 희토류처럼 값진 자원을 가진 나라도 있다. 농사짓기에 비옥한 땅을 가진 나라도 있다. 반면 쓸 만한 지하자원도 없고, 산과 바위가 대부분이거나 국토 대부분이 풀 한 포기 자라기 어려운 사막인 나라도 있다. 지리적으로 교통의 요충지에 절묘하게 위치하여, 통관료로 막대한 경제적 수익을 올리는 나라도 있고, 동서남북 사방으로 험준한 산악으로 둘러싸인 나라도 있다. 사면이 바다로 둘러싸인 해양 국가도 있고, 내륙에 있어 바다를 이용할 수 없는 나라도 있다. 환경이나 지리적 우연성이 유리한 측면을 가지고 있다.[12]

국가를 구성하는 하드웨어가 좋으면 국가를 운영하는 데 유리하다. 풍부한 자원으로 부국이 된 산유국이나 자원 부국이 있다. 지형적인 이점을 최대한 이용하기도 한다. 이집트의 수에즈 운하는 세계 물류유통의 핵심이다. 유럽과 아시아를 연결하는 최단항로를 제공하는 요충지다. 컨테이너 선박인 에버기븐(Ever Given)호가 2021년 수에즈 운하에서 6일간 좌초되었을 때는 세계적으로 물류대란이 있었다. 통행료 수입도 막대하다. 수에즈 운하를 통과하는 선박은 연간 2만 2,000척이 넘는다. 2021~2022 회계연도 기준 이집트가 수에즈 운하 운용으로 한 해 벌어들인 수익만 70억 달러에 달했다. 이집트 외화 수입원의 핵심 중 하나다.[13] 동양과 서양을 잇는 튀르키예나 유럽 항공교통의 중심지인 네덜란드 역시 지정학 관점에서 하드웨어적으로 유리한 위치에 놓여 있다.

물론 이런 조건을 가졌다고 해서 반드시 잘사는 나라가 되는 것은 아니다. 하드웨어가 부족하지만 국가를 잘 운영하는 나라도 많다. 일례로 스위스는 지형적 관점에서 그리 훌륭한 조건을 갖춘 나라는 아니다. 잘 알려져 있다시피 유럽 한가운데 놓인 '알파인 국가(Alpine country)'로 불리며, 전 국토의 절반 이상이 산악지형으로 이루어져 있다. 하지만 관광과 정밀공업, 축산 등을 잘 활용하여 잘살기로 손꼽히는 나라가 되었다. 알프스 마테호른 기슭의 체르마트는 코로나19 팬데믹의 한가운데에서도 전 세계에서 방문한 관광객으로 붐볐다. 청정 자연과 전통을 엄격히 유지하면서도 레포츠의 성지로 불린다.[14) 자연 지형을 잘 이용한 결과이다. 스위스 알프스가 천혜의 관광지로 불리는 이유다.

반대로 좋은 하드웨어를 갖고서도 국가를 잘 운영하지 못해 위기에 빠진 나라도 많다. 자원이 풍부한 아프리카 국가들 가운데 훌륭한 자원을 충분히 활용하지 못하는 나라도 많다. 흔히 언급되는 자원의 저주(resource curse, paradox of plenty) 현상이다. 특정 자원에 의존하는 산업구조는 해당 자원개발 산업을 둘러싼 이권 투쟁으로 이어진다. 자원 수출을 통해 외환을 확보하더라도 대부분의 수입은 이권을 배분하는 정부 관계자와 정부가 지정한 기업으로 편중된다. 신규 사업에 대한 참여권 확보를 위한 노력에는 뇌물이 동반된다. 지대추구행위(rent seeking activities)가 만연해진다. 결과적으로 이러한 천연자원에 의존적인 국가들이 민주주의 지수, 거버넌스 지수, 평화 지수에서 낮은 점수를 기록한다.

이런 환경에서 지속가능하고 포괄적 성장을 위한 창의적 기술개발 활동은 소홀해질 수밖에 없다. 정경유착의 흐름 속에서 국가 경쟁력은 저하된다. 베네수엘라, 앙골라, 나이지리아, 콩고민주공화국 등이 오랜 기간 자원의 저주를 겪었다. 비슷한 환경과 조건을 가진 나라 중에서도 국력의 격차가 커진 나라도 많다. 국가를 운영하는 소프트웨어의 차이 때문에 달라진 것이다.

제도의 차이에서 발전과 저발전으로 갈라진 경우도 많다. 정부가 법과 질서를 강제하면서도 사유재산을 인정하는 포용적 제도를 채택했던 나라들은 특권층만의 소유권을 인정했던 착취적 제도를 기반으로 경제제도를 실행했던 나라에 비하여 발전의 속도가 빨랐다.[15) 즉 국가의 성패를 가르는 것은 경제와 정치가 잘 조화되는 것이다. 경제제도가 핵심적인 역할을 하지만, 그 나라가 어떤 경제제도를 갖게 되는지를 결정하는 것은 정치제도이다. 정치와 경제제도의 상호작용이 국가의 흥망을 결정한다는 주장이다. 이는 정치경제학이 추구하는 이념과도 직결된다. 경제와 정치가 잘 조화되었다는 의미는 달리 말하면 "경제성장 및 부의 분배와 정치 권력의 균형과 조화를 어떤 수준에서 어떻게 달성하는가"의 문제다.[16]

소프트웨어의 정점(頂点)에 정치이념이 있다. 정치이념은 무엇이 옳은 것이고, 무엇이 잘못된 것인지를 판단하는 토대이며 가치의 기준을 설정해준다. 특히 정치이념은 정치적 판단과 행위에 관한 각 개인 혹은 집단의 판단 근거가 된다. 개인의 자유와 권리를 강조하면 정부의 역할을 제한하는 고전적 자유주의, 평등한 이상사회 구현을 위하여 정부의 역할을 강조하는 급진주의, 전통적 가치회복과 가진자의 사회적 책임을 우선시하며 정부개입 축소를 주장하는 보수주의 그리고 합리적 개인의 자아실현을 위한 정부의 역할과 사회적 정의를 추구하는 현대적 자유주의 로 나누어 볼 수 있다. 우리는 정치이념을 통하여 '존재적 인간으로서 본성'을 판단하고, 자유와 평등, 정의, 그리고 사회와 정부의 역할에 대한 사유체계를 정립한다. 오늘날 전 세계 모든 나라가 취하고 있는 정치적 이념은 갑작스럽게 이루어진 것이 아니다. 멀게는 사회를 형성한 이후로부터, 가깝게는 국가체제를 갖추기 시작하면서부터 형성된 것이다.

정치이념이 중요한 것은 그것이 우리 사회가 지향하는 '가치의 성격과 방향'을 설정해 준다는 데 있다. 하나의 국가가 지닌 주권적 특성, 그리고 그 주권적 특성으로부터 비롯되는 사회의 가치의 성격과 방향성을 읽는 것은, 해당 국가의 변화와 발전 양상을 합리적으로 추론할 수 있도록 도와주는 나침반이 될 수 있다. 다음 장은 상술한 핵심 관념들을 토대로 국가의 변화와 발전을 논한다.

주

1) Roger Henry Soltau, An *Introduction to Politics* (London: Longmans, 1951).
2) Herbert J. Spiro, "Comparative Politics: A Comprehensive Approach," *The American Political Science Review* 56−3 (1962), pp. 577−595.
3) Charles Tilly, "Reflections on the History of European State Making," in Charles Tilly (ed.), *The Formation of National States in Western Europe* (Princeton: Princeton University Press, 1975), p. 42; John A. Hall and G. John Ikenberry, *The State* (Minneapolis: University of Minnesota Press, 1989), pp. 40−41.
4) The World Bank, 2022, "Urgent climate action crucial for Bangladesh to sustain strong growth," https://www.worldbank.org/en/news/press-release/2022/10/31/urgent-climate-action-crucial-for-bangladesh-to-sustain-strong-growth
5) Natalie Marchant, "Threatened by rising sea levels, the Maldives is building a floating city," Race to Resilience, https://climatechampions.unfccc.int/threatened-by-rising-sea-levels-the-maldives-is-building-a-floating-city/?gclid=Cj0KCQjwwtWgBhDhARIsAEMcxeCZkY5ca4vcIz5_QvfXxBZ5WNGya-pkX1P9ydc6GIcHc6EBipaIg60aAoV4EALw_wcB
6) "This community's quarter century without a newborn shows the scale of Japan's population crisis," *CNN*, 18 March 2023, https://edition.cnn.com/2023/03/17/asia/japan-population-crisis-countryside-cities-intl-hnk-dst/index.html
7) 헌법재판소, 1989. 1. 25. 선고 88헌가7 전원재판부 [소송촉진등에관한특례법 제6조의 위헌심판].
8) 최성락, 『규제의 역설』 (파주: 페이퍼로드, 2021).
9) Elinor Ostrom, *Governing the Commons: The Evolution of Institutions for Collective Action* (Cambridge: Cambridge University Press, 1990).
10) 김성수, 『새로운 패러다임의 비교정치』 (파주: 박영사, 2022), p. 57−58.
11) WHO, "The greater Horn of Africa's climate-related health crisis worsens as disease outbreaks surge," (3 November 2022) https://www.afro.who.int/news/greater-horn-africas-climate-related-health-crisis-worsens-disease-outbreaks-surge

12 Jared Diamond, *Guns, germs and steel : the fates of human societies* (NY: W.W. Norton & Co, 1999).

13) Reuters, 2022, "Egypt's Suez Canal revenue hits $7 billion record peak." By Salama, M. (July 5), https://www.reuters.com/business/egypts-suez-canal-revenue-hits-7-bln-record-peak-2022-07-04/

14) "코로나에 떴다, 알프스 마테호른 산자락 천혜의 피신처," 『중앙일보』, 2021년 10월 15일, https://www.joongang.co.kr/article/25015035#home

15) 애쓰모글루·로빈슨 지음, 최완규 옮김, 『국가는 왜 실패하는가?』 (서울: 시공사, 2012).

16) 김성수, 『자본주의와 민주주의, 상생의 정치경제학을 위하여』 (서울: 박영사, 2020).

3장

국가의 변화와 발전

주권을 담보하는 유일한 정치 행위자로서 국가는 국가구성원들이 동의하는 가치명제를 지향한다. 국가는 권위를 갖고 해당 가치를 유형적 또는 경우에 따라 무형적으로 구현한다. 일반적으로 국가에 대한 정의는 '사회적 가치의 권위적 배분'이라는 사실명제에 천착한 나머지, 실제 권위를 지탱하는 것은 '자원(사실적 가치) 배분의 적정성'이라는 점을 간과하게 하는 측면이 있다. 국가의 변화와 발전은 시민의 의무와 권리를 어떻게 존중하고, 관리하는가에 따라서, 주권의 위상과 가치, 분배의 구조로서 결정되는 것이다. 결국 국가의 권위는 가치 배분의 적정성 문제로 귀결되며 적정성의 결여는 국가 공동체 내부에서 부정적 가치가 확산되면서 위기를 발생시킨다. 국가의 미래는 배분의 문제에서 비롯되기에 '사실적 가치의 부정성(否定性)'과 연관된 국가를 구성하는 요인과 국가운영의 중심인 주권, 가치, 배분 그리고 권위를 살펴보는 것이 필요한 이유다.

1. 국가 운영의 키워드: 주권, 가치, 배분

1) 주권

국가라는 독특한 국가의 지위(statehood)는 주권(sovereignty)으로부터 연유한다. 주권이야말로 국가를 다른 정치 행위자들과 구분케 하는 핵심 개념이다. 국가가 국제사회에서 권위를 구성하는 원천으로 작동한다. 국제정치의 기본 가정 역시 국가 주권이 지니는 권위에서 비롯된다. 국가 주권은 현대 국제법상 최고 권력이다. 국가의 질서를 최종적이고 포괄적으로 결정할 수 있는 최고의 권력이다. 헌법을 '창조'할 수 있는 헌법제정 권력이다. 나아가 국가적 '예외'를 창출할 수 있는 권력이다. 따라서 국가의 권위는 다른 행위자가 구성하는 권위와는 본질적으로 구분된다.

주권은 주인이라는 권리, 즉 국가의 소속원으로 갖는 권리이다. 통치받는 자들의 동의에 의해 정부가 구성되어야한다는 정의로 귀결된다. 미국 16대 대통령인 링컨(Abraham Lincoln)의 정의를 통해 말하자면 "국민을 위한, 국민의 의한, 그리고 국민의 정부(for the people, by the people, and of the people)"라는 의미를 충족시켜야 한다는 의미로 볼 수 있다. 이러한 연장선에서 헌법 제1조 제2항은 "대한민국의 주권은 국민에게 있고, 모든 권력은 국민으로부터 나온다"고 규정하고 있다. 헌법제정 권력의 주체가 국민이 되는 것이다. 헌법제정 이후 주권의 '위임'에 따라 한 번 통치권(統治權)이 형성되면 국민주권과 통치권 간 갈등 양상을 보이기도 한다. 그러나 주권이 궁극적으로 국민의 권리에 관한 문제라는 사실은 변하지 않는다. 기본권을 국민 개개인이 지니는 '주권적 공권(公權)'으로 부르는 이유도 그래서다.

물론 주권은 해당 국가의 국민으로 인정받을 때 가능한 권리이다. 통치권이 작동하는 영역이다. 영토 안의 국민이라고 해서 자유롭게 할 수 있는 모든 권리를 가질 수는 없다. 권리는 의무를 수반한다. 납세와 국방의 의무가 대표적이다. 특히 '교육'은 대표적인 권리이자 의무사항이다. 헌법 제31조 제1항은 "모든 국민은 능력에 따라 균등하게 교육을 받을 권리를 가진다"고 명기함으로써 평생 교육권을 보장한다. 동조 제2항은 동시에 "모든 국민은 그 보호하는 자녀에게 적어도 초등교육과 법률이 정하는 교육을 받게 할 의무를 진다"고 규정하고 있다.

정치의 문제는 국민의 권리에 대한 해석과 관련된다. 국민으로서 권리를 어디까지 인정하고, 어떻게 관리할 것인지의 문제이다. 모두가 주인으로서 권리를 주장하면, 사회가 혼란해지기 때문이다. 만약 국민 모두 각자 주인이라고, 권리를 주장하면 어떻게 될까? 서로의 권리를 주장하면, 분쟁이 생기게 된다. 분쟁은 개인을 더 많은 위험에 노출시킨다. 홉스(Thomas Hobbes, 1588~1679년)가 말한 '만인에 의한 만인의 투쟁'[1] 상태에 놓이게 된다.

서로의 권리가 충돌할 때 어떻게 조정할 것인가? 이 문제는 인간을 어떤 존재로 보는가의 문제이다. 인간을 합리적이고 객관적인 존재로 보느냐, 이기적이고 충동적이며 욕망적인 존재로 보느냐에 따라서 판단이 달라진다.

현대적인 의미에서 국가의 주권 개념이 본격적으로 등장한 것은 17세기였다. 서구적 관념으로 볼 때 16~17세기까지는 주권이 교회에 속해 있었다고 할 수 있다. 그런 의미에서 '기독교 제국'은 중세 유럽의 주권국가였다.[2] 베스트팔렌 평화조약 이전(pre-Westphalia)까지는 교회가 권위의 원천이었다. 중앙권력은 단지 교회 아래서만 선택적으로 인정될 뿐이었다.

물론 베스트팔렌을 기점으로 현대적 의미의 주권국가체제가 '정립'된 것은 아니다. 그럼에도 불구하고 독일, 프랑스등 유럽 여러나라들의 30년전쟁을 계기로 국가 간 상호작용에서 "종교의 중요성이 상대적으로 감소"한 점, 합성국가(composite state) 내부의 갈등이 "국제적인 차원의 갈등으로 확대되는 일이 이전에 비해 드물어"진 점 등은 1648년이 여전히 유럽 국제관계에 중대한 변화를 야기한 전환점으로 해석되어도 무리가 없음을 보여준다.[3]

홉스는 이를 『리바이어던(*Leviathan*)』으로 대체했다. 홉스는 주권 문제를 자연 상태에 놓인 개인에 주목하였다. 인위적인 개입이 없는 자연상태(state of nature)를 가정할 때, 인간은 어떻게 행동할까? 홉스는 한 사람 한 사람이 이기적이고 비도덕적으로 자기의 만족을 추구하는 존재로 보았다. 홉스에 따르면 개인 모두가 갖는 자유롭고 평등한 조건이 된다면 인간은 더 좋은 것을 갖기 위해 서로 싸우게 된다. 권리를 둘러싼 치열한 싸움은 인간 존재로서 누려야 할 기본적인 권리마저 위협하게 된다는 것이다. 결과적으로 사람들은 자연 상태에서는 모두가 싸워야 하는 상태, 즉 '만인에 대한 만인의 투쟁' 상태에 놓이게 된다는 것이다.[4]

홉스는 자연 상태에서 인간이 각자도생(各自圖生)의 '만인에 의한 만인의 투쟁' 상태에 놓이게 되는 이유를 이기적인 인간의 본성 때문으로 보았다. 인간은 태생적으로 이기적이다. 인간을 자유롭게 내버려 두면 자기의 이익을 취하려고 하고, 서로 더 많은 이익을 취하려는 충돌이 일어난다. 자연 상태, 자유롭고 평등한 조건에서는 개인의 이해를 조절할 수 있는 강력한 절대 권위가 없어서 더 어지러운 상태가 된다는 것이다. 자연 상태에서 벗어나 단순히 평화를 추구하는 자연권(natural rights)을 넘어선 시민권(civil rights)을 추구하는 상태, 그것이 홉스가 의미한

첫 번째 자연법과 두 번째 자연법의 차이다.[5]

사람들은 자기의 생명과 자유를 지키기 위해 자기의 권리를 절대적인 존재에게 의탁하고, 안전과 자연권을 보장받기 위해 사회계약을 맺는다. 홉스는 개인이 계약을 맺는 존재를 리바이어던(Leviathan)으로 불렀다. 리바이어던이라는 절대 권위자에게 개인이 가진 권리를 양도하는 계약을 맺고, 자연 상태인 '만인에 대한 만인의 투쟁'으로 돌아가지 않게 된다는 것이다.

절대 권위를 가진 리바이어던이 국가이다. 어디까지가 주인으로서 권리인지를 정해야 하고, 충돌이 일어났을 때 어떻게 해야 할지를 정해야 한다. 권위 있는 누군가에게 주권을 양도하고, 대안을 찾게 된다. 홉스는 단, 국가가 개인의 자유와 생명을 침해하려고 할 시에는 그 권위에 복종하지 않아도 된다는 저항권을 인정함으로써 사회계약과 주권 양도의 목적을 분명히 하였다. 권리의 양도에 분명한 제한을 두었다.

그렇지만 홉스의 관점에서 주권은 권위보다는 권력 개념에 가까웠다. 보상과 처벌에 방점을 둔 것이다. 홉스로 인해 정치권력은 더 이상 신(神)의 권위를 빌리지 않고도 설명할 수 있게 되었다. 다만 '절대적' 정치권력의 탄생 가능성이 배태되었다. 홉스는 절대적 권력에 따른 해악보다 권력이 부재한 상황의 결과가 더 나쁘다고 봤다. 반면 권위는 다르다. 권위는 상대적으로 포괄적이고 다기능적(multifunctional)이라는 점에서 차이가 있다.[6] 다음은 가치를 매개로 한 권위가 권력과 어떻게 다른지를 살펴본다.

2) 가치의 권위

국가는 주권을 담보하는 유일한 정치 행위자이다. 주권은 가치명제의 성격을 지니면서, 동시에 가치명제를 표상한다. 국가가 지향하는 권위의 원천도 국가구성원들이 동의하는 가치명제이다. 국가의 권위 역시 가치명제에서 기인하는 셈이다.

그렇다고 해서 주권의 문제를 오롯이 가치명제의 문제로만 볼 수는 없다. 주권이 가치명제이자 당위적 명제의 지위를 획득할 수 있었던 이유는 무엇일까? 국가가 해당 가치를 물질적으로 구현하기 때문이다. 국가는 객관적 사실의 구성으로 가치명제를 실현한다. 국가는 공동체의 안전을 보장해주고, 경제 기반 시설과 공교육을 제공한다. 국가로부터 혜택을 받는 공동체 구성원들은 세금을 내고, 국가 방위를 위한 역할을 한다. 국가가 지향하는 가치명제의 근저에는 사실명제가 작동한다. 가치는 객관적 사실을 추동하지만, 그러한 가치를 존재하게 하는 것은 '사실'이다.

국가는 가치명제를 실현하는 사실명제에 의해 유지된다. 이런 맥락에서 정치현상에 관한 이스턴(David Easton)의 체계론적 접근은 국가가 실현하는 사실명제를 고찰하게 하는 중요한 분석틀로 작용할 수 있다. "정치는 사회적 가치, 즉 희소한 자원의 권위적 배분"[7]이라는 이스턴의 유명한 명제가 떠오르는 대목이기도 하다. 다만 이스턴의 정의는 '가치의 권위적 배분'이라는 명제에 천착한 나머지 강조하였듯이, 실제 권위를 지탱하는 것은 '자원(사실적 가치) 배분의 적정성'이라는 점을 고려하지 않았다.

결국 국가의 권위는 가치 배분의 적정성 문제로 귀결된다. 적정성의 결여, 즉 국가 공동체 내부에서 부정적 가치가 확산하면 국가의 권위는 실추된다. 권위의 실추는 국가 내 최고 정책결정자가 국민을 복종하게 할 수 있는 권력의 감퇴로 이어진다. 예컨대 비옥한 대지의 짐바브웨는 영국으로부터 독립 후 아프리카에서 보기 드물게 흑백화합정책과 교육과 복지에 힘을 기우는 정책을 적용한 사례였다. 하지만, 지지율이 하락하자 무가베(Robert Mugabe) 전 대통령은 모든 책임을 백인으로 몰아세우며 의회 내 백인의석을 폐지하면서 지지율 반등을 노렸지만 효과가 그리 크지 않았다. 경제영역에도 조치를 취했다. 주요 산업들은 영국계 백인들에 의하여 운용되었는데 그들의 기업과 농장을 몰수했다. 산업기반이 흔들리면서 경제의 빨간불이 들어왔다. 가치배분의 이기가 발생한 것이다. 국민의 불만을 잠식시키기 위한 희생양으로 소수 부족인 은데벨족 수 만 명을 몰살했으며, 콩고 내전에도 참전하였지만 실패하였다. 국제사회의 금융제재가 시작되었고 대가는 경제위기로 돌아오게 된다. 부족한 재정을 보충하기 위해 돈을 마구 찍어내 100조짜리 지폐까지 등장하면서 물가는 폭등하였다. 2000년 이후 2023년 현재까지 인플레이션을 동반한 경기침체가 지속되고 있다. 무가베 전 대통령 경제 실정(失政)은 물론 무가베의 뒤를 이은 음낭가과(Emmerson Mnangagwa) 정부 또한 실책을 거듭했다. 2022년 12월 기준 짐바브웨의 인플레이션은 280%를 넘었다. 2011년에서 2022년 사이 짐바브웨 인구의 절반에 육박하는 790만의 인구가 극빈층으로 전락했다. 정부는 국제사회의 제재 탓으로 원인을 돌리고 있지만 허술한 거버넌스(poor governance)가 짐바브웨 경제를 진짜 옥죄는 국내발(發) 제재 요소라는 지적이 나온다.[8]

이런 상황에서 법률상(de jure) 주권은 유지될지 몰라도, 실질적 주권은 감퇴한다. 그것은 대내적 주권이 될 수도, 대외적 주권이 될 수도 있다. 요컨대, 현대 국가의 위기는 배분의 문제에서 비롯된다. 국가별로 '사실적 가치의 부정성(否定性)'을 살펴보는 것이 필요한 이유다. 즉 부정성이 커지면서 국가의 위기는 시작된다.

3) 가치 배분의 공정성

■ 자유주의와 공화주의의 출발, 국가와 개인의 계약

그런데 인간과 절대 권위와의 계약은 공정한 계약일까? 공정할 수 있을까? 계약은 어디까지 해야 하는 것일까? 나의 모든 권한을 다 양도해야 할까? 아니면 최소한의 권리만 양도해야 할까? 의견은 갈린다.

상술하였듯이 고전적 자유주의(Liberalism)는 개인과 국가의 계약이 최소한으로 이루어져야 한다고 주장한다. 개인은 최소정부와의 계약(contract)으로 통치에 동의(consent)할 수 있어야 한다는 것이다. 최소정부이다. 최소정부란 자연법을 보다 명확히 하고 때때로 발생하는 자연법에 대한 위반을 강제하는 역할로 한정된 정부이다. 고전적 자유주의자들은 제한된 역할의 정부, 법에 의한 통치, 자의적이고 무분별한 권력의 방지, 사유재산과 자유계약의 신성성, 그리고 자기의 운명에 대한 개인들의 책임을 강조한다. 이런 전통은 자유주의의 뿌리가 되었다.

정부의 역할은 어디까지일까? 개인이 가진 권력을 절대 권위자에게 양도하고, 필요한 기본 권리를 갖게 되었다고 하자. 개인의 권리는 어느 정도이고, 국가의 역할은 어디까지일까? 적정선은 어느 정도일까? 임계점이 있을까? 정답은 없다. 개인의 권리를 양도하는 계약이 개개인별로 이루어지는 것이 아니다. 내가 태어났다고 해서 국가와 계약을 체결하지는 않는다. 이미 정해진 계약을 따를 뿐이다. 국가와 개인 사이에는 분명한 원칙은 있다. '평등해야 한다'는 원칙이다. 합법적인 이유가 아니라면 개개인의 자유와 권리는 평등해야 한다는 원칙이다.

자유주의 사상 형성에 기여한 로크(John Locke, 1632~1704년)는 다음과 같이 주장한다. 정부는 그 기능과 범위에 있어서 제한되어야 한다. 국가는 공공 또는 공동선을 위해 필요한 경우가 아니라면, 어떠한 행위에 개입할 수 있는 '정당한 권위를 갖고 있지 않다'는 입장이다. 사유재산이 정부보다 우선이기에 정부의 권위는 자연의 권리를 보호하는 정도로 제한해야 한다고 주장했다. 로크는 정부의 지나친 권한 행사로 인해 개인의 자유를 억압한다면 이는 사람들 사이에 자유와 평등을 누리며 살던 자연 상태보다 더 못한 상태가 될 수 있다고 우려하였다. 왕권신수설(Divine right of kings)을 반박하고, 시민사회의 통제 아래 놓인 대의제를 추구했다.[9]

로크의 입장에 스미스(Adam Smith, 1723~1790년)도 동의했다. 스미스는 로크와 함께 자유주의 사상가이다. 시장의 자율성을 강조하며 스미스가 제시한 '보이지 않는 손(invisible hand)' 개념은 너무도 유명하다. 우리가 저녁을 먹을 수 있는 이유는 푸줏간 주인과 맥주 만드는 사람, 그리고 빵 만드는 사람의 자비심 때문이 아니다. 우리의 저녁 식사는 각자가 자신의 필요에 의한 이익을 챙기는 과정에서 나오는 산물이다.

이타심의 존재를 부정하는 것이 아니다. 다만 사회의 기동(起動)을 가능하게 하는 핵심 변수가 이익 추구라는 의미다. 필요가 아닌 이익에 초점을 맞추는 것, 그것이 스미스가 말하고자 하는 바였다. 스미스는 경쟁의 중요성을 강조하면서 간섭은 시장의 잠재적 이익을 해치기 때문에, 정부의 개입은 법 집행, 조폐, 항구나 주택 등의 공공사업 등에 한정되어야 한다고 하였다.[10]

한편, 하이에크(Friedrich von Hayek, 1899~1992년)는 『노예의

길(*The Road of Serfdom*)』에서 자본주의와 사회주의 사이의 중도적 개념을 거부하며, 계획경제를 '위험한 신화'로 비판하였다. 하이에크는 정부의 개입이 자유시장경제체제의 유연하고 효율적인 기능을 왜곡시킨다고 강조했다. 자유시장경제체제가 왜곡되면, 왜곡을 바로잡기 위하여 정부가 더 많은 개입을 하게 되고, 이것이 반복되는 악순환이 반복된다는 것이다. 정부 개입의 악순환은 결국 전체주의 국가로 만들어갈 것이라고 비판하였다.[11]

고전적 자유주의는 복지국가에 반대한다. 개인 각자가 자기의 복지에 책임을 져야 한다는 원칙에 어긋난다고 보기 때문이다. 그렇다고 고전적 자유주의자들이 가진자의 사회적 책임을 요구하는 보수주의자들은 아니다. 고전적 자유주의자들은 개별적 존재로서 각각의 개인들은 자기 이익 실현을 위한 최적의 판단을 내리는 데 있어 합리적이며, 자기의 결정과 행동에 대한 책임감을 지니고 있고, 자연권을 추구하려는 개인의 자유보다 더 중요한 가치는 없다고 본다. 자유는 자율과 독립과의 동의어로 정부나 타인에 의한 강제가 없는 상태를 말하는 것이다.

근대 계몽주의의 대표주자인 루소(Jean-Jacques Rousseau, 1712~1778년)는 자연 상태에서의 인간을 합리적 창조물로 보았다. 인간은 단지 자기의 생명과 자산을 보호받기 위해 정부의 도움이 필요할 뿐으로 보았다. 루소는 인간을 이기적인 존재로 보았던 홉스나, 인간을 이성적이라고 보았던 로크와는 달랐다. 홉스와 로크는 인간을 자연 상태에서 자기의 생명과 사유재산의 보호를 위하여 정부의 도움이 필요하다고 주장하였다. 하지만 루소는 자연의 상태에서 인간은 타인의 아픔을 느낄 수 있는 연민(compassion)을 가진 존재이기에 합리적 판단에 의하여 사회적 네트워크를 형성하고, 인간이 오로지 사회적 네트워크에 소속되어 있을 때만 발전할 수 있다고 생각하였다.[12] 하지만 조직화는 과학과 예술의 발달을 가져오게 되고 이로 인해 재산의 불평등한 소유가 인간의 연민을 욕심으로 대체하게 된다. 결국, 가진 자가 다른 사람을 지배하게 되면서 자연상태에서 누렸던 자유와 도덕성 그리고 공동체의 응집력은 무너지게 된다. 자연의 상태로 돌아가는 것은 불가능하다. 대안은 무엇일까? 사회계약을 통해 진정한 자유와 도덕성을 유지할 수 있는 사회를 만드는 것이다.

그런 사회를 위해 루소는 '일반의지(general will)'라는 개념을 주장했다. 일반의지는 특수한 개인의 이익을 추구하는 것에 반대한다. 일반의지는 사회의 집합적인 이익을 대표할 때 생겨난다. 일반의지는 단순히 개인들의 이익의 총합 이상으로 개인적이 아닌 시민으로서 역할을 하는 모든 사람의 이익을 표현한 개념이다. 루소는 일반의지가 차단되지 않아야 한다고 주장했다. 사회 전체의 이익을 담보로 개인의 사적 이익을 추구하는 모든 이익집단을 폐지해야 한다고 주장하였다.[13]

루소는 일반의지로 표현되는 공동체 속에서 개개인은 자신에게 주어진 주권, 즉 의사 결정 과정에 반드시 참여해야 한다는 것을 강조했다. 주권을 포기하는 개인은 다른 사람들의 결정에 따라 살아야만 하는데, 이것은 자연 상태에서 인간이 공동체를 형성하면서 생겨났던 부패(corruption)를 발생시키고, 그로 인해 초래됐던 타인에 대한 종속(dependency)이 재현되는 결과로 이어질 것을 우려했다.

일반의지에 따라 형성되는 '공적인 인격'이야말로 공화국 또는 정치체로 불릴 수 있다. 정치체는 수동적 의미에서는 국가이지만 능동적 의미에서는 주권자이다. 시민 개개인으로서 지니는 특수의지는 일반의지에 복종해야 한다. 억압과 제한으로 보일 수 있지만, 루소는 이것이 더 큰 자유를 누릴 수 있는 길이라고 말한다. 시민사회(civil society) 내에서 주권을 가진 구성원 모두가 그 권리에 동참하는 것이 매우 중요

제1부 국가의 발전과 위기

하다는 루소의 생각은 전통적 공화주의(Republicanism)의 토대가 되었다.[14]

■ 온전한 평등을 실현하자, 급진주의

사회주의의 탄생 배경에는 산업화가 있다. 유럽에서 산업화가 진행되면서, 사회적 책임과 분배에 대한 논의가 본격적으로 시작되었다. 국가의 개입을 최소화하고 개인의 의지를 강조하였던 것과 다른 사조(思潮)가 생겨났다. 국가의 개입과 평등을 강조하는 사조였다. 당시 유럽상황은 산업화의 진행과 민주주의의 출현에도 불구하고, 민주주의와거리가 있었다. 사람들은 여전히 가난했고, 착취당하고 있었다.

이런 상황에서 '모든 이에게 고도의 평등, 즉 동일한 삶의 조건을 제공해야 한다'는 급진주의(Radicalism) 주장이 나왔다. 급진주의는 소외된 계층에 주목하였다. 정치적·경제적·사회적 차원에서 힘이 없었던 사람들의 어려움에 주목했다. 급진주의의 비전은 명확했다. 사회의모든 집단의 이익을 보장할 수 있게 해주는 정치적·경제적 힘을 지향한다는 비전이었다.

상술하였듯이 공동체를 신봉하는 루소의 사상은 급진주의에 영향을 주었다. 인간은 어떤 경우라도 사회적이며, 본성적으로 합리적이기에 도덕적 공동체의 일원으로 살아가며 남의 고통이 자신에게도 해당될 수 있다는 연민을 느끼며 살아간다. 인간은 합리적 판단에 의하여가족과 공동체를 형성한다. 하지만 있는 그대로 살아가지 않게 된다.개인의 태도와 행동이 변하는 이유는 따로 있었다. 그들이 살아가며배우는 환경, 특히 과학과 예술의 발전에 의해 태도와 행동이 타락하면서 공동의 이익보다는 특수이익을 추구하는 행동에서 공공선이 무너진다고 생각했다.[15] 결과적으로 사회적 불평등이 야기되면서 더 많은 부를 소유한 사람이 그렇지 못한 사람을 지배한다. 공동체의 응집력이 파괴되면서 인간은 더욱 이기적이고 경쟁적으로 변화하게 된다는 것이다.

급진주의의 해결책은 무엇일까? 각각의 개인들이 협력과 공유에 가장 높은 가치를 두고, 집단적 선의 증가를 가장 중요한 목표로 삼게끔 환경을 조성하는 데 주된 역점을 둔다. 급진주의는 개인의 자유와 권리가 지닌 가치를 충분히 인정한다. 그러나 급진주의에 있어 가장 중요한 가치는 전체 사회의 선이다.

이 때 정부는 중대한 의무를 지닌다. 정부의 의무는 시민에 대한 교육과 훈련에서 그치지 않는다. 정부는 정책을 통하여 모든 시민에게 훌륭한 물질적 여건과 안전을 제공해야 할 의무 또한 있다.[16] 이는 사유재산이 있고 어느 정도 경제적 자유가 있어야 사익만이 아닌 공공선이나 공익을 생각할 수 있다는 전제에서 시작된다고 볼 수 있다. 따라서 정부는 모든 시민이 경제적 불확실성에 반하여, 평등한 교육, 거주지, 건강, 작업, 재정적 안정성에 접근할 수 있도록 해야 한다.

급진주의는 국가의 역량과 정책을 모든 구성원의 정치적·사회적 평등 실현과 물질적인 재화를 증가시키는 데 위임해야 한다고 주장한다. 급진주의자들은 평등이 사람들을 기꺼이 공공선에 기여하고, 행복한 시민들로 만든다고 믿는다.[17] 급진주의자들의 생각 범위는 학자에 따라 매우 다르고, 차이도 크다.

2. 국가를 구성하는 요인

1) 정치권력: 다른 이의 행동을 지배하고 결정하는 능력

정치는 권력의 문제이다. 우리가 직접적으로 느끼지 못하지만 권력은 다양한 형태로 우리 주위에 존재하고 있다. 비의도적인 현상을 제외하고 의도적인 권력의 집행은 물리적 또는 심리적 압박을 통한 '무력', 의도를 숨기고 자신들의 의도대로 따라오게 하는 '조작', 의도를 이해하도록 하는 과정이 존재하는 '설득', 그리고 지배가 정당하다고 믿는 따르는 '권위'로 나타난다.[18]

우선 권력의 형태를 살펴보자. 무력은 권위와 달리 실질적 힘을 이용한 경우를 말한다. 무력은 타인의 자유를 제한하거나 신체적 혹은 심리적 고통을 통해 폭력을 행사한다. 그러나 무력은 폭력만이 아니라 비폭력을 통해서도 행사된다. 비폭력적 방법을 통해 상대방의 행동을 유도하기 위해서 경찰이나 군제복과 같은 상징성 또는 피켓 시위 등의 구체적인 방법을 사용하기도 한다.

조작은 무엇일까? 권력자가 피권력자에게 자신의 의도를 숨긴 채 권력자의 의도대로 피권력자가 행동하도록 만드는 것이다. 조작은 "B가 A의 의도를 모르는 채 자신의 자유의지라 생각하며 A의 의도대로 움직이는 것"이라고 정의할 수 있다. 이와 같은 예로 선거가 있기 전에 내외적 위기를 이용하여 집권여당에 유리하게 선거를 이끌고 가는 것을 들 수 있다. 한국의 선거에서 나타났던 북한의 위협을 나타내는 '북풍효과'라든지 '이번 선거는 한일전'이라는 국수주의적 민족주의 선동 등이 이러한 조작의 대표적인 현상이다.

설득이란 A가 B에게 논쟁과 호소, 권고를 하여 B가 A의 견해를 바탕으로 행동을 하는 경우를 의미한다. 이런 상황에서 B는 A에게 보상을 원하거나 처벌을 두려워하여 A의 의도대로 움직이는 것이 아니라 자발적인 행동으로 A의 의도를 이행하게 된다는 점이 중요하다. 그렇기 때문에 설득을 권력의 형태로 보지 않을 수도 있다. 하지만 그렇게 볼 수 있는 것은 볼 수 있는 것은 A의 의도에 따라 B가 행동하게 만들기 때문이라는 점이 존재하기 때문이다. 설득에서는 다른 권력의 형태들에 비해서 소통이 중요한 요소이다. 현재는 매스미디어의 급속한 발달로 전통적 매체뿐 아니라 SNS, 유투브, 팟캐스트 등의 수단을 이용한 광범위한 설득이 이루어지고 있다. 물론 가짜뉴스도 설득의 권력으로 볼 수 있을 것이다.

설득과 권위의 차이점을 살펴보자. 간단하게 정의하자면, "권위는 권력자의 판단을 검증하지 아니하고 수용하는 것이고, 설득은 권력자의 판단을 검증하고 수용한다"라고 말할 수 있다. 즉, 설득이라는 것은 피권력자가 설득자의 판단을 검증하고 그것이 옳다고 판단되는 경우에 권력자의 의도대로 행동하는 것이라고 할 수 있다. 권위는 사람들로 하여금 권력자를 따르도록 하는 정당성을 제공해주는 것으로, 피지배자가 지배자에 대하여 그의 지배가 정당하다고 믿고 왜라고 토를 달지 않을 때 성립되는 지배자의 권력을 의미한다.

이 책에서 다루는 권위에 대하여 살펴보자. 첫 번째로, 강압적 권위는 A가 B의 동의를 얻기 위해서 무력을 수단으로 위협하는 행위로, B는 A가 그의 의도를 이행하기 위하여 자신에게 무력을 사용할 가능성이 있다고 믿게 되어 A의 의도대로 행동하는 것으로 풀이될 수 있다. 이와 같은 예로는 군부나 군벌이 쿠데타 등을 통해 권력을 찬탈했을 때 공권력의 명령에 불복종하면 처벌을 당할 것을 우려하여 본인 스스로가 명령에 따라서 행동하는 행위 등으로 볼 수 있다. 위기의 국가에서 많이 발생한다고 볼 수 있다.

강압적 권위가 처벌당할 것을 두려워하여 피지배자가 지배자에게 순응하는 것이라면, 유인에 의한 권위는 보상받고자 하는 심리로 따르는 행위이다. A는 A가 원하는 행위를 B가 하도록 보상을 약속하는 교환적인 관계로 생각할 수 있다. 이와 같은 유인에 의한 권위는 마르크스가 지적했던 것과 같이 부르주아가 프롤레타리아에게 특별한 보상을 제공하지 않지만, 프롤레타리아는 부르주아가 자신들에게 경제적 보상을 해주리라는 기대감으로 노동력을 착취당하는 원리와 같다고 볼 수 있다. 강압적 권위가 공권력을 동반할 수 있기에 정치권력에 근간하고 있다면 유인에 의한 권위는 경제적 권력에 기반하고 있다고 볼 수 있다.

정당적 권위는 권력자는 명령할 권리를 지니고 있으며 피권력자는 권력자에게 복종할 의무가 있는 관계이다. 정당적 권위는 사회적으로 인정하는 상하관계에서 나타날 수 있는 명령과 복종을 기반으로 하는 권위라고 할 수 있다. 현대사회에서 정당적 권위는 선거를 통해 발생되는 정치적 정당성뿐 아니라 기업, 군, 교회등의 조직에서도 나타나게 된다. 정당한 권위는 처벌을 염두에 둔 강압적 권위와 보상을 주어야 하는 유인에 의한 권위보다는 효과적이라고 할 수 있다.

전문적 권위는 전문적인 지식으로 인하여 피권력자가 권력자의 의도대로 행위하는 것을 말한다. 이와 같은 예는 병원에서 의사의 권위를 들 수 있다. 의사가 환자에게 술, 담배를 끊으라고 권유하는 것은 협박도 유인도 아닌 전문지식을 통한 것이기에 환자는 의사의 권유에 따른다. 마지막으로 개인적 권위가 있다. 피권력자가 권력자에게 불균형적인 사랑이나 보상을 원하면서 형성되는 권위다. 이 관계는 두려움과 보상보다는 사랑, 존경, 우정과 같은 요소로 이루어진다. 사랑하는 사람 간의 권위, 친구들 간의 권위, 그리고 무엇보다도 종교적 권위 등을 들 수 있다.

　정치권력은 위에서 다룬 개인적 수준에서의 요인뿐 아니라 사회차원에서 구조화되고 문화적으로 형성되는 지배담론으로 이어질 수 있는데, 이것은 '헤게모니'와 관련된다. 그람시(Antonio Gramsci, 1891~1937년)는 자본주의가 경제적 지배뿐 아니라 정치적이며 문화적인 요소의 지배에 의해서도 유지된다는 점을 강조하며 이를 헤게모니라 칭했다. 지배계급이 가지고 주장하는 것이 사회모두의 이익을 위한 것이라는 세계관에 의하여 사회 구성원들이 공유하는 사회적 담론이 형성된다는 것이다. 그렇다 보니 개념적 차원에서 헤게모니는 부정성(否定性)을 담지한다. 마르크스주의자들이 부르주아 사상의 우세성과 지배력을 가리켜 '부르주아 헤게모니(Bourgeois Hegemony)'라고 불렀던 것과 연동된다.[19] 부르주아 헤게모니하에서 프롤레타리아의 혁명 잠재력은 잠식된다. 실제로 제1차 세계대전을 겪으면서 노동자들은 국가 보위를 위하여 희생을 감수했지 단결하여 부르주아계급에 저항하지 않았다. 더이상 프롤레타리아 혁명은 어렵다는 것이다. 문화적 산물인 학문, 종교, 여론, 스포츠, 관습, 오락 등이 자본주의 경제구조로 하여금 노동자 나아가 인간의 심리를 조종해서 기존 질서에 순응하게 한다는 것이다. 억압에서부터 벗어날 새로운 세력을 구성해야 한다는 주장이 대두한다. 신좌익운동을 이끈 마르쿠제(Herbert Marcuse, 1898~1979)가 프롤레타리아에 대한 희망을 학생과 소수인종, 여성, 제3세계 국가 등으로 돌린 것도 그 때문이었다.

　성장과 분배 메커니즘의 핵심에 헤게모니가 있고, 성장과 분배는 국가 운영의 핵심 요소다. 우리 사회의 경제정책도 성장과 분배의 문제를 다룬다. '성장'과 '분배'는 이분법적으로 볼 수 있는 문제가 아니다. 어떤 국가도, 어떤 이데올로기도 성장과 분배를 양자택일로 선택하지 않는다. 대신 정치권력이 어떻게 분배되어 있는지, 즉 누가 어떤 방식으로 헤게모니를 갖는지가 성장과 분배의 문제를 판가름하는 주요인이 될 수 있음을 자각하는 것이 필요하다.

헤게모니의 문제는 이데올로기의 문제이기도 하다. 상술한 대로 이데올로기야말로 사회적, 정치적, 경제적 조건들을 창출하는 기준을 제공하기 때문이다. 따라서 근대 이후에 체계적인 이념으로 등장한 보수주의, 자유주의, 사회주의, 자본주의, 민주주의 역시 성장과 분배에 대한 이론이라고 할 수 있다. 이러한 이론들은 상호 영향을 미치면서 발전하였다. 성장과 분배를 어떤 관점에서 이해하고, 어떤 입장을 갖는지를 이론적으로 살펴보면 다음과 같다.

2) 헤게모니는 누구에게

계급적 관점에서 사회를 분석할 때는 주로 자본의 축적과 계급투쟁의 조건에 초점을 맞춘다. 국가의 영역과 정치적 정의에 대한 분석은 지배계급에 대한 논쟁과 연결된다. 배분의 권력 즉 헤게모니는 누구, 어디에 있는가의 문제이다.

자본주의의 토대는 생산 관계이다. 생산관계는 자본가계급의 노동자계급에 대한 지배관계에 대한 논쟁이 중심이다. 자본가는 생산의 수단을 소유하고 있다. 이 지배관계를 유지하기 위한 일종의 도구로써 근대국가의 역할을 중시한다. 즉, 지배계급으로서의 자본가(bourgeois)는 정치질서에 대한 통제를 확립하고, 지배계급인 자본가들이 원하는 방향으로 국가를 개조할 수 있다고 본다. 그렇기 때문에 국가는 부르주아에 대한 종속(servility)의 성격을 지닐 수밖에 없다는 것이다.

이런 입장은 마르크스(Karl Heinrich Marx, 1818~1883년)와 엥

겔스(Friedrich Engels, 1820~1895년)의 『공산당 선언(*The Communist Manifesto*)』에서 국가를 '자본가의 집행위원회'라고 규정한 것에서 분명하게 드러난다. 마르크스는 국가의 지배력만 강조한 것은 아니다. 국가의 계급 지배적 성격을 인정하면서도 경우에 따라 국가가 관료제라는 제도적 장치를 통하여 시민사회 형성에 작용하며 부르주아의 국가에 대한 통제를 견제할 수 있는 능력이 있다고도 보았다. 정도의 차이지만 국가의 자율성도 어느 정도 인정하였다.[20]

국가 자율성에 관한 마르크스의 설명에는 두 가지 입장이 있다.

첫째 입장은 국가 자율성을 부정적으로 본다. 마르크스는 일반적으로 국가, 특수하게는 관료제란 다양한 형태를 취할 수 있으며, 지배계급의 이익에 직접 연계될 필요가 없거나, 지배계급의 분명한 통제하에 있을 필요가 없는 권력의 원천을 구성할 수 있다고 보았다. 이는 국가가 지배계급으로부터 독립된 권력을 일정하게 보유한다는 것을 뜻한다.

하지만 이 경우에도 국가는 결과적으로 지배계급의 이익에 봉사하는 것으로 나타난다. 사회적 근원, 교육, 계급적 환경 등에 있어서 주요관료직에 충원되는 사람들은 기업, 자본 등 중산 계층에서 배출되기 때문에 이들은 자연스럽게 경제적 지배계급의 사익을 대변하게 된다고 본다. 더불어 자본가들은 풍부한 재정자원으로 정부, 정당, 언론 등 다양한 제도에 그들의 영향력을 행사하여 정책결정에 영향을 미친다. 특히, 민주주의적 전통의 기본사상에 있어서 국가는 개인의 사익보다 공익의 달성을 중요 임무로 한다. 마르크스는 사익과 공익의 구별이 착오를 불러일으킬 수 있다고 보았다. 국가는 공익을 앞세우면서 개인의 자유를 보호하고 재산권을 지켜 준다는 원칙에 따라 모든 사람을 똑같이 취급한다. 이렇게 하는 것은 중립적으로 보인다. 하지만 실제로 국가의 작용은 편파적이라는 것이다. 자본가의 특권을 보호해주는 결과를 가져온다고 보았다. 즉, 공익을 위해서 행동하는 공권력은 가능하지 않다는 것이다. 국가는 지배계급의 도구에 지나지 않는 자율성이 없는 국가라는 입장이다.

다른 입장은 국가는 상대적 자율성(relative autonomy)이 있다고 본다. 국가의 지배계급에 대한 종속적 역할과는 대조적으로 어느 정도의 국가 자율성을 인정하는 대목도 있다. 기본적으로 국가는 정책을 시행 할 수 있는 능력을 가지고 있다는 것이다. 국가가 지배계급에 대하여 어느 정도의 독립성을 띠는 경우는 다시 두 가지로 나눌 수 있다.

하나는 사회구성체의 구조적 변화과정에서 생기는 공백기에 국가의 자율적 능력이 어느 정도 나타날 수 있다는 것이다. 적폐청산을 앞세운 문재인정부의 사례에서 볼 수 있다. 다른 하나는 국가는 특수한 상황에서, 예를 들어 사회세력 사이의 상대적 균형 상태가 형성되면, 국가는 변혁을 추진하고 그것을 조정할 수 있는 능력을 가질 수 있는 경우이다. 이 경우 첫 번째 시각에서와는 달리, 국가는 지배계급의 이익에 반하는 제도적 개입을 수행할 수 있다.

이렇게 계급적 관점에서는 국가가 자율성을 지니지 못하여 지배계급의 단순한 도구에 지나지 않는지 혹은 지배계급으로부터 어느 정도의 자율성을 가진 존재인지 하는 의문점으로부터 도구주의적 국가론과 구조주의적 국가론이 등장하게 되었다. 밀리반드(Ralph Miliband)와 돔호프(William Domhoff)로 대표되는 도구주의적 국가론은 기본적으로 국가란 기득권에 있는 사람들이 특히, 자본가들이 직접 간접적으로 국가정책을 조작하거라 압력을 가하는 방법으로 권력을 행사하는 하나의 도구일 뿐이라는 것이다.[21] 국가는 단지 지배계급의 통치를 위한 수단이라고 간주한다. 특히 마르크스의 국가관 내부에 존재하는 이런 모순은, 그리스 철학자이자 구조주의 마르크스주의자인 풀란차스(Nicos Poulantzas, 1936~1979년)에 의해 적극적으로 해명되고 이론적으로 발전하였다.

3) 사람의 문제인가, 구조의 문제인가

사람과 구조의 문제는 자유와 평등의 길항(拮抗)관계와도 유사하다. 토크빌(Alexis de Tocqueville, 1805~1859년)이 미국의 민주주의를 찬양한 이유도 자유롭고 강력한 자치 기구들이 평등의 보편화에 따라 나타날 수 있는 다수의 폭정을 제대로 제어했기 때문이었다.[22] 프랑스에서 1789년 혁명 이후 전제정치가 재발했던 것도 자유와 평등 간 긴장 관계를 제대로 해소할 수 있는 기관의 부재로 인한 탓이 컸다. 마르크스가 프랑스 공화정을 가리켜 "코미디"라고 부른 것도 비슷한 연유에서였다.[23] 양자 간의 길항관계는 결국 자본주의와 민주주의의 사상적 토대로 이어졌다.[24]

그리스 철학자인 풀란차스는 『정치권력과 사회계급(*Political Power and Social Classes*)』에서 영향력 있는 사람보다는 사회의 구조가 국가의 기능을 결정한다고 주장하였다. 풀란차스는 자본주의적 생산양식 속에 나타나는 다양한 계급들과 관련된 정치적 기능 면에서 국가의 상대적 자율성을 강조한다.[25] 그의 논의는 프랑스 구조주의 철학자인 알튀세르(Louis Althusser, 1918~1990년)의 철학인 '중첩결정'에서 시작된다. 하나의 현상은 하나의 원인으로 귀착될 수 없고, 하나의 현상을 만들어 낸 원인은 복잡하며 많은 것들이 중첩된 작용으로부터 발생된다는 것이다. 결과적으로 단순히 생산수단을 누가 소유했느냐에 따라 정치적 결정이 만들어지지 않는다는 것이다.

우선 자본주의 국가는 법률적·정치적 장치를 통하여 모든 사회구

　　　　　　　　　　　　　　　제1부 국가의 발전과 위기

성원을 계급의 일원으로서가 아니라 하나의 개인으로 고립화시킨다고 보았다. 고립화된 개인 상호 간의 경쟁을 허용하는 형태로서 계급 간의 분쟁을 완화시키고, 계급관계 자체를 은폐한다는 것이다.

예컨대 한국을 비롯한 모든 국가의 헌법에서 그 권리가 보장되는 주체는 계급이 아닌 '개인'이다. 사법제도 등을 통해 국가는 이런 '개인'들을 보호하며, 특히 피지배계급 구성원의 경우 그들을 집단으로 착취당하는 프롤레타리아계급이 아닌, 자본주의적 법적 제도에 보장된 자유로운 계약 관계로 자유롭게 고용 계약을 체결한 계약 주체로 규정한다.

그 결과 피지배계급의 구성원들은 부르주아 지배계급에 대한 집단적 저항(혁명 및 계급투쟁)이 아닌 프롤레타리아계급 구성원 상호 간의 경쟁 상태에 빠지게 된다. 이런 경쟁 상태에서 발생하는 갖가지 분쟁은, '개인'을 보호하는 자본주의적 법적·정치적 제도에 의하여 조정된다. 하지만, 결과적으로 분쟁의 원인이라고 할 수 있는 계급관계는 계속해서 유지하게 된다.

풀란차스에 따르면 자본주의체제의 구조를 유지하기 위해서 국가는 사회에 대하여 상대적 자율성을 갖고, 다음과 같은 기능을 수행한다.[26]

첫째, 지배계급을 정치적으로 조직하는 기능이다. 사회경제적 관계의 고립화와 부르주아계급 내의 분파 현상으로 말미암아 지배계급은 스스로의 힘으로 피지배계급에 대한 헤게모니를 확보할 수 없게 된다. 이 때문에 국가가 이들을 통합하는 역할을 하게 된다. 예컨대 국가가 "모든 국민 개인의 권리를 보호한다"고 규정한 자본주의 국가의 헌법 및 제도, 그리고 국민을 대변한다고 하는 부르주아 대중정당들은 피지배계급으로 하여금 국가에 의지하도록 만든다. 이런 신뢰는 국가에 대한 신뢰를 기반으로 피지배계급 구성원들이 산업 현장에서 발생하는 착취 관계를 무시하거나 그럼에도 불구하고 계속해서 노동력을 제공하는 정치적인 이데올로기 기반이 된다.

둘째, 노동자계급을 정치적으로 분열시키는 기능이다. 즉, 국가는 그들이 하나의 자율적인 정당으로 조직하는 것을 막는다. 국가는 스스로 국민과 민족의 정치적 통일의 대표자임을 자부하도록 한다. 이렇게 함으로써 노동자계급의 정치적 투쟁을 격리한다. 이런 기능은 지배계급에 대한 국가의 상대적 자율성 확보에도 도움이 된다. 즉, 노동자계급의 혁명적 정당이 아닌 국가가 피지배계급의 대변자 역할을 자처하도록 함으로써, 또한 그 제도적 실체로서 분쟁 조정 및 복지제도 등 피지배계급에 대한 '물질적 양보'를 계속해서 제공함으로써 국가는 피지배계급의 자율적인 정치적 조직화를 막는다. 이러한 기능은 자연적으로 국가가 상대적 자율성을 갖게되는 이유가 되기도 한다.

셋째, 국가는 자본주의적 사회구성체 내에서 비지배적 생산양식에 종사하는 계급을 복잡한 이데올로기 과정을 통하여 자기의 지지계급으로 만든다. 국가는 이들의 이익을 옹호하는 정치적 대표자임을 자부하고 나설 때가 많으며 교육을 통해 그들을 학습시킨다. 이것은 국가가 단순히 지배하고 있는 계급의 수단만은 아님을 입증한다. 그 대신 국가는 상대적 자율성을 통해 지배하고 있는 자본가계급들의 이익에 대한 안정성을 보장할 수 있다. 예를 들어보자. 전통적 수공업에 종사하는 쁘띠부르주아들은 자본주의적인 기계 산업에 의해 도태될 수밖에 없다. 쁘띠부르주아들은 몰락하여 프롤레타리아가 되거나 공무원이 됨으로써 자본주의적 국가체제를 뒷받침하는 지지계급이 된다.

대체로 마르크스의 전통을 계승하는 계급주의 입장에서는 자본가의 입장만을 대변한다는 도구주의 입장과는 다르게 구조주의는 국가의 상대적 자율성을 강조한다. 경우에 따라 국가는 자본가의 이득에 반하는 복지정책을 집행할 수 있지만 이는 단기적 손실일 뿐 장기적으로는 노동자들의 불만과 정치적 조직화를 완화시킴으로 자본주의 사회구조가 유지하게 한다고 본다. 결과적으로 구조주의 역시 자본주의의 구조를 유지하기 위한 주요 기능을 국가가 수행한다고 보기 때문에 기능주의적 분석의 형태를 띠고 있는 것도 사실이다.

중요한 것은 개인이 국가가 지닌 상대적 자율성이 엄연히 존재한다는 사실을 자각하는 일이다. 버거(Peter L. Berger, 1929~2017년)의 표현을 빌리면 "관(官)의 폭력이 있다는 사실을 아는 것은 관의 폭력이 있다는 것보다 더욱 중요하다."[27] 베버(Max Weber, 1864~1920년)가 지적한 대로 계층 유형과 계급체계를 '합리적 수준에서 개인이 지닐 수 있는 기대'라고 정의한다면, '관의 폭력'이 합리적 수준을 초과하는 것을 개인이 자각하는 순간이야말로 국가위기를 불러일으키는 원천으로 부를 수 있지 않을까?

버거가 표현하는 관의 폭력을 풀란차스식(式)으로 설명하면 국가의 자율성에 따른 정치적 속박, 자본가계급만의 이익 확보에 따른 저발전, 피지배계급의 자율적 조직화 방지에 따른 사회성 결여 등이 될 것이다. 결국 관의 폭력은 가치 배분의 적정성이 결여되는 상황과 직결된다. 다음 장은 국가위기의 원천이 될 수 있는 가치의 배분문제를 총론 차원에서 다룬다.

주

1) 김성수, 『자본주의와 민주주의, 상생의 정치경제학을 위하여』 (서울: 박영사, 2020), p. 38.

2) Jackson. R, "Sovereignty in World Politics: A Glance at the Conceptual and Historical Landscape," *Political Studies* 47-3 (1999), p. 436.

3) 김준석, "17세기 중반 유럽 국제관계의 변화에 관한 연구," 『국제정치논총』 52

집 3호. (2012), pp. 126, 128.

4) Thomas Hobbes, *Leviathan* (Baltimore: Penguin Books, 1968).

5) Hobbes (1968).

6) Kalevi J. Holsti, *Taming the Sovereigns: Institutional Change in International Politics* (Cambridge, UK: Cambridge University Press, 2004), p. 30.

7) David Easton, *Varieties of Political Theory* (Englewood Cliffs, N.J.: Prentice-Hall, 1966).

8) "Analysts predict economic struggles for Zimbabwe in 2023," *Al Jazeera*, 30 December 2022.

9) John Locke, *Second Treaties of Government*, C. B. Macpherson (ed.), (Indianapolis: Hackett Publishing Company1980[1689]).

10) Adam Smith, *The Wealth of Nations I–III* (NY: Penguin Adult, 1986[1776]).

11) Frederick A. Hayek, *The Road to Serfdom* (London: Routledge, 1976).

12) Jean Rousseau, *'The Social Contract' and Other Later Writings*, Victor Gourevitch trans. (Cambridge: Cambridge University Press, 1997).

13) Rousseau (1997).

14) Rousseau (1997).

15) 김성수, 『새로운 패러다임의 비교정치』 (파주: 박영사, 2022), pp. 51–52.

16) 김성수 (2022), p. 53.

17) 김성수 (2020), pp. 231–232.

18) Dennis H. Wrong, *Power: Its Forms, Bases, and Use* (Chicago: University of Chicago Press, 1988), pp. 24–28, 35.

19) Jacob Gorender, and Teodoro Lorent, "The Reestablishment of Bourgeois Hegemony: The Workers' Party and the 1994 Elections," *Latin American Perspectives* 25–1 (January 1998), pp. 11–27.

20) Karl Heinrich Marx, and Friedrich Engels, *The Communist Manifesto* (London: Merlin Press, 1988).

21) 김성수 (2022), pp. 88–89.

22) Alexis de Tocqueville, *Democracy in America* (New York: Bantam Dell, 2002).

23) Martin Harries, "Homo Alludens: Marx's Eighteenth Brumaire," *New German Critique* 66 (Autumn, 1995), pp. 35–64.

24) 김성수 (2020), pp. 33–109.

25) Nicos Ar Poulantzas, *Political Power and Social Classes* (London: Verso Books/NLB, 1973).

26) 김성수 (2022), pp. 91–92.

27) 이상률, "사회학에의 초대: 인간주의적 전망," 이상률 옮김, 『사회학에의 초대: 인간주의적 전망』 (서울: 문예출판사, 1995), p. 97.

4장

국가위기의 원천

국가 운영의 기본 축은 정치와 경제 그리고 이념의 상관관계이다. 국제 요인 역시 고려대상이다. 정치와 경제는 동전의 양면과 같아 실질적 가치 배분의 적정성 문제를 어떻게 운영하느냐에 따라 국가위기의 근간이 되는 국가권위의 정당성이 좌우된다. 배분의 문제는 국가의 가치와 권위의 근원이기에 배분을 어떻게 하느냐에 따라서 구성원들은 반응한다. 그 이유는 '배분'에 대한 절대적 기준을 정할 수 없기 때문이다. 긍정적 가치를 추구 하여도 사회 구성원 개개인의 지향점이 다르기 때문에 의도하지 않게 '부정성(否定性)'은 발생된다. 발생하는 부정성으로 인해 분배의 공정성에 반응하면서 권위가 유지되기도 하고, 위태로워지기도 한다. 국가 내 사실적 가치 배분의 적정성이 긍정성으로 높다면 지속 가능한 권위에 입각한 정치체제를 유지할 것이고, 부정성으로 확장된다면 반대의 모습을 보일 것이다. 권위적 배분의 정당성 척도는 사실적 가치 배분의 긍정성과 부정성의 조화가 중요하다.

1. 배분, 국가위기와 신뢰의 근원

정치와 경제는 국가 운영의 기본 축이다. 정치와 경제가 엄격하게 분리된 국가는 없다. 세계 거의 모든 나라들은 정치와 경제가 맞물려 있고, 관계도 밀접하다. 정치와 경제가 어울려 가는 모습은 어느 국가에서나 나타나는 현상이다. 정치가 안정되어 있는데 경제가 어렵다거나, 경제가 안정적으로 잘 운영되는데 정치가 불안정한 국가는 좀처럼 찾기 어렵다.

흥한 국가 대부분이 채택한 제도는 민주주의(Democracy)이고, 경제에서는 자본주의(Capitalism)이라는 것 그리고 이념은 자유주의(Liberalism)라는 것은 부인할 수 없는 사실이다. 사회주의를 채택한 국가에서도 자유와 인권에 대한 요구가 높아지고 있다. 물론 사회주의에서의 자유와 인권은 고립된 개인의 가치라기보다는 '관계 속에 있는 개인들'이다. 인간을 '사회적 혹은 공동체적 존재'로 보는 관점의 산물이다. 마르크스와 엥겔스가 『공산당 선언』에서 "각각의 자유로운 발전을 위한 조건은 모든 사람의 자유로운 발전이다"라고 강조한 것도 같은 연유에서였다.[1] 민주주의든 사회주의든, 자유주의는 특정한 국가 이념이기보다는 점차 국가 일반의 가치가 되었다.[2]

정치와 경제의 핵심이슈는 '배분'이다. 배분 관념은 민주주의와 자본주의, 사회주의 이데올로기를 관통한다. 배분의 문제는 국가의 가치와 권위의 근원이기도 하다. 국가의 주권이 구체적인 행위로서 실현되는 과정에서 배분을 어떻게 하느냐에 따라서 구성원들의 동의와 배반이 일어난다. '배분'이 중요한 이유는 배분에 대한 절대적 기준이 정해져 있지 않기 때문이다. 정해져 있지 않은 상태로부터 비롯될 수 있는 '부정성(否定性)'으로 인해 분배의 공정과 권위가 존경받기도 하고, 위태로워지기도 한다.

사회적 가치 배분의 부정성은 자원배분의 적정성이 확보되지 않은 상태를 의미한다. 부정적 가치가 확산하는 것이다. 부정적 가치의 확산은 달리 말하면 투입(input), 산출(output), 환류(feedback)로 구성된 정치체계가 제대로 작동하지 않는 상황을 의미한다.

가치의 발현 과정에서 부정적 가치가 반작용으로 나타나는 것을 억제하는 힘은 국가에 있다. 국가가 가치를 '권위적으로' 배분할 수 있을 때 가능하다. 배분되어야 할 사회적 가치 자체가 부패하면, 권위의 권원(權原)이 사라지고, 위기가 발생하게 된다.

사회적 가치가 부패하면 신뢰성이 떨어진다. 투입과정으로서 시민사회의 요구나 지지의 신뢰성, 산출 과정으로서 국가의 정책결정에 대한 권위가 없어진다. 정책의 입안 및 집행에 관한 투입과 산출 사이의 긴장 관계가 건전하고 지속가능한 정치체계의 발달로 이어져야 건강한 국가가 된다. 부정적 가치의 확산은 정치체계의 작동 자체를 불가능하게 한다.[3]

사실적 가치의 배분문제가 중요하다는 것은 역사적으로도 확인된다. 같은 정치체제를 선택한 국가들을 비교해도 명백해진다. 포용적 민주주의체제를 선택한 서구 국가들이 비교적 안정적인 자원배분으로 정당화 위기를 상대적으로 잘 극복했다. 반면, 제3세계의 많은 개발도상국은 비슷한 위기에 직면해서 (또는) 직면했을 때 정권 차원의 불안정성을 경험했다. 특히 2019년 수단에서 시작으로 아프리카 대륙에서 잇따르고 있는 쿠데타는 이를 잘 보여준다.

아프리카 사헬지역에 위치한 부르키나파소, 차드, 기니, 수단, 말리, 니제르에서 발생한 쿠데타 모두 시민에 의해 선출된 정권을 전복한 사건이었다. 기니에서 수단까지 이어지는 5,600km를 '쿠데타 벨트'라 칭하고 있을 정도이다. 이들 대부분 지역에서 시민들은 쿠데타를 환영했다. 실제로 2023년 7월에 발생한 니제르 쿠데타에서는 국민 80%가 쿠데타를 환영하고 지지하는 것으로 조사되었다.[4] 쿠데타의 주된 이유는 만성화된 치안 부재, 정치 엘리트들의 부패, 대량 실업 등의 문제를 정부가 해결하지 못한 것이었다. 자원배분의 과정은 부정성으로 점철되었고, 국가의 가치와 권위는 붕괴하였다. 이런 국가에서의 공통점은 자원의 권위적 배분을 설명할 수 있는 권위 자체가 결여된 상황이다.

국가에 대한 신뢰와 위기는 모두 배분의 문제에서 비롯한다. 국가 구성원들이 동의하는 '가치의 권위적 배분'을 구체적으로 실현하는 과정에서 발생한다. '사실적 가치 배분의 적정성'을 살펴봄으로써 현대 국가가 직면하고 있는 '권위의 위기' 양태를 분석할 수 있는 지표이다. 가치의 긍정성과 부정성은 동전의 양면이다. 달리 말하면 양자는 긴밀히 연계되어 있지만 동시에 엄연히 중첩될 수 없는 사안이다. 부정성은 말 그대로 부정적 가치다. 본질상 부정성을 내포한다. 이를 요금과 벌금 간의 차이로 환유할 수도 있을 것이다. 샌델(Michael Sandel)의 다음 비유를 생각해 보자.[5]

그랜드캐니언에 쓰레기를 버릴 때 부과되는 벌금이 100달러이고, 어떤 부자 등산객이 빈 깡통을 계속 들고 공원 밖으로 나가는 수고를 아낀 대가로 그 정도 비용은 낼 만하다고 생각했다고 가정하자. 그는 벌금을 요금으로 생각해서 맥주 캔을 그랜드캐니언에 던져버린다. 그 부자가 돈을 냈다 하더라도 우리는 그가 잘못된 행동을 했다고 생각한다. 그랜드캐니언을 값비싼 쓰레기통으로 취급함으로써 그랜드캐니언의 가치를 적절한 방식으로 존중하지 않았기 때문이다.

요금은 '도덕적 판단이 배제된 단순한 가격'이지만, 벌금은 도덕적 관점에서 용납하기 어려운 행동에 대한 비용이다.[6] 부자는 쓰레기나 깡통을 투기(投棄)하고, 이에 대한 대가로 벌금을 내는 것으로 부정적 가치를 상쇄했다고 느낄 수도 있다. 그러나 부자의 투기 행위로 인한 부정성은 잔여(殘餘)의 형상으로 사회에 남는다. 이런 예에서 보듯이 부정적 가치의 존속과 확산은 사실적 가치(자원의 문제)와 직결되어 있다. 가치 배분의 적정성 문제와 연결되는 것이다.

상술한 내용을 바탕으로 본 책은 위기의 국가가 배분의 문제에서 비롯되는 것임을 다시금 강조하고자 한다. 실질적으로 발생하는 정치체계의 적응, 진화, 균열, 붕괴, 전환과 같은 패러다임의 변화에 대한 적절한 설명을 제공하는 데 한계를 갖고 있는, 정치체계가 존속하는 데 필요한 기본적 기능과 대응형태는 무엇인가에 대한 설명인 가치에 대한 구속적이고 권위적인 배분이 이룩되고 실시되는 '가치의 권위적 배분' 문제를 논하기보다, '사실적 가치 배분의 적정성'을 살펴봄으로써 국가가 직면하고 있는 '권위의 위기' 양태를 분석하고자 하는 것이다. 단순하게 긍정적 가치와 부정적 가치의 균형점이라는 제도적 해결책이 아니라 사실적 가치 배분에 적절성을 찾아 권위의 위기가 궁극적으로는 '국가의 위기'로까지 확장되는 원인을 찾아보는 것이다. 이 때 가치를 배분할 수 있는 능력을 권력이라고 정의할 수 있다.

국가가 가치를 배분할 수 있는 능력을 권력이라고 정의할 수 있다. 라스웰(Harold Lasswell, 1902~1978년)은 "권력 개념은 아마도 정치학의 전반에 걸쳐서 가장 기본적인 개념이며, 정치과정은 권력의 형성, 분배, 행사"라며 권력의 중요성을 분명히 했다.[7] 권력은 결국 인간의 사회적 관계 속에서 개인이나 집단을 조정할 수 있는 능력이다. 이 능력에는 심리적 또는 물리적 요소가 수반될 수 있다. 결국 가치의 배

분 과정에서 부정적 가치가 커질 때 국가위기의 구조가 발생한다.[8]

분석의 편의를 위해 사실적 '가치'를 '긍정성'과 '부정성'으로 나누고, 각각에 해당하는 사회 현상을 유형별로 개념화 하여 표 4.1로 정리하였다. 표 4.1과 같이 양자 간의 관계는 주로 항목별로 대립되는 형태로 나타난다.

가치는 성격에 따라서 '정치사회적 가치', '경제적 가치', '문화적 상징체계', '외부요인'으로 나눌 수 있다. 각각의 가치는 서로 다른 성격을 포함하지만, 국가 주권의 정당성과 안정성을 결정한다는 점에서 공통성을 갖는다.

다만 긍정성과 부정성을 구분하는 명확한 문턱(threshold)은 존재하지 않는다. 자유(긍정성)와 속박(부정성)을 구분하는 것은 말처럼 쉬운 일이 아니다. 가령 자유지상주의(Libertarians)자들과 공동체주의자(Communitarians)들에게 '사회보장제도'에 관해 묻는다면 전자는 속박이라 부를 것이고, 후자는 자유라 지칭할 것이다.

예컨대 하이에크는 경제적 평등을 달성하려는 시도를 강압적인 것으로 봤고, 자유 사회를 파괴하는 것이라 말했다.[9] 프리드먼(Milton

표 4.1 '가치'의 성격과 방향

가치의 성격	긍정성	부정성
정치사회적 (합의)	자유, 평등, 정의/공정, 치안, 건강/복지, 교육, 환경	속박, 불평등, 불의/불공정, 무질서, 질병/복지위기, 교육부족, 환경오염
경제적 (성장과 분배)	경제적 안녕, 근대화	경제위기/빈곤, 저발전
문화적 (상징체계)	종교, 문화	종교갈등, 문화충돌
외부요인 (국제연대)	동맹	배제

Friedman, 1912~2006년) 역시 국가가 할 일이라고 널리 인식된 사안이라 하더라도 개인의 자유를 침해하는 경우가 상당하다고 지적했다.[10] 최소국가만이 정당화될 수 있다고 했던 노직(Robert Nozick, 1938~2002년)도 마찬가지다.[11]

반면 공동체주의자들은 전자가 부르는 속박이 사실은 '소극적 자유 인식에 근거한 편협한 개념'이라고 지적할 것이다. 자유를 단순히 정부에 의해 '방해받지 않은 행동' 정도로 인식할 경우, 국가의 물질적 지원을 통해 개개인의 잠재력을 증진할 수 있는 능력 배양의 기회가 시민사회 전체에 공평하게 주어질 가능성은 희박하다. 일찍이 뒤르켐(Émile Durkheim, 1858~1917년)이 지적한 바와 같이 소극적 자유로 가득한 공동체의 규범은 무한한 인간 욕망으로 인해 악화되고, 심지어 더 많은 자살로 이어질 수 있다.[12] '분배적 정의(distributive justice)의 대상'이 되는 가치는 그것이 어떤 형태이든 본질적으로 '사회적' 가치이다.

2. 가치의 성격과 방향

각각의 가치를 간략히 살펴보면 다음과 같다. 정치사회적 가치는 크게 정치적 가치와 사회적 가치로 구분할 수 있다. 정치적 가치의 경우 정치철학자들로부터 관습적으로 중시되어 온 개념으로 구성된다. 재강조하지만, 특히 정치사회적 가치의 경우 추상적 성격을 어느 정도 내포하고 있으므로 각 개념을 명확히 정의하기 어려운 측면이 있다. 예컨대 자유의 경우 방종(放縱)과 어떻게 구분해야 하는지, 적극적 자유까지 허용한다면 어디까지 허용할 수 있는지 등에 대한 문제가 있다.

다만 아리스토텔레스가 지적한 대로 자유를 "통치받는 것과 통치하는 것을 번갈아 하는 것(being ruled and ruling in turn)"으로 인식할 경우,[13] 자유는 분명 민주주의체제의 핵심 개념으로 기능한다. 한편 정의와 공정의 개념은 기회의 평등과 결과의 평등이 조화를 이룰 때 가능하다.

사회적 가치는 21세기의 시대적 담론에 맞게 표현하면 확장된 안보, 즉 인간안보의 형태를 띤다. 치안과 질서는 무질서와 불안정을 꺼리는 공동체의 본질적 가치다. 유엔 지속가능발전목표(SDGs: Sustainable Development Goals)가 제시하는 '평화로운 사회' 구축 목표와도 일맥상통한다.

특히 지속가능발전목표의 셋째와 넷째 목표가 각각 건강과 복지, 양질의 교육이라는 점을 상기하면 사회보장정책 강화, 교육 접근성 확대 등은 사실적 가치의 긍정성을 확장하는 직접적 기제가 된다. 포용적 성장과 고용의 가능성을 확대하는 것이다. 한편 환경문제는 21세기 국제사회의 핵심 화두 중 하나로, 세계체제 수준의 협력이 필요한 사안이기도 하지만 동시에 국가 단위의 대응능력, 특히 기후변화 완화(mitigation) 및 적응(adaptation) 능력이 여전히 중요한 분야라 할 수 있다.

경제적 안녕의 유지와 보장은 중요하다. 이는 성장과 복지 제공이 단순히 경제적인 차원의 의미를 갖는 것이 아니라 국민들이 가지는 기본적인 권리이기 때문이다. 경제적 가치는 물질적 자원과 가장 밀접하게 연계된 사실적 가치이다. 그렇다고 해서 경제적 안녕을 '물건들' 또는 재산과 등치하는 것은 바람직하지 않다. 물론 1990년대 공산주의 블럭의 붕괴 이후 대다수의 동부유럽 주민들은 경제적 안녕을 주요시하였다. 역사적 상황에 따라 다른 견해가 존재할 수 있다는 것이다.

제1부 국가의 발전과 위기

현대사회에 있어 경제적 가치의 부정성은 시장 메커니즘의 실패에 따른 부의 양극화문제에서 비롯된다.[14] 프랑크(Andre Gunder Frank, 1929~2005년)의 지적대로 불평등의 심화가 '저발전의 발전'으로 이어지는 것이다. 근대화이론이 제시하는 발전 경로가 오히려 지역 간의 구조적 종속 형태로 나타날 수 있음을 의미한다. 동시에 경제적 가치의 보장은 정치적 자유와 연결될 수 있다. 빈곤은 자율적 선택을 제한할 수 있기 때문이다.

문화적 가치의 경우 정체성문제와 연결된다. 일종의 상징체계다. 개인적 정체성보다는 사회적 정체성, 즉 국가 공동체 내부에 소속된 사람들의 민족과 종교, 문화적 자질과 속성의 융합 또는 대립 양태를 파악하는 것이다. 이는 곧 정치문화의 문제이기도 하다. 문화는 '사회적으로 공유하는 지식'이고, '사회적으로 공유하는 지식이란 개인들을 연계시키는 공통적인 지식'이다.[15] 종교에 기반을 둔 정체성도 문화적 상징체계의 일환이라는 점에서는 마찬가지다. 다만 공유하는 지식의 속성이 영적(靈的), 즉 보이지 않는 세계를 지향한다는 점이 다를 뿐이다.

마지막으로 외부요인은 국제적 연대와 관련된다. 국제네트워크와의 연결성이 세계적 차원의 가치 배분과 직결되는 것이다. 국제화가 가속되면서, 국제네트워크의 중요성은 점점 더 높아지고 있다. 홀로 존립하는 나라는 어디에도 없다. 각각의 국가들은 개별적으로 주권 국가로 존재한다. 국제적으로도 독립성을 보장받는 동시에 국제적인 규범을 준수해야 하는 국제사회의 일원으로 연결되어 있다.

국제네트워크는 국제적인 주권국가 시스템의 일부로 존재감이 확대되면서, 주요한 가치로 평가될 수 있다. 다양한 국가들로 이루어진 세계체제 안에서 각국은 타국 및 집합적인 세계적 경향에 영향을 받는다. 물론 반대로 한 나라가 다른 나라를 비롯한 세계질서에 영향을 미치기도 한다. 어떤 국가든 긍정적 또는 부정적인 방향으로 상호작용하는 것은 불가피하다. 국가의 발전과 위기 원인을 국제네트워크와의 관계, 즉 동맹과 배제라는 지정학적 차원으로 분석하는 것은 중요하다.

한편, 본 연구는 취약국가지수(FSI: Fragile States Index)를 위기 국가를 설명하기 위한 주요 기준으로 삼는다. 미국 싱크탱크인 평화기금(Fund for Peace)과 『포린 폴리시(*Foreign Policy*)』가 해마다 발표하는 FSI는 사회의 응집력, 경제적, 정치적, 사회적 영역을 토대로 영역별 지표를 구분하고 이를 합산해 측정하는 방식으로 이뤄진다. 이 책의 경우 앞서 제시한 표 4.1의 분석틀을 토대로 진행하므로 FSI의 지표 구분을 그대로 따르지는 않는다. 다만 FSI를 통해 정량화된 지수를 활용해 위기 상황에 놓인 국가들을 선별하고, 해당 국가들의 특징을 설명한다.

종합하면, 국가의 위기는 자원과 가치 배분의 문제로 귀결된다. 위기의 국가는 사회적 가치를 배분하는 과정에서 부정적 가치가 내부 또는 외부에서 높아지면서 국가 내 권위의 정당성을 잃게 되면서 나타난다. 국가적인 차원에서 배분의 문제와 연결되어 있고, 국가의 신뢰와 위기에 영향을 미치는 요소라는 점에서 궁극적으로 사실적 가치에 해

도표 4.1　취약국가지수 영역별 지표

응집력 지표	경제적 지표	정치적 지표	사회적 그리고 외부 개입지표
C1: 보안 및 안보 기구 C2: 다원화된 엘리트 C3: 집단 불만	E1: 경제적 쇠퇴 E2: 불균형 경제발전 E3: 전문 및 노동인력의 　　이주	P1: 국가 정당성 P2: 공공 서비스 P3: 인권과 법치주의	S1: 인구대비 사회적 환경 S2: 국내 및 국제 난민 X1: 외부개입

출처: The Fund for Peace

당한다. 특정 국가 내 가치의 배분 양상이 긍정성으로 수렴한다면 이 국가는 지속 가능한 권위에 입각한 정체를 형성할 것이고, 부정성으로 수렴한다면 반대의 양태를 보일 것이다.

주권이라는 가치명제도 가치 배분의 적정성이라는 사실명제에 의해 영향을 받을 수밖에 없다. 자원배분의 문제이며 정치권력과 권위의 문제라는 점에서, 나아가 가치 배분의 적정성을 평가하는 과정에 시민의 역할이 얼마나 실질적인가를 살펴봐야 할 문제라는 점에서, 국가의 위기는 체제의 위기이자 궁극적으로는 정치와 경제 그리고 문화의 위기로 해석해야 한다.

미국의 독립선언문에는 "모든 사람은 평등하게 창조되고, 창조주로부터 양도할 수 없는 일정한 권리를 부여받으며", 어떠한 형태의 정부라도 상술한 시민의 권리를 확보하지 못하는 경우 시민들이 "정부를 바꾸거나 없애고 새 정부를 수립"할 수 있다는 원칙이 천명되어 있다. 그것이 바로 현대 국가의 권위를 지탱하는 힘이자 동시에 위기의 국가를 구성하는 동인이다.

주

1) 테렌스 볼, 리처드 대거, 대니얼 I. 오닐 지음, 정승현, 강정인 외 옮김, 『현대 정치사상의 파노라마: 민주주의의 이상과 정치이념』 (서울: 아카넷, 2019), pp. 236-237.
2) C. B. 맥퍼슨 지음, 김규일 옮김, 『자유민주주의의 발전과정』 (서울: 양영각, 1984).
3) 김성수, 『새로운 패러다임의 비교정치』 (파주: 박영사, 2022), p. 83
4) "사헬지역의 쿠데타 도미노가 남긴 과제," 『내일신문』, 2023년 10월 19일.
5) 마이클 샌델 지음, 안기순 옮김, 『돈으로 살 수 없는 것들: 무엇이 가치를 결정하는가』 (서울: 미래엔, 2012), pp. 99-100.
6) 마이클 샌델 (2012), p. 99.

7) Harod D. Lasswell and Abraham Kaplan, *Power and Society* (New Haven. CT: Yale University Press, 1950), p. 75.

8) 김성수 (2022), p. 325.

9) Friedrich A. Hayek, *The Constitution of Liberty* (Chicago: University of Chicago Press, 1960).

10) Milton Friedman, *Capitalism and Freedom* (Chicago: University of Chicago Press, 1962).

11) Robert Nozick, *Anarchy, State, and Utopia* (New York: Basic Books, 1974).

12) Émile Durkheim, *Suicide: A Study in Sociology* (Glencoe: Free Press, 1951).

13) Thomas R. Martin, et al, "Democracy in the Politics of Aristotle," Dēmos: Classical Athenian in C.W. Blackwell, ed. (July 2003), p. 8.

14) Thomas Piketty, *Capital in the Twe nty-First Century* (Cambridge, MA: Harvard University Press, 2017).

15) 알렉산더 웬트 지음, 박건영·이옥연·구갑우·최종건 옮김, 『국제정치의 사회적 이론: 구성주의』 (서울: 사회평론, 2009), p. 211.

제2부

국가위기의 동인

5장

정치사회적 합의의 균열

민주주의는 누가 우리를 통치할 것인가를 결정하는 권리를 우리 스스로 지니는 것이다. 민주주의의 기본 가치로서 '자유'는 포괄성이 있어야 한다. '자유'가 특정 집단에 편중될 때는 사회적 합의를 이룰 수 없다. '정의'와 '공정'의 개념 또한 '기회의 평등'과 '결과의 평등'이 조화를 이룰 때, 개인과 소수자에 대한 존중, 다름을 인정하는 관용, 기본적 복지, 상호 협력, 국가와 사회 구성원 간의 신뢰, 그리고 개인 생명과 사유재산 보장을 위한 안보가 조화될 때 국민의 지지를 받을 수 있다. 법의 지배는 위 가치를 지탱하는 기반이 되어야 한다. 법치는 민주주의를 지탱하는 국민주권, 권리와 자유 그리고 경제적 안녕의 근간이 되기 때문이다. 사회적 가치는 정치를 통해 실현된다. 하지만 사회적 가치의 균열을 정치가 대변하지 못할 때 사회적 합의를 이끌어 낼 수 없다. 결국 주권을 집행하는 통치자의 정당성과 주권을 행사하는 정부의 도덕성이 의심받을 때 그리고 주권을 대표하는 통치자와 정부를 국민이 인정하지 않을 때 위기는 발생한다.

1. 정치사회적 가치의 토대

1) 정치적 가치의 토대로서 '정의'

'가치'의 정치적 의미는 무엇일까. 정치적 의미에서 가치는 관습과 연관된다. 정치철학자들이 중요하게 평가한 관습적인 가치들이다. 가치는 구체적이기도 하지만 대부분 어느 정도 추상적이다. 가치의 개념을 명확히 규정하기는 어렵다.

정치적 가치로 가장 많이 언급되는 것 가운데 하나가 '자유'다. 거의 모든 국가에서 자유를 중요한 가치로 받아들인다. 하지만 자유를 어떻게 구체적으로 규정하는지는 매우 어려운 문제다. 물론 '누구의 간섭도 받지 않고, 결정이나 행동할 수 있는 것'으로 규정할 수도 있을 것이다. 결국 자유란 정부의 간섭이 최소화될 때 극대화될 수 있을 것이다. 그러나 이 또한 추상적 수준의 의미에 불과하다. '~을 할 자유' 또는 '~을 선택할 자유'는 소위 '자유의지(free will)'에 관한 문제일 뿐이다.

신성정치에 기반에 절대왕정과는 다르게 18세기 계몽주의적 자연법론자들이 주장한 자연권의 영향으로 정부의 역할을 사회계약적 측면에서 바라보기 시작한다. 사회계약에 따라 구성된 정부가 인민의 자유를 어디까지 제한할 수 있을 것인가, 나아가 인민의 잠재력 실현을 위해 정부가 어디까지 지원할 수 있을 것인가의 문제, 다시 말해 소극적 자유와 적극적 자유를 구분하는 것은 또 다른 난제다.

벌린(Isaiah Berlin, 1909~1997년)이 언급한 '가치 다원주의(value pluralism)'도 같은 맥락에서 해석할 수 있다. 벌린에 따르면 가치관의 갈등은 본질적이다. 사람들이 궁극적으로 추구하는 삶의 목표는 다를 수 있다. 다원주의의 적(敵)은 일원론(monism)이다. 플라톤의 철인왕(philosopher-kings)적 개념을 내포하는 것이다. 정치 엘리트가 '더 나은 이성(reason)'을 지녔다는 이유로 다수의 '본질적 자유(essential liberties)'를 빼앗는 것은 '무제한적 폭정(unlimited despotism)'에 불과하다.[1] 물론 벌린은 동시에 적극적 자유의 위험성도 경고했다. 전체주의적 사상을 구성하는 데 악용될 수 있다는 이유에서였다.

요컨대, 정치적 가치는 행태주의자(behaviouralist)들이 말하는 '합리성'에 의해 분석될 수 있는 성질의 것은 아니다. 그럼에도 불구하고 정의로운 사회가 우리가 소중히 여기는 가치들을 올바르게 분배하는 사회임을 부정할 수 있는 사람은 아무도 없다. 샌델의 표현을 빌리면 "사회가 정의로운지 묻는 것은, 우리가 소중히 여기는 것들, 이를테면 소득과 부, 의무와 권리, 권력과 기회, 공직과 영광 등을 어떻게 분배하는지 묻는 것이다."[2]

정치적 가치를 지탱하는 시스템으로서 법치(rule of law)가 있다. 여기서 법치는 민주주의를 지탱하는 국민주권, 권리와 자유 그리고 경제적 안녕을 보장하는 복지의 근간이 된다. 법은 민주적 가치의 종합체이다. 편파적이지도 비이성적이지도 않다. 법이 보호하는 공통적 가치 역시 '자유'이다. '언론의 자유', '사상과 종교의 자유', 그리고 '집회결사의 자유'는 명시적 가치다. 법의 지배 또는 법치는 기본적으로 정부의 권력이 개인의 자유를 보호하기 위해 작성된 법령에 따라 엄격하게 제한되어야 함을 의미한다.[3] 반면 법에 의한 지배(rule by law)는 구분되어야 한다. 법에 의한 지배란 정치 엘리트들에 의한 일방적 설득 과정이 중심이 되고, 이는 벌린이 말한 '무제한적 폭정'과 다름없다.

자유와 함께 민주적 가치에서 강조되는 '평등'도 핵심적인 정치적 가치의 하나이다. 평등이 중요한 가치인 이유는 포괄성 때문이다. 정치적 가치로서 '자유'가 민주주의와 공존하기 위해서는 포괄성이 있어야 한다. '자유'가 특정한 계층이나 특정한 계급에만 부여되어서는 안 된다. 사회적인 강자는 물론 약자라도 누구나 차별 없이 권리와 자유를 누릴 수 있는 포괄성이 있어야 한다. 이런 점에서 평등의 토대에는 자유의 동등한 분배가 자리하고 있다.

그리고 기회의 평등, 개인과 소수자에 대한 존중, 다른 의견을 인정하는 관용, 기본적 복지, 거래와 타협에 의한 협력, 국가와 사회 사이의 상호신뢰, 그리고 개인 생명과 사유재산 보장에 대한 안보가 적절하게 조화되어야 한다.[4] 한국사회에서 화두로 떠오른 '정의'와 '공정'의 개념 또한 '기회의 평등'과 '결과의 평등'이 조화를 이룰 때 가능하다. 민주적 가치의 개념을 정리해 본다면 다음과 같다.

① 자유: 권위적 통치로부터 국민들을 보호해야 한다는 가치로 언론의 자유, 사상 및 종교의 자유, 집회와 결사의 자유 등을 헌법에서 명시적으로 보호한다.
② 포괄: 민주적인 권리와 자유를 누구나 차별없이 누려야 한다는 가치이다.
③ 평등: 민주적 권리와 자유가 모든 이들에게 동등하게 분배되어야 한다는 가치
④ 공평, 공정: 정부의 역할을 일정 부분 인정하는 현대적 자유주의 논의에 따라 도출된 개념으로 경제적 번영과 안녕에 있어서 기회의 동등성, 기회의 평등이 보장되어야 한다는 의미를 내포한다.
⑤ 존중, 관심: 권리와 자유의 차별 없는 분배라는 측면에서 평등의 개

념과 밀접한 의미를 가진 가치로 다수나 소수를 막론하고 모든 인간을 평등하게 취급해야 한다는 가치를 명시하는 개념이다.

⑥ 관용: 포괄과 법적 평등을 바탕으로 자신과 다른 견해를 갖는 사람의 발언권을 인정하고 그들과 조화를 이뤄야 한다는 것을 의미한다.

⑦ 복지: 개인, 단체, 사회 전체 차원에서 경제적 복지가 추구되어야 궁극적인 정치적 평등도 보장될 수 있다는 개념이다.

⑧ 협력: 민주적 정치구조 및 정치제도의 유지를 위해서는 다원주의가 말하는 화해와 양보가 필수적으로 수반되어야 한다.

⑨ 신뢰: 선출된 정치인들이나 정부 관료들은 대중주의적 접근이 아니라 양심에 입각한 신뢰성을 유지해야한다는 개념이다.

⑩ 안보: 국가권력의 차원에서의 국방을 포함해 개인의 신체와 소유권 등이 보장되어야 하다는 의미이다.

법은 위에서 다룬 10가지 민주적 가치를 증진시키기 위하여 존립되는 것이 바람직하다. 그렇다면, 법은 민주적 가치에 기반하여 제정되고 집행될 때 주권, 권리와 자유 그리고 경제적 안녕을 지탱할 수 있다.

2) 사회적 가치를 구성하는 '합의'

사회적 가치는 정치적 가치와 연동된다. 정치가 곧 사회적 가치를 구현하는 실천적 행위이기 때문이다. 국가의 안정적 운영을 위한 가장 이상적인 모습은 사회적 가치의 균열을 정치가 대변할 때이다. 하지만 다원화된 사회에서 사회적 가치를 그대로 대변하기란 쉽지 않다. 구체적으로 살펴보자. 인권의 보호, 재난과 사고로부터 안전한 생활환경의 유지, 보건복지, 노동권 보장, 사회적 약자에 대한 기회 제공과 상생협력, 기업의 자발적인 사회적 책임 이행, 환경의 지속가능성 보전 등이 사회적으로 인정하는 가치를 구현하는 구체적인 정치 행위이다.

치안과 질서는 무질서와 불안정을 꺼리는 공동체 구성원의 가장 본질적 가치이기 때문에 누구나 사회적 가치가 존중받고 잘 지켜지기를 원한다. 앞서 언급한 유엔 지속가능발전목표(SDGs)에 따른 '평화로운 사회' 구축 목표와도 직결된다.

정치적 가치의 주요한 핵심인 자유를 다시 생각해 보자. '자유를 보장한다'는 것은 무엇인가? 다양한 권리로 그 의미가 확장되었다. 예컨대 불의의 사고를 당하거나 질병에 걸린 이후에도 인간답게 살 수 있는 자유를 추구할 수 있는 권리로 확장되고 있다. 어려운 가정환경에서 출생한 아이들을 포함하여, 누구나 교육의 기회를 누릴 자유로 확장되고 있다. 아울러 성별이나 인종, 장애, 종교, 성적 지향성과 관계없이 동등한 권리를 누릴 자유로 확대하는 것이 중요하다.

경제성장과 사회적 가치의 증진은 동시에 추진되어야 한다. 보다 구체적으로, 경제성장의 목적은 삶의 질(웰빙) 제고에 있다는 것, 기회의 불평등뿐만 아니라 결과의 불평등도 정책 고려 사항에 포함되어야 한다는 것, 경제정책이 성장에 초점을 두는 것을 넘어 건강 및 고용을 포함한 기타 사회 분야에 미치는 효과를 포괄적으로 고려해야 한다는 의미다.[5]

사회적 가치는 시대에 따라서 새롭게 등장하기도 한다. 예전에는 상대적으로 중요하지 않았던 문제가 새롭게 부각하기도 한다. 환경문제가 대표적인 사례이다. 환경문제는 최근에 중요한 가치가 되었다. 오염된 환경으로부터 보호받을 개인적인 권리로 확장되고 있다. 환경문제가 21세기 국제사회의 핵심 화두 중 하나가 된 것은 환경오염으로 인한 문제가 대두되면서, 사회구성원 공동의 가치가 되었기 때문이다. 제2차 세계대전 이후 진행된 세계화, 세계 무역 활동의 급성장에 따라 가

중되는 환경 부하, 이른바 '대가속 시대(great acceleration)'다.[6] 특히 글로벌사우스(Global South)지역이 입고 있는 피해가 막중하다. 프레이저(Nancy Fraser)는 이러한 현상을 식인 자본주의(Cannibal Capitalism)라 정의하고 있다. 1980년대 이후 자유시장을 강조하는 신자유주의 체제가 등장하면서 금융자본의 도덕적 해이, 지구 온난화, 보편적 복지 축소 등 비경제적 현상까지 포괄하는 다차원적 위기로 인해 사회적 가치의 혼란으로 사회적 갈등이 강화되고 있다고 주장한다.[7] 국가 차원의 대응과 세계체제 수준의 협력이 동시에 필요한 사안이다.

결국 국가 차원이든 세계체제 차원이든 정치사회적 합의를 위한 공적 토론과 공적 변론의 자리는 반드시 필요하다. "공적 영역이 비어버리면 민주시민 의식의 토대가 되는 연대와 공동체 의식을 키우기가 어려워"지기 때문이다.[8] 사회적 가치에 대한 합의는 공적 영역을 지키는 것에서부터 시작되어야 한다.

2. 정치사회적 균열

1) 국가로 인정받은 권리의 균열: 주권문제

주권은 대외적으로 배타적인 권리를 갖는다. 주권은 각각의 국가가 권위를 완성하고 자기의 영토 안에서 기본적인 법률의 요소를 지니는 것을 전제로 한다. 그렇기 때문에 주권은 동등하다. 적어도 이론적으로는 그렇다. 동등한 주권을 갖는다는 것은 국제정치의 기본 가정이다. 주권에는 각국의 기본 원리가 반영되어 있다. 즉, 모든 국제체제 구성원들에게 주권은 동등한 것으로 간주한다. 하지만 실제는 다르다. 국제정치의 영역에서 국가의 주권은 자국의 지위 혹은 능력에 따라 차이가 있다.

주권이 국가의 세력에 따라 그 힘이 약해질 수도 있고 강해질 수도 있다는 것을 의미한다. 곧 국력의 변화에 따라 주권이 미치는 영향도 달라진다. 주권의 영향력이 달라지는 것은 주권이 영토 보존주의와 결합되어 있기 때문이다. 주권은 국가가 영토 안에서 어떠한 공격, 침략 또는 간섭을 거절하거나 그에 대해 저항할 수 있는 권리를 지니고 있음을 의미한다. 러시아-우크라이나전쟁에서 보았듯이 주권은 영구히 온전하게 보존되는 것이 아니다. 더 일반적인 주권의 개념으로 국가가 자기의 영토 보존권을 보호하는 것은 국가의 능력과 정치적 힘에 의존한다.

현대사회에서도 국제분쟁의 가장 중요하면서도 핵심적인 문제는 주권과 관련되어 있다. 주권에 대한 이슈는 크게 세 가지로 접근할 수 있다.[9]

첫째, 영토의 경계에 대한 논쟁이다. 영토 보존권이란 자국의 영토를 보존할 수 있는 권리이다. 하지만 경계에 대한 논쟁이 있을 때는 모호한 개념이 된다. 한반도 서해상 일정 수역에 대해 한국과 중국, 양국 모두가 그곳을 그들의 영토적 경계 내의 확실한 어업수역이라고 주장하는 경우이다. 양국은 그들의 경계 수역으로부터 상대국의 상업적인 어선들을 몰아내도록 시도하였다. 과거 중국과 소련이 경계를 둘러싸고 전쟁을 벌였다. 인도와 중국의 국경지대는 지금도 영토의 경계를 두고 분쟁하고 있다.

물론 국제재판으로 해결된 문제들도 있다. 팔마스섬 사건이나 동부 그린란드 사건 등이 대표적이다. 기니비사우, 동티모르, 벨리즈 등의 경우에서 확인된 바와 같이 유엔 안전보장이사회나 유엔 총회의 결의에 따라 특정 영토에 속한 주민의 민족자결권 행사에 따라 발생하는 주권이 국제법적 구속력을 갖게 되는 사례도 존재한다. 하지만, 인도와 파키스탄, 이란과 이라크의 국경분쟁과 같이 경계에 대한 분명한 구분이 어려운 경우에는 국가 사이의 분쟁을 초래할 수도 있다.

둘째, 주권에 대한 합법적인 통치자의 논쟁이다. 주권을 집행하는 통치자의 합법성의 문제이다. '누가 합법적인 통치자로서 주권을 이행할 것인가?'의 문제이다. 앙골라와 남수단 등의 국가는 참혹한 내전을 겪고 있다. 내전의 원인은 누가 합법적인 주권 행사의 주체인지에 대한 이견 때문이다. 주권의 이행과 관련한 문제는 합리적으로 해결하기 어려운 문제이다. 인도네시아(동티모르), 캄보디아, 콩고, 소말리아, 수단, 에티오피아 등도 앙골라와 비슷한 상황이다.

셋째, 주권을 행사하는 정부의 도덕성이다. 정부가 자국의 시민들에게 심각한 인권침해를 수행하는 확실한 증거가 있는 경우이다. 국제사회는 국가의 주권 인정을 전제로 한다. 하지만 인간으로서 기본권이 주권을 행사는 주체에 의해 훼손당했을 때는 인권 보호를 위해 주권을 제한하기도 한다. 2001년 노벨평화상 수상자인 아난(Kofi Annan) 전 유엔 사무총장은 "국가의 주권은 더 이상 인권에 대한 엄청난 폭력을 방어하는 데 사용되어서는 안 된다. 국가가 법률을 지키지 않고 개개인의 시민권을 침해할 때 그들은 자신들의 국민들뿐 아니라 이웃과 세계로부터 위협을 받게 될 것이다"라고 하였다.

대표적으로 1999년 유고슬라비아 지역에서 비세르비아인(주로 알바니아인)에 대한 '인종 정화'가 있었을 때, 북대서양조약기구(NATO: North Atlantic Treaty Organization)와 유엔, 그리고 미국은 유고슬라비아 주권을 제한하였다. 국가의 주권이 침해되는 사례는 인권 개념이 확산하는 것에 비례해서 증가하고 있다. 이와 관련해 전 세계 170개국 이상의 시민단체 및 개인들을 회원으로 두고 있는 시민단체 세계

시민단체연합회(CIVICUS)는 2023년 3월 국가별 억압의 정도를 지수화해 공표한 바 있다. 지도 5.1에 잘 드러나는 바와 같이 완전히 개방된 국가에서 살아가는 시민들은 그리 많지 않다. 폐쇄되고(closed), 억압된(repressed) 곳만 해도 전 세계 국가의 70%를 차지한다. 2023년에도 전 세계는 통치의 합법성 위기, 정부의 도덕성 위기의 한가운데 살고 있다고 해도 과언이 아니다.

앞서 언급한 두 번째와 세 번째 사례의 경우 정부 권력의 정당성 문제와 직결되는 것이기 때문에 정치사회적 합의의 균열로 이어질 수 있다. 통치자의 합법성이 문제가 된다면 자유와 평등, 배분의 문제를 다루는 정치적 가치의 토대로서 정의 구현이 사실상 불가능해지기 때문이다. 시민들은 해당 정부가 공정하고 정의롭게 재화와 서비스, 그 밖의 사회적 자원을 제대로 분배하는지에 대한 의구심을 품을 수밖에 없다.

아울러 주권을 행사하는 정부의 도덕성문제가 도마 위에 오를 경

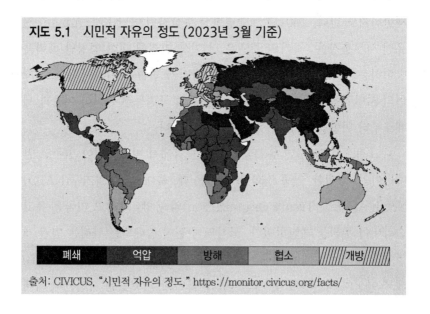

지도 5.1   시민적 자유의 정도 (2023년 3월 기준)

폐쇄   억압   방해   협소   개방

출처: CIVICUS, "시민적 자유의 정도," https://monitor.civicus.org/facts/

우, 의미 있는 수준의 공적 토론과 변론이 진행되기 어렵다. 이런 상황에서 정치적·사회적 가치의 증진을 위한 정부와 시민 집단 간 의미 있는 합의를 기대한다는 것은 어불성설이다.

후술할 미얀마의 경우를 생각해 보면 명확해진다. 미얀마 군부는 2020년 11월 민주적 총선 결과를 뒤엎고, 2021년 2월 쿠데타를 통해 정권을 찬탈했다. 쿠데타 당시 '1년의 계도 기간' 이후 총선을 치르겠다고 했지만, 만 2년이 훨씬 지난 2023년 3월까지 국가비상사태를 연장하며 약속을 지키지 않고 있다. 군부의 동의나 지지가 없는 의사결정은 불가능하다. 이런 상황에서 정치사회적 합의의 가능성은 매우 낮다.

2) 민족 균열

국가와 민족은 어떤 관계에 있을까? 한국처럼 민족을 기본 단위로 국가를 이룬 경우에는 민족과 국가를 당연하게 여길 수도 있다. 하지만 오늘날 민족을 국가와 동일하게 생각하지 않는다. 오히려 다양한 민족으로 국가를 이루는 것이 더 자연스럽게 생각한다.

이런 인식에도 여전히 국가구성원을 논의할 때, 민족은 중요한 요인이 된다. 왜 그럴까? 민족이 국가를 이루는 가장 기본적인 단위였기 때문이다. 인간의 조직이 민족, 즉 혈족으로 시작하였고, 혈족을 중심으로 사회구성체를 이루며 발전하였기 때문이다. 국가라는 조직체를 이루기 전까지 구성원들에게 가장 큰 영향을 미친 것은 민족이었다. 민족과 국가를 동일하게 생각하지 않는 현대사회에서도 민족은 여전히 중요한 요인이다.

아프리카 지역에서는 국가보다도 부족을 더 우선시하기도 한다. 민족을 중심으로 하는 신가산주의(新家産主義, neo-patrimonialism) 형태도 있다. 북아프리카의 유목민 전통의 베르베르(Berbers 또는 Amazighs)족은 부족공동체 개념을 강력하게 유지하기도 한다.[10] 1980년 4월 베르베르의 봄(Berber Spring)은 알제리 군부정권에 저항하는 베르베르족의 정체성 수호 운동이었다.[11] 민족을 중심으로 하는 인식으로 인해, 민족과 민족주의는 여전히 국가를 구성하고 국내외의 갈등을 이해하는 데 매우 중요한 요소가 된다.[12]

민족주의자들은 정치, 경제, 문화의 중심이 민족이고, 민족이 정치와 일치해야 한다고 생각한다. 민족은 무엇일까? 민족은 심리학적이고 감정적인 개념이다. 민족에서 중요한 것은 공통성이다. 민족은 흔히 기본적인 정체성을 깊이 공유하는 사람들로 정의된다. 정체성에 대한 공유를 이루는 기본 요소는 무엇인가? 민족의 다른 요소들은 사회 기준은 공통의 혈족 관계나 역사에 대한 신념 또는 문화·지리학적 공간·종교·언어·경제적 질서 공유와 같은 것이다. 민족은 이러한 정체성을 기초로 구성되며, 이해와 소통, 그리고 신뢰의 공동체로 정의된다.[13]

근대로 접어들면서, 독립 국가들이 생겨났다. 독립 국가들은 세계가 하나라는 이상에 근거한 세계제국이 무너진 이후, 보편적인 종교나 문화를 대신해, 민족적인 종교나 문화, 역사를 근간으로 탄생하였다. 서양에서는 절대 왕정이 무너지면서, 국민의 권리가 높아졌고, 공동체의 이익을 실현하기 위한 자기 결정권에 대한 인식이 생겨났다. 집단이 집단 구성원의 이익을 실현하기 위한 결정권을 갖는다는 인식은 '민족자결주의'로 발전했다. 집단의 이익을 공동으로 실현하기 위해서는 소속감을 확인하는 정체성이 중요했다. 민족은 다른 집단과는 다른 정체성을 확인하는 가장 분명한 기준의 하나였다.

20세기 전반기에는 파시즘이 등장하면서 민족주의가 심화되었다. 국가 또는 민족을 절대시하고 극단적인 에고이즘과 침략전쟁이 신성화되면서 개인의 자유와 평등 그리고 인간성의 가치를 부정하는 국가(일본, 이탈리아, 독일 등)들이 출현하였다. 무솔리니(Benito Mussolini, 1883~1945년)의 파시스트적 독재는 '1789년의 종말'을 외쳤다. 자유와 진보, 평등, 합리성 등으로 집약되는 계몽주의적 가치관은 부정되었다. 일본과 이탈리아, 독일 모두 통일된 민족공동체의 허상에 사로잡힌 채 전체주의 국가를 맹목적으로 추종했다.

또한, 반제국주의적 성격을 가지는 식민지 민족주의가 출현하기도 하였다. 과거 고전적 민족주의는 자본주의가 봉건세력의 억압에 항거하는 과정에서 나타났었다. 하지만 식민지 민족주의는 자본주의가 무르익어 제국주의 단계로 접어든 시기에 나타나는 등 다른 형태를 지니고 있었다.

민족은 개인적인 동질감을 강하게 느끼는 가족 이상으로 중요한 집단이다. 민족은 분명하게 다른 집단과 구별되는 특징이 있다. 언어, 종교, 역사, 문화, 생활 방식으로 '우리'와 '그들'을 구분한다. 민족주의는 민족을 이루는 구성원의 이익과 복지의 발전에 강한 추진력을 갖는다. 반면 민족 너머에 대해서는 최소한의 관계만을 유지한다.

이런 점에서 효과적인 정부를 위한 최고의 조건은 민족국가라고 할 수 있다. 민족국가는 기본적으로 민족 정체성이 국가의 영토적 경계와 그 범위를 같이 하는 시민들을 포함한다. 그러나 주지하듯이 현대 국가가 단일한 공통의 문화와 역사, 인종, 종교, 그리고 언어를 가진 국가로 이뤄진 것만은 아니다. 많은 국가가 다민족으로 구성된다. 캐나다, 미국, 영국, 인도 등이 대표적인 다민족 국가다. 하나의 민족이었다가 두 개 국가로 분리된 경우도 있다. '두 개의 한국'으로 분리된 한반도가 대표적 예가 될 것이다.

다민족 국가는 기본적으로 민족 정체성을 구성하는 문제로 분쟁의 소지를 안고 있다. 인종과 종교를 기초로 한 민족주의(혹은 부족주의)는 현대 정치에서 핵심 이슈이다. 세계적으로도 민족문제는 국가 안에서 중요한 문제가 되었다. 특히 다른 민족 정체성을 기초로 한 단체 사이의 증오감이나 폭력이 유발되어 사회적 분열, 내전으로 치닫기도 한다.

민족분쟁이 치열한 지역으로 아프리카와 아시아가 있다. 아프리카와 아시아는 오랜 식민지에서 독립한 국가들이 많다. 이들 국가에서 민족분쟁이 발생하는 주요 원인은 국경과 관련된다. 1945년 이후 독립한 아프리카 국가의 경우에는 국가의 영토 경계가 임의로 결정된 경우가 대부분이었다. 아시아 일부 국가들은 역시 상황은 비슷했다. 국가 영역 내에서 민족성의 차이를 고려하지 않고, 경계가 구획되었다. 이들 국가 대부분은 민족분쟁을 겪었고, 지금도 겪고 있다.

유럽의 경우도 민족분쟁이 온전히 해결된 것은 아니다. 세계 최대의 다민족 국가였던 소련이 1991년에 붕괴되었다. 소련의 붕괴로 15개의 독립 국가가 생겨났다. 이들 독립 국가의 기준은 민족이었다. 그러나 체첸 주민들과 같이 다민족 국가 내의 소수민족들은 새로운 민족분쟁에 휩쓸리게 되었다. 동부유럽에서는 보스니아와 크로아티아, 코소보, 마케도니아, 세르비아, 그리고 구유고슬라비아에서 분쟁이 일어났다.

민족분쟁은 흔히 '인종청소'로 불리는 끔찍한 비극으로 이어지기도 하였다. 르완다에서는 1994년 이후 100만 명 이상의 사상자를 낸 후투족과 투치족 사이의 끔찍한 대학살, 2018년 미얀마에서 있었던 로힝야족 강제이주와 폭행 그리고 나이지리아의 다수인 하우사족과 요루바족, 경제권을 쥐고 있는 이보족 그리고 에티오피아의 최대부족인 오로모족과 소말리족 그리고 암하라티그레족 사이의 갈등은 국가의 존립을 위태롭게 하는 요인이 되었다.

정치사회적 합의의 균열을 만들어내는 원인들을 알아보았다. 현대

사회에서 사회적 균열구조를 적정하게 대변하는 정치균열구조는 선거 방식과 정치제도를 통해서 나타난다. 하지만 아무리 좋은 제도라도 올바르게 집행되지 않는다면 국가의 위기는 시작되었다. 다음 장에서는 성장과 분배가 충돌되는 원인들을 살펴보자.

주

1) Isaiah Berlin, *Number 8* (New York Review of Books, 1998).
2) 마이클 샌델 지음, 이창신 옮김, 『정의란 무엇인가』 (파주: 김영사, 2010), pp. 220-228.
3) Noriho Urabe, "Rule of Law and Due Process: A Comparative View of the United States and Japan," *Law and Contemporary Problems* 53-1, 2 (Winter, 1990), pp. 61-72.
4) 김성수, 『새로운 패러다임의 비교정치』 (파주: 박영사, 2022), pp. 220-228.
5) 허장, "포용적 성장을 위한 생산성 증대 어떻게? OECD 포용적 성장 논의," 『나라경제』 4월호 (2016).
6) 사이토 고헤이 지음, 김영현 옮김, 『지속 불가능 자본주의: 기후위기 시대의 자본론』 (고양: 다다서재, 2021).
7) 낸시 프레이저 지음, 장석준 옮김, 『좌파의 길』 (파주: 서해문집, 2023).
8) 마이클 샌델 (2010), p. 368.
9) 김성수 (2022), pp. 73-74.
10) Matt Graham, *Contemporary Africa* (London: Bloomsbery Publishing, 2019), p. 121.
11) 윤성원·김성수, "국제정치와 알제리 문화담론의 재구성," 『세계지역연구논총』 제38권 1호(2020), pp. 75-103.
12) "아프리카는 '오징어게임'이 아니다," 『내일신문』, 2021년 11월 18일.
13) Walker Connor, *Ethnonationalism: The quest for understanding* (Princeton, NJ: Princeton University Press, 1994).

6장

성장과 분배의 충돌

모든 국가의 지상과제는 성장이다. 성장의 결과물이 잘 분배되지 않을 때 구성원들 간의 충돌이 발생한다. 정치와 경제가 상호 어떻게 작동하느냐에 따라 한 국가의 미래가 결정된다. 정치는 권위를 통해 분배를 집행한다. 결국 공정과 관련되어 있기에 분배의 공정성이 무너지면 권위의 정당성은 의심받게 된다. 반면에 경제는 효율성과 관련되기 때문에 정치의 지나친 간섭은 성장동력을 약화시킬 수 있다. 결국 정치와 경제의 상호관계는 가치의 배분에서 적절성을 찾아나가는 것이 중요하다. 경제는 효율성, 성장, 그리고 안정성의 차원에서 정부와 시장의 역할을 판단한다. 성장을 위해 시장의 자생적 질서를 유지하는 차원에서의 정부의 역할을 기대한다. 반면에 정치는 공공성에 우선을 두고 분배를 중심으로 자유, 공평, 그리고 질서라는 관점에서 정부와 시장의 역할을 판단한다. 판단의 기준은 다르지만, 국가의 위기는 정치나 경제 한쪽으로 편향될 때 발생하는 분배와 성장의 충돌 현상이다.

1. 경제적 가치의 토대

1) 경제적 가치의 출발로서 '공정'

경제적 가치는 자유주의 사상과 밀접하게 발전하였다. 자유주의는 신분제 사회였던 봉건제의 붕괴로부터 출발하였다. 자유주의의 기반은 자본주의와 시장체제의 성장으로 이어진다. 자본주의는 능력에 따라서 얻어진 소득에 대한 소유권을 보장한다. 소유권으로 확장으로 늘어난 잉여생산물을 교환할 장소가 필요로 한다. 시장은 교환의 자유를 보장하는 역할을 한다. 세습으로 유지되었던 봉건제는 붕괴되고 능력에 따른 소유권의 보장과 교환의 자유가 보장된 새로운 체제가 열렸다. 그것은 바로 자본주의고 시장이 등장한다. 신분사회는 무너졌다.

하지만 시장 자본주의는 새로운 세습으로 이어졌다. 시장 자본주의가 발전할수록 자본이 대를 이어 세습되는 새로운 형태의 계급사회를 양산하게 되었다. 이런 부의 독점과 세습에 반대하여 개인의 자유와 권리 보장을 위한 국민 주권이 중요시 되는 정치제도인 민주주의가 등장하게 된다.[1]

민주주의 등장으로 해결될 줄 알았던 개인의 자유와 권리는 새로운 문제에 직면한다. 아리스토텔레스가 우려하였던 '다수의 폭정'이었다. 인민민주주의 형태로 확대될 가능성이 있었다. 현대사회에서 근심이 되고 있는 대중주의의 원조인 격이다. 이러한 가능성을 인지하면서, 자유주의 가치가 중심이 되는 자유민주주의 중요성이 부각되었다. 결국 경제적인 문제와 연결된 논쟁이었다. 이런 점에서 경제적 가치는 정치적 가치와의 연장선에서 이해할 수 있다.

물질적 자원과 관련하여 가장 밀접하게 연계된 것은 사실적 가치이다. 그렇다고 해서 경제적 안정을 '물건' 또는 '재산'과 같이 취급하는 것은 바람직하지 않다. 현대사회에 있어 경제적 가치의 부정성은 시장 메커니즘의 실패에 따른 부의 양극화문제에서 비롯된다.[2] 프랑크(Andre Gunder Frank)의 지적대로 사회적인 불평등이 심화되면 '저발전의 발전'으로 이어지는 것이다. 경제발전은 정치발전으로 이어진다는 근대화이론에서 제시한 자유주의의 발전 경로가 오히려 지역 간의 구조적 종속 형태로 나타날 수 있다.[3]

정치와 경제는 이론적으로는 분리되어 있다. 정치와 경제는 각각이 추구하는 목표, 그 목표를 추구하기 위한 제도, 그리고 이 목표를 선택하는 가장 기초적인 행위자 등 세 가지 특징에 의해 구분된다. 이 구분에 따르면 경제는 시장을 통해 개인들이 번영을 추구한다. 반면, 정치는 정부를 통해 집단적 행위자들이 공통으로 정의를 추구하는 것으로 정의된다. 그러나 정치와 경제를 이처럼 단순하고 명확하게 구분하는 것은 쉽지 않다. 양자는 매우 유기적으로 연결되어 있다.[4] 경제학이 초기에 정치경제학으로 불린 것도 이 때문이었다.

따라서 현실에서 정치와 경제는 불가분의 관계이다. 현대 정치경제학의 핵심 문제 역시 정치와 경제, 민주주의와 자본주의의 관계이다. 정치와 경제에 있어서 어떤 영역이 더 근본적인 것인가? 정치와 경제에서 어떤 것이 우선되어야 하는가? 정치와 경제는 어떤 상호적 영향을 주고받는가? 정치와 경제의 바람직한 관계는 어떤 것인가? 등의 문제이다.

370조 원이라는 구제 금융을 세 번이나 받게 되었던 그리스의 경제 문제는 정치와 관계된다. 그리스는 1980년 초까지 해운업, 관광업, 그리고 농업 특수 작물로 연평균 7%대의 성장률을 달성하는 유럽의 강국이었다. 하지만 사회당 정부가 집권하게 되면서 상황이 달라진다. 사회당은 장기집권을 공고화하기 위하여 공무원 증원, 감세, 최저임금인상, 부실기업 국유화를 단행하는 데 막대한 국가재정을 투입한다. 한국, 일본, 중국 등 조선업의 약진으로 조선시장에서의 주도적 위치가 흔들렸다. 원자재만 생산할 뿐 가공시설이 취약했던 산업구조문제 역시 경제위기로 귀결되면서 '가치 배분의 위기'가 발생한다. 극복의 대안으로 유로존에 가입한다. 하락된 그리스 화폐를 대신할 유로화를 확보하였지만, 산업구조조정보다는 또다시 정권유지를 위해 임금인상과 복지정책을 확대한다. 시장에 돈이 풀리자 부동산으로 집중되었고 결국 2008년 금융위기가 오면서 부동산가치 하락으로 파산하게 된다. 그리스 사례는 정치와 경제의 상호작용을 잘 설명해 주고 있으며 가치배분의 적정성이 얼마나 중요한지를 보여주고 있다. 그리스 사태는 현재 진행형이다.

어렵지 않을 것 같은 정치와 경제의 문제를 어떻게 다루는가에 따라서 한 국가 혹은 정치공동체의 미래도 달라질 수 있다. 정치와 경제에 관한 논의는 인류가 공동체를 구상한 이후로 계속된 문제였다. 정치는 분배의 공정과 관련되어 있기에 분배의 적정성이 무너지면서 부정성이 커지게 되며 그 과정에서 정치적 가치는 의심받는다.

2) 자본주의와 민주주의의 상생(相生)

성장과 분배의 문제는 결국 자본주의와 민주주의 간 '상생'의 문제다. "경제성장과 부의 분배 간 조화는 어떻게 달성하는가", "부의 분배는 정치권력의 균형과 어떻게 조화를 이룰 수 있는가"의 문제는 이미 아리스토텔레스 시기부터 고민하고 해결하려 했던 인류사적 과제였다. 아리스토텔레스는 중산층이 정치공동체의 중추가 돼야 한다며, 재산 또한 공공선의 관점에서 다뤄져야 한다고 강조했다. 아리스토텔레스의 영향을 받은 해링턴(James Harrington, 1611~1677년) 역시 중산층 계급의 중요성을 강조하며, "극심한 경제적 불평등은 자유로운 공화국에 암적인 요소"라고 지적했다.[5]

우리가 사는 세계는 해링턴의 우려가 현실화하는 세계다. 자본주의 시장의 우선성과 민주주의의 위축 현상은 한국뿐만 아니라 전 세계적 현상이다.[6] 흔히 '80 대 20의 법칙'을 이야기한다. 80%의 결과는 대략 20%의 원인에 의해 발생한다는 현상에 대한 설명이다. 범죄의 80%는 20%의 범죄자가 저지른다. 80%의 매출은 20%의 고객이 달성하며, 80%의 땅은 20%의 사람이 소유한다. 사회경제적 측면에 산재한 불평등 현상을 완곡하게 표현한 것이다.

이는 '난쟁이의 행렬'로도 표현된다. 네덜란드 경제학자 펜(Jan Pen, 1921~2010년)이 소득의 크기를 사람의 키에 비유한 것에서 유래했다.[7] 평균 키는 평균 소득을 얻는 사람들을 의미하고, 고소득자는 평균보다 키가 큰 사람들, 저소득자는 키가 작은 사람들로 묘사된다. 해당 국가의 모든 구성원이 행렬에 선다. 행렬은 정확히 1시간 동안 진행된다. 소득이 가장 작은 사람들(난쟁이들)이 제일 앞에 서고, 소득이 커질수록 뒤에 선다.

행렬의 모습은 다소 기이하다. 행렬이 시작되고 10분 정도 지나면 1미터 정도의 키를 가진 사람들이 나타난다. 난쟁이들의 행진은 40분 정도 지속된다. 행렬 종료 10분을 남겨놓고서야 평균 키를 지닌 사람들의 모습이 나타난다. 하지만 이들의 행진은 얼마 지속되지 않는다. 6분을 남겨두고 소득 상위 10%의 거인들이 나타난다. 의사, 변호사, 고위직 공무원 등이 참여하면서 행렬에 참가한 사람들의 키는 기하급수적으로 커진다. 곧이어 30미터, 150미터의 키를 지닌 사람들이 들어온다. 기업 총수들, 은행 간부들, 증권사 임원들이다. 행렬의 기이함은 배가된다. 소수의 거인과 다수의 난쟁이, 달리 말해 현대 자본주의 세계는 거인과 릴리퍼트(Lilliput)의 세계다.

2008년 세계금융위기는 일명 '카지노 자본주의(Casino Capitalism)'의 산물이었다.[8] 민스키(Hyman Minsky, 1919~1996년)가 이미 오래전 경고한 거품경제의 위험이 그대로 폭발한 사건이었다. 현 자본주의는 원금과 이자를 충분히 갚을 수 있는 정도의 투자(investment)와, 적어도 이자는 갚아나갈 수 있는 투기(speculation) 단계를 넘어 폰지(ponzi) 단계로 들어섰다. 원금과 이자를 갚지 못하는 상황에서 남의 돈을 빌려 이자를 상환하는 단계다.[9]

주식과 부동산 시장이 활황을 이루면서 무리한 투자가 지속되었다. 서브프라임(subprime) 모기지론은 낮은 신용등급의 개인들도 집을 마련해 주어야 한다는 선의에서 시작했을지 몰라도 문제는 자산 등급이 '프라임'인 사람들조차 투자를 넘은 투기를 벌인 데 있었다. 파생금융상품이 꼬리를 물고 이어졌다.

도표 6.1 영국의 소득 5분위별 가계소득 분포 (단위: 파운드)

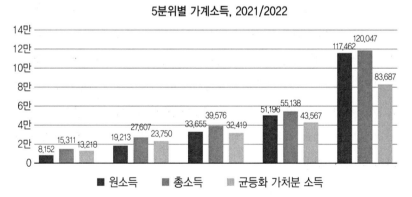

출처: The Equality Trust, "Household Income by Quintile Groups, 2021/22," https://equalitytrust.org.uk/scale-economic-inequality-uk

주택담보대출로 확보한 권리를 증권화해 주택저당증권(MBS: Mortgage Backed Securities)을 만들고, 이를 다시 부채담보부증권(CBO: Collateralized debt obligation), 우량증권과 불량증권을 섞은 부채담보부증권(CBO 2), 그리고 자산담보부증권(ABS: Asset Backed Securities)이라고 불리는 증권 형태로 덮었다. 이러한 증권을 사들이고 보증을 선 메릴린치, 리먼브라더스, AIG 등은 파산하거나 합병되거나 정부의 구제금융을 받아야 했다. 구제금융을 받지 못한 리먼브라더스는 파산하면서 그 여파는 세계금융위기로까지 확대되었다. 결국 미국 정부는 2010년 도드-프랭크 금융개혁법을 제정하여 금융자산의 무분별한 투자를 제한하게 되었다.

자유시장 예찬론자들이 홍보했던 금융시장의 '정교화'는 파산을 몰고 왔다. 시민들은 자기자본의 수천 배, 심지어 수만 배에 해당하는 자산에 투자하고 파산 위기에 직면한 금융기관들이 법적 책임에 직면하기는커녕 국민의 세금을 통해 구제금융을 받는 현실에 분노했다. 2011년 '월가 점령 시위(Occupy Wall Street)'는 그렇게 시작되었다.

시위를 구상하고 주도한 것도 애드버스터 재단(Adbusters Foundation)이라는 비영리 시민운동단체였다. 아래로부터 위로의 진정한 변화, 자발적 저항, 평화적 시위를 외쳤다. 탐욕을 조성하지만, 탐욕의 결과에는 무관심한 자본주의를 규탄하는 진정한 민주주의의 목소리였다. 요컨대, "자본주의와 민주주의의 관계 설정과 집단적 대응"의 중요성을 인지하고, 이러한 대응을 통해 "중대한 정치, 사회적 결과를 산출"할 수 있다는 것을 자각하는 것이야말로 국가가 추구해야 할 경제적 가치의 토대가 된다.[10]

2. 정치와 경제의 교묘한 결합 혹은 오묘한 조합

1) 권력 엘리트와 다원주의

엘리트란 권력을 소유하는 자로 일반적 가치와 특별한 가치 모두를 소유한 영향력을 이용하여 정책을 결정하는 역할을 하는 행위자이다.

고전적 엘리트주의 입장에서는 엘리트를 옹호한다. 엘리트는 조직면에서나 개인적 자질에서 대중과는 구별되는 지배 능력이 있는 통합된 집단으로 파악한다. 결과적으로 사회 전반에 영향을 미치는 정책결정은 소수의 엘리트에 의하여 내려지는 것이 현대사회의 현실이라고 볼 수 있다. 엘리트 결정을 지지하는 입장에서는 사회적 불평등을 불가피한 것으로 본다. 이익집단의 이익을 조정하는 역할이 아니라 엘리트의 기능적이며 합리적인 결정이며, 경제적이거나 신분적으로 불평등이 제거된다 해도 사회적 불평등은 지속될 것이라고 본다. 이를 파악하기 때문에, 사회구조는 공통의 가치를 공유하기보다는 발전과 성장이라는 명확한 목적을 성취하기 위하여 엘리트들에 의해 강제력이 행사되는 곳이다.

반면에 다원주의적 관점은 사회 발전에 맞추어 정부 활동 영역 역시 분화·발전하게 된다고 본다. 사회의 이익집단이 표출하는 요구들이 제각각이라 정부의 정책이 하나로 제한되면 이들의 이익을 반영할 수 없기 때문이다. 다양한 이익집단의 이익을 반영하는 정부 활동도 다양해져야 한다는 것이다. 다원주의이론의 전제는 어떠한 단일한 혹은 동질적인 엘리트집단이라고 해도 정부를 총체적으로 지배하지 못한다는 것이다. 다원주의론자들은 오히려 상이한 이익집단들이 정책결정의 분화된 영역들에서 분산된 주도권을 행사한다고 본다.

다원주의는 그 명칭이 내포하고 있듯이 '여럿에 의한 지배'라고 할 수 있다. 경쟁적인 많은 이익집단이 정부에 강력한 영향을 미치는 정치체제를 의미한다. 물론 과도한 경쟁으로 사회적 혼란이 야기 될 수 있다. 하지만 한 개인은 하나의 집단에만 소속되어 있지 않고 다양한 집단에 소속 또는 공감대를 형성하기 때문에 극단적인 대립으로 가지 않는다는 견해이다. 즉 중첩적 집단가입(over-lapping membership)은 개인에게 교차적인 압력을 가하게 됨으로써 대립보다는 타협을 이루어 민주주의적 질서와 관행을 만들어 낸다는 주장이다. 여기서 국가는 행위자라고 하기보다는 심판에 가깝다. 그러나 이들 집단은 자신들의 영역에 집중한다. 이렇게 함으로써 단일한 엘리트가 모든 부문을 지배하지 않게 만든다는 것이다. 이런 측면에서 이익집단은 다원주의 국가관에 있어 핵심적인 요소이다. 이익집단과 국가와의 정치적 상호관계를 건전하게 유지하는 것이 매우 중요한 과제로서 요구된다. 미국 건국의 아버지 중 한 명인 매디슨(James Madsion, 1751~1836년)은 파벌 자체를 없애는 건 자유를 억압하는 것이며 모두 동일한 관심사를 갖게 하는 것은 불가능하므로 수많은 파벌 즉 이익집단이 공존하는 열린제도를 만들어 서로 견제토록 해야 한다고 주장한다. 이를 매디소니안 민주주의(Madisonian Democracy)라 칭하며, 다원주의의 건강한 사상적 바탕이 되고 있다.

이익집단이 어떻게 형성되는지 알아보자. 대체로 이익집단은 사회진화와 기술발전에 따라 추구하는 이익과 가치에 있어서 대립할 때 등장한다고 보는 확산이론(Theory of Proliferation)과 사회변화를 집단 간 갈등의 산물로 이해하는 갈등이론(Conflict Theory)으로 설명한다. 이익과 가치가 상이한 집단들이 경쟁 및 갈등한다는 것이다. 확산이나 갈등이론처럼 자연스러운 현상이라기보다는 사회균형이 전쟁, 교통과

운송의 발달, 기술의 발전 등 돌발적 상황으로 인해 기존의 사회균형을 무너트리고 이익과 불이익의 갈등적 집단구조가 만들어진다는 견해이다. 갈등에 의한 파열로 부터 균형을 회복하기 위한 불이익 집단의 노력은 집단의 형성으로 이어지고 이러한 과정을 통해 균형이 복구된다고 보는 파열이론(Disturbance Theory)이 있다. 집단의 균형이 파열됨으로써 균형을 회복하기 위하여 이익집단이 형성되며 그 과정에서 발생하는 합의에 의해 체계의 안정성과 균형이 복구된다는 것이다.

다원주의 발전은 미국에서 주목받으며 엘리트주의의 새로운 방향을 제시했다. 1960년대 미국사회에는 밀즈(Charles Wright Mills, 1916~1962년)[11]의 근대 엘리트론을 비롯해 다양한 엘리트이론이 확산되었다. 엘리트이론은 정치 지도자들의 공식적 정책결정의 이면에 실제적 영향력을 행사하는 집단으로서 경제적·사회적 엘리트가 존재한다는 가설이다. 밀즈는 지위방법(positional method)에 따라 미국사회에서 미국을 움직이는 권력엘리트는 주요기업, 군부, 그리고 정부의 세 제도적 영역에 걸쳐서 상층부에 위치하고 있는 사람들 간의 유기적 통합으로 구성된다고 주장했다.

한편, 달(Robert Dahl, 1915~2014년) 과 린드블럼(Charles Lindblom, 1917~2018년)은 다원주의에 대한 엘리트주의적·계급주의적 반박에서 불균형의 개념을 적극적으로 규명하고자 하였다.

2) 국가는 누가 지배하는가, 달의 다두제

달은 밀즈의 엘리트이론을 반박하였다. 미국의 경험적 사례 연구를 바탕으로 체계적으로 다원주의이론을 정립하였다. 달은 다원주의에 대한 반박을 선택적으로 수용하면서도 다원주의의 기본 원리를 옹호했다. 달은 과거의 다원주의자들과 달리 비판의 일부를 받아들였다. 즉, 투표를 제외하고는 정치인과 정치과정에 영향력을 미칠 수 있는 자원이 사회 집단 간에 불균등하게 분배되는 것은 사실이라고 보았다.

달은 정치인들에게 영향력을 행사하는 실질적인 세력은 유권자들의 극히 작은 비율에 지나지 않는다고 보았다. 달은 정책결정에 지배적 영향력을 끼치는 세력이 존재한다는 비판을 수용했음에도 불구하고, 다원주의적 모델은 여전히 유효할 수 있다고 주장하였다.

달은 사회 내에 존재하는 어떠한 개인이나 집단도 정치과정에 대한 영향력을 행사하는 데 필요한 자원을 완전히 결여하고 있지 않다고 주장하였다. 또한, 달은 '잠재적 집단'이라는 개념을 제시하였다. '잠재적 집단'은 조직화된 실체가 없다고 해도 사회구성원 모두는 정치적 영향력과 관련한 자원을 보유하고 있다는 것이다. 그렇기에 이들의 집단 형성에 대한 가능성이 항상 있다는 것이다. 따라서 정책결정자들은 이런 잠재적 집단을 고려하면서, 정책을 결정할 수밖에 없다는 것이다.

달은 저서 『누가 지배하는가?(Who Governs? Democracy and Power in an American City)』에서 '뉴 헤이븐(New Haven)'을 사례로 '잠재적 집단'을 설명했다. '뉴 헤이븐'은 예일대학교가 위치한 미국 코네티컷주의 한 도시이다. '뉴 헤이븐'을 통해 공동체 내부의 권력관계를 분석함으로써 밀즈가 주장했던 단일한 권력 엘리트집단(power elite)이 존재하지 않는다는 것을 경험적으로 알 수 있다고 주장했다.[12]

달에 의하면 미국의 정치체제에는 단일한 권력 엘리트집단이 아닌 광범위하고 다양한 사회적 기반을 지닌 정치체제가 존재한다. 이런 체제에서는 선출직 정치인들이 주요한 정책결정권을 지니고 있지만 결정의 정치적 결과인 선거를 언제나 의식하였다. 선출직 정치인들은 다양한 이익과 가치를 지향하는 유권자 집단에서 조직화된 반대가 일어나지 않도록 하였다. 특정 집단의 독점적인 이익을 관철하기보다는 다양한 사회적 이익의 조정과 타협을 이끌어 내려는 경향이 있다고 보았다. 결국 정책결정은 단일한 집단의 결정보다는 사회 내 여러 집단들의 선호가 반영되는 다두제(Polyarchy) 사회로 볼 수 있다는 것이다.

3) 린드블럼의 기업의 특권적 지위

린드블럼은 다원주의적 정치이론을 견지하면서도 사회적 영향력의 불균형에 초점을 맞추었다. 현대사회에 있어서 기업의 특권적인 영향력을 달이 주장하는 다두제와의 관계로 설명하려고 하였다.[13]

　현대적 다원주의자들의 새로운 관심사는 기업과 다른 집단의 관계이다. 기업과 다른 사회 집단 사이에는 영향력에서 불균형이 있다는 것이다. 기업의 영향력은 본질적으로 기업이 활용할 수 있는 경제적 부의 크기에서 기원한다고 보았다. 기업은 경제적 자산을 활용하여 로비스트, 시장분석가, 미디어 전문가, 변호사 등 다방면의 사회 주요행위자들을 고용함으로써 정책결정 과정에 다른 집단들보다 훨씬 효과적인 영향을 미칠 수 있기 때문이다. 즉 기업은 거대자본을 이용하여 다두제에 영향을 미칠 수 있고 시장과 미디어를 통해 대중 의견을 혼란스럽게 만들거나 차선책을 선택하도록 (자의적 선택이라는 믿음 속에서) 조정할 수 있는 위치에 있다고 주장하였다. 즉 기업이 투자를 지연시키게 되면 사회 전체의 경기가 하락하고, 정부의 세입은 줄게 되면서 국가의 재정악화는 자연스러운 현상이 되고 만다. 선거를 통해 구성되는 정부주요 행위자들은 경제악화에 분노한 유권자들의 심판을 받게 되는 것이다. 이처럼 기업의 영향력은 정부의 정책결정 방향을 결정하는 데 있어 다른 집단과는 차원을 달리한다. 결국 정부는 기업의 요구에 다른 어느 집단보다도 더욱 관심을 갖게 된다.

린드블럼은 시장을 정부의 재량과 역할을 제한하는 '족쇄'로 작동한다고 보았다. 린드블럼은 다원주의 정치체제를 전면 부정하진 않았지만, 다원주의를 '단지 정책결정의 구속되지 않은 영역(unimprisoned zone)에서만 작동'하는 것으로 설명한다.[14] 이런 측면에서 린드블럼은 다원주의적 정책결정체제에 대한 기본적인 수용에도 불구하고, 다원주의에서 간과한 사회적 영향력의 불균형에 집중하였다. 린드블럼은 실질적인 국가체제의 운영 측면에서 다원주의가 심각한 제약에 처해 있음을 지적하였다.

4) 정치와 경제의 관계

시장의 효율성을 신뢰하는 관점에서는, 완전경쟁 시장은 소수의 예외를 제외하고는 자원의 가치를 최적으로 활용하며 효율적인 경제적 상황이라고도 불리는 '파레토 최적(Pareto-optimal)'의 상황을 산출한다. 가격의 정보, 자원 활용, 판매 상품에 있어 합리적인 선택을 이끄는 최소한의 감독이 존재하는 구조에서 수많은 거래가 동시에 조정된다.[15] 이 효율성은 개인들이 자유롭게 상호 호혜적인 거래를 할 수 있도록 허용함으로써 달성되며, 이 거래 속에서 개인들은 보유한 자원의 허용하는 한에서의 최대효용을 달성하기 위해 교환을 수행한다. 효율성을 말함에 있어 경쟁적 요소를 간과할 수는 없는데, 상기한 거래과정에서 개인과 기업들은 최대한 효율적인 기술을 채택하여야 하는 압력에 지속적으로 노출된다.

그러나 시장의 효율성을 긍정적으로만 바라볼 수는 없다. 시장의 효율성 중 주요 요소인 경쟁은 진입장벽, 자원의 부동성, 정보의 부족과

제2부 국가위기의 동인

도 같은 요소들과 경쟁에서부터 자신들을 보호하고자 하는 개인들의 노력에 기반하는 권력의 집중으로 인해 불완전한 성격을 띤다. 이 불완전성은 비효율성과 연결되며 예시로는 높은 거래비용으로 인한 비효율성과 강력한 경쟁으로 발생되는 약화된 사회적 결속을 들 수 있겠다.

다만, 시장이 경제적 효율성을 달성하더라도 사회적 효율성에서는 실패하는 경우 또한 생각해보아야 한다. 이는 경제적 효율성은 개인의 물질적 요소를 활용한 선호의 충족을 뜻하나, 사회적 효율성은 개인 단위를 넘어서 집단단위의 행동으로만 성취할 수 있는 목표가 존재하기 때문이다. 이와 같은 시장의 불완전성의 대응으로 정부는 시장에 적극적으로 개입함으로써 효율성을 증대할 수 있다. 정보의 부족과 이상과열은 정부의 조치들로 해결될 수 있으며, 건전한 경쟁을 저해하는 과도한 사적 권력의 집중은 반독점법이나 규제, 그리고 공적인 소유를 통해 완화될 수 있다.[16] 경기가 후퇴하는 동안은 정부는 고용 창출 및 생산 증가정책을 추구할 수도 있다.[17] 추가적으로, 정부는 교육, 국방, 사회보장, 환경보호와 같은 영역에서 달성될 수 없는 목표들의 추구를 통해 넓은 의미에서의 사회적 효율성에 기여한다.[18] 사회 내의 시민들은 사회적 정의를 비롯한 비영리적인 선호도를 가질 수 있으며, 시장은 오직 금전적인 수요에만 반응할 수 있지만 정부는 이러한 선호도를 반영하는 사회적 효율성과 번영을 담당할 수 있다.

정부의 활동이 경제적 효율성과 시민의 자율성을 저해한다는 주장 또한 제기된다. 시장이 경쟁을 통해 효율성을 달성하는 반면 정부는 상대적으로 그러한 압력에서 자유로우며, 공공재는 과세를 통해 공급되는 만큼 정부는 고객을 잃을 걱정 없이 서비스를 제공할 수 있다. 또한, 관료제도는 더디고 경직된 면모를 보이며,[19] 자신의 이익만을 추구하는 정치인들과 관료들의 높은 수입과 권력의 증가는 효율성을 저해하기도 한다.[20] 정부의 인위적인 조정(강요된 규제, 인센티브의 변경, 자원의 투입방향 조정 등)은 시장의 효율성을 증가시키려는 목적을 가지고 있으나, 사적 재산의 안정성을 침해할 수 있으며 개인의 합리적인 선택의 동기를 저해할 수 있다.

시장은 자원의 활용 가능성과 생산성 모두를 증가시키는 데 있어 필수조건이다. 개인적인 결정들에 대해서 긍정적이나 부정적인 피드백을 제공함으로써 산업적인 활동에 강력한 동기를 부여하고, 도덕적이고 문화적인 규범의 최소화를 통해 개인의 정체성을 구축할 수 있게 한다. 다만, 이러한 성장 위주 능력은 사회간접자본(infrastructure)의 존재가 부재할 경우 억제된다. 성장은 공공재를 필요로 하는데, 이는 사적인 이익과 직접적인 관련이 없기 때문에 시장이 이를 제공하기를 바라는 것은 어렵다. 다른 제한적 요인으로는 정보의 비대칭성이라 불리우는 정보의 부족으로 인한 불확실성이다.[21] 투자에 따른 이익이 명확하게 나타나지 않는다면 투자자들은 자원을 투입하지 않을 것이며, 이처럼 소비재에 대한 지출이 뒤처지는 경우 성장은 억제될 수 있다. 마지막 요인으로는 경쟁적 개인주의이다. 비록 경쟁은 앞서 말하였듯 성장에 긍정적인 영향을 미칠 수 있으나, 과도한 경쟁, 그리고 이로 인한 양극화는 생산성과 성장에 부정적인 영향을 끼치기 때문이다.[22]

정부는 다양한 보조정책으로 잉여자본을 생산하는 사회적 능력의 증진을 통해 성장을 활성화할 수 있으며, 전통적인 가치관이 성장을 저해할 경우 역동적인 생산을 위해 이 자원들을 전환시킬 수 있는 능력이 있다.[23] 재정적 지원을 통해 장기간의 경제성장에 기여하며, 안정적인 시장의 구축으로 불확실성을 감소함으로써 이를 실현할 수 있는 것이다.

다만 정부의 징세와 차입은 생산적인 민간 투자로 이어질 수 있는 자금을 흡수할 가능성이 존재하며, 과한 규제는 자원의 가장 효율적인

표 6.1 정치제도와 경제제도의 관계성

			효율성	성장	안정성
경제제도	시장	긍정	개인 간의 경쟁	규범의 최소화, 기술 개발과 자원 증대	유연성 (예: 이자율)
		부정	외부성 동기부여의 문제	사회 인프라의 부족 초래	독과점→불황과 실업으로 이어짐
	정부	긍정	불안정한 시장에 효율성을 증진시킴 (예: 공공교육-기술인력 양성)	시장의 잉여가치 창출 과정에 정부가 개입함으로써 조정 가능 (예: 자본축적에 관여: 세금, 이자율 등)	불황, 인플레이션 발생 시 정부 개입 (예: 통화·재정정책)
		부정	시장보다는 효율성이 떨어짐(예: 관료주의, 정치적 욕망, 선거 등)	정부의 개입이 생산적 투자에 부정적 영향을 끼치는 경우	재산권을 침해할 수 있으며 사업 의욕의 저하로 이어짐
정치제도	시장	긍정	개인의 자유	수요공급의 성립에 따라 개인의 능력 보장	지배관계를 상호보존의 교환관계로 환원함으로써 상호의 존적 관계를 형성
		부정	비상품 공급의 부족 (예: 국방서비스 등)	부(富)가 개인의 지위 부여(기회의 평등 결여)	전통적 가치와 사회 구조의 약화 → 자기중심주의
	정부	긍정	시민들의 가능한 선택의 폭을 넓힘으로써 자유 보장(개인 차원에서는 불가능함) (예: 교육, 국방, 사회보장, 환경보호)	사적재산권 외의 기본권(인권) 보장	질서 있는 인간관계의 증진 (예: 문화 등)
		부정	때때로 시민의 자유를 제한하기도 함 (예: 세금, 법, 규제)	공평(equity)에 대한 다른 개념들이 존재함	정부의 자원 배분 과정에서 시민들의 개인적 이익이 반영될 수 있음

출처: 김성수, 『새로운 패러다임의 비교정치』 (파주: 박영사, 2022), p. 356.

사용처에서부터 이탈시킴으로써 불황을 유발할 수 있다. 보조금을 포함한 보호장치들은 기업들을 보호함으로써 성장을 저해할 수 있고, 개인 기본권 보장을 목적으로 하는 재분배정책은 생산활동에 참여하려는 동기를 저해하고 성공을 부정하며 실패에 보상을 줌으로써 성장을 위한 시장의 잠재성을 잠식할 가능성이 있다.[24]

시장은 전문화와 교환관계의 형성으로 상호의존관계를 만듦으로써 소비자의 선호, 기술, 그리고 자원 활용 가능성의 변화에 대해 유연하게 반응할 수 있다. 기업과 소비자들은 생산과 소비를 가격 메커니즘을 통해 조정함으로써 적절한 반응을 이끌어내며 이 일련의 반응은 심각한 불균형이 발생하기 전에 빠르게 조정함으로써 안정에 기여한다. 경쟁은 즉각적인 대응에 보상을 제공하고 금융시장 또한 이자율의 상승과 하락을 통해 안정성에 기여한다.

그러나 시장의 '호황과 불황'의 순환은 경제활동이 조직될 때부터 지속되었으며, 초기에는 '투기적인 거품'이 있는 몇몇 시장에서만 발현되었으나 현대에 들어와서는 시장들의 상호작용과 금융시장의 과한 확대가 이러한 순환주기를 가져오게 되었으며 이러한 불안정성은 부분적으로 기대의 역할로 설명할 수 있다.[25] 투자가들의 비관적 심리의 확대는 경기후퇴와 실업으로 이어지며, 낙관적 심리의 확대는 인플레이션을 유발하는 신규 투자와 높은 지출로 귀결될 수 있다.

정부의 적절한 정책들은 안정의 필수적인 '기업의 신뢰'를 고무시킬 수 있다.[26] 이는 몇몇 기업들이 반대하는 정책이라도 경제에 긍정적인 영향을 미칠 수 있으며 반독점정책, 최저임금법, 그리고 진보적인 성향을 띠는 과세는 부와 권력의 집중을 억제함으로써 안정성에 기여한다. 추가적으로 경기가 후퇴하거나 인플레이션이 발생하는 경우 정부는 재정 및 통화정책을 통해 반응할 수도 있다.

그러나 정부의 노력은 이윤을 감소시키고 재계의 신뢰도를 하락시킴으로써 불안정을 초래할 수도 있으며 재선을 노리는 정치인들의 경우 유권자를 유혹하기 위해 '정치적인 사업 사이클(political business cycle)'이 만들어질 수도 있다. 이런 정책이 취소된다면 경제가 불황에 접어들 것이고, 수행되더라도 금융통화정책은 불안정을 증가시킬 수도 있다. 또한, 관료들과 정치인들이 특정한 문제를 인지하고 이를 대응하는 정책을 만들더라도, 그 정책이 작동하기까지는 시간이 걸리기에 바뀐 경제 상황에는 더 이상 적합하지 않은 정책이 될 수도 있다.[27] 번영을 유지하기 위해 정부는 시장이 스스로 안정화하려는 메커니즘을 억압할 수도 있으며, 이런 인위적인 번영의 연장은 그 뒤의 불황을 보다 극심하게 만들 수도 있다.

정치와 경제의 기본적인 개념은 소득과 재산의 재분배, 공적 가치의 재발견, 그리고 공적 영역과 사적 영역의 경계선에서 작동하는 현대 정치경제학의 발전을 고려하였을 때 단순한 분류일 수도 있다. 그러나 고전적인 정의에서 보자면 경제는 효율성과 사적 영역이며, 정치는 민주적 절차와 공적 영역의 문제라고 볼 수 있다. 그렇기 때문에 정치경제의 과제는 두 가지의 상반되는 영역의 유기적인 상호보완적 통합을 어떻게 이루어 낼 것인가가 주요하다고 할 수 있다.

이탈리아 사례를 보자. 2019년 좌파정부가 선출되면서 저소득층 가구에 기본소득 개념의 시민소득을 제공하였다. 정치적 관점에서 장기집권에 대한 전략적 선택이기도 하지만, 이념적으로 평등에 지향점을 둔 정책이었다. 결과는 막대한 재정적자로 이어졌다. 시장의 관점에서 볼 때 과도한 국가의 개입으로 효율성이 떨어졌고, 재정적자로 성장은 멈추었으며 그 결과 안정적 경제 질서가 무너지게 된 것이다. 결국 2022년 총선에서 불안감을 느낀 유권자들은 우파연합에 표를 몰아준다. 총선에서 승리한 형제당의 멜로니(Giorgia Meloni) 총리는 시민소득을 없애고 포괄수당제를 도입하였고 기업이 10%까지만 채용할 수 있었던 비정규직 규제를 없애버렸다. 경제적 어려움을 극복하기 위한 시장중심 경제로의 정책전환을 시도하면서 경제는 성장세를 보이고 있다. 반면에 공공서비스정책의 감소는 사회적 불만으로 이어질 여지가 존재한다.

아일랜드 사례는 사회적 약속을 통해 가치의 적정한 분배를 보여준다. 1987년 호이(Charles Haughey) 총리가 취임하면서 노조, 사용자 그룹, 정부가 참여하는 사회연대협약(Social Partnership Agreement)를 체결하여 영국으로부터 독립 후 어려워지고 있는 경제상황을 개선하기 위하여 공무원의 규모와 임금을 삭감하고 재정지출과 연금을 줄였다. 더불어 해외투자를 적극 유취하는 정책을 발표한다. 법인세율을 대폭 내리고 보조금을 지급하여 세계유수의 다국적 기업들이 앞을 다투어 진출하여 2008년 금융위기가 발발하기 전 2007년 일인당 GDP가 6만 달러에 다다랐다. 경제적 관점에서 열린 시장으로 효율성을 높여 경제성장과 안정화를 만들어내면서 정치적으로 제한될 수 있는 자유와 공평의 문제를 사회적 협의체로 조정해 나아갔다. 2008년 금융위기로 대외경제에 민감한 아일랜드 경제구조상 문제가 발생하여 구제금융을 신청하게 되었지만 긴축재정정책으로 2022년 1인당 GDP 10만 달러로 증가하면서 안정적으로 헤쳐 (또는 극복해) 나가고 있다. 그 기반에는 분배의 적절성을 이끌어내는 사회적연대 협약이라는 사회적 약속이 역할을 하고 있다.

앞의 사례에서 보듯이 어떠한 변화가 올 것인가는 유보하겠지만, 정치와 경제의 상호관계는 직간접적으로 연결되어 있고, 동시에 실질적 가치의 배분에서 적정성을 찾아나가는 모습을 보여주고 있다. 한 곳으로의 편향성은 사회적 갈등과 균열의 시작이 될 수 있다. 경제는 효율성, 성장, 그리고 안정성에 대한 시장과 정부의 역할을, 정치는 자유, 공평, 그리고 질서에 대한 시장과 정부의 역할을 요구하기 때문이다. 다음장에서는 문화적 가치가 어떻게 이탈되는 지를 살펴보자.

▌주

1) 김성수, 『새로운 패러다임의 비교정치』 (파주: 박영사, 2022), p. 366.
2) Thomas Piketty, *Capital in the Twenty-First Century* (Cambridge, MA: Harvard University Press, 2017).
3) Cristobal Kay, "Andre Gunder Frank: 'Unity in Diversity' from the Development of Underdevelopment to the World System," *New Political Economy* 16-4 (October 2011), pp. 523-538.
4) Barry Clark, *Political Economy: A Comparative Approach* (London: Westport, Conn. Praeger, 1998).
5) 김성수, 『자본주의와 민주주의, 상생의 정치경제학을 위하여』 (서울: 박영사, 2020), p. 7.
6) 김성수 (2020), p. 6.
7) "The Height of Inequality: America's productivity gains have gone to giant salaries for just a few," *The Atlantic* (September 2006).
8) 아르네 다니엘스·슈테판 슈미츠 지음, 조경수 옮김, 『자본주의 250년의 역사』 (서울: 미래의창, 2007).
9) Damien Kingsbury et al., *International Development: Issues and Challenges* (London: Palgrave, 2016).
10) 김성수 (2020) p. 242.
11) Charles Wright Mills, *The Power Elite* (New York: Oxford University Press, 1959).
12) Robert A. Dahl, *Who Governs? Democracy and Power in an American City* (New Haven, CT: Yale University Press, 1961).
13) Charles Lindblom, *Politics and Markets: The World's Political-Economic System* (New York: Basic Books, 1977).
14) Charles Lindblom, "The Market as Prison," *Journal of Politics 44* (May 1982), p. 335.
15) Pareto, Vilfredo, *The Mind and Society: A Thread of General Sociology* (New York: Dover, 1935).

16) George Akerlof & Robert J Shiller, *Animal Spirits: How Human Psychology Drives the Economy, and Why It Matters for Global Capitalism* (Princeton: Princeton University Press, 2010).

17) John Maynard Keynes, *The General Theory of Employment, Interest, and Money* (New York: Macmillan, 1936).

18) Robert R. Alford and Roger Friedland, *Powers of Theory: Capitalism, the State, and Democracy* (New York: Cambridge University Press, 1985).

19) Lawrence M. Miller, *Barbarians to Bureaucrats: Corporate Life Cycle Strategies* (Greenwich: Fawcett, 1990).

20) 임혁백, 『민주주의의 기본원리와 정치개혁과제』 (세종: 한국개발연구원, 1999).

21) Akerlof & Shiller (2010).

22) Keynes (1936).

23) Paul G. Buchanan, *State, Labor, and Capital: Democratizing Class Relations in the Southern Cone* (Pittsburgh: University of Pittsburgh Press, 1995).

24) Milton. Friedman, *Capitalism and Freedom* (Chicago: University of Chicago Press, 1962)

25) Akerlof & Shiller (2010).

26) Charles. Wolf Jr, *Markets of governments: Choosing between imperfect alternatives (A Rand Corporation research study)* (Cambridge: MIT Press, 1988).

27) 임혁백 (1999).

7장

문화상징적 가치의 이탈

국가를 이해하는 데 있어 그 사회의 관습, 전통, 규범, 이념 등과 같이 문화와 유사한 개념을 강조해오고 있다. 사회구성원들이 공유하는 규범과 사고 그리고 행동양식의 체계로서 문화는 국가구성원들을 하나로 모으는 구심체가 되기도 하지만 동시에 분열의 원인이 되기도 하기 때문이다. 문화는 어떻게 집단을 구성하고, 어떻게 행동할지에 결정하는 데 영향을 미치는 사회의 근간이자 정치적 정체성으로 볼 수 있다. 국가 공동체 내부에 소속된 사람들의 민족과 종교, 문화적 자질과 속성이 지닌 융합의 정도, 그리고 대립과 갈등의 양태는 문화상징적 가치의 적정성을 분석하는 데 중요하다. 문화와 공조하는 상징체계의 가치를 살펴보는것은 그 사회의 정체성과 연결되기 때문이다. 사회 구성원들은 자신의 존재를 이해하고 사회에 대한 시선을 정립하게 되면서 체재의 지지 또는 요구라는 행태로 이어지게 되는데 불만 섞인 요구가 강해질 때 국가위기로 이어질 수 있는 수준을 파악할 수 있다.

1. 문화적 가치의 토대: 문화상징

문화란 무엇일까? 국가를 이해하는 중요한 문제의 하나는 '문화'이다. 문화는 사회의 구성원들 사이에 공유되는 행동 양식 및 상징체계이다. 고대에서부터 현대에 이르기까지 국가 정치를 이해하는 데 있어 문화는 매우 중요한 문제였다. 국가를 구성하는 사회의 관습, 전통, 규범, 이데올로기 등과 같은 문화적인 조건의 중요성은 늘 강조되어 온 분야였다.[1]

　'문화'는, 물론 역사적 근원을 찾아야 하겠지만, 국가구성원들을 하나로 모으는 구심체이다. 문화가 다르면 사회적인 분열의 요소가 된다. 실제 문화적 갈등으로 인해 분쟁을 겪고 있는 국가도 있고, 반대로 문화를 잘 활용하여 국가구성원들을 하나로 결집한 국가도 있다.

　1990년대 비극적 내전을 겪고 분열된 유고슬라비아, 30년 가까이 싱할라족과 타밀족 간 갈등과 분열을 겪은 스리랑카, 유대인과 팔레스타인 간의 반목이 지속되고 있는 이스라엘 등이 전자의 예가 될 것이다. 반면 인도, 캐나다, 브라질 등은 국내의 다문화적 요소를 비교적 잘 융합해 국민 통합을 이뤄낸 사례로 볼 수 있다.

　1960년대 행태주의의 등장과 함께 비교정치에서의 정치문화 연구는 매우 주요한 제목이었다. 정치문화 연구는 사회구성원들이 공유하는 지배적 규범과 사고 및 행동양식을 체계적으로 분석한다. 정치문화 연구를 주목하는 이유는 국가를 구성하는 인간의 인식체계와 연결되기 때문이다.

　국가구성원은 인간이다. 인간으로서 축적한 문화체계 자체가 정치 현상이다. 이런 정치 현상을 포함한 인간의 활동을 정확히 이해하는 것이 필요하다. 인간이 어떠한 존재인지에 대한 근본적인 이해가 필요하다. 인간의 본성이나 성향에 관한 고찰 없이 우리 사회에서 일어나는 정치 현상을 이해한다는 것은 매우 어려운 일이다.

본래 정치문화는 문화 그 자체에 대한 개념화 및 연구부터 시작되었다. 따라서 정치문화에 대한 논의는 우선 '문화'라는 용어에 대한 정의에서부터 출발하여야 한다. 문화는 인류학의 중심적 개념이다. 문화는 연구자에 의해서 다양하고도 폭넓은 개념으로 정의되었다.

대표적인 학자는 테일러(Edward Burnett Taylor, 1832~1917년)이다. 인류학자 테일러는 문화의 개념을 인류학에 도입하였다. 문화를 "지식, 신념, 예술, 도덕, 법, 관습 및 인간이 사회의 구성원으로서 획득하는 능력과 습관들의 복합적 총체"로 규정하였다.[2] 그리고 테일러와 보아스(Talyor and Boas)는 "한 공동체의 사회적 습관들의 표현과 소속집단의 습관들로부터 영향을 받은 개인의 반응과 이 관습에 의해 규정된 인간 활동의 산물을 모두 포괄하는 것이 바로 문화이다"라고 정의하면서 문화의 구체적인 내용적 측면을 강조하였다.[3]

인류학적 관점에서 문화는 무엇일까? 사회적 조직(social organization), 핵심 가치(core values), 특정한 신념(specific beliefs), 사회적 행동(social action), 삶의 방식(way of life) 등으로서의 의미를 강조한다.[4] 우리의 행태를 제어하는 장치로 이해할 수 있다.

반면에 현대적인 관점에서 문화는 새로운 개념으로 규정된다. 기어츠(Clifford Geertz)는 문화를 "상징이 내재된 의미의 유형이 역사적으로 전달된 것으로서, 인간의 삶에 대한 지식과 태도를 의사소통하고 영속시키며, 또한 그러한 발전과정을 통하여 상징적인 형태로 표현된 고유한 개념의 체계"로 정의하였다.[5] 이는 문화의 공적인 측면이 강조된 것으로서, 고대사회로부터 줄곧 연구 대상이 된 인간의 의미에 대한 재해석에 이용하거나, 인간의 행태, 제도, 그리고 사회적 구조를 연구하는 데 있어 중요한 도구로 인식하는 등 기존의 인류학적 시각과는 사뭇 차이가 있다. 인류학적 연원에 바탕을 두고 있는 오늘날의 문화는 "상속된 개념의 체계이자 역사적으로 반복된 체계가 상징적으로 승화된 인지적·감성적인 것"이라 할 수 있다.[6] 즉, 역사적으로 형성된 경로에서 행동의 근원을 찾는다.

문화 연구는 개인과 집단들의 행태에 대한 발생 원인과 진행 과정을 설명하는 데 있어 매우 적절한 연구 방법론이다. 또한, 사회 현실에 관한 인지적이고 감정적인 신념을 포괄하는 개념으로 인정되면서 행동을 제어한다고 본다. 그렇기 때문에 문화는 일종의 세계관으로 인식하곤 한다. 더불어 고유한 문화가 형성되는 시기, 장소, 그리고 원인은 물론이고 다른 문화의 차이점에 대한 해석의 실마리를 제공하기도 한다.[7]

일반적으로 정치학에서는 문화의 두 가지 특성에 주목한다. 하나의 특성은 사람들이 일상 세계를 영위해 나가는 데 사용하는 의미의 체계라는 점이다. 다른 하나는 사람들이 어떻게 집단을 구성하고, 어떻게 행동할지에 결정적인 영향을 미치는 사회의 근간이자 정치적 정체성(political identity)이라는 점이다. 이러한 문화에 대한 분석을 통해 집단과 다른 집단 간의 동기 구분에 따른 공동 정체성을 가진 사람 간에 발생하는 이해를 모색한다. 문화는 집단 구성원들의 감정에 의해 형성된 삶의 방식을 반영하고 신성화 내지는 세속화와 같이 특정한 형태를 통해 표현된다. 그 구성원들의 과거, 현재, 그리고 미래의 사건을 예측하게 해주며, 선택의 순간 하나의 지침으로 이해되기도 한다. 즉 문화는 다른 집단과 구별되는 집단의 경험을 나타냄으로써 집단의 경험과 정서적 특성을 묘사하고 집단의 결속력을 강조하는 역할을 한다.

따라서 정치학에서의 문화는 정치문화를 의미한다. 정치문화는 특정 사회에 정체성의 형태로 내장되어 있다. "특정 사회 내에서 축적된 지식, 경험, 가치, 행동, 정향, 사고방식, 행동양식 등"을 포괄한다. 대부분의 국가는 문화 담론을 통해 "정체성을 형성하고 행동을 결정"한다.[8] 바로 여기에서 문화 담론과 정치이념 간의 연계성을 찾을 수 있다. 정치이념은 한 사회 내에서 행동의 준거(準據)로 작동하고 집단의 가치체계를 대변한다. 앞서 국가를 구성하는 소프트웨어의 정점(頂点)에 정치이념이 있다고 언급한 것도 마찬가지 이유에서다.

국가에서 문화는 어떤 역할을 할까? 문화의 개념과 범위는 대단히 넓고, 기능도 다양하다. 문화의 가장 중요한 기능은 코어(Core)의 역할이다. 구성원들을 민족 또는 부족과 같은 사회적 공동체로 묶어준다. 구성원들에게 우리는 하나의 구성원이라는 동질성을 만든다. 동질화의 원동력은 집단의 구성원들이 공유하고 있는 발전적이고 역사적인 경험이 외부에 있는 세계와 다르기도 하지만 대항하면서 내부 집단의 상징성있는 이미지를 형성하는 것과 관련된다. 동질화를 이루는 구성 요소는 매우 다양한 형태로 나타난다. 한국의 단군처럼 건국 신화로부터 공유하는 전통문화를 비롯하여, 음식, 소리, 사건 등이다. 한국의 전통음식인 김치나 된장처럼 친근하게 반응하는 후각과 연결되기도 한다. 중요한 것은 과정이다. 만들어지는 과정속에서 개인의 정체성보다는 집단의 정체성이 우선되는 심리적 변화를 느끼게 만든다. 결과적으로 같은 문화를 좋아하는 사람들을 자연스럽게 하나로 통합된 집단으로 구성하고, 그 경험의 가치를 공유하게 되면서 집단의식 동질화현상이 일어나게 된다.

문화는 한편으로 내부 구성원들에게 강한 유대감을 형성하기 때문에 동일한 구성원 이외의 타인들에게는 배타적으로 반응한다. 내외적 갈등의 형성과 사회적 질서 나아가 행동의 원인을 규정하는 역할을 한다. 문화는 행동을 이해하기 위한 의미의 체계와 상대방의 동기, 그리고 정체성을 형성하고 유지하기 위한 메커니즘을 제공한다. 집단들이 그들의 결속력을 강화시키고 외부 집단에 대한 적대감을 증대시키기 때문에 내부 집단이 가지고 있는 세계관은 강화된다. 그리고 문화는 한 사회안에서 집단의 영역을 설정하거나 그 안에서 집단(세대, 부족, 지역)을 생성하는 역할을 한다. 문화는 동질성을 지닌 집단을 정의할 뿐만 아니라, 집단 내부와 집단들 간의 관계가 어떻게 결합되어 있는 지를 설명해준다. 누가 누구와 함께 살고, 누구와 함께 시간을 보내고, 누구에게 감정적으로 친근함을 느끼고, 누가 부족한 자원을 통제하며, 어떤 유산이 세대 간에 전이되고, 어떻게 일이 조직되는지와 같은 기초적인 질문들을 생각해보자. 세상의 여러 문화는 이러한 질문에 대해 매우 다양한 대답을 제시해주지만, 여러 중요한 증거들이 입증하는 바와 같이 앞선 질문에 대해 어느 집단이 어떻게 대답하는지는 사람들이 어떤 행동을 하고 다른 사람들이 어떻게 행동하길 원하는지를 설정하는 중요한 의미를 지닌다.

문화는 구성원들에게 동질성이 무엇인지를 규정하고, 나아가 다른 집단의 행동을 판단하는 근거를 제공한다. 사회구성원들이 공유하는 문화는 언어와 마찬가지로 매우 모호하다. 따라서 그 행위에 대한 해석의 준거가 필요하다. 경우에 따라서는 이익을 우선시하는 합리적 행동이 아닐 수도 있다. 해석의 공통된 틀이 없다면 다른 구성원이 발신하는 메시지의 의미를 충분히 해석할 수 없다. 정치적이고 사회적인 행동은 복잡하다. 정치적 사안을 이해하는 능력은 그러한 행위를 유발하는 동기가 무엇이며, 어떤 의미를 갖는지가 내포되어 있다. 동기는 개인행동의 원인을 폭넓은 역사적 그리고 사회적 환경에 연결시켜 주는 메커니즘을 제공하기 때문에 문화 연구에 있어 주요 과제의 하나이다. 서로 다른 문화가 마주할 때 대부분의 사람들은 다른 집단의 행위에 대해 자신들의 동기를 적용하는 방식으로 이해한다. 즉, 문화를 번역하는 것이다.

마지막으로 문화는 정치적 동원 및 조직의 발생 원인에 대한 논거를 제공한다. 문화는 어느 집단이나 집단의 지도자가 조직을 꾸리고, 공동의 목표를 위하여 동원하는 데 필요한 도구의 하나이다. 민족을 기본으로 한 집단을 예로 들어보자. 지도자들이 어떻게 문화를 활용하여 정치적 힘을 얻고 그것을 유지하는지를 이해하는 데에도 적절하다. 최근 유럽에서는 이런 민족적 도구가 정치적으로 활용하는지는 찾기 어렵지 않다. 북아일랜드와 프랑스에는 강력한 반이민정책과 반외국인 정당이 있다. 독일에는 배타적 외국인주의자의 폭력이 발발하고 있다. 아프리카의 정치문제 역시 문화적 갈등 양상을 노정한다. 아프리카는 1960년대 이후에 일어난 문화적 상징과 공포 위주의 동원화 그리고 신가산주의로 인한 폐해가 있었다.[9] 그러나 문화적 상징과 의식, 그리고 때때로 처참한 결과를 낳은 정치적 조작에 관한 구체적인 국가 사례로는 동유럽, 구소련, 북한이 대표적일 것이다.

공동의 목표를 위해 동원되는 문화의 한국 사례를 살펴보자.[10] 고려의 국교인 불교의 영향에서 조선의 건국은 시작된다. 태조 이성계는 무학대사의 조언으로 도읍을 한양으로 옮긴다. 지금의 서울이다. 조선의 4대왕인 세종 역시 불교신자였다. 하지만 세종은 주희가 유학을 집대성한 성리학을 조선의 개혁사상으로 받아들이며 유교를 숭상하고 불교를 억압하는 숭유억불정책을 시행한다. 그 이유는 무엇일까? 중국 역사상 풍요로움의 상징인 송나라, 특히 남송시대 때 농업혁명으로 사회변혁과 기술혁신을 이끌었던 당시 사상적 바탕이 성리학이었던 것이다. 세종은 이 점에 주목했다. 조선의 발전을 위한 사회적 동원의 동기를 성리학을 사상적 기반으로 만들고자 하였다.

남송은 혁신적 영농제도인 시비법, 이양법등의 양자강 유역의 강남 개발로 생산량이 늘어나자 노동의 분화가 가능한 잉여자본이 넘쳐나게 되었다. 항주 인구만 100만이 훌쩍 넘어가면서 자연스럽게 산업의 분업화가 일어난다. 농업사회에서 산업사회로의 전환이다. 목화, 도자기 등과 더불어 화약, 나침반, 종이, 금속활자가 발명되었고 시장이 커지며 유통을 위해 세계 최초로 지폐가 사용되었다.

세종은 성리학을 개혁의 동기부여로 본 것이다. 세종은 궁에 모판을 만들어 농법을 연구하며 물과 일조량의 관계를 수치화하기 위하여 측우기와 해시계 발명을 독려해 농업혁명을 이끌었다. 그러면서 한편으로 등장하게 될 산업사회, 즉 노동의 분업화로 인한 사회구조의 변화로 혼란이 일어날 것으로 생각한다. 노동 집약적 가족 형태인 대가족이 핵가족으로 변화되고 시장이 활성화되면서 발생될 세속주의적 가치를 조절할 사회적 규범이 필요할 것으로 확신한다. 궁에 집현전을 설치하여 학자들로 하여금 윤리와 도덕을 강조하는 성리학을 연구하게 하였으며, 모든 백성들이 쉽게 읽고 이해할 수 있는 훈민정음을 만들고 금속활자를 만들어 성리학 서적을 대량으로 인쇄하여 배포하였다. 빠른 시간 안에 성리학이 조선사회에 자리잡게 된다. 물론 혁신은 순기능만 잉태한 것은 아니었다. 조상 즉, 신주를 중심으로 하는 혈통을 중시하다보니, 조선 중·후기로 들어가면서 친족중심의 파벌과 당파가 공고화되면서 정치 분란을 유발하게 된다. 우리가 주의깊게 보아야 할 부분은 성리학의 부정적 결과가 아니라 세종이 성리학을 정치문화로서 지속가능한 발전의 도구로 선택했다는 것이다.

문화는 문화적인 양상에 그치지 않는다. 문화는 성숙한 인간으로서의 윤리와 연관되어 있다. 문화가 지향하는 궁극적 목적지는 인간 이해이다. 공동의 정체성을 가진 사람들 간에 발생하는 다양한 관계의 이해를 도모한다. 문화는 집단 구성원들의 주관적인 감정에 의해 형성된 특색 있는 삶의 방식을 반영한다. 구체적으로는 신성화 내지는 세속화와 같은 가치의 차이를 특정한 형태로 표현한다. 따라서 문화를 이해하는 것은 이해관계와 특색있는 삶의 방식을 이해할 수 있도록 한다.

문화는 또한 구성원들의 순환적인 생활 리듬을 보여준다. 문화는 형성되는 오랜 시간이 있었다. 전통문화는 그 구성원의 과거, 현재, 그리고 미래의 사건을 알 수 있게 한다. 구성원들이 선택의 기로에서 어떤 결정을 할지를 알려주는 지침으로 이해되기도 한다. 문화적 은유법들은 다른 집단과 구별되는 집단의 경험을 드러내기도 한다. 이렇게 함으로써 집단의 경험과 정서적 독특성을 묘사하고, 집단 내부의 결속력을 강조하는 인지적 의미를 갖는다.

2. 문화상징적 가치의 충돌

그 사회의 정체성은 문화에 공조하는 상징체계의 가치와 연관된다. 사회구성원으로서의 소속감을 형성하고, 사회에 대한 공헌을 확인하는 것이 문화상징적 가치이다. 국가체제 내에서 문화상징적 가치를 알기 위해서는 개인적 정체성보다는 사회적 정체성을 파악하는 것이 중요하다. 문화상징적 가치를 분석하기 위해서는 국가 공동체 내부에 소속된 사람들의 민족과 종교, 문화적 자질과 속성이 지닌 융합의 정도, 그리고 대립 양태를 파악해야 한다. 이를 통해 문화상징성의 이탈 가능성, 즉 국가위기로 이어질 수 있는 수준도 대략적으로나마 파악할 수 있을 것이다.

문화상징적 가치는 그 자체가 민족의식과 민족 간 경계를 내포할 수 있다. 민족과 민족의식의 발흥은 탈냉전기가 세계화된 시대환경에서도 존속되었다. 오히려 냉전이 해체되며 기존 국가 질서에 내재한 민족적 요소가 분명해지는 경우도 잦았다. 문화상징적 가치의 충돌 현상이 나타난 것이다.

문화상징적 가치는 구체적으로 개인과 집단의 정체성을 연결한다. 문화상징적 가치를 통하여 사회구성원들은 개인으로서 자아 인식보다는 집단 구성원들이 공유하고 있는 저항적이고 역사적인 경험을 공유하게 된다.

예컨대 일본 지폐 1만 엔권의 모델은 후쿠자와 유키치(福澤諭吉)다. '탈아입구(脫亞入歐)'를 주창하며 메이지 시대 일본의 근대화를 주도했다. 일본의 문화적 상징체계에서 후쿠자와는 위대한 사상가이자 선각자다. 그러나 한국이 바라보는 후쿠자와는 일본의 한반도 침략 논리를 제공한 원흉(元兇)이다. 현재 1,000엔권 모델의 경우 세균학자 노구치 히데요(野口英世)가 활용되고 있지만, 과거에는 이토 히로부미(伊藤博文)가 등장했던 시절도 있었다. 2024년 상반기부터 활용되는 새 일본 지폐 도안에 들어갈 인물들 역시 모두 메이지 시대 출신이다.

화폐는 '경제적 유통 수단'이기도 하지만 '나라의 얼굴'이기도 하다. 한국의 지폐 도안에 이토를 저격한 안중근 의사가 들어간다면 어떨까? 안중근 의사는 한민족에게 저항의 상징이다. 한국의 문화적 상징체계를 표상하는 인물이다. 안중근 의사의 의거(義擧)에 공감하는 일은 문화상징적 차원에서 한국인으로서의 소속감, 사회적 정체성을 확인하는 일이다. 이토는 제국주의자였던 반면, 안중근 의사의 경우 맹목적 민족주의자가 아닌 '동양평화론을 제창한 코스모폴리탄적 평화주의자'였다.[11]

안중근 의사를 화폐 인물로 반드시 선정해야 한다는 얘기가 아니다. 여기서 중요한 점은 문화적 상징체계가 한 사회의 정체성과 직결된다는 점을 기억하는 것이다. 그리고 그 정체성은 하나의 국가 또는 사회가 정치사회적으로 얼마나 응집력 있게 조화를 이루며 공동체로서의 삶을 영위하고 있는지 보여준다.

물론 문화상징적 가치는 추상적이다. 하나로 통일되어 있지 않은 국가도 많다. 관습적이고 역사적인 경험 속에서 형성되기에 물리적인 국경으로 구분되지 않은 문화정체성을 갖는 경우도 많다. 여러 국가에 걸쳐있는 문화도 있다.

쿠르드족(Kurds)의 경우가 그러할 것이다. 쿠르드족은 튀르키예, 이란, 이라크, 시리아, 아르메니아, 아제르바이잔 등에 걸쳐 생활한다. 북아리아 계통 민족으로 고유의 문화와 언어인 쿠르드어를 보유하고 있다. 그러나 제1차 세계대전을 기점으로 유럽 열강이 세브르조약(Treaty of Sèvres, 1920년)과 로잔조약(Treaty of Lausanne, 1923년) 등을 통해 지역의 국경선을 일방적으로 획정함으로써 쿠르드족은 각국의 소수민족으로 분열되고 말았다. 1980년대 이란-이라크전쟁 시 전선(戰線)이 쿠르디스탄까지 확대되어 많은 쿠르드인들이 전쟁에 휘말렸고, 튀르키예정부 역시 쿠르드족에 대한 강압적 탄압정책을 실시해 왔다. 결국 쿠르드족의 문화상징적 가치는 국가의 형태로 완성되지 못했다.

문화상징성이 의미를 통합적으로 수용할 수 있는 가치를 통하여 통합하지 않는다면 정치적 갈등과 폭력의 원인이 되기도 한다. 문화상징적 가치는 사회 내부에서는 집단 사이의 경계로 나타나기도 한다. 흔히 '인종의 용광로(melting pot)'라고 불리면서도 실질적 민주정치체제를 이룩한 미국조차 이러한 현상에서 자유롭지 않다. 2020년 백인 경찰의 무자비한 검문으로 인해 숨진 흑인 플로이드(George Floyd)의 죽음은 미국사회에 응축된 인종 정체성 간 갈등을 수면 위로 끌어올렸다. 이는 흑인들에 대한 폭력과 인종적 차별의 구조적 철폐를 요구하는 '#Black Lives Matter'운동이 재확산되는 계기로 이어지기도 했다.

갈등이 커지면 문화상징적 가치를 달리하는 집단 사이에 정치적 조직을 구성하고, 정치적 동원의 동력이 되기도 한다. 극심한 갈등으로 폭력이 수반된 전쟁으로 확대되기도 한다.[12] '인종청소(ethnic cleansing)'를 포함한 참혹한 내전으로 종결된 유고슬라비아의 해체 과정이 그러했고, 식민통치시대 차별적 정책의 산물이 1994년 르완다 내 후투족과 투치족 간 갈등이 대량 학살로 이어진 경우도 있었다. 스리랑카의 싱할라족과 타밀족은 인종적 갈등이 정치적 분열로 이어진 대표적 사례다.

이처럼 문화상징적 가치가 사회구성원을 하나로 모으기도 하고 갈등의 원인이 되기도 하는 것은 문화상징적 가치가 곧 정치문화와 직결되기 때문이다. 앞서 언급한 바와 같이 문화는 '사회적으로 공유하는 지식'이다. 달리 말해 '개인들을 연계시키는 공통적인 지식'이다. 이 공통적인 지식이 다르다면 사회구성원을 하나로 연계할 수도 없게 된다. 근대화 초기 천황과 쇼군의 '이중통치'를 극복하고 왕정복고를 이룬 일본 정부가 존왕(尊王)파의 반란을 극복하고 메이지유신을 성공적으로 이끌 수 있었던 배경도 봉건제도를 혁파하고 일본을 세계열강의 대열에 서게 하지 않으면 안 된다는 목적의식이 뚜렷했기 때문이었다. '유신(維新)'이야말로 근대 일본을 가능케 한 문화상징적 가치로 기능했다.

문화상징적 가치에는 종교도 있다. 사회구성원들이 종교에 기반을 둔 정체성을 형성한 경우에도 문화적 상징체계가 형성된다. 영(靈)적인 세계, 즉 보이지 않는 세계를 지향하는 정체성이다. 종교는 문화상징으로서 정체성을 형성하는 핵심 요인이다. 종교인은 '도덕적(영적)

통치'의 관념 아래 살아간다.

국가의 위기는 종교의 타락으로부터 비롯될 수도 있겠지만, 특히 종교적 근본주의는 21세기 세계질서에서 결코 무시할 수 없는 요인으로 작동해 왔다. 물론 이를 종교적 근본주의에 따라 발생했던 근세 시기의 충돌 양상과 비교하는 것은 무리다. 물론 20세기에도 종교적 근본주의가 일종의 맹아(萌芽) 형태로 국제질서에 크고 작은 영향을 줬다. 간디(Mohandas Karamchand Gandhi, 1869~1948년)의 정치철학은 힌두교에 기반한 것이었지만 힌두교 근본주의자에 의해 암살당했다.

1979년은 현대 이슬람 테러리즘의 분기점이 되는 해였다. 아랍 세계에서는 아랍 민족주의가 이슬람화(Islamisation) 및 지하디즘(Jihadism) 담론에 밀려났다.[13] 같은 해 호메이니(Ayatollah Khomeini, 1902~1989년) 지도하에 탄생한 이란은 종교적 근본주의를 '국가화'한 사례다.

21세기의 종교적 근본주의는 주로 이슬람 원리주의와 테러리즘의 형태로 나타났다. 2001년 9·11테러를 기점으로 2004년 스페인 마드리드, 2005년 영국 런던, 2008년 인도 뭄바이, 2015년 프랑스 파리, 2018년 영국 맨체스터 등지에서 대규모 테러가 발생했다. 2014년에는 이라크 모술(Mosul)의 알 누리 모스크(Great Mosque of al-Nuri)에서 이슬람 극단주의세력들이 이슬람국가(IS: Islamic State)의 수립을 선포하고, 잔인한 폭력과 범죄를 저지름으로써 종교적 근본주의가 지닌 폐해를 그대로 노출했다.

현대적 이데올로기 차원에서 종교적 근본주의의 뿌리가 탈식민주의에 있다는 점은 아이러니다. 서방의 자유주의와 동구권의 사회주의 간 보편적 이데올로기를 추구하는 경쟁 구도와 분리되는 '비서구적' 세계의 목소리를 추구한 결과다. 소위 '제3세계주의'로 불리는 탈식민주의는 비폭력과 자기희생이라는 종교적 윤리에 근거를 두고 출발했지만, 종교적 근본주의와 결합한 경우는 파괴적 결과로 이어졌다. 문화의 상징적 충돌이 폭력적 충돌로 이어진 것이다. 다음 장은 문화의 충돌이 어떻게 국제연대의 약화로 이어지는지를 보여준다.

주

1) Lucian W. Pye, "Political Culture Revisited," *Political Psychology* 12-3, (September 1991), p. 487.
2) Richard Kluckhohn, *Culture and behavior* (Free Press Glencoe, 1962), pp. 165-168.
3) Ronald H. Chilcote, *Theories of Comparative Politics: The Search for a Paradigm Reconsidered* 2nd ed. (Boulder: Westview Press, 1994), p. 178.
4) Alfred Louis Kroeber & Clyde Kluckhohn, *Culture: A Critical Review of Concepts and Definitions* (New York: The Museum, 1952).
5) Clifford Geertz, *The Interpretation of Cultures: Selected Essays* (London: Basic Books, 1973), p. 89.
6) 김성수, 『새로운 패러다임의 비교정치』 (파주: 박영사, 2022), p. 108.
7) Bennett M. Berger, *An essay on culture: Symbolic structure and social structure* (Univ of California Press, 1995).
8) 윤성원·김성수, "국제정치와 알제리 문화담론의 재구성," 『세계지역연구논총』 제38권 1호 (2020), p. 79.
9) 김성수, 『자본주의와 민주주의, 상생의 정치경제학을 위하여』 (서울: 박영사, 2020) P. 124-125.
10) 김성수 (2022), pp. 327-328.
11) "안중근 의사의 소환 그리고 3만원권," 『국민일보』, 2023년 2월 6일.
12) 김성수 (2022), pp. 115-126.
13) Fondapol, "Islamist Terrorist Attacks in the World 1979-2021," (2021) https://www.fondapol.org/en/study/islamist-terrorist-attacks-in-the-world-1979-2021/

8장

국제연대의 약화

경제영역의 통합, 정치적 협력의 증대, 안보 동맹의 확대 등 국가들로 이루어진 국제차원의 공조는 타국 및 집합적인 국제적 경향에 영향을 받기도 하지만 경우에 따라서는 타국과 국제정치 변화에 영향을 끼치기도 한다. 동시에 오늘날 모든 국가는 이웃한 국가를 비롯하여 다른 나라들과 관계를 맺고 있다. 정부 간 네트워크를 넘어 비국가적 행위자의 다양성도 꾸준히 증가하고 있다. 국제연대는 이러한 국가 차원과 민간 차원의 국제네트워크를 통한 보편적 가치의 추구를 통해 유지된다. 오늘날은 냉전이 끝났다는 말이 무색하게 양극체제까지는 아니라고 할지라도 세계화의 물결 속에서도 세력 사이의 팽팽한 경쟁 구도가 전개되고 있다. 미국을 중심으로 세력과 이에 대항하는 중국과 러시아 등 대안세력 사이의 세력 갈등 구도로 전개되는 경쟁 구도에서 회색지대에 위치한 국가의 권위는 약해졌다. 따라서 국제네트워크로의 동맹과 배제라는 가치의 선택에 따라 국가의 위기는 달라질 수 있다.

1. 지구촌 시대의 국제네트워크

냉전 이후의 세계질서는 이전과는 다른 양상으로 전개되었다. 국제질서는 새롭게 부상한 미국이라는 초강대국의 시대를 열었다. 지구 유일의 국방비 천조국인 미국은 전지구적인 영향력을 발휘하였다. 한편으로는 이런 미국의 영향력은 새로운 도전자를 맞이하였다. 중국이었다. 중국의 부상은 21세기 탈냉전 구도의 흐름을 빠르게 바꾸는 기제로 작용하고 있다. 중국은 세계 인구에서 매우 높은 비중과 함께 높은 경제성장률을 기록하면서, 세계경제의 큰 손으로 자리 잡았다. 2010년 중국은 세계 최대의 제조국이 되었다. 그리고 2013년에는 세계 최대 무역국으로 성장했다. 많은 인구와 빠른 경제성장을 바탕으로 중국은 국제사회에서의 영향력을 높여나가고 있다. 적극적인 대외 진출 전략을 공공연하게 내세우면서, 국부펀드를 조성하였다. 중국은 특히, 중앙아시아와 아프리카를 중심으로 글로벌투자를 빠르게 늘리고 있다.

중국은 1978년 개혁개방 이후 30년 넘게 평균 10% 이상의 경제성장을 이어나갔지만, 2010년 이후 다소 둔화됐다. 물론 성장세의 둔화가 성장의 둔화마저 의미하는 것은 아니다. 중국 국가통계국의 발표에 따르면 중국은 2017년 국내총생산(GDP)이 82조 7,000억 위안으로 전년 대비 8조 위안, 달러로는 1조 2,000억 달러가 늘었다. 2016년을 기준으로 스페인 GDP가 1조 2,000억 달러였다. 1년 사이에 중국 내에서는 스페인만한 규모의 경제가 새로 생겨난 것이다. 중국의 경제성장은 당분간 이어질 것으로 전망된다. 미국의 투자은행 골드만삭스는 중국이 2027년이 되면 미국을 따라잡고 세계 제1의 경제대국이 될 것이라고 예측했다. 영국의 경제경영연구소(CEBR: Centre for Economics and Business Research)는 중국이 미국을 넘어 세계 최대 경제대국이 되는 해를 2028년으로 잡았다. 시기가 언제가 되든 중국이 최대 경제대국으로 부상하는 것에 반대하는 의견은 없다.

탈냉전 이후의 국제질서 변화는 국제연대의 중요성을 잘 보여준다.

첫째, 군사력(military power)은 국가 간의 관계에 있어 여전히 중요한 요인이다. 냉전 붕괴 이후 10년간 감소하던 세계 군사비 총지출액은 2000년대 이후 다시 증가하기 시작하였다. 2010년에 이미 1990년 수준을 초과했고, 2020년 기준으로 2조 달러에 육박했다.[1] 냉전시기에 비해 지역적 분쟁은 오히려 더 증가했고, 다극화 세계에서 민족주의는 만연하게 되었다. 유엔과 같은 범국제기구들은 국가들 간의 분쟁을 예방하기 위한 해결책을 제대로 제시하지 못하지만 지역적 연대가 대안으로 부각되고 있다.

둘째, 초국가적 존재의 중요성이 높아졌다. 새로운 행위자로 다국적 기업의 영향력이 더욱 커졌다. GM, 애플, IBM, MS, 중국석유공사, 토요타 모터스, 다임러 벤츠, 삼성과 같은 초국적 기업(TNCs: Trans-national Corporations)들은 국가의 경계를 넘어 세계 경제에서 막강한 영향력을 발휘하고 있다. 2015년 연간수익을 기준으로 가늠해보면, 전 세계 100개 경제 단위 중 31개는 국가이고, 나머지 69개는 다국적 기업이다.[2] 이러한 결과는 국제경제에서 기업이 차지하는 비율이 늘고 있다는 것을 보여준다. 2015년에 제출된 통계자료에서는 다국적 기업과 특정 국가의 경제 규모를 비교하였는데, 기업의 경제 단위가 국가보다 얼마나 큰지를 잘 보여준다. 이 자료를 통해 월마트는 스페인, 러시아보다 부유하며, 애플은 스웨덴보다, 쉘은 벨기에보다, 중국석유공사는 한국보다, 삼성전자는 튀르키예보다 경제력이 높다는 것을 알 수 있다. 따라서 초국가체제라고 할 때는 국제통화기금(IMF: International Monetary Fund), NATO, 정부간기구(Inter-governmental Organizations), 비정부기구(Non-governmental Organizations) 등의 기타 비국가적 행위자들을 당연하게 포함한다.

셋째, 경제적 경쟁의 심화는 냉전기간 동안 동맹개념의 재정립을 가져오게 되었다. 주요 권력국가 사이의 경쟁은 군사력 혹은 이념적 문제보다는 경제적 문제가 주요 요인으로 작용해 왔다. 세계경제체제는 시장 중심이라는 큰 틀에서 지역적으로 세분화되는 특징을 가지고 있다. 미국을 중심으로 한 북미, 유럽연합(EU: European Union), 중국과 일본 그리고 한국을 중심으로 한 동아시아 등 크게 셋으로 나눌 수 있다. 기타 지역으로는 남미, 중앙아시아 국가들을 들 수 있을 것이다. 국민국가들의 경계 짓기가 수평적 관계로 활발해지고 있다.

국가의 영역은 초국가 행위자에게는 그 중요성이 덜하다. 국제적인 기준으로 경제가 유통되는 상황에서 국가라는 물리적 장벽은 큰 의미가 없다. 국가는 국가구성원을 대상으로 국제적 의제를 추구한다. 하지만 초국가적 행위자로서 다국적 기업은 국가의 영향력을 덜 받는다. 세계 경제에서 다국적 기업은 이익 극대화라는 목표를 지향한다. 목표를 위해서는 특정한 국가에 머물지 않는다. 필요에 따라서 다른 나라로 경제적인 운용 및 자원에 대한 변환을 실현할 수 있다. 비록 다국적 기업들의 본사가 어떤 한 나라에 있다고 해도 그것이 다국적 기업의 활동을 제약하지 않는다. 다국적 기업은 그 특정국뿐만 아니라 다른 국가에서도 활동할 수 있다. 세계 각국은 다국적 기업의 활동을 제한하기도 한다. 자국의 안전 보장 및 번영을 위해 다국적 기업들의 활동을 제한하거나 때로는 다국적 기업 존재 자체를 인정하지 않기도 한다. 하지만 다국적 기업은 특정 국가의 정부로부터 간섭이나 통제를 받지않고 운영되며, 특정 국가의 법과 조세제도를 피해 다른 곳으로 자원을 이동하기도 한다.

넷째, 이런 추세 및 다른 요인에 의해 더 복잡한 개방형 국제체제와 국제연대가 등장하기 시작했다. 미국은 우월한 군사력을 통해 세계 자본주의를 주도하고 있었는데, EU를 포함하여 다양한 국가들이 군사 및 경제력에 있어 새로운 잠재적 세력으로 등장하게 되었다. 이러한 국가와 다른 행위자들의 다양한 특색은 국가들 사이의 관계 및 협력 구성에 유동적인 영향을 가져왔고, 다극체제가 등장함에 따라 훨씬 복잡하게 작용하였다. 이러한 다극체제의 결과와 특징들에 대한 학자들의 견해는 분분하다. 그러나 우리가 목격하듯이 국제체제에서 국가 간 경쟁, 군사력 충돌이 훨씬 많아졌다는 점이며, 양극체제에서 다극체제로 변화한 이후 지역적 문제가 심화되고 있다. 이런 관점에서 국가들은 여전히 군사력을 통한 직접적 통제를 하기도 하며, 국가 영역 내에서 대부분의 행위자의 행동을 강제한다. 그럼에도 불구하고 지역적 연대나 초국가적이고 다국적 기업들은 실질적인 영향력을 행사하고 있으며, 그에 따라 국제적 경제력을 확보한다. 세계문화와 의사통로 채널을 구성하고, 국가의 법적 통제력이 미치지 않는 외부에서 활동한다.

또한, 세계체제에 있어 비국가적 행위자는 꾸준하게 증가할 뿐만 아니라 영역도 다양해졌다. 국가 간의 관계가 얽히면서, 국가 간의 이해관계가 복잡하게 얽히기 때문이다. IGOs, EU, NATO뿐만 아니라 다국적 협력 및 세계 경제행위자인 세계무역기구(WTO: World Trade Organization)와 IMF 역시 대표적인 국제적 차원의 행위자로서의 역할을 하고 있다. 국제사회를 긴밀하게 연결하는 정보통신기술과 같은 신기술의 발전에 국가 관계에서도 긴밀성을 높여주었다. 새로운 정보통신 기술은 세계를 연결해주는 새로운 차원의 네트워크를 통해 사람과 사람을 연계해주고, 세계체제의 잠재적인 변화 요인으로 영향력이 높아졌다. 결국 세계화는 세계 전역에 걸쳐 정보와 행동의 네트워크에 의해 다양한 사회문화적·경제적·군사적·환경적 현상이 꾸준히 통합되는 것이다. 그 사이에 국가의 관계는 전통적인 관계를 넘어 보다 복잡한 양상으로 전개되고 있다.

러시아-우크라이나전쟁을 살펴보자. 전쟁으로 러시아의 경제력이 고도화될 것으로 보았지만 생산의 가치사슬의 축인 국제공급망의 제재로 오히려 약화되고 있다. 이러한 현상에서 보듯이 지정학적 요건보다는 경제적 요인이 더 크다는 것을 알 수 있다. 얼마만큼 세계기업을 보유하느냐, 독보적 기술을 보유하느냐, 우수한 인적 자원을 보유하느냐, 부가가치가 높은 제품을 생산하고 세계시장에 판매하고 투자유치가 가능하냐 그리고 안정적 시장을 확보하고 있느냐가 더욱 중요하게되었다는 것이다. 전쟁의 종결이 쉽지 않은 현상을 보면서, 민족주의와 주권의식은 이젠 타문화 또는 타 국가가 다른 민족이나 국가를 복속하기 어렵게 되었다는 것이다. 오히려 세계식량시장에 혼란만 가중되고 있다.

결과적으로 오늘날 국가는 홀로 존재할 수 없다. 모든 국가는 이웃한 국가를 비롯하여 다른 나라들과 관계를 맺고 있다. 일종의 '네트워크' 현상이다. 지구촌 시대의 국제연대를 네트워크 측면에서 살펴본다면 이는 '국제네트워크'로 불릴 수 있다. 다만 국제네트워크를 논하기전에 '네트워크 국가' 개념을 분리해 설명할 필요가 있다. 네트워크 국가는 국제네트워크와 의미가 중첩되는 측면도 있고, 개념적 차원에서긴밀히 연동돼 있지만, 엄연히 분리된 개념이다.

우선 현대 국가는 국민국가이자 동시에 '네트워크 국가'다. 정보화와세계화로 인해 추동된 개념이지만 제4차 산업혁명이라 불리는 초연결기반의 지능화 혁명이 진행되면서 네트워크 국가로서의 특성이 더욱 짙어질 것이라는 관측이 나온다. 전통적 거버넌스 플랫폼이 약화하고, 국가의 관할권이 상대적으로 축소되는 대신 정치적 공간(political space)에서 국가 외 행위자들에 의한 활동이 눈에 띄게 증가하는 것이다.[3]

네트워크는 노드(node)와 링크(link)의 집합이다. 행위자로서 노드와 노드, 그리고 노드를 연결하는 링크를 포함한 것이 네트워크다. 노드와 노드는 링크를 통해 끊임없이 새로운 관계를 형성해 나간다. 네트워크 국가체제에서는 행위자와 구조가 상호작용한다. 네트워크가 하나의 구조적 환경으로서 노드에 영향을 주고, 반대로 노드들의 활동에 따라 네트워크의 양태가 달라진다. 요컨대 네트워크 국가는 주권과 영토성에 입각한 국민국가 중심의 사고를 넘어 정보화 사회의 개방체계를 설명하기 적합한 개념이다.[4]

'국제네트워크'는 그런 측면에서 네트워크 국가와 긴밀히 연동된다. 세계화와 정보화가 진행되면서 국제네트워크 양상도 복합성을 띠게 된다. 국제네트워크 자체가 네트워크 국가들이 만들어 내는 형태가 될 것이다. 그러나 국제네트워크는 단순히 네트워크 국가론이 지니는 행위자-구조 간의 '느슨한' 관계성을 의미하는 것이 아니다. 국가의 물리적 위치, 가치적 지향에 따라 국가와 국가 간 형성되는 연결성을 뜻한다.

따라서 국제네트워크는 국가의 발전에 영향을 미치는 주요한 요소가 된다. 다른 나라와 국경을 접하고 있는 모든 국가는 주변국과의 네트워크로부터 가치나 지향에 따라 형성된 국제네트워크의 영향을 받는다. 이웃하고 있는 국가와의 경제가 국가 사이의 정치와 상호관계에 어떻게 영향을 주는지는 국가 흥망성쇠의 주요한 조건을 이룬다.

동맹체계도 노드와 노드의 연결로 볼 수 있다. 동맹은 네트워크 국가 개념만으로 설명하기 어려운 국제네트워크의 일부로 봐야 한다. 미국의 동맹정책만 봐도 그러하다. 예컨대 동아시아 지역에서 미국은 냉전기 한국, 일본, 필리핀 등과 각각의 동맹을 통한 허브 앤 스포크(hub-and-spokes)체제를 유지해 왔으나, 경제적 부담, 중국의 군사적 팽창, 러시아의 재부상 등에 따라 스포크 간 연대, 지역 허브 국가를 활용한 다자 간 군사 협력 관계를 강화시키는 전략을 추구하고 있다. 글로벌 차원에서의 허브 역할을 유지하되, 지역 허브 국가들의 역할을 강조하는 역외균형 전략, 즉 노드 간의 연결을 활용한 동맹체계로 변환하고 있는 것이다.[5]

그런 측면에서 지정학(Geopolitics)은 하나의 국가가 타국과의 관계를 설정하는 데 영향을 미치는 또 다른 핵심 요인이다. 지정학의 시작은 지리와 정치 간의 융합적 사고가 기반이 되었다. 국제사회의 무정부성을 인정하면서 무정부적 국제환경에서 살아남기 위해 국가들은 국력 신장에 전력을 기울여야 한다는 것이다. 지정학이 하나의 학문으로 등장한 것은 19세기 말이었다.[6] 지정학의 학문적 토양을 개척한 인물이라고 할 수 있는 독일의 라첼(Friedrich Ratzel, 1844~1904년)은 정치지리학을 발전시키면서 공간(space)과 위치(location) 개념을 중시했다. 특히 라첼 제시한 생활권(Lebensraum) 개념은 독일 내 현실주의자들로부터 공감대를 형성했다. 그들은 라첼의 주장을 광범위하게 받아들이면서 사회적 다윈주의(Social Darwinism)와 연결시킨다. 결국 팽창주의와 민족주의, 인종주의의 결합은 독재자 히틀러의 탄생을 가져오게 된다. 그는 독일의 경제 사회적 문제를 영원히 해결하고자 동쪽 지방을 획득하여 생활권을 확보하고자 하였다. 동시에 히틀러는 지정학을 앵글로색슨 패권에 도전하는 대륙 간 투쟁으로 보았다.[7] 영국의 매킨더(Halford Mackinder) 역시 초창기 지정학 개념 발전에 공헌한다. 그는 심장지대(heartland)라는 개념을 통해 심장지대를 통제하는 국가가 전 세계를 통제하게 된다는 논리를 전개했다. 중

유럽과 동유럽은 매킨더의 관점에서 심장지대에 속한다.[8] 결과적으로 지정학은 제2차 세계대전을 규정하는 핵심 개념이 되었다. 이는 세계화와 정보화 시대로 불리는 21세기에도 변함없이 적용된다.

주지하듯이 지정학은 국가가 위치한 물리적 환경으로부터 시작된다. 지구상의 어떤 곳에 위치하는가에 따라서 북반부, 남반부로 나누기도 하고, 대륙이나 해양과 같이 국가가 위치한 지리적 환경으로 구분하기도 한다. 국가가 위치한 기후대와 물리적인 조건에 따라서, 혹은 지하자원의 여부에 따라서 국가의 존립은 다양한 영향을 받는다.

동시에 지정학은 단순한 물리적 환경을 초월하는 의미를 지닌다. 라첼이 말한 '공간'은 물리적 차원을 넘어선 '정치적' 공간이었다. 네트워크 국가론이 얘기하는 정치적 공간도 기실 지정학적 차원의 정치적 공간을 현대적 의미로 해석한 것으로 볼 수 있다. 유기체(organism)로서의 국가의 생성, 성장, 발전은 상기한 정치적 공간을 통해 형성된다. 특정 국가가 대륙에 있는지, 섬에 있는지, 또는 반도에 있는지에 따라 해당 국가의 국제연대 형태가 바뀔 수 있다.

결국 정치적 공간을 함축하는 지정학은 권역별로 국제네트워크의 형태를 결정한다. 반도 국가인 한국을 중심으로 동아시아 질서를 바라보면 중국과 러시아를 중심으로 한 대륙세력과 미국과 일본을 중심으로 하는 해양세력이 격돌한다. 매킨더의 말을 빌리자면, 지정학적으로 한반도는 동북아의 심장지대라고 볼 수 있다. 대륙 중심의 지정학과 해양 중심의 지정학이 충돌할 수밖에 없는 구조다. 한반도는 양대 세력이 격돌한 장소였다. 대륙과 해양으로의 진출 입지를 조건으로 한반도의 물리적 위치를 긍정적 방향으로 바라보는 것도 물론 가능하겠지만, 역사가 한민족에게 알려준 교훈은 '비극의 감각'을 지니고 변화하는 국제정세에 기민하게 대처하라는 것이었다.

대륙과 해양세력의 균형을 포괄하는 국제네트워크 구축이 한국에 주어진 지정학적 운명이라면, 권역별로 네트워크 구축이 상대적으로 용이한 지역도 있다. 비핵지대(NWFZ: Nuclear Weapon Free Zone) 의 경우를 생각해 보자. 중남미와 카리브해 지역에 있어 핵무기의 생산, 보유, 배치, 실험 등을 금지한 1967년의 뜰라텔롤코조약(Treaty for the Prohibition of Nuclear Weapons in Latin America and the Caribbean)은 역내 국가들의 강력한 공동체 의식이 없었다면 실현되기 어려운 합의였다. 역사적 경험을 통해 냉전을 비롯한 군사적 갈등에 휘말리지 않고, 역내 평화와 안정을 구축하고자 하는 지정학적 열망이 만들어 낸 비핵지대로서 일종의 중남미판 국제네트워크라고 할 수 있다. 남태평양 비핵지대 조약인 라로통가(Rarotonga)조약, 아프리카 지역의 펠린다바(Pelindaba) 비핵지대 조약도 마찬가지다.

요컨대 국제연대는 국제네트워크를 통한 국가 간 보편적 가치의 추구로 달성된다. 외교라는 국가 상호 간 전통적 메커니즘은 물론이고, 동맹과 조약을 통한 공통의 가치 추구, 아울러 다양한 형태의 국제기구를 포함해 기준과 규칙, 절차의 총합으로 표출되는 국제레짐도 국제네트워크의 보편성을 확장하는 도구로 활용될 수 있다. 국제기구나 레짐에 대한 국가들의 참여도와 포괄성이 높을수록 국제연대의 가능성도 증가할 것이다.

2. 국제연대의 약화: 배제

국가 사이의 관계는 일정하지 않다. 과거에는 동맹국이었다가 적대적인 관계가 되기도 하고, 적대적 관계였다가 우호적인 관계가 되기도 한다. 미국과 일본과의 관계가 대표적일 것이다. 미국은 20세기 초 포츠머스조약(Treaty of Portsmouth)을 통해 일본과 러시아 간의 강화를 이끌었다. 이후 일본과 시장을 개방하고 무역을 확대하며 경제적 협력을 추구했으나, 군국주의 일본의 팽창정책으로 인해 갈등과 반목을 거듭하다가 결국 제2차 세계대전을 통해 적대적 관계로 변모했다. 이후 20세기 후반 냉전기를 거치며 일본은 동아시아에서 미국의 전력 투사를 위한 일종의 불침항모 역할을 담당했고, 양국동맹은 21세기 중국의 부상으로 인해 더욱 강화되고 있다.

국제네트워크가 본격적으로 구축되기 시작한 것은 제2차 세계대전 이후이다. 제2차 세계대전이 끝나고 식민지 시대가 끝났다. 식민지였던 국가들이 주권국가로 독립하였다. 하지만 온전한 독립은 아니었다. 법적 독립은 획득했을지 모르지만, 정치·경제적 차원에서 강대국의 영향력에서 벗어나지는 못했다. 소위 신식민지화가 진행된 것이다. 국제질서는 여전히 강대국의 치열한 경쟁 속에 진행되고 있다. 바넷(Thomas P. M. Barnett)[9]은 기존의 전 세계를 세계화 흐름의 수용 정도에 따른 핵심지역(코어)과 비통합(갭)지역으로 구분하고, 힘의 균형이 이루어지는 접점에 위치한 국가의 경우에는 교량의 역할을 주장했다. 하지만 바넷의 주장은 갈수록 유효성이 떨어진다.

오늘날 국가들은 냉전이 끝났다는 말이 무색하게 치열한 패권 경쟁을 벌이고 있다. 신양극체제까지는 아니라고 할지라도 세력 사이의 팽팽한 경쟁 구도가 전개되고 있는 점은 부인할 수 없다. 미국을 중심으로 한 자유세력과 이에 대항하는 중국과 러시아 등 대안세력 사이의 갈등 구도로 전개되고 있다. 즉 코어-코어 경쟁 구도에서 회색 지대에 위치한 국가의 권위는 약해졌고, 국제네트워크로의 동맹과 배제라는 가치의 선택에 따라 국가의 위기는 달라질 수 있다.

국가를 이루는 기본 요소의 하나는 국토이다. 국가구성원들이 활동하는 공간이다. 국토 안에서는 당연히 국가의 규정과 제도가 적용된다. 만약 한 나라를 떠나 다른 나라로 갔다고 가정해보자. 그 나라의 법을 따라야 한다. 동시에 자기 국가의 국민으로서 보호받을 권리가 있다. 해외로 나갈 때 지참하는 여권은 자신이 속한 국가의 국민이라는 것을 증명하는 증명서이다.

국가를 구성하는 기본은 확실한 영토이다. 영토는 주권이 미치는 영역이다. 영토가 어디까지인지를 가리는 것은 현대 국제관계에서 매우 중요한 문제이다. 국토는 땅과 바다, 그리고 하늘에 걸쳐있다. 현재에도 국경분쟁이 곳곳에서 발생하고 있다.

한국과 일본은 독도뿐 아니라 제7광구 개발을 두고서 경제수역이 엇갈리고 있고, 한국과 중국 간에도 배타적 경제수역을 둘러싼 갈등이 존재한다. 서해상 일정 수역에 대하여 한국과 중국, 양국 모두는 그곳을 그들의 영토적 경계 내의 확실한 어업수역이라고 주장하고, 양국은 그들의 경계 수역으로부터 상대국의 상업적인 어선들을 몰아내도록 시도하였다.

국제재판을 통해 영토문제가 해결된 국가도 있다. 하지만, 이란과 이라크의 국경분쟁과 같이 경계에 대한 분명한 구분이 어려운 경우에는 국가 사이의 분쟁을 초래하기도 한다. 인도와 중국은 국경선이 분명하지 않아 무력 충돌도 빈번하다. 포클랜드전쟁은 아르헨티나 앞에 있는 영국령인 포클랜드섬을 둘러싼 영국과 아르헨티나의 분쟁이었다. 사회주의 국가인 중국과 베트남, 그리고 중국과 러시아는 국경분쟁으로 전쟁까지 치렀다. 러시아-우크라이나전쟁도 영토를 둘러싼 분쟁의 연장선에 있지만, 러시아의 우크라이나 침공은 지정학적 관점에서 여러 요인들이 내포되어 있어 당사국들만의 문제가 아니라 두 나라가 맺고 있는 국제연대 안에서 배제되는 결과를 가져왔다는 것이다.

영토가 중요한 이유는 영토에 대한 권리를 누가 갖는가의 문제이기 때문이다. 국토는 주권이 미치는 영역이다. 대외적으로는 국토에 대한 권리, 즉 국권이 있다. 한국도 일제강점기를 겪었듯이 국권을 상실한다면 식민지가 된다. 누가 합법적인 통치자로서 주권을 이행할 것인가의 문제와 연결된다.

권력이 나누어져 있거나 분쟁 중일 때는 누가 주권을 행사하는 것인지를 판단하기 어려워진다. 앙골라와 남수단 등의 참혹한 내전은 주권의 이행과 관련해서 여러 이해가 얽혀 있어 역사적으로나 인종적으로나 해결하기 어려운 문제가 되었다. 그 외에 인도네시아(동티모르), 캄보디아, 콩고, 소말리아, 수단, 에티오피아 등지에서도 주권의 주체가 문제가 되었다.

국가의 주권이 침해되는 사례는 심심치 않게 발생한다. 유엔과 같은 국제기구도 국제공동체로서 서로의 주권을 보호받기 위해 만들어진 것이지만 국가 간 발생하는 '주권 배제' 현상을 방지하는 데 한계를 보인다. 러시아의 우크라이나 침공이 최근 국제연대 약화를 보여주는 대표적 사례로 기능할 수 있을 것이다. 무엇보다 침략의 당사자인 러시아가 유엔 안전보장이사회 상임이사국이라는 점에서 모든 회원국이 평화적인 방법으로 분쟁을 해결할 것을 명시한 헌장 제1장 2조, 그리고 침략 행위를 하는 국가에 대해 강제조치를 취할 수 있도록 한 헌장 제7장의 기능이 무력화된 상황이다. 하지만 러시아는 국제가치사슬로부터의 배제로 어려움을 겪고 있다는 사실이다. 더불어 신냉전 질서의 조성에 따른 안보리 내 중국-러시아 대(對) 서방 구도가 형성되고, 이에 따른 국제연대 약화 현상이 지속되면서 국가 간 '배제'의 가능성도 커지고 있다. 결국 국가의 위기는 국제연대로부터 배제에서 발생할 수 있다.

주

1) Stockholm International Peace Research Institute, *SIPRI YEARBOOK 2121: Armaments, Disarmament and International Security* (2021).
2) Ending corporate impunity, *Global Justice Now*, https://www.globaljustice.org.uk/our-campains/climate/ending-corporate-impunity/
3) 민병원, "네트워크 국가의 등장과 국가론," 『국제정치논총』 62집 3호(2022), pp. 7–42.
4) 김상배 외, 『네트워크 국가론: 미래 세계정치 연구의 이론적 기초』 (서울: 사회평론아카데미, 2021), pp. 438–441.
5) Luis Simón et al, "Nodal defence: the changing structure of U.S. alliance systems in Europe and East Asia," *Journal of Strategic Studies* 44–3 (July, 2019), pp. 360–388.
6) Amitav Acharya & Barry Buzan, *The making of global international relations: Origins and evolution of IR at its centenary* (Cambridge, NJ: Cambridge University Press, 2019), pp. 46–47.
7) Alan Bullock, *Hitler and Stalin: Parallel Lives* (NY: Vintage Books, 1993), p. 687.
8) Acharya & Buzan (2019), p. 46.
9) Thomas P. M. Barnett, *The Pentagon's New Map* (NY: Berkeley Books, 2004).

제3부

국가위기의 사례

정치사회 갈등

정치사회 갈등이 극심한 국가의 경우, 대부분의 갈등은 사회구성원 사이의 오랜 역사적 산물이자 기득권의 강화 그리고 강대국들의 복잡한 이해관계가 얽혀진 다중적인 양상을 보인다.

1. 시리아

1) 현황

시리아는 지중해 연안에 있는 국가이다. 레바논, 튀르키예, 이라크, 요르단, 이스라엘과 국경을 접하고 있다. 시리아의 2022년 취약국가지수(FSI)는 108.4로 3위였으며, 정치·경제·문화·국제 모든 분야에서 최악의 상황이었다. FSI 1년간 변동률은 −2.30%, FSI 5년간 변동

국기와 지도 시리아

률은 −2.20%, FSI 10년간 변동률은 13.40%이었다.[1]

　시리아는 위기는 여러 가지이다. 그중에서도 주된 원인으로는 정치권력 정당성 실추에서 찾을 수 있다. 정치권력이 정당성을 잃으면서 야기된 정치사회 위기가 국가위기의 근본적인 문제로 지적될 수 있다.

　시리아는 아직도 내전 상황이다. 시리아가 당면한 국가 현실은 매우 복잡하다. 미국·러시아·이라크·아프가니스탄·예멘·영국·프랑스·사우디아라비아·이란·튀르키예·이스라엘·카타르 등의 국가가 개입하여 치열한 내전을 벌였던 상황의 연장선에 있다. 현재 유엔 집계로만 약 35만 명의 국민이 내전으로 사망하였다. 구체적으로 살펴본다면, 2011년 3월부터 2021년 3월까지 35만 209명이 희생되었다. 그러나 시리아 인권 관측소의 조사에 따르면 2021년 6월까지 49만 4,438명의 희생자가 발생한 것으로 드러났다. 이 중 15만 9,774명은 민간인이다. 시리아 난민문제는 국제적으로 심각한 문제로 여겨져 왔다.

　시리아의 현재 상황은 '균열, 붕괴, 전환' 패러다임에서 '균열, 붕괴' 이후 '전환'의 패러다임이 적절하게 작동하지 못한 상황임이라 할 수 있다. 2011년 내전이 발생한 이후로 시리아의 국내적 사정은 시아파와 수니파의 대결로 점철되었다. 이 대결을 토대로, 정부군과 반정부

제3부 국가위기의 사례

(자유시리아군, FSA)군, ISIS(Islamic State of Iraq and Syria), 쿠르드 등의 다양하고 복잡한 세력 사이의 다툼이 벌어졌다.

이처럼 극심한 세력 다툼이 계속 일어나는 것은 시리아의 심각한 국내 정치적 상황을 권위 있게 이끌어갈 수 있는 구심체가 없다는 것이다. 본디 시리아의 현대사는 사실적 가치 배분에 있어 2대 대통령 하피즈 알 아사드(Hafez al-Assad)가 집권한 1971년부터 바샤르 알 아사드(Bashar al-Assad)가 집권하고 있는 현재까지 장장 50여 년을 강압의 형태로 일관하였다. 알 아사드 정권에 대한 반정부 시위가 빗발친 2011년도 이후에도 아사드 정권은 시리아 내부의 권위로운 구심체로서 작동하지 못했다. 이는 현 시리아의 복잡한 상황을 그대로 나타내는 중대한 원인이 되었다.

현 시리아 내전 상황은 어떠한 과정을 통하여 만들어졌는가? 시리아 내전 이전 국내적으로는 어떠한 분열이 있었는가? 또한, 이런 상황이 시작되었던 2011년 전후로 시리아정부는 국가권력의 정당성을 구축하기 위하여 어떠한 역할을 하였는가? 이 세 질문에 대한 답을 찾는 데 주안점을 두도록 할 것이다.

2) 2011년도 시리아 내전의 뒷면

■ 현대 시리아 종파주의

현대 시리아 종파주의는 국가적 정체성과 사회적 정체성 사이에 복잡하게 얽혀있다. 더불어 알라위파를 중심으로 한 아사드 정권의 정치적 이용이 큰 원인으로 작용하였다.

아랍 종파주의의 근원에 대해서는 정치 지리학자인 플란홀(Xavier

de Planhol)이 분석의 토대를 제공한다. 플란홀은 저서 『선지자의 나라(Les Nations du Prophète)』에서 무슬림 세계에 존재하는 세 개의 국가 개념을 제안하였다.[2]

첫 번째 '국가'는 종교 신자들의 사회(umma)이다. 두 번째 '국가'는 아랍 국가주의(al-watan al-Arabiya)이다. 마지막 '국가'는 개별 국가로서의 국가주의(qawmiyya)이다. 그는 이 세 가지 축의 공존으로 무슬림 세계의 국가를 파악한다. 이 때문에 아랍 사회에서는 상위의 사회 정체성을 명확하게 나타낼 가능성이 없다고 보았다. 결과적으로 아랍 사회에서 '절대주의적' 사회주의적 국가의 등장은 불가능하였으며, 지역에 기반한 종파주의가 이어질 수밖에 없다는 것이다.[3]

그러나 종파주의를 넘으려는 시도는 있었다. 아랍 국가주의(Arab nationalism)의 도전으로 인해 다원적 체계 안에 통일성을 부여하려는 시도가 계속해서 이루어졌다. 하피즈는 본인의 정권 창출 목적을 위하여 아랍 국가주의 노선을 적극적으로 활용하였다. 하피즈는 시리아 바스당이 곧 아랍 국가주의 노선의 임무를 부여받은 당으로 규정하면서, 시리아의 통합을 이끌 수 있다고 주장하였다. 하피즈의 아랍 국가주의는 본인의 정치적 공고함을 획책하기 위한 수단에 불과한 것이었다.

실제로 1971년 그가 본격적인 집권을 시작하였던 시기까지 바스당이 유일한 시리아의 정당이었다. 이후 하피즈는 다른 정당의 창당을 허용하는 태도를 취하기도 하였다. 하지만 이 정당들은 바스당의 위성 정당에 불과하였다. 시리아 의회 및 행정부 요직은 바스당을 중심으로 한 위성 정당들만이 차지할 수 있었다. 실질적으로 시리아의 정치적 자유는 없었다고 보아도 무방하다.

내전 이전의 시리아 종파 분포도를 보면 압도적 다수로 수니파가 시리아의 종파를 차지하고 있음을 볼 수 있다. 시아파가 중심이 되는 알라

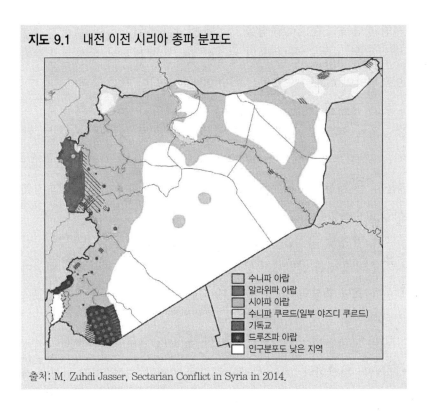

지도 9.1 내전 이전 시리아 종파 분포도

수니파 아랍
알라위파 아랍
시아파 아랍
수니파 쿠르드(일부 야즈디 쿠르드)
기독교
드루즈파 아랍
인구분포도 낮은 지역

출처: M. Zuhdi Jasser, Sectarian Conflict in Syria in 2014.

위파나 드루즈파가 거주하는 지역이 시리아의 중심 지역이 되었었다.

물론 2011년 바스당은 아랍 국가주의를 토대로 한 국가 진보주의 전선(National Progressive Front)을 지양하며, 위성 정당 이외의 정당 창당을 허용하는 법안을 통과시키며 유화적 태도를 보이기도 한다. 2012년 국민투표를 통해 바스당은 더 이상 공식적인 여당이 아니게 되었다. 대통령직을 다른 당에서도 역임할 수 있도록 하였다. 그러나 이는 어디까지나 형식적인 개정이었을 뿐이었다. 개정 헌법은 자유적이었다. 어떤 정당도 시리아를 대표할 수 있으며, 종교 및 민족적 차원에서의 정체성을 고수하는 정당들의 창당을 허용하였다. 이런 규정을 제정한 목적은 시리아 국가 연합에 대한 의구심을 품게 하는 종파 및

지역 정당들의 혁명적 등장을 사전에 차단하기 위한 것이었다.[4]

실제로 이러한 종파주의적 정당의 창당을 통해 아랍 국가주의 노선으로부터의 회피를 도모하는 정당으로는 시리아 사회 국민당(SSNP: Syrian Social Nationalist Party)이 있었다. 이들은 수니파 계열이 아니라는 점에서는 바스당과 그 궤를 같이 한다. 하지만 창당 목적에 있어 아랍 국가주의를 지향하는 것이 아닌 '위대한 시리아(Greater Syria)'를 지향하며 종교에 근거한 국가가 아닌 개별 국가로서의 정체성을 고수하였다.

이들의 창당 목적을 보면 보다 명확하다. 창당 목적은 단순히 아랍 국가주의에 대한 반발에서 등장한 것이 아니었다. 알라위파가 중심이 되는 바스당 중심의 시리아 통일에 대한 반발이 더 농후한 원인이었을 것이다.

이런 종파주의-정당 연계의 현상은 특히나 시리아에서 두드러지게 나타나는 현상이다. 이는 시리아 내부에 만연한 부족주의적 현상에 기인한다. 여기서 부족주의는 씨족주의(clannism)와는 달리 이해관계를 같이 하는 집단들의 결합을 의미한다. 알라위파의 경우에도 혈족 및 씨족에 기초한 집단이라기보다 지역적 특성에 기반한 집단이었다는 것이 대표적인 예이다.

물론 아무리 부족주의에 기반한 정당이 만들어졌다고 해도, 이데올로기적인 차이 때문에 분화하는 경우가 있었다. 쿠르디스탄 시리아 민주당(KDPS: Kurdistan Democratic Party of Syria)과 민주주의 연합당(PYD: Partiya Yekîtiya Demokrat)은 같은 쿠르드족을 기반으로 만들어진 정당이나 전자는 자유주의적이고 도시 중산층을 중심으로 한 정당이었으며 후자는 마르크스적 이데올로기를 기반으로 노동계층을 목표로 한 정당이었다.

제3부 국가위기의 사례

■ 아사드 정권의 종파주의 이용

하피즈는 쿠데타로 집권한 이후 1973년 1월 이슬람 율법인 샤리아를 근원으로 하지 않는 헌법을 제정한다. 그러나 이런 시도는 이슬람 종교를 경시 여기는 태도로서 사회적인 압력에 부딪힐 수밖에 없었고 이는 폭동의 원인이 된다.

기실 아사드 정권은 민주적으로 선출된 정부도 아니었기에 정권의 종교적 태만은 정권의 정당성을 흔들 수밖에 없었다. 따라서 하피즈 정권은 샤리아의 근거한 법을 제정하게 되면서, 국가 원수가 무슬림이어야 한다는 것을 명시하게 된다.

또한, 1991년 시작된 경제적 자유화로 인한 사회적 양극화 속에 사회주의적 기반을 형성하는 빈곤층에 의한 사회적 압력에 대응하기 위해 아사드 정권은 더욱 종교적 토대에 정당성을 의존하게 된다. 실제로 하피즈는 매주 금요일마다 모스크에 가서 기도를 드렸고 이 모습은 방송으로 생중계되었다.

이후 아사드 정권은 알라위파의 결집을 위해 종파를 더욱 활용하기 시작하였다. 특히 당시 아사드 정권이 강조한 내용은 수니파에 의해 탄압받았던 과거 시기를 회상하게 하는 것이었다. 이런 종파주의적 전략은 극단적이었다. 정권이 넘어간다면 수니파에 의한 유혈사태를 피할 수 없었다. 이 경각심은 공격적으로 나타났다. 실제 알라위는 1979년 알레포 군사학교에서 일어났었던 사관생도의 대학살 사건, 무슬림 형제단(Muslim Brotherhood)의 알라위 대표에 대한 공격 등을 겪었기에, 아사드 정권의 정치적 종파주의 이용은 알라위파의 강한 집결을 불러일으켰다.[5]

하피즈는 알라위파 내부에서의 지위를 점하기 위하여 종교적 수단을 적극적으로 활용하였다. 알라위파 내부에는 셰이크(sheik)가 존재하는데, 이들은 종파 지도자에 종속되어 2인자 역할을 한다. 특히 이들은 종교적 지식이나 존엄, 인격성, 검소함 등에 있어 종파 내의 인정을 받으며 교수, 판사 등의 역할을 통해 종파 내부의 '건전성' 및 '안정성'을 다지는 데 일조하였다.

이들의 종파 내에서의 입지는 부정부패로 얼룩진 아사드 정권의 아사비야(asabiyya, 무슬림 집단 내의 결속)가 갖지 못한 것이었다. 따라서 하피즈는 아사드 정권의 안정적 정권 형성을 위하여 셰이크가 가진 지위와 입지를 활용해야 했다. 하피즈는 셰이크들이 종교적 의식을 거행할 때 함께 자리하게 하였고, 자기의 종교적인 권위를 인정받기 위하여 셰이크들의 도움을 받았다. 하피즈는 '알라위 종파회의(Council of the Alawite Sect-Majlis al-Mili)'에 18명의 셰이크들이 참여하게 하기도 하였다. 특히 무슬림형제단의 공격에 대응하여 수니파의 위협으로부터 알라위를 보호하겠다는 명목으로 더욱 회의 내의 셰이크들에 의존하였다. 결과적으로 셰이크를 기반으로 한 아사드 정권의 종파회의는 셰이크들을 아사드 정권에 종속된 존재들로 자리 잡게 하였다. 이는 아사드 정권 정당성의 큰 배경이 되었다. 그러나 바샤르의 경우 아버지의 때처럼 종교적 권위에 크게 의존하지 않는 모습을 보이기도 하였다.

3) 2011년도 시리아 내전의 전개

■ 발단

2011년 2월 16일 수니파 계열의 시리아 남부 소도시 다라에서 10대 청소년 15명은 당시 아랍의 봄 분위기에 편승하여 길거리 벽에 "It's your turn, Doctor(이제 당신 차례야, 의사)"라는 문구를 남겼다. 여기서 Doctor(의사)는 바샤르를 가리키는 말로서 그가 안과 의사였던 것을 나타낸다. 문구의 주인공은 14살의 소년이었던 아바지드(Naief Abazid) 였다. 아바지드는 '단지 다른 소년들이 시킨 일을 웃자고 하였을 뿐이고 혁명을 일으킬 의도는 전혀 없었다'고 하였다.

하지만 아바지드의 문구가 시리아 정치에 의미하는 바는 명확하였다. 이미 『알 자지라(Al Jazeera)』나 CNN을 통하여 북아프리카 및 중동에서 나타나고 있는 친민주주의(pro-democracy)적 변화의 바람을 시리아 국민들도 느끼고 있었던 상황이었다. 이러한 문구로부터 다라시를 시발점으로 민주주의로의 변화를 외치게 된 것이었다.

알 아사드 정권은 이런 움직임을 용인할 이유가 없었다. 문구를 남긴 소년 15명 중 10명은 경찰에 연행되었다. 당시 다라 지역에 거주하던 마스리(Ahmed Masri)의 증언에 따르면, 아사드 정권의 소년들에 대한 탄압은 다분히 정치적이었으며 잔혹하였다. 알 아사드 정권은 법적 절차에 따라 소년들을 연행 및 구금한 것이 아니었다. '누군가를 체포할 필요가 있기에' 하였던 것이다. 실제 당시 구금되었던 샤스네(Mouawiya Syasneh)는 당시 아사드정부가 소년들을 구금한 이후 폭행 및 고문을 하였다고 증언했다. 이들의 구금은 한 달 이상 이어졌다.

구금된 소년들의 가족들은 아이들의 석방을 요구하며 시위를 시작하였다. 이 시위는 반정부적 행동으로 간주 되었다. 3월 18일 정부는 이들에게 발포하며 4명의 시민을 사살하였다. 단순히 장난으로 문구를 새긴 소년들을 본보기로 시리아에 불어오는 민주주의의 불길을 초기에 진화하려던 아사드 정권의 시도는 난관에 부딪혔다. 사망한 시민에 대한 분노는 삽시간에 시리아 시민들에게 퍼졌다. 다라의 시민 2만여 명은 희생된 시민들의 장례식에 모여 반정부 시위를 본격적으로 시작하였다.

3월 23일 정부는 항구 도시 라타키아에서 다시 시위대를 향해 발포하였다. 이에 12명의 사망자가 발생하였으며 이후 지속되는 시위에 대응하여 아사드 정권은 탱크 및 중화기 등을 이용하여 진압 작전을 펼치기도 하였다.

아사드 정권은 빗발치는 항쟁에 대응하여 48년간 아사드 정권을 지탱해 온 비상사태법(Emergency Law) 폐지를 내세운다. 이는 5명 이상의 집회를 금지하고 반체제 인사에 대한 무조건적 체포, 사형을 내릴 수 있는 권한을 부여하는 법이었다. 더불어 정부는 정치사범들에 대한 재판을 진행하는 국가안전법원(state security court)에 대한 폐지와 평화로운 집회를 허용하는 법안과 정당을 허용하는 법안을 선보였다. 그러나 정부의 조치는 다른 공안 법안이 공고하게 자리 잡은 상황에서 반정부 시위대에게 있어 그저 상징적인 조치였을 뿐이었다.

2011년 4월 22일은 시리아 시위대가 가장 많은 희생자를 보게 된 날이다. 약 120명 이상의 사람이 다라에서 정부에 의해 사살되었다. 오바마(Barack Obama) 미국 대통령을 비롯하여. 반기문 유엔 사무총장을 포함한 국제사회는 시리아를 향해 강력한 비난을 보냈다. 시리아정부는 이에 그치지 않았다. 2011년 4월 25일 시리아정부군은 탱크, 보병 수송차, 야포 등을 동원하여 도시에서 게릴라식으로 일어나는 시위대에 발포하였다. 5월 말까지 정부군의 발포로 사망한 희생한 민간인의 수는 1,000명을 넘었다. 이러한 정부의 무자비한 시위 진압과 통치에 대응하여 시리아에서는 많은 반정부세력이 등장하게 된다.

■ 종파주의적 갈등

시리아 내전 양상은 종파주의를 토대로 진행되었다. 내전은 알라위파에 의하여 수십 년 동안 '차별적인' 대우를 받아온 수니파 계열을 중심으로 시작되었다. 전쟁은 수니파 대 알라위파 구도로 강한 양상을 나타내었다. 지도 9.2는 다마스쿠스 내 반란 발발지역이다. 원으로 표시된 지역이 친정부세력들이 모여 있는 곳이고, 별 표시 지역은 반정부 지역이다. 각각이 일정한 구심들을 지니고 있음을 알 수 있다.

라타키아, 바니야스, 홈스에서 일어난 폭동은 수니파가 모여있는 지역에서 중점적으로 일어났다. 반면 다마스쿠스의 교외 지역이나 드루즈, 기독교인, 이스마일리, 알라위 지역에서는 저항에 참여하는 움직임이 나타나지 않았다. 특히 도우마, 다라와 다른 반란 지역은 수니파 계열의 구역들이었고 아사드 정권은 해당 지역을 더 이상 시리아의 일원이 아닌 '외생적' 요소로 여겼다.

2011년 다라에서 발생한 초기 분쟁은 시아파가 중심이 되는 드루

지도 9.2 다마스쿠스 내 반란 발발지역

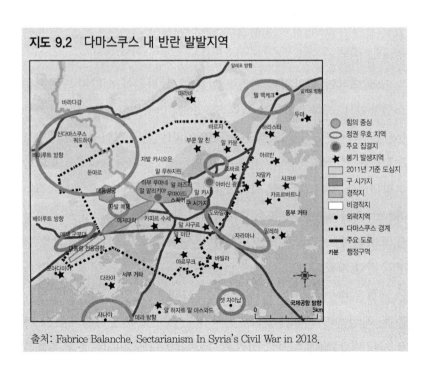

출처: Fabrice Balanche, Sectarianism In Syria's Civil War in 2018.

즈파와 수니파 사이의 싸움이었다. 무장 및 비무장의 수니파 세력은 다라에 모여 반드루즈파의 슬로건을 내세우며 아사드 정권에 대하여서도 '드루즈파의 아들(son of the Druze)'이라는 경멸적인 의사를 표현하였다.

반드루즈파 시위는 단순히 구호를 외치는 수준을 넘어서서 폭력적인 행위로까지 이어졌다. 다라에 거주하는 드루즈인들은 수니파 무장세력에 의해 납치되어 현상금이 걸리거나 살해되기도 하였다. 드루즈 정권의 고위 관리 에제딘(Jamal Ezzeddine)은 내전 이전부터 다라 지역의 반대파와 좋은 관계를 유지하였다. 그럼에도 불구하고 그의 16명의 동료들과 더불어 2012년 12월 빈 라덴 조직의 시리아 지부인 알누스라 전선(Jabhat al-Nusra)에 의해 납치 후 살해되었다. 자라마나에 거주하는 드루즈인들도 2012년 봄 초부터 무장세력의 희생양이 되었다. 알누스라 전선은 알드루즈지역에서 공격적으로 반란을 지속하여 나갔다.

이에 대하여 알라위 정권은 시아파 보호 차원에서 지역 민병대를 소집하면서, 드루즈파의 중립을 포기하게 만들었다. 민병대 중 가장 두각을 드러내었던 것은 알드루즈지역에 거주하는 청년들을 민병대로 소집하는 데 크게 기여한 경찰 출신 발루스(Sheikh Balous)에 의한 민병대였다. 2015년 6월 시리아 북서부에서 일어난 소위 '남부 전선(Southern Front)'은 '수와이다' 방어의 중심인 알타라의 군사 본거지를 포위하여, 공격하려고 시도하였다. 당시 드루즈 민병대는 남부 전선의 반란 계획을 진압하는 데 있어 큰 역할을 하였다. 이후 드루즈파는 이전 알라위파와의 분쟁을 뒤로 하고 협력하는 데 보다 많은 힘을 쓴다. 사실 드루즈파가 알라위파와 같은 시아파 계열이라고 하나 기실 2000년 11월에 아사드 정권은 수와이다에서 일어났던 드루즈파의 반란을 진압하였었고 당시 수십의 드루즈파의 구성원들이 사살되었고 수백이 부상을 당하는 사태가 초래되었다.

드루즈파와 알라위파는 시아파라는 뿌리를 같이 한다. 그러나 알라위파가 집권하고 있는 체제에서 정권이 지향하였던 중세 파트와(fatwas, 이슬람 법)에 의하여 드루즈파가 학살되었던 전례로 인해 드루즈파는 오히려 알라위파에 대한 반대 세력이 되었다. 드루즈파가 이에 따라 지향하였던 국가체제로서의 모습은 종교에 대하여 중립적 입장을 고수하는 '세속주의(secular)적인 국가'였다. 그러나 수니파 반대 세력인 시리아 국민 연합(SNC: Syrian National Coalition)은 드루즈파의 이상과는 다르게 샤리아에 입각한 이슬람 규율에 따라 국정 운영을 하는 '시민국가(civil state)'[6]를 지향하였다. 이에 드루즈파는 수니파에 대해 더욱 불신하게 되었으며 이는 반정부적 시위에 드루즈파가 적극 가담하지 않는 이유 중 하나가 되었다.[7]

시리아에서 극명하게 종파주의에 입각한 알라위파와 수니파의 대결이 드러난 곳은 중부지역, 특히 홈스이다. 홈스 지역에는 65%의 수니파가 거주하고 있으며 25%의 알라위파, 10%의 기독교인과 1% 이하의 시아파 계열 이스마일리와 시아파가 존재하였다. 당시 홈스에서 발생한 사건은 수십 명의 목숨을 앗아갔다. 분쟁은 특히 알라위파와 수니파 지역의 경계에서 발생한 것이 대부분이었다. 2011년 수니파는 홈스 지역 외곽에 거주하고 있는 시아파 마을 마즈라를 공격하였다. 이후에도 수니파는 알라위파 이웃들이 거주하고 있는 지역에 매일같이 박격포를 발포하며 위협을 가하였다.

2012년 5월 25일 훌라에서는 수니파의 알라위파에 대한 공격에 대한 보복 조치가 있었다. 보복 조치는 정권의 불법무장단체인 샤비하에 의해 아동 49명이 포함된 108명의 수니파 시민들을 대량 학살하는 것이었다.[8] 이 사건이 있기 한 주 전, 홈스로 향하는 길목에서 수십 명의 알라위파 공무원들이 살해당하기도 하였다. 또한, 같은 해 6월에는 알쿠베이르에서 8명의 수니파 민간인 학살이, 한 달 뒤에는 트렘세에서 100명의 수니파가, 2016년 5월에는 자흐라에서는 20명의 알라위파가 학살되는 사건이 일어났다.[9]

알라위파에 대한 학살은 학교에서도 발생했다. 2014년 10월 1일 수니파 테러리스트들은 아크라마에 있는 학교에 폭탄테러를 자행해 40명의 학생이 사망하였다.[10] 또한, 자흐라지역에서는 2016년 2월 21일 57명의 알라위파 민간인이 자동차 폭탄테러에 의해 희생되었다.[11]

■ 사회경제적 갈등

시리아내전에서 종파주의 외에 또 다른 내전 발생 요소를 보여주는 지역은 시리아 최대 도시인 알레포이다. 2012년 7월 반란군이 알레포를 점령한 이후, 알레포는 반군 점령의 동쪽과 아사드 정권의 서쪽으로 나뉘었다. 알레포에서의 내전은 상술한 종파주의보다는 사회경제적 요소에 의하여 전개되었다고 보는 것이 타당하다고 하겠다.

알레포 서쪽은 알샤바와 모하파자의 부유층, 많은 알라위파들이 사는 알하마다니예의 중산층, 술라이메니야의 수니 하위계층이 모여 있는 곳이었다. 동쪽은 소위 '불법' 지역으로서 무계획적으로 모여든 지역 이탈주민들과 서쪽 알레포 지역 사업가들에 의해 운영되는 알레포 북동쪽의 셰이크 나자르지역에서 일하는 노동자들로 이루어져 있었다.

그러나 2012년부터 시작된 알레포 전투는 새로운 국면으로 접어들었다. 2015년 9월부터 러시아가 아사드 정권과 손을 잡고 개입하기 시작하였다. 소련의 개입으로 ISIS를 포함한 반군은 알레포에서 그 입지를 잃어갔다. 러시아 전투기는 1만 8,800번을 출격하여 반군 3만

5,000명을 제거하였으며 추가로 반군 훈련 캠프 725곳과 무기 공장 405곳을 파괴하였다.[12] 알레포 동쪽에 있던 100만 명의 인구는 2016년 말까지 10만 명으로 줄었다. 반군은 사실상 알레포지역의 점거를 포기하였고, 2016년 12월 평화협정을 맺었다. 물론 알레포 전투에서 종파주의가 완전히 부재했다고 보기는 어렵다. 기독교인들은 정권과 연합하는 쪽을 택한 반면, 혈족이나 주민 사이의 유대에 의해 구성된 수니파 대다수는 정권에 반대하는 움직임을 보였다. 이들은 기독교인이나 알라위파, 이스마일리에 대하여 적대심을 가지기도 했다.

아사드 정권은 내전 동안 계속해서 상술한 지역, 종파주의 및 사회경제적 요소를 적극 활용하였다. 우선 석유를 구할 수 있는 지역에 거점을 두었다. 이렇게 함으로써 반군에 대하여 장기적으로 대항하고 제압할 수 있는 동력을 확보하고자 하였다. 또한, 종파주의적 이용에 있어 사회경제적인 요소 — 정치인, 군사, 부족 유지 — 들을 활용하여 알라위파의 공고함과 수니파의 분열을 획책하려 하였다.

아사드 정권은 시리아의 관료주의적 요소를 통해 각 지역 유지 및 군사들과의 제휴를 통하여 반군에 대응하는 움직임을 가져갔다. 우선 알라위파가 시리아 공무직에 큰 비중으로 자리를 차지하고 있다고 할지라도, 알라위파 외 타 종파들도 포함된 관료 구성은 전쟁 발발 시에 지역 및 종파를 가로지르는 네트워크를 형성하는 데 유용하게 작용하였다. 반면 수니파 반군세력은 이와 같은 정권의 장점을 영위하기에는 네트워크 자원이 충분치 않았고 이는 반군의 힘을 제한하게 하였다.

■ 수니파 반군세력

시리아내전에서 가장 큰 규모로 아사드 정권에 대항한 종파는 단연 수니파였다. 수니파의 봉기 배경에는 사회적, 경제적, 그리고 정치적인 불만이 있었다. 그러나 기독교도나 드루즈, 알라위, 이스마일리 등 역시 불만이 있었으나 수니파처럼 본격적으로 항거를 시작하지는 않았다. 수니파의 항거와 봉기에는 수니파가 아닌 세력을 몰아내고 수니파 중심의 국가를 구성해 나가고자 하는 의도가 있었다.

2011부터 나타난 시리아 반란군세력은 2012년까지 시리아 영토의 80%를 점령할 정도로 강력한 위세를 나타냈다. 하지만 점차적으로 반군세력은 약해졌다. 자유시리아 군대(FSA)의 경우 튀르키예, 카타르, 사우디아라비아의 다국가적 후원을 통해 세력을 유지하였다. 여러 국가의 지원으로 운영되었기에 효율적인 중심을 만들기 어려웠다. 반군 전사들을 장기간 운용할 수 있는 능력도 없었다.[13]

이후 해당 국가들은 알파타흐(Jaish al-Fatah)와 알누스라(Al-Nusrah Front) 주도의 연맹을 후원하였다. 해당 수니파 연합은 아이들립(Idlib)을 수 주 내에 정복하였다. 이후 라타키아, 알레포, 하마 지역을 위협하였다. 그러나 이후 러시아의 시리아 내전 간섭으로 수니파 연합세력들은 그 힘을 잃었다. JN의 경우 여러 수니파 연합의 중심체로서 역할을 상실하였다.

전쟁 연구소(ISW)의 카파렐레(Jennifer Cafarelle)와 카사그란데(Genevieve Casagrande)의 보고에서는 수백여 개의 시리아 반군을 23개의 범주로 구분하고 있다. 또한, 이 구분에서 반군세력 중 주도적 역할을 하는 부류를 '실제 세력(powerbrokers)'으로 그리고 다른 세력을 '잠재적 실제 세력(potential powerbrokers)'으로 구별하였다.[14]

실제 세력은 약 9만 명의 전사로 구성되었다. ISW는 이들을 4가지 범주로 구분하였다. 이들 중 시리아 지하디스트(Syrian Salafi-jihadist)가 31%, 세속주의자가 25%, 정치 이슬람주의자(Political Islamist)가 24%, 다국적 지하디스트(Transnational Salafi-jihadist)가 20%였다.

실제·잠재적 실제 세력의 전체 반군으로 볼 때, 가장 큰 규모를 차지한 것은 세속주의자로 45%였다. 이외 시리안 지하디스트가 20%, 다국적 지하디스트가 19%, 정치 이슬람주의자가 16%였다. 실질적으로 반군은 일원화된 이데올로기적 구심체를 갖고 있지 못하였다. 특기할 점은 실제 세력 중 많은 수의 세력이 알카에다(al-Qaeda)와 연계되어 있었다는 것이었다. 이들 중에는 알아크사(al-Aqsa), 알이슬라미야(al-Islamiyah), 알샴(al-Sham), 그리고 알누스라가 있었다.

시리아 지하디스트와 정치 이슬람주의의 차이는 무엇인가? 전자가 엄격한 이슬람 율법의 적용을 주장하는 반면, 후자는 이슬람 시민법을 토대로 국가를 세우되, 종교의 자유를 보호하는 방향을 추구한다는 것이다. 반면 세속주의 이데올로기의 경우 실제 세력 대부분이 보수주의적 무슬림들이었고, 조직이 분절적으로 나뉘어 있었다. 드러나는 비중에 맞지 않게 효과적인 반군세력으로 활동하진 못하였다.

수니파 반군의 장기간 항전에는 외세의 지원이 있었다. 수니파를 지원하는 외부 세력에는 서방세력, 사우디아라비아, 카타르-튀르키예 연합 등이 있었다. 서방세력은 주로 세속주의자들을 지원하였다. 사우디아라비아, 카타르, 튀르키예는 이슬람주의자와 살라피스트들을 지원하였다. 특히 알누스라 전선의 경우 알카에다와 제휴하여 시리아 북서부 지역에서 FSA와 연계된 단체들과 알누스라 전선에 반대하는 세력들을 제거하여 나갔다.[15]

2013년부터 2014년까지, 알누스라 전선과 다른 반란 단체들은 IS를 알레포지역 밖으로 쫓아내는 데 성공하였다. 이는 시리아 내전 발생 이후 소위 '두 번째 혁명'으로 간주되는 사건이었다. 알누스라는 IS가 그들에게 보복을 가하기 전에 먼저 제거하기를 원하였다. 북서부 지역에서 많은 반대 세력들을 제거하면서, 이들의 세력은 하나로 모아졌다.

알누스라는 이후 세력을 계속해서 확장하면서, 알파타흐 연합의 주도적 위치를 차지하였다.[16] 2015년 봄, 알누스라 전선은 아이들립 정복을 기점으로 알슈고르, 아리하까지 점령하였다. 이는 아사드 정권의 위기를 초래했다. 특히 알누스라의 승리에는 지하디스트들의 역할이 절대적이었다. 이들은 알카에다와의 연계 속에 자살 폭탄테러를 주도하였다. 알누스라 전선이 이와 같은 반인륜적 행위를 지속하기만 한 것은 아니었다. 이들은 세력 공고화 이후 시리아의 정치적 이념 및 법정의 판단을 존중하는 것으로부터 NGO나 유엔의 개입을 허가하기도 하는 등의 파격적인 행보를 보이기도 하였다. 그러나 이런 행동은 그들의 시리아 내 정치적 위치를 공고화하는 과정의 일환에 불과하였다.

■ 이슬람국가(IS) 세력

수니파 항거세력은 여러 주체가 있다. 이 중 가장 규모가 있고 조직화된 주체는 이슬람국가(IS: Islamic State)이다. 특이한 것은 IS가 단순히 수니파 반란세력을 규합하는 데 초점을 둔 것이 아니라는 것이다. IS는 극단적인 지하디스트(jihadist) 세력과 상술한 알누스라(JN)류의 이데올로기를 충족시키는 반란세력을 만들고자 하였다.

IS는 JN과 이념적 유사성이 있지만, 차이도 있다. IS는 국경선이 구애 받지 않는 이슬람국가를 건국하자는 조직적 특성을 가지고 있지만 JN은 시리아반군 조직으로 아사드 정권을 퇴출시키고 불신자들을 몰아내고 시리아를 이슬람국가로 만드는 것을 주장하는 등에서 차이가 있다.

IS는 빈 라덴의 죽음과 알카에다와의 제휴 단절 속에서 광범위한 영토를 확보하는 것을 최우선 순위로 내세웠다. 그리고 영토 기반을 통해 국제적인 테러리스트 조직으로 확장을 계획하였다.

IS는 알카에다 이라크 지부의 알 바그다디(Abu Bakr al-Baghdadi)에 의해 창설되었다. 알 바그다디는 2006년 이라크에서 서구적 국가주의를 부수고, 이슬람국가를 건설할 것을 주창하여다. 미국을 적대세력으로 삼는 것과 동시에 이라크 시아파 및 쿠르드족을 주요 공격타겟으로 삼았다. 바그다디는 2011년 알카에다의 지령하에 시리아에 지부를 창설하게 되었다. 이라크 바그다드를 중심으로 시리아 지부에 지원하였고, 이라크 국법에 따라 세금을 징수하기도 하였다.

시리아 수니파들은 바그다디에 의해 밀려났고, 더불어 이라크 외국인 용병들이 이끄는 시리아 반군세력에 대한 불만을 품게 되었다. 바그다디는 이라크와 시리아 사이에서 알카에다가 갖는 차별이 없다고 주장하면서, 시리아 내부 수니파의 불만을 잠재우고자 하였다. IS라는 이름으로 내부 통합을 시도하였다.

그러나 알누스라 전선의 리더인 줄라니(Abu Muhammad al-Julani)는 이런 움직임을 거부하였다. 그저 알카에다의 한 지부로서 시리아에 JN을 유지시키고자 하였다. 이에 JN은 이슬람 전선(Islamic Front)과 알샴과 연계하여 IS를 축출하고자 하였다. JN은 알레포 서부와 아이들립에서 IS를 일부 축출하는 데 성공하였다. 하지만 라까(Raqqa)나 알주르(al-Zour)에서는 도리어 IS가 JN을 축출하였다. 이후 IS는 유프라테스강 유역과 라까에 IS의 수도를 세워 활동을 이어 나갔다.

IS가 라까와 알주르에서 정착에 성공할 수 있었던 이유는 무엇일까? 기존 아사드 정권의 이 지역에서의 정책 실패에 일정 정도 기인한다고 볼 수 있다. 아사드 정권은 라까, 알주르의 복잡한 부족체계와 부족 사이의 갈등을 정책적으로 소화해내는 데 실패하였다. 나아가 선택적으로 농경지 및 개간사업을 실행하여 부족 사이의 분쟁을 부추기기도 하였다.

물론 1970년부터 1990년까지 알사우라댐 건설이나 대규모 관개사업을 펼치는 데 재정을 투자하기도 하였다.[17] 문제는 이런 정책이 정치적 전략으로 사용되었을 뿐이라는 것이었다. 기실 아사드 정권은 이 지역 주민들의 지지를 얻게 되자 댐이나 관개사업을 위한 재정 지출을 전면 중단하였다. 당시 해당 지역은 인구가 계속해서 늘어나고 있었다. 아사드 정권의 정책은 물 공급에 있어 심각한 문제를 만들었다.

결과적으로 라까와 알주르지역에서 IS는 주민들에게 정권이 수행하지 못하였던 물과 식량 공급을 적절하게 하였고, 어렵지 않게 정착할 수 있었다. IS는 정권의 식량 창고를 비워 주민들에게 식량을 공급하였다. 그리고 제빵 업자들에게는 적정 가격에 빵을 공급할 것을 강요하는 것으로 민심을 샀다. 한때 라까지역의 빵 가격이 시리아에서 가장 낮았다는 점은 주목할 만하다. 물 역시 관개사업이 이루어진 곳에서부터 주민들에게 무료로 공급되었다.

이뿐만이 아니다. 라까와 알주르는 산유지역으로서 원유 산업으로 경제적인 혜택을 가져왔다. 그럼에도 아사드 정권은 이 지역에서 나오는 원유를 채취하여 이용하는 데만 관심이 있었다. 즉, 라까와 알주르에서 원유를 채취한 이후 이 지역에 재투자가 이루어지지 않은 것이다. 이후 IS는 아사드 정권을 몰아내고 라까와 알주르에서의 원유를 통해 경제적인 주권을 확립하는 데 초점을 둔다.[18]

아사드 정권과 IS가 처음부터 대결 구도로 있었던 것은 아니었다. 도리어 IS는 수니파를 흡수하여 '칼리프'가 다스리는 영역을 확보하는 데 그 목표를 두었다. 아사드 정권을 무너뜨리는 데 관심을 둔 것이 아니었다. 또한, 아사드 정권 입장에서는 IS가 라타키아, 홈스, 다마스쿠스, 요르단 사이에 있는 정권의 전선을 위협하는 시도가 없고, 무엇보다 IS의 존재 자체가 소수 종파들이 정권과 연대하는 쪽으로 참여하도록 하는 동기부여가 되었기에 IS와의 전면전을 가져갈 필요가 없었다.

그러나 2014년 7월 아사드 정권의 공군 부대가 IS에 공습을 처음으로 가하게 된 이후로, IS는 본격적으로 아사드 정권을 향한 저항을 시작하였다. IS는 아사드 정권의 라까와 알주르에서의 군사 기반 시설 공격을 감행하는데, 이에는 알사우라(al-Thawra) 공군기지가 있었다. IS는 이 기지에 자살 테러를 감행하고 전투 이후 150명의 정규 군인들을 참수하는 만행을 저질렀다.

IS가 다른 반군 조직보다 국제사회에서 두각을 드러내게 된 것은 소위 '종파 청소'로 불리울 수 있는 만행 이후이다. IS는 쿠르드족, 시아파, 기독교인 등을 정치적인 이유와 별개로 종파적 입장에서 이슬람국가 창설을 위한 정통을 위시하여 살상을 저질렀다.

우선 수니파는 시리아 북동쪽 지역에서 쿠르드족의 번성에 대하여 위협감을 느끼고 있었다. 그들은 수니파가 쿠르드족보다 하위 집단으로서 정치적 입지를 점하는 데 거부감을 가졌다. 이에 IS는 유프라테스강 유역과 IS 영향하에 있는 다른 지역에 거주하는 쿠르드족에 대한 '종파 청소'를 감행하였다.

특기할 점은 쿠르드족 역시 이슬람교였다는 것이다. 그러나 IS에게 있어서 쿠르드족이 이슬람교를 믿고 있다는 사실은 고려 사항이 아니었다. 왜냐하면 IS에게 있어서 쿠르드족이 신봉하는 이슬람교는 그들이 생각하는 지하디스트적 정신에 입각한 이슬람교가 아니었다. 특히 PYD는 자신들의 종교적 색채에 상당 부분 위배된다고 생각하였다. 이들은 2013년 8월 텔아비아드(Tell Abyad)의 아랍 부족들로 하여금 쿠르드족 군대를 몰아내는 데 집중하였다. 이후 이들은 쿠르드족의 마을을 철저히 파괴시킨 후 그들의 땅을 아랍 부족들에게 분배해주었다.

IS는 시아파에 대하여서도 '이단자'로 규정하였다. 그들은 오랜 기간 아사드 정권이 주도하는 알라위-시아 연계의 정국 운영에 상당한 불만이 있었다. 특히 이란 시아파 계열의 성직자 영향으로 유프라테스강 유역의 수니파들이 시아파로 종파 자체를 전환한다든지, 라까에 시아파 성지를 건설한 행위들에 대하여 증오의 감정을 품을 수밖에 없었다. 이에 이들은 유프라테스강 유역과 라까에서 세력을 잡은 이후에는 2013년 하트라흐(Hat-Lah) 마을을 포함하여 시아파들을 대량 학살하는 데 여념이 없었다.

당연히 IS는 기독교인들에 대해서도 강력한 탄압을 가하였다. 공교롭게도 기독교인들은 주로 IS의 본거지인 라까와 알주르, 알사우라에 자리 잡고 있었다. IS는 기독교 교회들을 모두 파괴시키고 기독교인들이 그들의 믿음을 유지하는 것 자체를 차단시킨다. 특히 카불 계곡에 거주하는 기독교인들은 살해와 납치 등에 쉽게 노출될 수밖에 없었다. 결과적으로 기독교인 대부분은 이 지역을 떠나야 했다.

2016년 6월, 쿠르드족과 시리아민주군(SDF)의 아랍 전사들은 라까를 포위하고 발리크 계곡에서 IS를 물리치는 공격을 펼쳤다. SDF는 1년이 채 안 돼서 IS의 본거지를 포위하여, 많은 타격을 입혔다. 그러나 IS를 완벽하게 소탕하기 위해선 단순히 군사적 공격으로는 한계가 있다.

아사드 정권과 IS의 영향 아래에서 수니파의 종파적 역할 변화에 대한 이해가 IS를 완전히 제거하는 데 있어 필수적이다. 가령 2011년 내전 발생 이후 알주르에서의 수니파들은 사우디아라비아와의 연계 속에서 정권에 대항하였다. 그러나 라까에는 바스 정권으로부터 정치경제적인 이익을 수십 년간 누려온 부족들이 있었다. 이들로 인해 초기부터 정권에 대항하는 움직임이 발생하지 않았다. 그러나 2013년 이후로 걸프로부터 들어오는 자금 유입과 아사드 정권의 농업정책 실패로 수니파들이 정권에 반대하기 시작하였다.

그러나 여전히 몇몇 셰이크들은 아사드 정권과 연대를 같이 하며 반대 움직임에 가담하지 않았다. 또한, 1980년대 하피즈가 하다딘(Haddadin) 부족을 하마에서 일어난 수니파의 반란에 대응하여 이용하였다. 하다딘 부족은 내전 발생 이후에도 알레포를 보호하고 하마의 동쪽 보급로를 확보하는 데 조력하면서, 아사드 정권에 대한 충성을 보여주었다. 2004년 쿠르드족의 반란이 발생하였을 때도 아사드 정권은 자지라(Jajira)의 아랍 부족들에게 무기를 보급하여 진압하였다. 내전 시기에도 당시 같이 아사드 정권에 연대하였던 자불(Jabbour), 아드완(Adwan), 타이(Tay), 우가이뎃(Ougaidat) 부족들은 정권에 협력하였다.

IS는 이처럼 산재한 아사드 정권 연대세력들에 대응하여 수니파의 구심체가 되기 위한 노력을 하였다. 이들에게는 소위 '당근과 채찍'의 전술을 활용하였다. 부족 셰이크들이 그들의 '칼리프' 노선에 대한 충성 및 연대를 할 경우, 유전이나 땅, 다른 경제적 이득을 통해 규합하였다.

반면 무자비한 학살도 있었다. 2014년 8월 셰이탓(Sheitat) 부의 700명을 학살하였다. IS에 협력하기를 거부하였다는 이유였다. 이들은 아사드 정권과 마찬가지로 기존 시리아 종파 내에 산재해 있는 셰이크를 중심으로 하는 전통적 질서에 편승하여 세력을 규합하였다.

결과적으로 IS에 대한 완전한 소탕은 기존 IS가 규합하는 데 힘을 썼던 수니파의 도움 없이는 불가능해졌다. 이들이 부족 셰이크들과 유지들에게 주었던 혜택이 있었기에 이런 이점을 충분히 이용하여 IS의 근본적 토대를 거세시키는 것이 실질적이라고 보여지기 때문이었다. 실제 라까와 알주르 지방의 피난민들의 IS에 대한 인식은 이들이 아사드 정권과 다를 바 없이 부패한 세력이 되었다는 것이었다. 이들이 지속적인 세력 규합을 위하여 청년들을 동원하였던 것도 주민의 저항에 맞부딪쳤다.

IS가 비록 수니파 중심의 규합을 도모하였다 하더라도, 많은 수니파의 부족들은 IS에 대해 강한 적개심을 품고 있다. 이들은 SDF나 시리아 군대에 연대하고자 하는 상황이다. 2014년 대량 학살이 일어난 이후 셰이탓 부족의 경우 200명이 알주르에서 시리아 군대에 입대하고자 하였다. 또한, 2016년 아사드 정권이 팔미라를 수복할 때, 부족 사이의 연합이 큰 도움이 되었다.

미국은 PYD 주도의 SDF를 지원하여, 시리아에 민주적인 국가 건설과 변화를 시도하였다. 미국의 계획은 성공을 거두지는 못하였다. 그러나 이 과정에서 IS에 반대하는 세력들이 SDF에 가담하게 만들 수 있는 토대를 만들었다. 아사드 정권은 IS의 중심추가 무너졌음에도 그 저변에 있는 수니파 세력들과의 연대가 없이는 공고한 정권의 토대를 만들기는 어려울 것으로 예상된다.

4) 시리아 정치사회 위기의 근원: 종파 간 균등한 가치 분배 실패

시리아의 위기에 대한 논의는 다양할 수 있다. 하지만 무엇보다 종파주의 문제가 가장 크다고 할 수 있다. 물론 종파주의 자체를 시리아 분쟁의 유일한 원인으로 보는 것은 문제가 있다. 종파가 여럿으로 나뉘어 있다고 해서, 그 자체로 분쟁의 씨앗이 되지는 않기 때문이다. 오히려 종파를 종파주의적으로 접근하여, 이익을 획책하려는 정권 자체가 내전의 근본적 원인이 되었다고 보는 것이 타당하다.

정권 내부를 보면 더욱 그렇다. 아사드 정권은 내전 이전이나 이후에 있어 시리아 내부 종파 사이의 연대와 통합을 위한 정책을 추진하지 않았다. 오히려 특정 종파에 일방적인 혜택을 주거나 정권 자체의 부정부패로 인하여 분열·파멸적인 분란의 토대를 만들었다. 다시 말해, 아사드 정권은 시리아 국가 전체를 대표하는 정권으로의 역할을 하지 못했다. 정권이 포함된 알라위파를 비롯하여 자매 관계를 맺고 있는 시아파 및 다른 군소 부족에게 선별적으로 혜택을 주었다. 이렇게 함으로써 시리아 내부의 실제적 가치를 공평하게 배분하는 데 실패하였다.

1963년부터 1990년까지 아사드 정권의 국가산업 개발계획을 보면, 산업적 기반의 상당 부분이 서쪽에 편재되어 있다. 시리아의 수도 다마스쿠스에 국가 산업 시설 기반과 주요 도로들이 집중된 것은 물론, 라타키아나 타르투스, 알레포, 홈스 등을 중심으로 항구, 지하자원 통로, 국가 산업 시설이 편재되어 있다. 물론 라까나 알주르 같은 IS 거점 지역에 산업 시설 기반 확충 계획이 전혀 없었던 것은 아니다. 하지만 어디까지나 구색 맞추기였다. 이런 정책적 편향은 1990년대 이후에도 계속되었다. 정권의 정책 실패는 이 지역에서 IS가 들어설 수 있는 도화선이 되었다.

또한, 바스당은 다른 군소 지역에 재정적 후원을 통한 장기간의 토지 및 인프라 확립 계획에 큰 관심을 두지 않았다. 아사드 정권은 2004년 쿠르드족의 봉기가 일어난 이후 북동쪽 지역에 개발 계획을 철회하였다. 이 계획은 로자바 지역에서 쿠르드족이 일부 반란세력에 가담하게 하는 원인이 되었다.

교육정책에 있어 아사드 정권은 알라위파에게 상당 부분 양질의 교육을 제공하고자 하였다. 그 결과 알라위파의 교육 수준은 향상되었다. 알라위파의 교육 수준 향상은 단순히 해당 종파의 위상을 높이는 데 그친 것이 아니었다. 이는 수니파에 비해 현저하게 낮은 알라위파의 인구 증가율로 이어졌다. 이후 알라위파가 시리아의 주요 요직의 80% 이상을 차지한 상황에서 상대적으로 인구가 많은 수니파의 계층 이동 기회는 줄어들 수밖에 없었다. 반면 수니파 인구 증가율은 1960 년대 이후 다마스쿠스에서 3% 이하로 떨어지지 않았다. 정부 차원에서 적절한 정책적 관리를 받지 못하였다. 결과적으로 내전 발생의 원인으로 작용하게 된다.

다마스쿠스와 같은 핵심지역의 정책 실패 역시 정권에 대한 반대 세력을 만드는 도화선이 되었다. 다마스쿠스에서도 요르단과 국경을 맞대고 있는 호란지역의 경우에는 하피즈 정권 시절 많은 농업정책의 수혜를 입고 있었다. 바샤르가 집권한 이후에는 농업정책의 실패로 아사드 정권에 등을 돌리게 되었다. 바샤르 정권은 이 지역에서 지하수 자원을 과도하게 착취하는 데 집중하였을 뿐, 대응하는 재투자나 시설 정비가 이루어지지 않았다. 그 결과 이 지역의 농업은 실패로 돌아갔다. 이는 호란 지역 주민들의 주요 수입원 감소로 이어졌고, 아사드 정권에 대한 반기를 들게 하였다.

농업에 필요한 수자원정책도 중요하다. 홈스와 하마 지역에서 오론테스강 상류에서의 과도한 수자원 유출은 농업 발전에 지대한 악영향을 미쳤다. 아사드 정권은 이 지역에서의 수자원 관리에 노력을 크게 기울이지 않았다. 그 결과 불법적인 수원(水源) 착취가 만연하였고, 주민들의 심각한 불만을 초래하였다. 설상가상으로 아사드 정권은 알라위파가 사는 지역에서만 합법적인 우물을 허용하는 등, 종파 편향적 정책을 펼쳤고, 이 때문에 다른 종파의 불만도 커졌다.

마지막으로 빈부격차가 있다. 아사드 정권하에서 빈부격차는 극심한 것으로 나타났다. 2007년 유엔 개발프로그램(UN Development Programme)에 따르면 시리아 내 빈곤층은 33%, 이 중 12.3%는 절대적 빈곤층이었다. 내전의 여파로 이 수치는 2022년 기준 90% 이상으로 치솟았다. 시리아 인구 3분의 2 이상이 식량 부족을 겪고 있다.

　문제는 정권 차원에서 내전 이전부터 시리아 내부 상황을 제대로 인지하지 못하고 있다는 것이었다. 아사드 정권은 정권에 협력적인 중산 계층만을 위한 정책을 추진하였다. 2007년 수립된 경제 4개년 계획(XI Plan)의 경우 2020년까지 200만 개의 일자리를 창출할 것을 계획하였다. 하지만 이 계획은 청년층에게는 전혀 부합하지 않는 정책이었다. 오히려 알라위파를 위시한 도시 중산층에게만 더 많은 혜택을 가져다주었다. 결과적으로, 도시 중산층과 같은 안정적인 생활을 영위할 수 있는 세력은 소수로서 다른 빈곤 및 취약 계층은 아사드 정권에 대항하는 반란에 가담할 여지를 만들었다.

　아사드 정권의 이 같은 정치적 무감각은 정치체계의 상호작용을 철저하게 무시한 것이었다. 일반의 요구를 투입하여 산출하는 통치 능력이 전혀 없었다. 가치의 배분이 이루어지지 않았다. 다시 말해 아사드 정권은 정치체제 일반론에서 설명하는 이익표출과 이익집약을 통하여 규칙을 제정하지 못하였다. 결국 자유, 평등, 공정 등과 같은 정치사회적 합의를 이끌어내는 정치사회적 가치의 적절한 배분이 일어나지 않으면서 불평등, 무질서, 복지위기 등 부정적 가치만 축적되고 말았다. 뿐만 아니었다. 정치적 규정을 정책에 적용하는 것, 정책의 성패를 판단하는 것에서도 적절한 선택을 하지 못했다. 이것이 결국 정치적 권위의 정당성 위기로, 국가위기의 원인으로 귀결되고 있는 것이다.

2. 소말리아

1) 현황

소말리아는 영화 〈모가디슈〉로 우리에게도 잘 알려진 국가이다. 영화에서의 상황이나 현재의 상황이나 별반 다르지 않다. 2005년 FSI를 시작한 이후로 초기 2차례를 제외하고서는 계속해서 1, 2위를 기록할 만큼 만성적인 위기 국가이다. 소말리아의 2022년 FSI는 110.5로 2위였다. FSI 1년간 변동률은 −0.40%, FSI 5년간 변동률은 −2.90%, FSI 10년간 변동률은 −4.40%이었다.[19]

소말리아는 국가위기의 '표본'을 보여주는 나라라고 할 수 있다. 시리아의 경우에는 종파주의가 국가 전체를 위기로 몰아넣을 만큼 심각한 양상을 보여주기는 하지만 독재정권임에도 불구하고 아사드 정권이라는 장기 집권 정부가 있었기에 내전이 발발한 2011년 전과 내전 후까지 어느 정도의 안정을 유지할 수 있었다.

하지만 소말리아의 경우 1969년 이후 1991년 잠시 바레(Mohamed Siyad Barre) 대통령이 소말리아 전역을 지배하였던 시기를 제외하고

국기와 지도 소말리아

선 한 번도 통합적 구심체를 발휘할 수 있는 정권이 들어선 적이 없다. 바레 정권은 독재정권이었다. 하지만 다수 군벌 및 부족세력들이 난립하여 하루하루를 피비린내 나는 전쟁터로 만든 지금과는 비교할 수 없을 만큼 안정적이었다고 보는 시각들도 존재할 정도이다.

한편으로 소말리아는 해적으로 알려진 나라이다. 우리에게는 '아덴만 여명 작전'으로 잘 알려져 있다. 정치적 불안정으로 인해 발생한 내전으로 국내경제는 붕괴되었고 국토에서 경작이 가능한 지역은 1.6%에 불과하다. 정치적 불안정은 권위적 구심체의 상실로 이어졌고, 소말리아는 곧 다른 나라의 폐기물을 버리는 쓰레기장으로 전락했다. 환경은 오염되고 부패한 관료와 결탁한 무허가 타 국적 어선들의 마구잡이 조업으로 어획량마저 줄어들 대로 줄게 되었다. 해적질은 위험부담은 높지만 목돈을 만질 수 있는 생계 수단이었다. 2018년 이후 소말리아 해군과 연합해군의 단속으로 2022년 이후 해적활동에 대한 보고는 없다. 현재는 기니만에서 해적활동이 기승한다고 한다. 하지만 이전까지 무수한 해적세력들이 난무하여 그리스, 덴마크, 사우디아라비아, 미국 등의 화물선에 위협을 가하였다.

2023년까지도 도시 곳곳에서 폭탄테러가 이어지면서, 수십 명이 사망하는 사건들이 일어나고 있다. 뿐만 아니라 2021년, 2020년, 2019년, 2018년 등 한 해도 빼놓지 않고 폭탄테러가 연달아 발생하여 수십 명에서 수백 명에 이르는 사상자가 발생했다. 2017년에 일어난 대규모의 폭탄테러로 358명이 사망하기도 하였다. 소말리아 국민들이 안정적으로 살았던 때는 1991년 이후 없었다고 보는 편이 정확할 것이다. 2024년 말까지 아프리카연합의 평화유지군(ATMIS)이 소말리아군과 경찰에 치안을 이양하고 임무를 종료할 것으로 계획되어있다. 2023년 6월부터 단계적 병력을 감축에 치안부재의 공백을 두려워하는 소말리아정부는 연기를 요청하고 있다.

소말리아의 현 정치적 상황을 분석하는 관점은 크게 두 가지이다.

하나는 식민지 근원론(colonial root theory)이다. '식민지 근원론'은 이탈리아, 영국의 식민지 시기를 통해 현재의 소말리아 상황으로 이어졌다고 보는 관점이다. 식민지배로 인해 고대 시대부터 영위하여 온 소말리아 고유의 상업적 번영 및 특유의 정체성이 희석되었고, 강대국들이 인위적으로 영토를 점령하고 국토를 분할한 결과, 현재와 같은 부작용이 나타났다는 관점이다. 이에 더해서 이 관점에는 미국과 소련의 냉전 시기 소말리아와 에티오피아에 미치는 양국의 영향력이 현재 소말리아 위기의 원인이 되었다고 보는 파생적 이론이 존재할 수 있다.

다른 하나는 식민지 근원론적 접근과 별개로, 내재적 근원론(indigenous root theory)이다. 이는 서구 열강의 개입과 상관없이 소말리아 내부에 잠재하였던 민족 및 부족, 종파적 문제 등이 현재의 소말리아 위기의 원인이 된다고 보는 관점이다.

두 관점 중에서 무엇이 설득력이 있다고 보기는 어렵다. 양자가 종합적으로 소말리아 현상에 영향을 미쳤다고 보는 것이 적절하다.

소말리아의 위기에 외세가 미친 직·간접적인 영향을 살펴보고, 20세기 후반부터 21세기 초반까지 이어져 오고 있는 현대 소말리아의 부족문제를 살피는 것이 필요하다. 내재적 근원론은 어디까지나 소말리아가 독립을 이룬 1960년대 이후로 한정하여 보는 것이 적절할 것이다. 이를 통해 2022년 현재까지 이어져 오고 있는 소말리아의 통치 부재 현상에 대한 원인을 진단하도록 할 것이다.

2) 1991년도 소말리아 내전 발생 이전

■ 식민지 시기(1885~1960년)

식민지 시기 소말리아는 유럽 열강의 이해가 얽힌 땅이었다. 당시 소말리아에 대한 식민지 영토구획을 보면 복잡한 사정을 알 수 있다. 소말리아의 영토구획에는 소말리아인들의 통합 국가에 대한 고려가 없었다. 유럽 열강의 이해관계가 반영된 영토구획이었다는 것을 알 수 있다.

소말리아 내전 발생 이전 시기는 식민지 전기와 후기로 나눠보는 것이 일반적이다. 1827년 영국은 소말리아 부족과의 보호 조약을 채택하

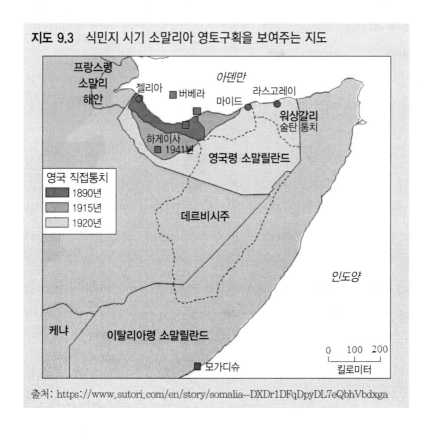

지도 9.3   식민지 시기 소말리아 영토구획을 보여주는 지도

출처: https://www.sutori.com/en/story/somalia--DXDr1DFqDpyDL7eQbhVbdxga

였다. 이 조약은 소말리아의 영역을 보호하겠다는 명목이었다. 하지만 영국의 식민지 확장정책의 일환이었을 뿐이다. 조약의 내용도 소말리아 부족의 자발적 동의를 전제로 한다고 하였으나 영국의 소말리아 영토 정복을 위한 기만적인 내용이었다.[20] 이후 영국은 1887년 소말리아 북부 지역을 점령하며 영국령 소말릴란드(British Somaliland)를 형성하였다.

이탈리아 역시 1885년부터 1893년에 걸쳐 소말리아 남부지역에 접근을 시도하였다. 이탈리아는 이탈리아령 소말릴란드(Italian Somaliland)를 만들었다. 프랑스 역시 소말릴란드 북부 일부를 점령하여 프랑스령 소말릴란드(French Somaliland)를 세웠다. 1886년 영국은 소말리아 남서부 주발란드(Jubaland)를 점령하였다가 1925년에 이 지역을 이탈리아에게 양도하였다.

유럽 국가들이 자국의 이익과 국가 간 이해관계에 따라 자의적으로 분할하였다. 이것이 소말리아가 직면한 심각한 위기의 근원적 토대를 만들었다.

1889년 영국과 프랑스는 각기 점령한 소말리아 식민 지역의 경계를 임의로 구획하는 상호 협정을 맺었다. 1891년 영국과 이탈리아도 상호협정을 맺어 구획에 대한 관할을 인정하였다.[21] 이는 소말리아 부족들의 의사가 전혀 반영되지 않은 구획이었다. 이에 따라 소말리아는 1960년 독립을 이루기까지 다섯 개의 영토로 쪼개져야 했다. 5개의 영토구획은 프랑스령 소말릴란드, 영국령 소말릴란드, 이탈리아령 소말릴란드, 케냐 왕국의 통치를 받는 북부 국경 지역, 1887년부터 1895년까지 에티오피아에 의해 지배를 받은 오가덴지역이다.

식민지로 전락한 이후 소말리아에서는 데르비시 운동과 같은 강한 저항세력들이 등장하기도 하였다. 하지만 영국이 군사력을 동원하여

1920년 이들을 모두 진압하며 일단락되었다.

식민 통치 시기를 지내며, 소말리아에는 다음 몇 가지 후유증이 나타났다.

첫째, 주로 영국, 이탈리아에 의한 분할 지배는 소말리아를 더욱 복잡하게 분열시켰다. 서로 다른 지배체제의 경험을 통해 소말리아 북부 지역과 남부 지역은 유럽에 의해 이식된 새로운 전통 속에 또 다른 갈등이 생겨났다. 가령 무드구(Mudgu)와 마제르티나이(Majertinai)와 같은 이탈리아령에서는 이탈리아에 의해 소위 '선택'을 받은 부족들에 의해서 지배가 이루어졌는데, 이는 독립 이후에도 이 부족 위주의 통치를 내세우는 발단이 되었다.

둘째, 식민지배를 경험하며 소말리아에 이식된 유럽식 정치체제는 기존 소말리아 고유의 정치체제를 무시하였다. 유럽식 정치체제는 '중앙집권화된 국가'의 모습에 대한 애착을 만들었다. 이는 이후 소말리아에 있는 다양한 파벌 간 구심체가 되고자 하는 각 집단의 치열한 경쟁을 불러일으켰다.

마지막으로는 소말리아 부족들은 정치·경제적으로 불평등한 대우를 경험하면서, 식민지 이후에도 갈등의 씨앗이 되었다. 이탈리아가 지배하는 소말리아지역에서는 특정 부족이 정치적 실권을 지니게 되었고, 이는 단순히 정치적 요소로 그치지 않고, 경제 및 교육에서도 다른 부족에 비해 더 큰 혜택을 누리는 것으로 이어졌다.

■ 식민지 이후~바레 통치 시기(1960~1991년)

소말리아는 식민지를 겪은 이후에도 상황은 크게 달라지지 않았다. 식민지 해방 이후에도 소말리아는 여전히 유럽 열강과 미국의 의도대로 움직일 수밖에 없었다. 영국, 프랑스, 미국, 소련의 승전국들이 참여한 4개국 회의에서는 소말리아의 미래를 결정하는 논의가 있었다. 영국은 자국 관할하에 소말리아를 하나의 통일된 국가로 운용할 것을 제안하였다. 그러나 미국과 소련은 이런 제안이 소말리아 내에서 영국의 영향력을 증대시킬 것을 우려하여 거부하였다.

회담의 실패로 소말리아문제는 유엔 총회로 이관되었다. 1949년 11월 유엔 총회는 놀랍게도 이전 이탈리아령 소말릴란드를 패전국인 이탈리아의 관할하에 10년간 두기로 하는 결정을 하였다. 이 결정은 소말리아 청년 연맹(SYL: Somalian Youth League)과 같이 이탈리아의 지배하에 있었던 세력들에 의해 전혀 환영받지 못하였다. 유엔의 결정은 소말리아인들의 의지와 상관없이 강대국들의 이해에 따른 것이었다.

영국의 경우 식민지 이후 소말리아의 통일을 지지하는 것처럼 보였다. 하지만 정책 운용은 달랐다. 1871년 영국은 소말리아인들의 의사와 상관없이 영국령 소말릴란드의 일부 지역의 지배권을 아비시니아(에티오피아의 옛 이름) 왕국에게 넘겨주기도 하였다. 또한, 영국은 북부 경계 지구(NFD: Northern Frontier District)의 소말리아로의 통합을 무시하였다. 통합에 대한 국민투표에 대해서도 함구하는 등 영국의 이익을 위한 결정을 하였다.

이후 1960년부터 1969년 쿠데타가 일어날 때까지 소말리아는 "유엔 헌장에 의하여 엄숙히 봉헌된 국민들의 신성한 자기 결정권(the sacred right of self-determination of people solemnly consecrated in the Charter of the United Nations)"이라는 헌법 조항 아래 북부 영국령과 남부 이탈리아령의 소말릴란드 통합을 이루어내었다. 그러나 소말리아는 국제법에 따라 식민지 시기 임의로 결정된 영토 경계를 따라야만 하였다. 이는 헌법에서 규정한 '자기 결정권'과는 정면으로 배치되는 상황이었다.

1960년대 제정된 소말리아 헌법은 유엔이 명시한 인권 보호의 내용도 명시되어 있었다. 가령 헌법 7조는 "공화국의 법은 1948년 12월 10일 유엔 총회에서 채택된 세계인권선언의 원칙을 가능한 준수하여야 한다"고 명시하였다.

또한, 다수당 투표제와 정치적 결사, 투표권을 명시하는 헌법도 추가되었다. 더불어 사법기구의 독립성을 보장하였으며 의회 민주주의를 보장하였다. 그러나 의회 민주주의가 시작된 이후 10년 동안 소말리아정부와 정치체제에 대하여 적대심을 품는 세력들이 늘어났다. 이는 소말리아의 통합성과 제도적 차원에서의 취약성, 그리고 정치적 부패가 늘어나는 원인이 되기도 하였다.

■ 바레 정권의 등장과 몰락

1969년 10월 15일 당시 소말리아 대통령 셰르마르케(Abdirashid Ali Sharmarke)는 북부지역을 순방하던 도중에 경호원에 의해 피살당하였다. 사건이 발생한 지 일주일이 채 지나지 않은 1969년 10월 21일 소말리아에서는 안정적인 민주체제를 전복시키는 군사쿠데타가 일어났다. 최고 혁명 회의(SRC: Supreme Revolutionary Council)의 수장 바레가 민주적이지만 불안정하였던 당시 소말리아 정치체제를 뒤엎고자 쿠데타를 일으킨 것이었다.

▲ 바레(1910~1995년)

바레가 쿠데타에 성공할 수 있었던 것은 당시 소말리아인들의 안정적인 정치체제에 대한 염원이 큰 토대가 되었다. 또한, 만연한 부패와 족벌주의로 인해 기득권이 더욱 공고해져 가는 것에 대한 불만도 컸었다.

바레 정권의 초기 조치는 정치적 안정을 담보로 헌법에 명시된 인권, 집회의 자유 등의 주요 내용들을 폐지하는 것이었다. 더불어 1975년에는 이슬람법에 대한 위반이라는 명목으로 남녀의 평등을 주장하는 종교 지도자들을 무력으로 진압하였다. 다양한 생각을 포용하는 정치적 노선을 취하기보다 정적을 제거하는 방식으로 정권의 안정성을 담보해가는 조치들이었다.[22]

바레 대통령은 1977년 에티오피아와 오가덴전쟁을 치르며 정치적 위기에 직면하게 된다. 1977년 7월 13일 바레 대통령은 에티오피아 소말리족을 해방시켜 소위 '대소말리아주의'를 달성하겠다는 명분으로 에티오피아를 침공했다. 전쟁 초기 소말리아는 오가덴지역의 대부분을 수복하였다. 그러나 이후 소련, 예멘 등이 에티오피아에 지원을 시작하면서 상황은 바뀌었다. 바레 정권은 오가덴전쟁에서 패전을 거듭하여 소말리족 해방을 위한 전쟁은 실패로 끝났다.

이후 소말리아 군부세력은 급격한 사기 저하와 정권에 대한 반감을 품게 되었고, 바레 대통령에 대한 쿠데타로 이어졌다. 쿠데타는 실패하였다. 쿠데타 이후 바레 대통령은 더욱 강압적인 정책 노선을 취하였다.

바레 대통령의 철권통치는 오가덴전쟁으로 흉흉하게 된 민심의 반정권적인 정서에 불을 지폈다. 바레 정권은 이미 민심에 기반한 정책을 포기하였다. 군사 및 정실주의에 입각한 정책을 펼치기로 확고하게 노선을 잡았다. 바레의 태도는 이후 내전의 도화선이 되었고, 궁극적으로는 1991년 정권의 붕괴를 가져왔다.[23]

소말리아 정치는 이미 이 당시부터 국익이나 이념에 입각한 정치적 토론이 거세된 지 오래였다. 대통령이 군사적 억압을 통해 안정적 정권을 구가하고자 하는 시도에 맞서 다른 반정권 세력들도 부족 및 무력적 요소를 통해 자신들의 정치적 입장을 내세운 상황이었다. 소말리아 정치는 이미 서로를 총과 칼로 죽고 죽이는 장이 되었다.

실제로 당시 소말리아에서는 하위 부족이었던 마지틴(Majeerteen) 족에서 소말리 구원과 민주 전선(SSDF: Somali Salvation and Democratic Front)을 결성하며 반정부 군사세력들이 등장하였다. 더불어 아이작(Isaq) 족에서는 런던에 소말리국민운동(SNM: Somali National Movement)을 결성하는 등 부족 중심의 반정부세력이 등장하기도 하였다.[24] 이 밖에도 통합 소말리 회의(USC: United Somail Congress)와 같은 로마 망명 반정부세력이 등장하기도 하였다. 소말리아의 정치는 최대의 난관으로 향하여 치달아 가는 중이었다.

오가덴전쟁 이후 흔들리고 있는 정권의 정당성을 회복하기 위해 바레 정권이 취한 조치는 1979년 개헌이었다. 그는 국민투표를 통해 집회, 표현 및 언론의 자유를 보장하는 헌법을 회복했다. 이런 조치는 어디까지나 민심을 달래는 차원에서 이루어졌을 뿐, 실질적으로 바레 정권이 취해왔던 강압적 노선에는 변함이 없었다. 개헌 1년이 얼마 지나지 않아 바레 정권은 반정부세력에 대하여 영장도 없이 수백 명을 투옥하였다. 군사 및 무력이 중심이 되는 정치에 변함이 없음을 보여주었다.

또한, 1979년 개정된 헌법은 국가보안을 이유로 시민들의 기본적 권리를 침해하는 조치를 규정하였다. 가령 83조에서는 대통령에게 필요한 경우 무제한적이고 독재적인 힘을 사용할 수 있는 권한을 부여하였다. 더불어 바레 정권은 정치적 제도의 사적 유용을 통해 부패를 만연하게 만들고 있었다. 부족 및 정실주의를 통해 국가의 이익을 특정

세력에게 몰아주었다.[25] 이런 부패는 냉전 시기 소련 및 공산권의 소말리아로의 영향력을 억제하려는 미국 및 서방 열강에 의하여 더욱 굳어졌다. 미국과 서방세력은 반서방세력과 소련 억제를 명목으로 바레 정권을 지원하였다.

정권 차원에서 이루어진 편향의 정치 및 제도적 사적 유용은 소말리아 정부를 소말리아의 정부가 아닌 '모가디슈의 대표(Major of Mogadishu)'로 여겨지게 하였다. 헌법 개정 이후 1980년부터 바레 정권의 퇴진이 이루어진 1990년까지 바레 정권은 오히려 이전보다 더 억압적인 노선을 취하였다. 국유재산의 사적 유용은 물론 소말리아 시민 10만 명을 학살하기도 하였다. 바레 정권은 정권 안정을 위해 너무도 쉽게 반정부 인사와 정부에 반대하는 시민들에게 총격을 가했다. 소말리국민운동(SNM)의 반정부 운동 탄압을 비롯, 반정부 주요 인사 2,000여 명을 체포하거나 사형을 집행했다. 단순히 반정부 시위를 한다는 이유로 일반 시민 60여 명을 사살하는 등의 만행을 저질렀다.

1990년 말, 아이디드(Mohamed Farrah Aidid)가 이끄는 USC의 부대는 모가디슈를 함락시키며 바레 정권을 축출하였다. 이 과정에서 4,000명 이상이 사망하였다. 바레는 해외로 망명하였고, 소말리아는 본격적인 내전으로 치닫게 되었다.

3) 유엔의 개입과 내전 봉합 실패

■ 유엔의 개입 및 내전의 심화

바레 정권이 축출된 이후, 1991년 지부티에서 소말리아문제와 관련된 회의가 열렸다. 그러나 아이디드는 지부티 회의가 미흐디(Ali Mahdi

Muhammad)에게 정당성을 부여했다는 이유로 회의를 보이콧 하였다. 마흐디는 회의 결과에 따라 국제사회에서 소말리아의 새 대통령으로 인정받게 되었다.

1992년부터 시작된 아이디드와 마흐디의 갈등은 내전으로 변모하여 1995년까지 계속되었다. 두 세력 사이의 모가디슈 장악을 위한 갈등은 모가디슈를 두 세력으로 양분시켰고 1995년 아이디드가 사망할 때까지 1만 4,000명의 목숨을 앗아갔다.

무엇보다 상황을 복잡하게 만든 것은 외부 세력의 개입이었다. 당시 소말리아는 냉전 시기 유엔이 보여준 비중립적 태도에 의해 유엔에 대한 신뢰를 담보할 수 없는 상황이었고, 더불어 외세의 개입이 소말리아의 정치적 상황을 더욱 복잡하게 만들고 있었기에 외부 세력의 도움을 용인하는 분위기가 아니었다. 뿐만 아니었다. 아이디드와 마흐디의 갈등에 있어 유엔은 아이디드를 반군세력으로 규정하고 마흐디에게 군사 경제적 원조를 하였다. 소말리아에게 있어 유엔 안전보장이사회의 개입은 문제 해결과 타협의 도출이 아닌, 소말리아에 대한 침략에 다름 아니었다.

유엔의 소말리아 사태 개입 목적은 우선 군사적 개입을 자제하고 내전 주체들에 인도주의적 구호물자의 전달을 방해하지 말 것을 촉구하는 것으로 상황을 개선하는 것이었다. 더불어 유엔안보리는 소말리아의 상황을 국제평화를 위협하는 것으로 규정하고, 무기금수조치를 취하였다.

이후 유엔은 소말리아에 기술 점검 팀을 파견하였고, 한 달 동안 조사를 진행하였다. 모가디슈의 상황을 감독하는 기구로 소말리아 유엔작전(United Nations Operation in Somalia)을 설치하기로 하였다. 더불어 1992년 유엔은 이전 군사적 개입을 자제하던 노선에서 다국적 군대의 파견을 승인하였다. 미국은 지상군을 파견하면서, 소말리아 내전에 적극적으로 개입을 시도하였다. 더불어 통합임무부대(UNITAF: United Task Force)를 통해 소말리아의 불안정을 빠른 시간에 해소하고자 하였다.

유엔은 순차적으로 군사개입의 축소를 통한 소말리아 평화 분위기 형성을 주장하였다. 그러나 미국은 소말리아 내전 개입에 있어 향후 군비축소를 통한 소말리아 평화구축 및 국가 건설에 대한 명제에 반대면서 의견 충돌을 보였다.

유엔의 소말리아 내전 개입은 실패로 끝났다. 유엔이 설립한 UNITAF의 경우 상황을 진정시키기에는 충분하지 않았다. 지속적인 소말리아 부족 사이의 반목과 대립 가운데 파키스탄에 주둔하던 유엔군을 소말리아로 파견하였다. 유엔은 내전 상황 가운데 군사력만으로 당면한 문제를 해결하는 데 역부족임을 느꼈고, 소말리아의 정치적 안정이 확보되지 않은 상태에서 유엔이 생각하는 단계적 회복을 이루기는 어렵다는 결론을 내렸다. 실질적으로 유엔은 소말리아 내전 상태에서의 갈등과 불안정 상태를 안정시키고 항구적 평화를 수립하는 데 소극적이었다. 더불어 유엔은 아이러니하게도 유엔 인사들에 대한 안전을 보장하기 위해 지역 군대에 의존하게 되었다.[26]

다국적 군대의 소말리아 활동 역시 상당 부분 모순점이 있었다. 유엔의 통제하에 소말리아에 참전한 다국적군은 소말리아 인권 보호에 있어 도움이 되지 않는 행동들을 하였다. 가령 1993년 유엔 인권위는 다국적군이 다수의 인권 유린 및 인권법 침해 사건에 연루되었다는 사실을 보고하였다.

사실상 유엔의 개입은 근본적 문제 해결보다 어디까지나 상황에 대한 일시적인 구제책으로서 이루어졌다고 보는 것이 적절하다. 특히 미국은 소말리아 상황에 대한 개입으로 이루어진 문제에 대해서 함구 및 무대응으로 일관하였다. 미국은 소말리아에 대한 영향력 확보 차원에서만 소말리아문제에 관여하였다고 평가된다. 유엔의 개입은 소말리아문제에 있어 도리어 문제의 원인이 되기도 하였다. 결국 유엔은 1995년 소말리아문제에 대한 개입을 마무리할 것을 공언하면서, 소말리아에서 철군을 지시하게 된다.

유엔을 비롯한 외세의 개입은 소말리아에 도움보다 더 큰 문제를 초래하였다. 비록 직접적인 군사개입은 중단되었을지라도 소말리아 주변국에 의한 내정간섭은 더욱 강화되는 쪽으로 변화를 가져왔다. 에티오피아의 경우 소말리아 국정 운영에 있어 정치적, 군사적, 외교적으로 개입하였다. 특히 에티오피아정부는 유엔 무기금수조치를 위반하면서, 소말리아 내 대리전을 치를 수 있는 군벌세력에 무기와 탄약을 공급하였다.

마찬가지로 미국은 소말리아가 테러리스트 국가가 될 것을 우려하여 소말리아 군벌들로 하여금 알카에다와 관련된 혐의자들을 공격하는 데 개입하도록 유도하였다. 소말리아 군벌들은 이를 미국으로부터 원조를 받을 수 있는 기회로 간주하고, '테러와의 전쟁'에 참여하려 하였다. 소말리아는 2000년 과도정부를 세우고 하산(Abdikassim Salad Hassan) 임시 대통령을 추대하였지만 2003년 과도정부는 해산되고 과도연방정부가 수립되었다. 2004년 10월 10일 아흐메드(Abdullahi Yusuf Ahmed)가 첫 번째 과도연방정부 대통령으로 선출되었고 세르마르케(Abdirashid Ali Shermarke)가 총리로 지명된다. 행정부와 입법부가 제도화되면서 안정을 찾는 듯 하였지만 세력을 키워온 이슬람법정연합(UIC: Union of Islamic Courts)이 과도정부에 저항하면서 2006년 내전이 다시 발생한다. 과도연방정부는 에티오피아와 아프리카연합군 그리고 미군의 지원을 받아 민주공화정을 수립하려는 시도와 함께 이슬람 법정연합을 몰아내고 이슬람 세력에 장악되었던 모가디슈의 점유권을 확보하였다. UIC는 온건파 이슬람으로 연방정부와 합의로 범이슬람 정당에 흡수 되었지만, 모가디슈에서 퇴출되고 합의를 거부하는 알 샤바브와 알카에다 등의 과격파 이슬람은 정부와 충돌을 이어간다. 결국 힘에 부친 아흐메드 대통령은 사임하게 되고 과도연방정부과 소말리아 재해방연맹(ARS)의 온건파가 유엔의 중재로 협의를 시작하게 된다. 타협안으로 전 ARS 의장이었던 셰이크 샤리크 셰이크 아흐메드(Sheikh Sharif Sheikh Ahmed)가 2008년 대통령으로 선출된다. 이슬람법정연합의 온건파, ARS, 온건한 수니파 군벌들의 연립정부는 아프리카연합군의 도움으로 이슬람 극단주의자들에 대한 공격을 시작한다. 하지만 패배로 오히려 남중부 영토의 80%를 극단주의세력에게 잃게 된다.

이에 따른 책임론으로 무함마드(Mohamed Abdulai Mohamed)가 새 총리로 임명되어 정부의 투명성 확보를 위해 노력하였지만 2011년 총리직에서 사퇴하면서 내각의 국제협력부 장관으로 일했던 알리(Abduel Mohamed Ali)가 총리직에 임명된다. 이어 정부군과 케냐군 그리고 아프리카연합군이 남부 지역의 알 샤바브를 상대로 공격을 계시하여 2012년 알 샤바브의 마지막 주요 항구도시 키스마요를 회복하였다. 소말리아는 마침내 2012년 8월 20일 소말리아 연방 공화국으로 출범하여 모하무드(Hassan Sheikh Mohamud)가 대통령으로 9월 16일 공식 취임하였다. 소말리아는 여전히 위기국가로 분류되고 있으며 2014년부터 정부군은 인도양의 해적소탕작전을 지속하고 있으며 최근까지 모가디슈에서 폭탄테러가 발생하고 무장단체인 알 샤바브 세력의 폭력적 활동은 지속되고 있다.[27] 2020년 7월 소말리아 의회가 카이레

(Hassan Ali Khaire) 총리에 대한 불신임안을 표결로 통과시키고 9월 정치신인이 로블(Mohamed Hussein Roble)이 총리로 선출되었다.

■ 부족 통합 실패

소말리아는 이슬람이 여러 분파로 균열되었듯이 여러 부족으로 이루어진 국가이다. 단순히 몇 개의 부족으로 구성된 것이 아닌 10개 이상의 복잡한 부족 분포를 가진 나라이다. 이런 상황은 소말리아를 하나의 국가로 발전하는 근본적인 장벽으로서 작용하였다. 소말리아 인구는 디르, 다로드, 하위예, 이스자아트 등의 씨족이 대부분 구성되어 있으며 디길, 라하위인의 유목민과 반투족인 소수민족들로 구성 되어 있다. 물론 아랍인, 에티오피아인, 예멘인, 인도인, 이탈리아인 등 의 소수도 존재하고 있다. 이러한 씨족 중심의 부족공동체 간의 대립이라는 불씨는 남아있다고 볼 수 있다.

1991년 바레 정권 축출 이후부터 벌어진 소말리아내전은 엄청난 피해를 낳았다. 내전으로 1992년까지 2만 5,000명의 사망자와 150만 명의 난민이 발생했다. 1992년부터 1995년까지 결의안 733조 및 746조가 유엔 안보리에 통과되었고, UNITAF 및 UNSOM I을 발족했다. 이런 조치들은 초기에만 소말리아인들로부터 환영받았을 뿐이었다. 이후 아이디드는 유엔의 개입이 소말리아를 기독교 국가로 만들려는 시도라고 선전하였다. 이후 유엔은 공격 대상으로 전락하였다.

이처럼 개입을 통해 소말리아문제를 해결하기 위한 국제사회의 회의가 여러 번 있었다. 하지만 소말리아 사태를 해결하는 데 있어 이와 같은 접근은 소말리아의 근본적 뿌리 — 부족주의적 토대 — 에 대한 이해의 부재로 실패하였다.

소말리아는 다로드, 오가덴, 할티, 하위예, 무드구, 마제르티나이,

아브게이, 하블 그디르, 디르, 이삭, 라한웨인 등의 복잡한 부족으로 인구가 구성되어 있다. 그러나 이들 부족 중 이탈리아처럼 무드구나 마제르티나이와 같은 특정 부족을 통치의 중심으로 활용하였던 식민 시절의 기억은 식민지 이후 소말리아의 뿌리 깊은 내전의 원인으로 작용하고 있다.

하지만 국제사회의 개입으로 인해 소말리아 사태가 악화되었다고만 보기는 어렵다. 소말리아가 식민지를 겪은 이후 단기간의 헌정질서를 제외하고 군부세력의 등장으로 인하여 배태된 내재적 문제점을 함께 보는 것이 적절한 접근이다.

바레 정권의 군사쿠데타를 통한 소말리아 통치는 특정 부족이 지배적 위치를 점유할 수 있게 만드는 기제로 작용하였다. 이런 기제는 다른 부족들에게도 자기 부족도 바레 정권과 같은 지배세력으로 군림하여 기득권을 누릴 수 있게 할 수 있다는 생각을 만들었다.

이뿐만 아니었다. 바레 정권의 특정 부족 중심의 통치 및 이권 독점, 오가덴전쟁 이후 나타난 국론 분열에 대한 강압적 통치 등은 다른 부족으로부터 소말리아의 구심체에 대한 부정적 시각을 형성하였다. 이런 시각은 이후 정권의 정당성 문제로 자연스럽게 귀결되었고 부족 사이의 적개심을 비롯한 부족에 기반한 반란세력의 등장을 촉진했다.

바레 정권은 소말리아 여러 부족에게 국가 구심체로서 안보적 안정성과 사회적 질서를 수립하는 역할을 다하지 못하였다. 바레 정권의 '구심체로서의 부재 배태'는 다른 부족들에게 지배적 질서에 대한 반감으로 이어졌다. 그리고 정치적 불안정성을 해소할 수단으로 무장을 택할 수밖에 없었다.

기본적으로 소말리아는 유목민으로의 삶을 영위하였었다. 목초지 및 수원(水源)과 같은 실질적 가치가 중요하였다. 그러나 이러한 자원은 소말리아에서 희소한 것들이었기에 부족 사이의 경쟁을 불러일으켰다. 가령 영국령 식민 지역에서는 아킬스(Akils) 시스템이 식민 통치의 수단으로 사용되었다. 이는 기존 시얼(Xeer) 시스템이 평화 및 분쟁 해소의 적절한 수단이 되지 못하였던 이유로 만들어진 것인데, 부족 내에서 한 사람에게 규칙과 질서를 다지는 역할을 하게끔 만드는 것이었다. 이러한 아킬스 시스템은 식민국으로부터 선택 받은 부족이 우위를 점하게 되는 체계였고 종국에는 부족 간 갈등의 씨앗이 되었다. 더불어 식민 시절을 비롯하여 바레 정권 동안 유럽과 바레 정권은 국가의 구심체로서 이러한 자원을 부족들에게 이해관계에 따라 적절하게 배분하는 역할을 온전히 수행하지 못하였다.

1977년 오가덴 전투 이후 바레 정권은 전쟁 패배와 더불어 에티오피아를 지원한 소련으로부터의 지원이 중단되는 등 최악의 사태를 겪었다. 이런 상황은 다른 무장세력들이 난립하게 되는 빌미가 되었다. 이러한 내전의 전제 상황은 부족주의가 점진적으로 무장세력과 결탁하게 되며 정치적, 사회적으로 심각한 위기를 초래하였다.

1991년 이후 국제사회는 소말리아 상황을 해결하고자 하였다. 소말리아문제를 다룬 지부티 평화회의(1991), 아디스아바바 회의(1993), 카이로 평화회의(1997), 아르타 평화회의(2000), 음바가티 평화회의(2004)가 있었다. 하지만 이런 협상은 모두 실패로 돌아갔다. 부족주의 전통이 실패의 주요 원인이었다.

우선 지부티 평화회의에서는 회의 주최자, 회의 자체를 중립적인 접근으로 보지 않아 부족들의 반발에 부딪혔다. SNM의 경우 회의 자체를 갈등 해소의 구심체가 될 수 없음을 이유로 참여를 거부하였다. 아이디드는 회의 주최가 특정 부족 중심으로서 중립적 입장에서 주관할 수 없음을 이유로 불참을 선언하였다. 근본적으로는 소말리아 부족들이 회의를 통해 합의를 도출하는 데 관심을 두기보다 자기 부족이 소말리아의 구심체가 되어 영향력을 행세, 무력을 통해 기득권을 확보하고자 하는 데 더 많은 관심으로 두었다.

또한, 아디스아바바 회의에서는 회의 참여 주체 확보에 있어 15개의 군벌을 참여시켰으나 이 중 11개의 주체가 무드구족에서 나왔기에 회의 자체의 부족적 정당성을 확보할 수 없었다. 더불어 유엔이 상정한 회의 대표에 대한 아이디드의 반대는 이후 회의에서 나온 결정의 효력을 약화시키는 결과로 귀결되었다. 이후 UNITAF의 철수는 아이디드로 하여금 과도 국가 의회(TNC: Transitional National Council), 아디스아바바의 회의의 결과를 무산시키는 것으로 이어졌다.

카이로 평화회의는 리비아의 지원을 받는 마흐디 세력과 에티오피아의 지원을 받은 아이디드 세력의 양분된 주체들 간 이루어졌다. 그러나 두 세력은 정부형태 구성에 있어 의견 차이를 좁히지 못하였다. 아이디드 세력은 그들의 의견이 회의에서 반영되지 못한 이유로 회의를 중단하였다.

아르타 평화회의의 경우 미국, 리비아, 이집트, 이탈리아, 정부간개발기구(IGAD: Intergovernmental Authority on Development)로부터 지지를 받는 회의였다. 그러나 과도 국가정부(TNG: Transitional National Governement), 과도 국회(TNA: Transitional National Assemby)는 회의 주체 형성에 있어 소말리아 시민들 대다수 입장을 대변하는 구성을 만들어내지 못하였다. 무함마드(Dhere Mohamed), 아이디드(Abdullahi Yusuf Aideed), 사우디(Musa Saudi)와 같은 반군세력도 포괄하지 못하였다. 이런 분파적인 특성은 본 회의가 소말리아의 반군세력들이 무력으로 국가 권력을 가져가려는 시도 자체를 막는 데 큰 한계를 지닐 수밖에 없었다.

음바가티 평화회의는 소말리아가 알카에다의 테러 지원국으로 전락할 것을 두려워하였던 미국에 의하여 이루어졌다. 그러나 본 회의 역시 디길, 다로드, 디르, 하위예와 같은 4개 부족에게 의회의 61개의 자리를 주고 나머지 31개를 다른 부족에게 주는 방식으로 구성되어 강한 반대에 직면할 수밖에 없었다. 음바가티 평화회의는 부족 분쟁 해결에 관심이 없는 것이나 마찬가지였다.

4) 소말리아 위기의 근원: 유럽식 정치의 부작용과 부족주의

1648년 베스트팔렌조약은 근대국가의 기원적 모습의 정초를 놓았다는 데 그 의의가 있다. 그러나 베스트팔렌조약에 따른 국가 형성 전개 과정은 소말리아, 콩고, 리비아와 같은 나라들에서 상당한 부작용을 초래하였다고 볼 수 있다.

홉스적 관점에서 사회적 계약을 맺기 위하여 사회 주체 사이의 합의가 필요하고 이러한 사회계약이 있어야 국가와 사회 개념을 창출할 수 있다. 더불어 절대적 권력을 지닌 중앙집권적 정치적 권위가 있어야 비로소 사회적 안전을 비롯한 사회 보호체제를 유지할 수 있다.[28]

그러나 소말리아와 같은 국가의 경우 이런 식의 접근은 다소간 맞지 않는 틀로서 여겨질 가능성이 높다. 다부족체제의 소말리아는 사회적 합의 도출을 할 근원적 필요성이 없는 지역이었다. 그럼에도 유럽식 국가모델의 소말리아로의 억지 이식은 자연적으로 공존하고 있던 부족 간 사회적 합의라는 명제를 던져주었다.

문제는 이런 사회적 합의의 명제는 결과론적으로 그러한 합의를 이끌어 나갈 중앙집권적 주체를 상정시킨다는 점이다. 소말리아 부족 사이의 위계 서열이 만들어진다는 것은 부족 간 관계를 고려하였을 때 추론해낼 수 없는 결론이었다. 따라서 다로드족 위주의 바레 정권과 같은 구심체는 정당성을 확보할 수 있는 토대가 매우 취약할 수밖에 없었다. 더불어 바레 정권은 다로드족 중심의 정치체제를 공고히 구가하면서, 타 부족들의 적대감의 씨앗을 계속해서 양산했다.

이와 같은 유럽식 국가 모델의 이식은 그 발단부터 큰 한계를 지닐 수밖에 없다. 다른 학자들은 소말리아가 비국가(non-state)적 주체로서 존재할 수 있다는 것을 보여주는 예시임을 주장하였다. 혹자는 수정된 사회계약, 헌법을 소말리아에 제안할 것을 주장하기도 하였다.[29]

소말리아는 악화일로이다. 바레 정권 시절 미국 건국의 아버지들과 같은 소위 '겸양'의 태도를 보이지 않은 정권의 태도와 1991년 내전 발생 이후에도 마흐디나 아이디드와 같은 무장세력들의 끊임없는 야욕이 만든 결과물이다. 비록 유럽식 국가모델 및 식민지 근원론이 상당한 영향을 미쳤다는 것은 사실이나, 내재적 근원론의 관점에서 부족주의에 경도되어 자기 부족 위주의 소말리아를 만들겠다는 태도가 사태 해결의 커다란 장애물이라는 점도 분명한 사실이었다. 민주주의의 주요한 가치 중 하나인 관용이 사라진 것이다. 절대적 권력만을 추구하는 부족주의는 특정 집단이 마땅히 누려야 할 정치사회적 가치의 적절한 배분을 불가능하게 만들었다. 권력에서 배제된 대다수의 국민은 속박, 무질서, 불의 등 부정적 가치의 축적 상황에 직면했고, 소말리아 정치체제는 정당성을 잃게 되었다. 결국 소말리아의 위기는 예견된 것이었다.

3. 리비아

1) 현황

리비아는 알제리, 모로코, 튀니지와 함께 북아프리카를 대표하는 국가 중 하나로 지중해를 접하고 있는 아프리카 국가이다. 동쪽으로는 이집트, 서쪽으로는 알제리와 튀니지, 남쪽으로는 니제르와 차드에 국경을 접하고 있다. 리비아의 2022년 FSI는 94.3으로 21위였다. FSI 1년간 변동률은 -2.70%, FSI 5년간 변동률은 -2.00%, FSI 10년간 변동률은 9.40%이었다.[30]

2011년 독재자 카다피(Muammar Gaddafi, 1942~2011년)가 축출된 이후 리비아는 다른 중동·아프리카 위기 국가들이 겪고 있는 것처럼 정치적 구심체의 부재로 내부적 혼란을 겪어 왔다. 그 양상이 시리아나 소말리아보다 다소간 약하다고 볼 수 있지만 현재까지도 여러 세력들이 공존하고 상호 비난과 무력 충돌로 이어지고 있다.

리비아는 취약국가 순위에서는 21위로 전 세계적으로 상당히 높은 수준의 불안정성을 보이는 나라이다. ISIS의 개입, 프랑스, 미국, 러

국기와 지도 리비아

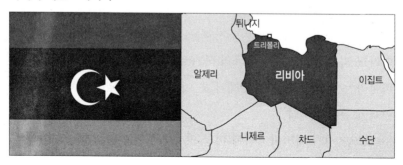

시아 등의 다국적 차원에서의 개입 및 이로 인한 내전이 이어지며 하나의 안정된 국가체제를 구축하는 것이 희박해 보이는 상황이다. 물론 경제적으로는 석유로 인해 다른 중동·아프리카 국가들보다 나은 상황이긴 하나, 긴 내전으로 이 역시 그 잠재력을 많이 상실하였다.

리비아의 상황을 놓고 볼 때, 단순히 언론에서 보도하는 것처럼 카다피의 장기 집권과 정실 인사로 인해 현재의 사태가 벌어졌다고 단정하는 것은 지양해야 한다. 리비아는 독재정권의 나라이다. 독재정권은 많은 사례에서 확인되듯이 국가의 불안정성과 연결된다. 그러나 독재정권의 성립 이전의 불안정성과 독재정권 성립의 이유, 그리고 독재정권 이후에 잠재된 내부문제 등을 심층적으로 분석하는 것이 리비아를 이해하는 데 필요하다.

리비아는 오스만 제국 시기 있었던 무국적 상태, 이탈리아 식민지 시기, 이드리스(Sayyid Idris, 1890~1983년) 국왕의 전제군주정, 그리고 카다피 정권 등을 복합적으로 볼 때 현재의 사태에 대한 다층적 이해를 할 수 있다.

2) 오스만 제국, 이탈리아 통치 시기

■ 오스만 제국 통치 시기

16세기 오스만 제국이 리비아지역을 통치하기 시작하기 전까지만 하더라도 리비아지역에는 하나의 국가로서의 정체성이 희미하였다. 리비아라는 국가 명칭조차 20세기 초 이탈리아가 리비아지역을 점령하면서 생긴 이름이다.

오스만 시기 리비아지역에 미친 영향은 당시부터 리비아지역이 이

분화되어 다스려졌다는 것이다. 먼저 서부지역은 현 리비아의 수도인 트리폴리를 중심으로 통치가 이루어졌고, 동부지역은 벵가지를 중심으로 이루어졌다.

오스만 제국은 북아프리카지역의 튀니지, 알제리, 트리폴리(현 리비아 지역), 이집트 속주지역을 카라만리(Qaramanli) 왕조를 통해 대리 통치를 하였다. 그러나 이 지역은 영국, 프랑스 등으로부터 위협을 받고 있었다. 가령 1798년에는 나폴레옹의 이집트 속주 침공이 있었다. 1830년에는 프랑스가 알제리를, 더불어 프랑스와 영국은 각각 군대와 영사를 트리폴리에 보내며 계속해서 북아프리카에 대한 야심을 드러내었다.

이런 상황에서 1834년 오스만 제국의 정권(Sublime Porte)은 트

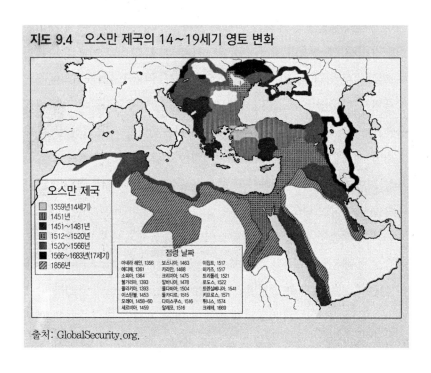

지도 9.4 오스만 제국의 14~19세기 영토 변화

오스만 제국
- 1359년14세기)
- 1451년
- 1451~1481년
- 1512~1520년
- 1520~1566년
- 1566~1683년(17세기)
- 1856년

점령 날짜

마르마 해안, 1356	보스니아, 1463
에디메, 1361	카리만, 1468
소피아, 1364	크리미아, 1475
불가리아, 1393	알바니아, 1478
왈라키아, 1393	몰다비아, 1504
이스탄불, 1453	돌카디르, 1515
모레아, 1458~60	다마스쿠스, 1516
세르비아, 1459	알레포, 1516
이집트, 1517	
마카즈, 1517	
트리폴리, 1521	
로도스, 1522	
트란실바니아, 1541	
키프로스, 1571	
튀니스, 1574	
크레테, 1669	

출처: GlobalSecurity.org.

리폴리로 사절을 보내 북아프리카 상황을 안정시키고자 하였다. 특히 1835년 3월 28일 무스타파(Mustafa Najib Pasha)는 트리폴리에 새 통치자로 들어오며 카라만리 왕조의 대리 통치는 막을 내린다.[31]

오스만 제국은 트리폴리 지역을 중심으로 북아프리카 지역에 대한 통치를 행사하였다. 특히 트리폴리지역에 거주하는 오스만 제국의 후손들은 비정규군을 제공하는 대가로 면세 혜택을 받았다. 반면 현재 벵가지인 키레나이카는 5만 명의 인구를 넘어본 적이 없는 도시로서, 문타실(Muntasir) 족의 일부인 카와피를 포함하는 반란세력과 아드감(Adghams) 족의 분파인 키크히야(Kikhiyah) 족을 포함하는 반란세력 후쿠마(Hukumah)가 존재하였다. 이들은 오스만 제국의 직접 통치가 시작되며 손쉽게 제압당하였다.

이후 오스만 제국은 유목 생활이 아닌 농사를 장려하면서, 리비아 지역에서의 생활양식 개혁과 더불어 교육, 사회, 경제부문에서 개혁을 시행하면서, 오스만의 영향력을 확장시켜 갔다. 그러나 이후 유럽세력이 계속해서 튀니지, 이집트지역으로 진출하며 북아프리카지역에서의 정세가 급변하였다. 오스만 제국은 이에 대한 억제책으로서 유럽세력을 해안 지역에서만 머무를 수 있도록 하는 지역정책을 펼쳤다. 특히 오스만 제국은 프랑스, 영국보다 이탈리아가 북아프리카 침공에 있어 가장 위협이 된다고 판단하여 프랑스, 영국과의 연대를 통해 이탈리아 세력을 방어하려 하였다.

그러나 오스만 제국의 일련의 노력에도 불구하고 내부 및 외부적 요인으로 인해 제국의 위기를 맞게 된다. 20세기 초반 오스만 제국 내에서 술탄의 통치에 대한 반감을 가진 젊은 투르크(Young Turk)가 나타났고, 이들은 술탄의 북아프리카 지역에 대한 통치 및 제국주의에 대한 반감을 드러냈다. 결국 이들은 오스만 제국의 통치 방식 및 반체제 인사들의 망명에 대한 반감으로 혁명을 일으켰다. 이 혁명은 오스만 제국 정권 자체의 위기를 가져왔고 헌법 개정으로 이어졌다.

1908년 11월과 12월 오스만 제국의 보통선거가 시행되었고 젊은 투르크의 기반인 연대와 진보 위원회(CUP: Committee of Union and Progress)가 의회의 60석을 차지하면서 승리를 거뒀고 이후 자유당(Liberty Party)과 CUP가 오스만 제국의 주요 정치세력으로 떠올랐다. 젊은 투르크는 유럽세력으로부터의 원조를 받기 원했다. 특히 튀니지를 점령하고 있던 프랑스와의 충돌을 피하려 하였다.

한편 이탈리아는 트리폴리에 로마은행(banco di roma) 지부를 두며 북아프리카 지역에 대한 영향력을 확장시켜 나가려 하였다. 특히 이탈리아는 오스만 제국의 허가 없이 1907년 벵가지에도 지부를 설립하였다. 이에 오스만 제국 CUP 정권은 다나에서 이탈리아인들을 살해하도록 지시하면서, 국제적 압박을 받기 시작하였다.

이처럼 CUP와 이탈리아 사이에서의 갈등은 점점 심화되어 갔으며 특히 이탈리아 편으로 돌아선 문타실족은 젊은 투르크로부터 반역자로 낙인찍히며 내부 갈등이 더욱 심각해졌다. 특히 벵가지에서는 아랍-오스만 클럽(Arab-Ottoman Club)이 만들어지며 CUP에 대한 저항을 노골적으로 드러내었다. 이들은 특히 이탈리아와의 연대를 지향하였으며 이에 이탈리아는 벵가지 지역을 포함한 북아프리카 지역이 오스만 제국의 통치에 대하여 반감을 갖고 있음을 파악하였다. 실질적으로, 튀니지에서는 프랑스의 오랜 통치로 포장도로와 같은 기반 시설이 정상적으로 만들어졌지만, 벵가지 지역에서는 오스만 제국이 포장도로와 같은 기초 기반 시설을 설치하지 않는 등 현지인들의 편의를 제공하지 않아 오스만 제국에 대한 반감은 높았다. 이후 이탈리아는 오스만 제국을 침공했고, 결국 이탈리아-튀르크전쟁(Italo-Turkish

War)에서 승리하면서, 1911년 오스만 제국령 리비아를 손에 넣는다.

■ 이탈리아 통치 시기

이탈리아가 리비아지역을 식민지로 선택한 데에는 북아프리카지역을 점령함으로써 지중해 지역에서의 패권을 장악하고자 하는 의도가 숨어 있었다. 더불어 1923년 파시즘정부가 이탈리아에 들어서며, 무솔리니 정권은 리비아를 통해 국제적인 위상 제고, 경제성장 촉진, 인구 증가에 따른 영토 확장, 그리고 로마 제국의 영광 회복을 기획하였다.[32]

그러나 트리폴리와 키레나이카-벵가지지역을 강제로 통합시킨 까닭에 이탈리아는 리비아지역 통치에 있어 어려움을 겪었다. 두 지역은 정치사회적 분위기에 있어 상당한 차이가 있었다.

트리폴리 지역에서는 오랜 오스만 제국의 통치로 이에 기반한 정치사회적 분위기가 형성되어 있었다. 트리폴리 거주민들은 여전히 오스만 제국의 술탄을 '영적이고 정치적인 지도자'로서 인식하였다.[33] 반면 키레나이카에는 이탈리아 통치에 대하여 강력하게 저항하는 세력들이 있었다. 시누시(Senussi) 교단은 19세기 말 형성된 종교 집단으로서 키레나이카지역에서 정치·종교적 영향력을 행사하였다. 오스만 제국 시기에도 저항하였었다. 조세 저항을 하는 등 키레나이카지역에서의 저항세력이 있었다. 더불어 이집트는 문화 및 종교적 유사성으로 인해 계속해서 키레나이카지역에서의 저항을 지원했다.

이탈리아는 저항이 심한 키레나이카지역에 대한 통치는 무력이 유일한 수단이라는 판단하였다. 무솔리니 집권 이후 초기 외교적인 방식과 협상을 통해 이 지역을 유화적으로 통치하려 하였다. 그러나 효과는 없었다. 더 큰 저항을 초래하였다.

키레나이카 지역에서 있었던 가장 큰 저항은 알무크탈(Omar Al-

Mukhtar)에 의한 것이었다. 알무크탈은 1931년 9월 11일 벵가지 동부지역을 점령함으로써 국제적인 위상을 얻게 된다. 이후 알무크탈은 사형에 처해졌다. 하지만 이탈리아의 리비아지역 통치는 크게 흔들리게 되었다. 결국 제2차 세계대전 이후 이탈리아가 패망하고 영국이 리비아지역을 관리하다 1949년 유엔 총회에서 1952년 10월 24일 리비아를 독립시키기로 결정하면서, 새로운 국면을 맞게 된다.

3) 전후 독립 논의와 카다피 독재정권

■ 전후 독립 논의와 이드리스 군주정 성립

제2차 세계대전 이후 리비아의 독립 및 신탁통치에 대한 논의는 미국, 영국, 소련 등의 승전국을 중심으로 이루어졌다. 1943년 이후로 리비아지역을 점령하고 있던 영국은 키레나이카 지역의 지리 및 경제적 요충지로서의 중요성을 파악하고 있었고 리비아에 대한 소유권을 주장하려 하였다.

그러나 트리폴리의 경우 이탈리아 거주민들이 3만 8,000 이상이 있었고 전략적 요충지로서의 가치가 부족하여 영국이 소유권을 거세게 밀어 붙이지는 않았다. 더불어 페잔은 지리적 요충지로서의 가치가 전혀 없었기에 영국의 관심 밖이었다.

미국은 리비아 지역에 대한 특정한 관심보다는 주로 상업을 비롯한 이데올로기 즉 자유민주주의적 관심만을 두고 있었고 영국과의 특수한 관계로 인해 영국의 리비아에 대한 의견을 보완하는 수준으로 협상에 임하였다. 그러나 전쟁으로 영국의 힘이 약화되었고, 리비아에 대한 분할 신탁통치를 동맹국에게 요청했다.

1945년 포츠담회담에서 미국은 리비아의 독립을 비롯한 신탁통치에 대한 논의에서 여러 가능성을 열어두게 된다. 영국, 소련, 또는 이탈리아에게 관할권을 부여하자는 등의 갖은 의견들이 나왔다. 그러나 1947년 지지부진한 논의 끝에 회담은 결렬되었다. 결국 리비아의 독립으로 결론 났다. 1949년 11월 21일 리비아의 독립을 승인할 것에 서명하였다. 리비아는 키레나이카, 트리폴리, 페잔의 통일 왕국이 설립되면서 이드리스 군주정이 시작되었다.

이후 1951년 10월 24일 제정한 헌법에 따라 리비아 왕국(United Kingdom of Libya)이 만들어지며, 1934년 이탈리아 통치 시기 강제로 부여되었던 '리비아'라는 명칭 아래 새로운 독립 국가로 출발을 하였다. 리비아는 영국과 유엔의 군사 주둔을 용인하는 대가로 경제적 원조를 받았다. 1959년 리비아 동부에서 석유 매장지가 발견될 때까지 외부의 경제적 원조에 의존하여야 했다.

이드리스는 이후 리비아 국가주의를 옹호하면서, 자기의 유일한 통치 아래 군주정을 공고하게 확립하려 노력했다. 이드리스는 1963년 리비아의 연방체계를 일원화된 중앙 집권 국가로 바꾸려고 하였다. 정당을 금지하는 등의 반민주주의적 통치를 이어갔다. 높은 수준의 부패와 서방 의존적 정책은 국민들에게 실망을 안겼다. 결국 아랍 민족주의와 아랍 사회주의 정서가 고조되면서 이드리스 정권은 약화된다. 이후 1969년 튀르키예로 신병 치료를 간 사이에 카다피의 쿠데타로 실각하게 된다.

■ 카다피 독재정

카다피는 쿠데타에 성공한 이후 사회주의 국가로의 체제 전환을 시도하였다. 그는 1977년 '위대한 사회주의 인민 리비아 아랍 공동체(GPC:

Great Socialist People's Libyan Arab Jamahiriya)'를 내세우며 유엔의 기치 아래 세워진 리비아의 정치체제를 바꾸어 가기 시작하였다.

카다피는 인권침해는 물론 베를린 서부 프리데나우에서 미국인들을 향한 폭탄테러를 자행하였다. 그리고 지중해를 지나가는 미국 항공기에 발포하는 등 반인권적인 행보를 보였다. 1988년에는 서독 프랑크푸르트 암마인공항에

▲ 카다피(1942~2011년)

서 출발하여 디트로이트 메트로 공항에 착륙 예정이었던 팬암 항공기 103편이 스코틀랜드 상공에서 폭발하는 사건이 발생하였다.

미국은 카다피 정권의 무모한 행보에 대하여 1992년까지 해외자산 동결과 석유 산업을 통한 수입 중단 조치 등을 통해 리비아를 압박하였다. 이러한 미국의 제재는 거의 10년간 리비아 사람들에게 강력한 경제적 타격을 입혔다.

카다피는 2003년 핵확산 금지조약과 1988년 폭탄테러에 대한 배상으로 미국에 25억 달러를 지불하고, 첫 번째로 원유거래를 성사하였다. 2007년 부시(George W. Bush) 대통령은 리비아에 대사를 파견하면서, 테러국으로서의 리비아의 국가 지위를 면해준다. 2008년까지 리비아는 연간 170만 배럴의 천연가스와 석유를 수주하는 국가로서 성장하였다.

카다피 정권은 단편적으로 독재정치였다는 측면에서 비난의 대상이 되기 쉽다. 그러나 리비아는 2010년 인간개발지수(Human Development Index)에서 169개국 중 53위를 차지하면서, 아프리카 국가 중

높은 수준의 인간 삶의 지표를 보여주기도 하였다. 더불어 카다피 정권은 무료 건강검진, 주택 보조금 지급과 무상 교육 등을 통해 리비아의 문맹률을 10%까지 낮추는 성과를 보이기도 하였다.

더불어 카다피는 국영석유기업(NOC: National Oil Corporation)을 통해 1959년 이후 발견되었던 리비아의 석유를 정부 차원에서 운용하였다. 중앙은행과 더불어 리비아전력회사(Libyan General Electric Company), 리비아 우체국, 통신사 등의 국영기업을 설립하여 주요 자원의 배분을 시행해 나간다. 이런 기업들은 독재정부의 부패와 비효율성에도 불구하고, 전문성에 기반한 관료집단인 테크노크라트(technocrat)에 의해 어느정도 합리적으로 운용되었다.

그럼에도 카다피 정권은 2011년 아랍의 봄 물결 속에서 퇴진하였다. 퇴진에는 정치적 불안정성과 그의 독재정에 대한 불만이 큰 원인으로 작용하였다. 국제엠네스티 보고에 따르면 리비아는 집회 및 표현의 자유에 있어 평화적 사용에 대한 제한을 두고 있으며 사형을 처벌 조항으로 두고 있어 정치적 자유가 크게 억압받고 있음을 보여주었다.

가령 1972년 리비아 정당 법률에 따르면, 71조 3항에서는 "혁명(정확히는 1969년 쿠데타)의 원칙에 대하여 반대하는 정당의 이데올로기를 비롯한 집회를 후원, 참여, 결성하는 어떠한 행위에 대하여도 사형에 처한다"라는 규정을 두고 있다. 또한, 사회 구조적 변동을 꾀하는 모든 시도에 대해서도 사형을 규정하였다.

이런 규정들은 역설적으로 리비아 내부의 정치적 불안정성을 반영하고 있다. 민간기업의 설립조차 차단하여 리비아의 경제를 곤경으로 몰고 가는 원인으로 작용하였다. 1975년 발간된 카다피의 『녹색서(Green Book)』에서 그는 자기의 정치철학을 표명하면서, 어떤 민간기업도 국가에 의해서 통제받아야 함을 주장하였다. 리비아는 실질적으로도 기업의 자유가 박탈되어 자유로운 경제 발전과 일자리 창출을 기대하기 어렵게 되었다.

1996년에는 살림(Abu Salim) 감옥에 수감된 1,270명의 죄수와 리비아 정치 활동가들을 학살하였다. 이 행위는 카다피 정권에 대한 엄청난 반감을 불러일으켰다. 2011년 이집트와 튀니지에서 발발한 아랍의 봄의 여파에 카다피도 축출 대상으로 전락하게 된다.

4) 2011년도 리비아내전의 전개

■ 카다피 이후 국론 분열

2011년 2월 17일 카다피 정권은 트리폴리, 시르테, 사바지역을 제외하고 리비아 전역의 대부분을 반군의 통치 아래 빼앗겼다. 반군은 2월 27일 벵가지에 국가과도의회(National Transitional Council)를 구성하였다. 카다피는 이에 응하기 위해 군대를 소집하였으나 국토 절반을 상실하였다. 2011년 10월 20일 카다피가 사망하면서 리비아에도 아랍의 봄에 물결에 힘입어 새로운 정치가 시작될 것이라는 희망이 일었다. 그러나 오히려 이는 리비아 내전의 도화선이 되었다.

1969년 등장 이후 40여 년을 독재정으로 정치체제를 굳혀 온 리비아에서 민주주의적 해결책이 순조롭게 등장하기를 기대한다는 것은 사실 불가능한 일이었을 것이다. 더구나 리비아 초기부터 카다피 정권은 지역별로 군사력의 배분을 시행하여 지역 안정책을 꾀하였다. 이러한 무모한 시도는 카다피 스스로가 군사력을 배분할지라도 자신에게 도전할 수 있는 세력이 등장하기 어렵다고 생각하였기 때문이다. 따라서 카다피 아래 리비아 군대는 강력한 지휘관 아래 강한 조직력을 기반으로 할 수 없었다.

리비아의 치안이 반란군에 의해 무너지자, 기존 카다피에 의하여 배분되어 있던 군사력은 지역·부족·이념·종교 등으로 갈라졌다. 이는 리비아 국내 질서를 더욱 어지럽게 만드는 도화선이 되었다. 카다피 이후 세워진 과도 의회는 그들의 정당성 확보에 있어 의견 대립을 해소하지 못하였다. 이는 국내적 혼란을 수습할 수 있는 골든타임을 놓치는 결과로 이어졌다.

리비아 대법원은 이후 사태의 심각성을 파악하고 두 명의 리비아 통수권자 후보를 내세웠다. 그러나 선거에서 패배한 이슬람 세력은 기존 사법부의 존엄을 무시하고 세력 확보를 위한 행보에 나선다. 더불어 내정이 혼란스러워 가는 와중에 이슬람 세력이 리비아 석유 산업 중 자기 지역에 할당된 부분을 재정 충당을 위해 활용하면서 석유 생산량의 급감을 가져오게 된다. 이는 이후 리비아 사태를 더욱 심각하게 만드는 원인으로 작용하였다.

정국이 혼란을 겪고 있는 와중에 리비아 내전을 본격적으로 심화시켰던 사건이 발생하였다. 2014년 2월 14일 히프터(Khalifa Hifter) 장군은 자신이 직접 리비아의 주요 정부 기구들을 통제할 것이며 리비아 의회를 해산할 것임을 선포하였다. 이후 히프터는 군사기구인 존엄한 작전(OP: Operation Dignity)를 설립하여 이슬람 세력으로부터 벵가지 지역을 탈환하려고 하였다. 반면 이슬람 세력은 여명 작전(OD: Operation Dawn)을 구성하여 히프터의 공격에 방어태세를 취하였다.

이후 리비아 하원(HoR: House of Representative)은 더 이상 벵가지에서의 점유를 주장하지 않고 대신 동부 토브룩으로 옮겨갈 것을 결의였다. HoR의 결정은 리비아 내부의 강력한 혼돈을 초래하였다. 이들은 반이슬람주의를 표방하는 히프터와의 연대를 추진하였다. 이후 하원선거에서 패배하게 된 의원들은 리비안 정치 합의체(LPA: Libyan Institutions under the Libyan Political Agreement) 아래의 리비아 임시정부(GNA: Government of National Accord), 기존 국민총회 (GNC)만이 유일한 합법 의회임을 주장하면서, 국론은 분열되었다.

분열된 국론은 각 의회와 각 정부가 리비아의 합법정부임을 주장하고 나섰다. 정통성을 둘러싼 분쟁이 치열하였고, 벵가지에서 군사적 충돌이 있었다. 이런 상황에서 오스만 제국 시기부터 지속되어 왔던 리비아 동부-서부 사이의 갈등이 본격적으로 첨예화되기 시작하였다.

본격적인 내전은 리비아 석유는 물론 경제 자체를 잠식하기 시작했고 무정부 상태의 지역이 속속 등장하였다. 오랜 시간 리비아에 상주하였던 미국을 포함한 여러 국가의 대사들이 리비아를 탈출하는 시도가 발생하기도 하였다. 서방 국가들은 개입의 필요성을 느끼게 되었고 이후 리비아 사태를 진정시키기 위한 협의에 들어간다.[34]

도표 9.1 리비안 정치 합의체의 구조도

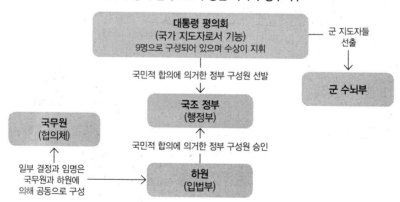

출처: https://ecfr.eu/special/mapping_libya_conflict/ 검색일: 2022년 8월 21일.

■ 스키렛 협의

리비아 사태의 진전을 위해 유엔은 안보리 결의(UNSCR) 아래 유엔 리비아 지원임무(UNSMIL: United Nations Support Mission in Libya)를 통해 리비아에서의 활동을 시작하였다. UNSMIL의 수장 미트리(Tarek Mitri)는 2012년에서 2014년까지 리비아에서 활동했으나 2014년 히프터가 등장한 이후 트리폴리-토브룩의 동-서부 갈등으로 내전이 심화되자 사임하고 이후 레옹(Bernardino Leon)이 후임을 맡는다.

레옹은 트리폴리와 토브룩을 대신할 과도정부 수립을 구성할 것을 제의하였다. 이에 따라 정치협정을 열게 된다. 알제, 베를린, 카이로, 제네바, 런던, 파리, 로마, 튀니지 등의 여러 곳에서 라운드-로빈(round-robin)식의 회의를 갖고 스키렛(Skhirat)에서 2015년 상술한 LPA의 결론을 도출하였다. 이집트, UAE, 사우디아라비아, 카타르, 튀르키예, 중국, 러시아 등도 모두 동의하였다.

LPA에 따라 수립된 GNA는 이념·지리적으로 균형을 이룬 대통령 자문기구(PC: Presidency Council)를 세운다. 그러나 HoR 의장 아귈라(Aguila Saleh Issa)는 GNA의 제안을 거부하였다. 실제 2016년 PC가 제안한 내각 구성안에 대한 투표 당시 하원은 투표가 이루어지는 건물의 전기와 입구를 차단하면서 방해하였다.

■ 지속되는 내전(2014~2020년)

PC의 수장이자 리비아 수상 자리의 사라지(Fayez al Sarraj)는 트리폴리에 GNA의 정착을 결정하였으며 이후 HoR이 있는 토브룩과 히프터의 벵가지의 리비아 동부와 GNA와 PC의 리비아 동부지역, 트리폴리 사이의 세력 다툼이 본격화된다. 이들의 갈등에는 외국의 개입이 있었다. GNA는 리비아 내의 혼란을 수습하기 위해 미국으로부터 원조를 받았다. 반면 히프터의 리비아 국민군(LNA: Libyan National Army)은 UAE와 이집트, 프랑스의 지원을 받았다. 특히 UAE와 이집트의 지속적인 히프터에 대한 지원은 2016년 9월 그로 하여금 본격적인 군사 행동을 하도록 만들었다.

유엔 사무총장 특별대표(UN SRSG) 코블러(Martin Kobler)는 리비아가 당면한 현실 속에서 GNA의 권위를 부정하는 아귈라와 히프터와의 대화를 통해 상황을 개선하려 하였다. 그러나 입장 차이가 컸다. 코블러가 할 수 있는 역할은 한계에 부딪히게 되었다.

이후 2017년 여름 새로운 특별대표 살라메(Ghassan Salamé)가 코블러의 뒤를 이었다. 그는 PC의 구성원을 9명에서 3명으로 줄여 보다 실질적인 변화를 도모하려 하였다. 리비아의 민주화를 위해 민주국민의회(democratic national assembly)를 제안하였다. 그리고 리비아의 과도기를 극복하기 위한 항구적 헌법을 만들 것을 주장하였다. 더불어 의회와 대통령에 대한 선거를 제안하였다.

살라메의 제안들은 처음에는 리비아 사회 내에서 신뢰의 부족으로 수용되기 어려운 분위기였다. 그러나 프랑스 대통령 마크롱(Emmanuel Macron)이 파리에서 사라지, 히프터, 아귈라 등이 참여한 가운데 회의를 개최할 것을 제안하면서 진전을 보였다. 우선 마크롱은 살라메의 제안에 적극적인 지지를 보이며 리비아 사태의 진전을 가져오는 듯하였다. 그러나 회의에 참여한 리비아 지도자들은 하나같이 자기의 야망을 포기하기 어려워 보였고 살라메의 제안은 어떤 결의도 이루지 못하였다.

도리어 파리 회의에서 입장 차를 확인하게 된 까닭에 리비아 내에서 군사행동은 이전보다 더욱 본격화되는 상황이 벌어졌다. 가령 국가 석유 방어군(National Petroleum Guard force)의 수장 자드란(Ibrahim Jadhran)은 리비아의 석유 매장지를 되찾아 올 것을 주장하였다. 이에 따라 히프터는 매장지를 탈환해 왔으며 아귈라는 NOC의 대표를 자처하면서, 리비아 동부 세력의 석유 점령을 기정사실로 하였다.

2018년 8월에는 트리폴리 교외에서 중화기를 이용하여 수십 명의 민간인이 목숨을 잃는 사건이 발생하였다. 이에 따라 사라지의 입지는 흔들리게 되었다. 대응책으로 이들도 군사를 고용하여 트리폴리의 방어태세에 집중하였다. 히프터는 이후 트리폴리 함락을 통해 국제사회로부터 인정받으려 하였다. 2019년 수도를 점령하기에 이른다.

히프터의 트리폴리 공격으로 300명이 사망하고 1,600명이 부상을 입었으며 4만 명의 난민이 발생하였다. 히프터의 공격에 대한 반발로 리비아 검사는 히프터에 대한 체포 명령을 내렸고, 미티가공항에 대한 폭탄테러를 통해 민간인을 사살한 혐의로 히프터의 부하들도 체포할 것을 명하였다. 이에 따라 트리폴리 내에서의 내전은 계속해서 첨예해졌다.

이후 히프터는 리비아 내에서의 독재정을 수립하기 위하여 석유 회사의 수입원을 모두 자신에게 집중시키려고 하였다. 독재정권을 보호하기 위하여 정권에 위협이 되는 요소들을 모두 무력으로 제압하였다. 히프터의 정책은 리비아 상황을 안정시키지 못하였다. 오히려 테러리스트들이 더욱 증가하게 만드는 기폭제로 작용하였으며 이는 시리아의 아사드 정권이 보여준 행태와 비슷한 결과를 초래하였다.[35]

5) 리비아 정치사회 위기의 근원: 인위적 국가 수립과 민주주의 경험의 부재

리비아는 오스만 제국 시기까지도 하나의 일원화된 국가체계를 갖춘 지역이 아니었다. 여러 부족과 대리통치 왕국만이 존재하는 곳이었다. 그러나 이탈리아 식민지 시기 식민통치의 효율성을 위하여 리비아 지역의 바람과는 상관없이 인위적인 국가체계가 들어섰다. 또한, 본디 오스만 제국 시기부터 있었던 동부와 서부의 갈등을 봉합하지도 못한 채 인위적인 통합이 이루어지며 내부적 질서가 혼란스러운 상태가 고착되었다.

이탈리아가 전쟁에서 패망한 이후 이드리스-카다피로 이어지는 정권이 만들어졌으나 두 정권 모두 민주주의적 이상과는 전혀 상관없는 방향으로 국가 정치체제를 만들어갔다. 이 가운데서 리비아에는 정상적인 민주주의 국가로서의 모습을 갖춘 정치체제가 등장하기가 상당히 요원하였다. 시민들은 카다피가 이끈 40년간의 독재체제에 익숙한 상황이었다.

물론 카다피가 어느 정도 국가 운영과 경제 부분에 있어 성과를 거둔 측면이 있다. 그러나 그의 『녹색서』가 보여주듯, 카다피 본인이 이미 국가체제 내에서 다원적 집단의 등장을 사전부터 차단하고자 하였기에 리비아 내에서 동서부의 갈등은 물론 시민들의 목소리가 국가체제로 용해되기에는 역부족이었다.

더불어 카다피가 2011년 아랍의 봄의 흐름 속에서 급작스럽게 사망한 탓에 리비아에서는 카다피 외에 국가 정치체제를 안정적으로 이끌어갈 시스템이 부재할 수밖에 없었다. 이는 민주적 정치체제를 수립하고자 하는 열망보다 특정 정치 지도자들에 의해서 이끌어지는 정치적 패권 다툼이 기승을 부리게 되는 원인으로 작용하였다.

무엇보다 이 가운데에서 시민들은 반세기 이상 민주주의를 제대로 경험해보지 못한 상태였다. 권력이 일원화된 체계를 당연하게 받아들였다. 이런 정치문화가 뿌리를 내린 것도 리비아 사태의 지속적인 악화를 가져오는 기제가 되었다.

비록 아랍의 봄의 물결로 잠시나마 민주주의의 숨통이 트이는 듯하였지만, 이미 카다피 시절부터 산재해 있는 군사력은 민주주의를 위협하였다. 또한, 민주적으로 성립된 정부 기구의 위태로움을 삽시간에 가져다주었다. 리비아는 일종의 지방형(parochial) 정치문화를 띠고 있어 시민 대부분이 토착화된 군사 정치로 인해 정부의 변화에 대하여 무관심하고 스스로 정치적 주체로 인식하지 못하였다.[36]

사회 계층들 사이의 긴장과 분열도 증대되었다. 이런 상황에서 부족세력들이 엘리트 계층의 안전과 이익을 보호하고 사회적 안정을 기하기 위해 강압적으로 정권을 장악하는 경향이 나타났다고 볼 수 있다. 더불어 리비아 사태를 해결하고자 등장하였던 유엔도 역할이 부족했다. 유엔의 조치와 외세의 개입은 결국 겉핥기식의 대안으로만 그 역할을 하였을 뿐, 실질적인 도움이 되지 못하였다. 특히나 리비아 사태의 진전을 진정으로 목표로 하기보다 자국의 이익에 부합하는 정책만을 고수한 미국, 러시아 등의 주변국은 갈등 완화에 도움이 되지 못하였음은 당연하다.

무엇보다 정치사회적으로 안정된 환경을 조성하기 위해서는 다름을 인정하는 시민사회의 활성화와 힘에 의한 통치가 아닌 법에 의한 통치에 따른 권력의 절제가 우선되어야 했다. 하지만 리비아 내전 상황에서 정치 지도자들이 보여준 겸양 없는 태도 역시 리비아 사태를 극단으로 치닫게 하는 원인으로 작용하였다. 이미 LPA와 파리 회의 등에서 내전을 완화할 기회를 맞았으나 이들은 모두 자기의 야심을 채우기에만 급급하였을 뿐이다. 정치사회적 가치의 부적절한 배분은 특정 계층의 기득권만 강화시킨다. 사회 전체적으로는 속박, 불평등, 무질서, 교육부족, 질병, 환경오염 등 부정적 가치가 축적되며, 정치체제의 정당성 위기로 이어지는 것이다. 결국 국가의 위기는 예견된 순서이다.

▌주

1) Fragile States Index, https://fragilestatesindex.org/country-data/
2) Xavier de Planhol, "Les nations du prophète, Manuel géographique de politique musulmane" *Méditerranée, tome* 79–1,2 (1994), pp. 85–86.
3) 아랍 국가주의의 허구성에 대해서는 여러 학자의 비판이 있다. 대표적으로 로렌트와 애니 차비(Laurent and Annie Chabry)는 현대 시리아 사회에 있어 아랍 국가주의적 접근은 소수 인종의 정체성을 거세시키기 위한 시도임을 지적한다. Chabry, L. & Chabry, A. *Politique et minorités au Proche-Orient: les raisons d'une explosion(Politics and minorities in the Middle East: the reasons for an explosion)* (Paris: Maisonneuve et Larose, 1984), p. 358.
4) Fabrice Balanche, *Sectarianism In Syria's Civil War* (Washington: The Washington Institute for Near East Policy, 2018), p. 116.
5) Michel Seurat, *L'Etat de Barbarie* (Paris: Le Seuil, 2012), p. 136.
6) 세속주의는 아니더라도 다소간 비종교적(non-religious) 국가의 요소를 나타내나, 실질적으로는 종교 법에 의하여 국가 건설을 획책하는 이슬람적 운동을 나타낸다. "The Civil State vs. the Secular State in Arab Discourse: Egypt as a Case Study," https://strategicassessment.inss.org.il/en/articles/the-civil-state-vs-the-secular-state-in-arab-discourse-egypt-as-a-case-study/ (검색일: 2022년 6월 23일).
7) 드루즈파 내부에서 수니파의 반정부적 시위에 대하여 회의를 가진 것도 있다. 그러나, 수니파 자체적으로도 드루즈파가 수니 계열로 전환하지 않을 시 반정부적 움직임에 가담시키지 않은 탓도 크다. 내전 초기 2011년 자인딘(Khaldun Zeined-dine)에 의해서 드루즈파의 반정부 군대 알아트라쉬(al-Atrash)가 형성되기도 하였으나 수니파 계열은 이를 인정하지 않았다. Al-Tamimi, Aymenn Jawad. "The Factions of North Latakia," *Syria Comment*, December 10, 2015, http://www.joshualandis.com/blog/the-factions-of-north-latakia

(검색일: 2022년 7월 21일).

8) "Houla: How a massacre unfolded," *BBC*, 8 June 2012.

9) "In Syria, Kidnappings on the Rise as Lawlessness Spreads," by Babak Dehghanpisheh and Suzan Haidamous, *Washington Post*, 21 April 2013.

10) "Double bombing kills at least 41 children at school in Syria,"*Austrailian Broadcasing Corporation*, 1 October 2014.

11) "In Syria, Dozens Killed as Bombers Strike in Homs and Damascus, Regime Says," *CNN*, 22 February 2016

12) "시리아 정부군, 최대 격전지 알레포 4년 만에 탈환," 『조선일보』, 2016년 12월 24일.

13) Aron Lund, "Syria's Salafi Insurgents: The Rise of the Syrian Islamic Front," *Occasional UI Papers* (March 2013), p. 11.

14) Jennifer Cafarella and Genevieve Casagrande, "Syrian Armed Opposition Powerbrokers," Middle East Security Report 29. *Institute for the Study of War* (March 2016,), p. 9.

15) 알누스라 전선의 경우 2016년 봄 다마스쿠스 외곽에서 벌어진 알이슬람(al-Islam)과 알라흐만(al-Rahman) 사이의 유혈 사태에 영향을 미쳤다. 이후 6개월간 아사드 정권의 군대가 고타의 동쪽을 수복하는 원인이 되었다. 이후에 벌어진 알파타흐의 구성원이었던 알아크사(al-Aqsa)와 알샴(al-Sham) 사이의 분쟁은 하마 지역에서 일어난 반란군의 실패의 원인이 되었다. Saleem al-Omar, "Islamist Groups Ahrar al-Sham and Jund al-Aqsa Go to War," *Atlantic Council* (October, 2016).

16) "Syria: How a new rebel unity is making headway against the regime," BBC. May 1 2015

17) Myriam Ababsa, *Territoires et Pratiques Sociales d'une Ville Syrienne* (Institut Français du Proche-Orient. Beirut, 2010), pp. 5-15.

18) Stefan Heibner, "Caliphate in Decline: An Estimate of Islamic State's Financial Fortunes," *International Centre for the Study of Radicalisation and Political Violence* (2017), pp. 9-13.

19) Fragile State Index, https://fragilestatesindex.org/country-data/

20) Adam Hoshchild, *King Leopard's Ghost: A Story of Greed, Terror and Heroism in Colonial Africa* (New York: Harcourt Publishing Company, 1988).

21) Louis Fitzgibbon, *The Betrayal of the Somalis* (London: R.Collings, 1982), p. 28.

22) David D. Laitin, "The Political Economy of Military Rule in Somalia," *Journal of Modern African Studies* 14-3 (October 1976), pp. 449-468.

23) Lee V. Cassanelli, T*he Shaping of Somali Society: Reconstructing the History of Pastoral People, 1500~1900* (Philadelphia: University of Philadelphia Press, 1982) p. 138.

24) John Drysdale, *Whatever Happened to Somalia* (London: Haan, 2001).

제3부 국가위기의 사례

25) William Reno, *Shadow States and the Political Economy of Civil War* (GREED & GRIEVANCE Colorado: Lynne Rienner Publishers, 2000), pp. 29–30.

26) Ahmed Ali M. Khayre. "Somalia: An Overview of the Historical and Current Situation," *SSRN Electorinc Journal* (November 2017), p. 29.

27) "소말리아 파견 우간다軍 54명, 이슬람 무장단체 공격에 사망," 『세계일보』, 2023년 6월 5일.

28) 김성수, 『자본주의와 민주주의, 상생의 정치경제학을 위하여』 (서울: 박영사, 2020), pp. 317–324.

29) Israel Nyaburi Nyadera et al. "Transformation of the Somali Civil-War and Reflections for a Social Contract Peacebuilding Process," *Gaziantep University Journal of Social Sciences* Vol.18 (October 2019).

30) Fragile States Index, https://fragilestatesindex.org/country-data.

31) Lisa Anderson, "Ninteenth-Century Reform in Ottoman Libya," *International Journal of Middle East Studies* 16–3 (August 1984), p. 327

32) Dusti R. Jayne, "Settling Lybia: Itailan Colonization, International Competition, and British Policy in North Africa," *The College of Arts and Sciences of Ohio University* (2010), p.16.

33) Dirk Vandewalle, *A History of Modern Libya* (New York: Cambridge University Press, 2006), p. 26.

34) Jonathan M. Winer, "ORIGINS OF THE LIBYAN CONFLICT AND OPTIONS FOR ITS RESOLUTION," *Middle East Institute Policy Paper 2019–12* (May 2019), pp.3–15.

35) Winer (2019), p. 21.

36) 김성수 (2022), pp. 126–127.

경제환경 위기

경제환경의 위기는 자원이 풍부한 국가도 예외가 아니다. 자원을 어떻게 관리하고, 배분하는가에 따라서 경제발전과 정치발전의 성공과 실패가 달려있다.

1. 베네수엘라

1) 현황

베네수엘라는 카리브해의 아름다운 해변을 가진 남아메리카 북부에 있는 국가로 콜롬비아, 브라질, 가이아나와 국경을 접하고 있다. 1498년 콜럼버스의 탐험대에 의해 세상에 알려졌다. 무엇보다 에너지자원의 보고이다. 300년간 스페인의 식민지로 있다가 독립하였기에 공용

국기와 지도 베네수엘라

어로 스페인어를 사용한다. 베네수엘라의 2022년 FSI는 91.6으로 26위였다. FSI 1년간 변동률은 −1.00%, FSI 5년간 변동률은 8.70%, FSI 10년간 변동률은 14.30%이었다.[1]

베네수엘라는 2017년 기준 원유 매장량 3,008억 배럴로 전 세계 1위의 산유국이다. 사우디아라비아(2,664억), 캐나다(1,697억), 이란(1,584억), 이라크(1,425억), 쿠웨이트(1,015억), UAE(978억), 러시아(800억) 등의 국가가 그 뒤를 잇고 있다. 주요 산유국들의 2021년 기준 GDP는 세계은행 발표 기준 사우디아라비아가 8,335억 달러로 18위, 캐나다가 1조 9,907억 달러로 9위, 이란이 2,315억 달러로 49위, 이라크는 2,078억 달러로 52위, 쿠웨이트는 1,059억 달러로 64위, UAE가 3,588억 달러로 40위이다. 반면 베네수엘라는 425억 달러로 세계은행 기준으로는 92위이다.

세계 최대 산유국임을 감안할 때, 베네수엘라의 GDP와 그 순위는 다른 산유국에 비하여 현저하게 낮은 수치이다. 베네수엘라의 GDP는 2012년 3,520억에서 정점을 찍기까지 상승곡선을 그리다 급격하게 하강곡선을 그렸다. 베네수엘라의 정치·경제적인 문제가 무엇이었는지 또 어떤 위기가 있었으며 대응 방식이 무엇이었는지 의문을 품지

표 10.1　2021년 주요 산유국 GDP(세계은행 기준)

	GDP (단위: 억 달러)	순위
사우디아라비아	8,335	18
캐나다	19,907	9
이란	2,315	49
이라크	2,078	52
쿠웨이트	1,059	64
UAE	3,588	40
베네수엘라	425	92

않을 수 없다.

　베네수엘라의 현재 위기를 보다 심층적으로 파악하기 위해서는 20세기 베네수엘라의 현대 정치 경제사를 살펴보는 것이 중요하다. 베네수엘라 현대 정치를 보는 견해는 학자마다 의견 차이가 있다. 그러나, 볼리바르(Simón Bolívar) 봉기로 스페인으로부터 독립을 쟁취한 후, 19세기 말 블랑코(Antonio Guzmán Blanco), 카스트로(Cipriano Castro), 고메스(Juan Vicente Gómez)로 이어지는 군부독재 개발기간이 본격적인 시작이었다고 볼 수 있다.

　베네수엘라는 기실 1945년 이전까지는 의미 없는 헌법의 연장과 독재정치의 연속으로 얼룩져 있었다. 또한, 1935년 이전까지는 정당정치는 사실상 존재하지 않았다. 뿐만 아니었다. 20세기 동안 지속된 군사쿠데타로 인해 베네수엘라 정치에서는 민주주의적 헌법의 뿌리가 자리 잡을 겨를이 없었다.

　이 장에서는 베네수엘라의 현 상황을 진단하기 위하여 20세기 이후 주로 일어난 독재정들의 등장과 1958년 이후로 등장한 푼토피호의 영

도표 10.1 베네수엘라 GDP(1986~2022년)

출처: Statista.

향, 그리고 이후 차베스 등장과 이로 인한 베네수엘라 경제위기의 상
황을 다룰 것이다.

2) 20세기 이전: 독재의 연속

19세기부터 20세기 초까지 베네수엘라의 대표적인 독재자들은 카스
트로를 제외하고 재임기간이 분절적으로 존재하나 이들은 공백기에도
국가 권력의 실권을 단단히 쥐고 있었다.

■ 블랑코(1870~1877년, 1879~1884년, 1886~1887년)

블랑코(Antonio Blanco)는 황색 자유당(Yellow Liberal Party)의 수
장으로서 베네수엘라 연방전쟁(Federal War, 독립 후 베네수엘라 보수
대 자유주의적 군대 사이의 전쟁)에서 함께 한 군인들(크레스포[Joaquín

Crespo], 알칸타라[Francisco Linares Alcántara] 등)과 더불어 당시 대통령 모나가스(José Ruperto Monagas) 정권에 대항하는 쿠데타를 일으킨다. 블랑코의 쿠데타는 '4월 혁명'으로 수도 카라카스를 점령, 정권 획득에 성공하였다.

당시 연방전쟁(1859~1863년) 후 베네수엘라의 상황은 극심한 혼란 속에 있었다. 독립 과정에서 활약한 소수의 군사 지도자들만이 토지를 비롯하여 가축을 소유하고 있었고 자유주의자들은 사회 평등에 대한 담론을 근거로 보수파에 대하여 끊임없이 대항하였다. 이에 따라 1859년 2월 20일 연방주의를 주장하는 자유당은 자유주의적 기조를 외치며 봉기를 일으켰고 1863년 자동차조약(Car Treaty)을 맺으며 마무리되었다.

1864년 제정된 새로운 헌법은 연방전쟁에서 승리한 자유주의적 연방주의자들의 이상에 따라 만들어졌다. 그러나 지방정부에서는 군사독재의 영향이 지속되었고 자유는 억압되었다. 자유주의자들은 다시금 1868년 모나가스가 이끄는 보수파에 의해 무너진다. 그러나 고작 2년 후, 블랑코의 귀국으로 모나가스정부는 다시 전복된다.

▲ 블랑코(1829~1899년)

블랑코가 통치하였던 1870년부터는 사실 정치적으로나 경제적으로나 안정기였다. 그는 막강한 권력을 바탕으로 광범위한 개혁과 개발정책을 펼쳐 나갔고 1872년에는 대통령 직선제, 남성 투표권 등을 골자로 하는 새 헌법을 제정하였다. 또한, 그는 경제적으로는 국가 신용도 회복을 위하여 국채를 발행하고 외국인 투자자들에게 세금을 감면하는 등의 조치를 취하였다. 또한, 교육 부문에 있어서 중등교육과 고등 교육을 증진시키기 위하여 힘썼다. 종교적 특권을 박탈시키는 등의 조치도 하였다.

이후에도 블랑코는 유럽을 오고가며 헌법 규정상 투표권을 인정하는 행보를 보이는 듯하였다. 그러나 블랑코는 자신이 물러났던 1887년과 그 이후까지 베네수엘라 정치에 실권을 행사하면서, 사실상 독재정을 펼쳤다. 그는 주로 군부세력을 정치에 등용했고, 정책수행에 있어 전제적인 방법을 선택하였으며 재정적으로는 교묘한 속임수로 부패를 일삼았다. 또한, 그가 펼친 경제정책과 교육정책들은 피상적인 경우가 많았으며 교회에 대하여 강압적인 정책을 통해 자유를 억압하였다.

■ 로페즈, 로하스, 크레스포, 안드라데

블랑코는 1887년 파리로 망명을 떠나며 로페즈(Hermógenes López)에게 자리를 넘긴다. 로페즈는 교통시설과 유럽과의 케이블 연결 등과 관련된 정책을 펼친다. 블랑코는 당시에도 파리에서 간접적으로 베네수엘라 내정에 황색 자유주의의 영향을 미치고 있었다.

그러나 당시 베네수엘라 내부에서는 블랑코 반대 세력이 커지고 있었다. 이에 로하스(Juan Pablo Rojas Paúl)가 블랑코 세력을 이기고 대통령으로 선출된다. 이에 크레스포는 블랑코 세력의 재기를 위해 반란을 일으키지만 진압되고 로하스는 보다 적극적으로 자신만의 정책을 펼 수 있었다. 그는 블랑코의 탄압을 받았던 기독교를 복귀시키는 데 많은 주안점을 두었고 유럽과의 해저 케이블을 설치하는 데 노력하였다.

로하스는 당시 규정된 헌법에 따라 대통령 2년의 임기를 채웠던 유일한 대통령이었다. 로하스가 퇴임한 후, 팔라시오(Raimundo Andueza Palacio)가 대통령으로 선출된다. 그러나 그는 1892년 임기를 늘리려는 시도를 하다 크레스포에 의해 주도된 율법주의혁명(Legalistic Revolution)으로 인해 직위에서 쫓겨나게 된다.

1892년은 크레스포의 율법주의혁명으로 인해 혼란스러운 정국이 이어졌다. 연방의회는 팔라시오의 후임으로 빌레하스(Guillermo Tell Villegas)와 풀리도(Guillermo Tell Villegas Pulido)를 약 2~3개월에 걸쳐 바꿨으나 혁명에 성공한 크레스포에 의해 두 대통령은 자리에서 사임하거나 망명을 떠나게 된다.

숱한 저항에도 불구하고 카라카스에 입성하면서, 집권에 성공한 크레스포 치하의 베네수엘라는 경제적 위기에 직면하게 된다. 크레스포는 은행을 중심으로 금융 부문을 활용하여 경제를 발전하려는 노력을 하였으나 1893년 당시 수출 품목 가격의 하락으로 인하여 베네수엘라 경제는 침체기를 겪게 된다. 이에 따라 노동자들의 급여를 10~30% 인하해야 했으며 크레스포는 마토스(Manuel Antonio Matos)로 하여금 새 내각을 구성하게 하여 국가 경제문제 해결을 모색하게 하였다.

그러나 이 시도는 단순히 정치적 위기를 모면하려는 시도에 불과했으며 마토스 내각은 6개월 만에 해산하게 된다. 크레스포 행정부는 이후 외국 철도 회사들과의 계약문제와 재정문제에 따른 부채로 시달리게 되었고 다양한 국제문제에 휘말리게 되는 등 정국의 심각한 어려움을 겪게 된다. 특히 과야나에스키바(Esequiba Guiana)와 관련된 영국과의 영토 분쟁은 미국의 간섭까지 초래하게 하였으며 이에 1893년 헌법 개정으로 1898년까지 집권하였던 크레스포는 그에 대한 저항 정국을 이기지 못하고 사임하게 된다.

1898년 크레스포가 사임한 후 안드라데(Ignacio Andrade Troconis)가

　　　　　　　　　　　　　　　　　제3부 국가위기의 사례

그 후임으로 선출되었다. 그러나 크레스포가 카멜레라(Mata Carmelera) 전투에서 사망한 후 군사적 지지를 받지 못하였다. 크레스포의 죽음은 곧 당시 베네수엘라의 대통령직에 대한 적통 후계자 지명에 대한 논란을 낳을 수밖에 없었고 이에 베네수엘라의 정국은 지속적인 혼란을 겪게 된다.

■ 카스트로(1899~1908년)

1899년 타치라에서 봉기한 카스트로(Cipriano Castro)는 카라카스로 진입을 시도하였다 (자유주의 회복혁명). 당시 안드라데는 군사적 지원도, 경제적 악화로 시민들의 지지도 받지 못하는 상황에서 정부를 버리고 네덜란드령 퀴라소로 망명하게 된다. 이로써 블랑코 치하에서 시작되었던 황색 자유주의의 이념적 연속은 그 명맥을 다하였다.

그간 있었던 정국의 혼란에 염증을 느껴서였을까. 카스트로의 등장은 베네수엘라 국민들에게 은연한 희망을 가져다주었다. 카스트로는 그간 있었던 독재자들과 달리 망명자들로 하여금 귀환을 허용하였으며 정적들에 대한 숙청보다 포용을 내세웠다. 실제 그의 새로운 구호는 "새로운 국민, 새로운 이상, 새로운 절차"였다.

그러나 카스트로의 이런 구호는 화려한 수사적 기만에 불과하였다. 그는 또 다시 군부세력에 힘입은 강압적 통치를 시작하였다. 물론 카스트로는 이전 독재자들과 달리 지방 군부까지 모두 통제하는 중앙집권화된 독재 정치를 내려놓는 입장을 견지하기도 하였다.

▲ 카스트로(1858~1924년)

이런 방향성은 이후 고메즈에게로 이어졌으나 기실 카스트로-고메즈로 이어지는 독재정권은 지방 군부를 없애는 대신, 중앙 집권화된 군부세력을 형성하는 데 주안점을 두었다. 이런 상황은 당시 베네수엘라의 민주정치의 핵심 요체인 정당 정치가 뿌리내리지 못하게 막는 거대한 장벽이었고 19세기에 간간히 존재하였던 정당들마저 사라지게 되었다.

강력한 중앙집권 군부독재는 크레스포 정권 이후 내려오던 경제적 위기를 더욱 가중시켰다. 당시 카스트로정부는 부채를 탕감할 수 있는 수단마저 상실하고 있었고 독일과 영국과 관련된 국제적 분쟁도 심화되었다. 부채를 탕감하려는 외국의 압력에 따라 베네수엘라의 항구는 봉쇄되었고 이에 미국이 중재자로 개입할 수밖에 없었다. 당시 루스벨트(Theodore Roosvelt) 대통령은 먼로독트린(Monroe Doctrine)에 따라 베네수엘라문제를 유럽의 힘에 의해서가 아닌 내부 정당들에 의한 합의를 통해 해결하려고 하였다.

카스트로는 유럽의 봉쇄 조치가 자신에게 책임이 있지 않다는 식으로 둘러대기 위하여 갖은 수사를 활용하였다. 그에게 있어 봉쇄 조치는 그의 정치적 문제점을 드러내는 것이 아닌 국가적 대의를 모을 수 있는 수단이었을 뿐이다. 카스트로는 "외국의 무례한 식민지적 간섭은 신성한 모국의 땅을 오염시키고 있다"라는 말을 하면서, 그의 정치적 책임을 무마하려 하였다.

■ 고메즈(1908~1913년, 1922~1929년, 1931~1935년)

1908년 카스트로의 군부독재는 그가 병을 얻게 되며 일단락된다. 후임으로는 고메즈(Juan Gomez)가 등장하면서, 베네수엘라의 새로운 정국이 시작되었다. 고메즈 치하의 베네수엘라는 근현대사에서 큰 발전을 이룰 수 있었다. 우선 석유의 발견으로 현대적인 기반 시설을 갖

쳐나갈 수 있었다. 특히 도로건설과 일
자리 창출, 지방 간 교통 연결 등을 통
해 경제성장을 이루었다.

1929년 세계경제대공황의 여파로 베
네수엘라도 위기를 겪을 때, 고메즈의
보수적인 재정정책은 경제적 위기를 극
복하는 데 효과가 있었다. 베네수엘라
의 볼리바르화는 그 가치가 오히려 가
치가 절상되며 통치의 유용성을 발휘하
였다.

▲ 고메즈(1864~1935년)

고메즈의 27년간의 통치 기간은 고메즈의 군부적 독재정치 외에도
일반대중의 지지가 있었기에 가능하였다. 베네수엘라 국민들은 독립
이후 지속된 내전과 불안, 경제적 위기로 안정적이고 평화로운 국가
질서에 대한 강한 열망을 갖게 되었고, 고메즈는 그러한 열망에 부합
하게 국가를 안정적으로 이끌어 갔다.

3) 20세기 이후: 민주주의의 발현

고메즈 사후 후임 대통령인 콘트레라스(Lopez Contreras)와 앙가리타
(Medina Angarita)는 다양한 정당의 등록과 대통령 직접선거를 도입
하려 하였다. 비록 1948년의 쿠데타로 인해 이러한 도입은 좌절되었
으나 당시 베네수엘라에서의 민주주의로의 전환을 모색하는 움직임이
일었던 것은 주목할 만하다.[2]

그러나 아이러니하게도 앙가리타 집권 시기 만들어진 민주행동당
(AD: Action Democratica)에 대한 지지로 일어난 1945년 군사쿠데

타는 앙가리타 정권을 물러나게 만들었다. 이는 민주주의를 향한 쿠데타로서 베네수엘라가 처음으로 민주주의를 경험하게 된 시발점이 되었다.

이후 찰보(Carlos Delgado Chalbaud)에 의해 다시금 세워진 군부는 베네수엘라의 민주주의를 지연시켰다. 찰보가 1950년 암살당하면서, 이후 히메네즈(Marcos Perez Jimenez)가 이끄는 친미 정권이 등장하였다. 히메네즈는 이전 베네수엘라연합(United States of Venezuela)에서 베네수엘라 공화국(Republic of Venezuela)로 국호를 바꾸고, 도로, 다리, 정부 청사 및 공공주택 보급 등과 관련한 정책을 수행하였다.

그의 집권 시기 베네수엘라의 경제는 매년 성장세를 보여주었다. 1인당 GDP의 경우 그의 집권시기 동안 약 30% 가까운 성장세를 기록했다. 1950년의 경우 베네수엘라는 전 세계 4위 규모의 경제를 기록했다.

히메네즈가 축출된 이후 등장한 라라사발(Wolfgang Larrazábal) 정권은 1958년 AD와 사회기독당(COPEI: Social Christian Party), 공화 민주주의 연맹(URD: United Republic Democratica)의 협정을 통해 푼토피호(Puntofijo)를 결의하였다. 이는 향후 30년간 베네수엘라 민주주의의 성립에 영향을 미친 것으로서 긍정적인 평가를 받는다. 그러나 동시에 AD와 COPEI의 양당체제를 보다 공고하게 만들며 다른 정당의 등장을 막은 것으로서의 한계도 지적받는다.

1970년대에는 베네수엘라의 민주주의의 공고화와 더불어 베트남 전쟁과 석유파동 등으로 석유 가격이 급격하게 상승하였다. 이는 베네수엘라의 경제를 활성화시켰다. 베네수엘라정부는 석유로 얻은 막대한 수입을 사회보장 프로그램과 완전 고용을 위하여 재투자하는 선택을 하였다.

이처럼 경제성장과 더불어 정치적 성장까지 가져오고 있던 베네수엘라는 1980년대 석유 가격의 하락으로 경제위기를 겪게 된다. 더불어 국가 부채가 계속해서 누적되며 푼토피호체제에 대한 의구심을 배태시킨다.

당시 푼토피호체제는 대통령에게 국방정책과 통화정책 운용과 세금정책 등에 대한 막강한 권한을 주고 있었다. 대통령의 권한을 늘리고, 자유시장 경제의 활성화로 베네수엘라의 경제위기가 초래되었다는 여론으로 1989년 반정부 시위가 발생하였다. 이에 정부는 시위대를 무력으로 진압하고 수백 명의 사상자가 발생하면서, 체제의 불안정성은 더욱 가속화된다.

기실 베네수엘라가 당면하고 있는 문제의 핵심적인 원인은 푼토피호체제 그 자체에 원인이 있다고 보기 어렵다. 베네수엘라는 오랜 기간 석유에 대한 의존성이 심화되었다. 그 결과 다른 산업을 발전시키지 못하였다. 석유 가격이 폭등하는 경우 경제가 발전하였고, 체제의 발전을 가져왔다. 그러나 그렇지 못한 경우에는 정치의 불안정성이 야기되었다.[3] 이후 푼토피호체제는 차베스 정권이 등장하기까지 40여 년 동안 지속되었다.

4) 차베스(1914~2013)의 등장과 포퓰리즘의 기승

차베스(Hugo Rafael Chavez Frias)가 대통령으로 집권한 것은 1999년부터이다. 그러나 이전부터 차베스는 쿠데타를 통해 푼토피호체제를 전복하려 기획하였다. 1993년 당시 페레즈(Carlos Andres Perez)가 부정부패와 연루된 혐의로 탄핵 되었다. 1992년에는 차베스가 쿠데타를 시도 후 실패하여 투옥되는 등 베네수엘라의 정치는 지난 30~

40년 사이의 상대적으로 안정적이었던 체제를 뒤로 하고 위기가 찾아오고 있었다.[4]

1998년 대통령선거에서 56%의 득표율로 당선된 차베스는 참여 민주주의(Participatory democracy)와 정기적인 국민투표를 통한 정치적 실험을 실행해 나갔다. 그의 정치는 포퓰리즘정치의 표본으로 알려져 있다. 차베스는 철저히 군중에 호소하는 리더로서 정치적 전략을 수립하였다. 기존 푼토피호체제에서의 엘리트 중심의 정치에 대한 날선 비난을 계속하였다. 그는 철저히 빈곤층과 대중을 중심으로 정치를 하였다.

차베스는 기존 푼토피호체제에서의 정당 중심 정치로 인해 베네수엘라의 부정부패가 심화되었고 대중이 빈곤을 겪는 것이 경제적 부유층으로 인해서 생긴 것이라는 프레임을 형성하면서, 자기의 정당성을 공고화시켜나갔다. 더불어 그는 세계의 다원적 구심체가 필요함을 주장하면서, 반미주의를 고수하였고, 쿠바와의 연대를 통해 신자유주의적 세계체제에 대한 견제를 표명하였다.[5]

푼토피호체제에서 가속화된 자유주의적 분위기는 오히려 베네수엘라 정치의 분열과 분란을 초래하였다는 것이 차베스의 판단이었다. 차베스는 자유주의적 노선에 대해 반대하였다. 푼토피호체제와 엘리트주의적 정치로 인해 1980년대 석유 가격 하락 이후 인플레이션이 가속화되었음을 주장하였다. 1960년대 1.0%의 인플레이션에서 1990년대 50.1%까지 인플레이션이 증대되었다가 1998년 이후 다시 23.4%로 인플레이션이 줄어들었으니 차베스의 주장은 강력한 대중적인 지지를 얻게 되었다.

차베스 정권 시기 실질적으로 경제 상황은 더욱 나빠졌다. 그럼에도 인플레이션 감소는 그의 정권이 지지를 받는 한 요소로 작용하였다. 기실 인플레이션 감소는 차베스 정권이 식량을 비롯한 특정 재화에 대한 가격을 통제하면서 가능했던 것이기에 차베스 정권 자체의 거시 경제적 운용 능력이 뛰어났다는 평가를 내리기는 어렵다. 그럼에도 빈곤층을 비롯한 차베스를 지지하는 세력은 차베스 정권의 경제적 능력을 높게 평가하였다.

이 외에도 빈곤율이 이전 정권 66%에서 차베스 임기동안 56%로 감소하였다는 점과 GDP 중 사회투자 비율이 이전 7.5%에서 11%로 증대되었다는 사실도 차베스 정권이 경제 부문에서 정치적 정당성을 높이는 원인으로 작용하였다.[6] 또한, 건강 관리 부문에서도 이전 GDP 중 3.2%를 투자하던 것에서 4.8%로 증가되었고, 유아 사망률도 0.022%에서 0.0176%로 감소하였다.

그러나 제아무리 개선된 측면을 보였다 하더라도 이는 일시적인 성과에 불과하였다. 정치적으로는 언론 탄압 등의 독재적 정치를 시행하여 베네수엘라의 민주주의를 후퇴시켰다. 2002년에는 차베스 정권에 대한 불만을 품은 우파 군부세력이 쿠데타를 일으켰다. 더불어 50만 명이 운집하여 차베스 정권에 대한 반정부 시위를 벌였는데, 일련의 사건들이 일어나는 동안 차베스 정권은 군부를 동원하여 반대 시위들을 진압하였다.

차베스는 국영석유회사(PDVSA: Petróleos de Venezuela, S.A.)의 수천 명의 직원들을 해고하면서, 석유 회사의 국영화를 적극적으로 시행해 나갔다. 이런 조치는 2013년 그가 사망할 때까지 정부 재원의 주된 활로를 열게 하였다. 2000년대 초반부터 후반까지 높아진 석유 가격은 차베스 정권이 적극적인 사회정책을 추진하는 동력이 되었다.

PDVSA를 국영화시켰던 것과 마찬가지로 차베스는 다국적 기업들에 대한 자산 몰수와 강매를 유도하였다. 이로 인해 외국 자본을 비롯

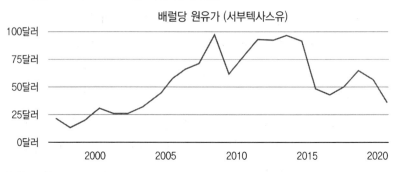

도표 10.2 2000~2020년 석유 가격 변동

배럴당 원유가 (서부텍사스유)

출처: Federal Reserve Bank of St. Louis; U.S. Energy Information Administration.

하여 다수 경영 인력과 전문 기술 인력들이 국외로 유출되었다. 이로
인해 민간 산업체의 40%가 도산하게 되며 석유 외의 제조업 기반이
철저하게 붕괴되었다.[7]

2000년대 중반 이후 강력한 석유 재원을 바탕으로 차베스 정권은
포퓰리즘적 정책을 남발하기 시작하였다. 그는 경제적 불평등 완화와
부의 재분배를 위하여 사회적 프로그램을 적극적으로 추진하여 나간
다. 그는 볼리비아 미션(Bolivian Missions)의 일환으로서 식량, 건강
관리, 교육 부문에 있어 공공 지출을 증대시켜 나갔다. 가령 그는 5개
년 사회보장 프로그램을 고안하여 국민들이 병원에서 진료를 받기까
지 걸리는 시간의 단축을 가져오게 하였다.[8]

더불어 PDVSA는 2004년 17억 달러를 사회보장 프로그램에 투자
하고 2006년에는 GDP의 7.3%에 해당하는 133억 달러를 투자하여
포퓰리즘적 정책을 기하급수적으로 증대시켜 나갔다. 또한, 2011년에
도 132억 5,000만 달러가 사용되며 석유수출로 얻게 된 국가 재정을
무상복지에 남발하는 정책을 지속하여 나갔다.

또한, 공공임대주택정책(GMVV: The Great Venezuela Housing

Mission)을 발표하였는데 이는 2011년 15만 3,000호를 시작으로 2017년까지 200만 호의 공공주택을 짓겠다는 공약이었다. 더불어 토지공개념을 도입하여 무상으로 주택과 부동산을 공급하겠다는 의지를 내비쳤다. 그러나 정책을 시행해 나가는 과정 속에서 1억 5,900만 달러 중 300만 달러만이 정책에 사용되는 등 심각한 부정부패와 재정낭비가 발생하였다.[9]

또한, 이와 더불어 5,000ha가 넘는 개인 토지 소유를 법적으로 금지시켰고, 국가가 경우에 따라 토지를 압류하여 소유권을 재분배할 수 있는 법안을 통과시키기도 하였다.

차베스 정권의 행보는 2014년 석유 가격이 급락하는 시점부터 철저한 내리막길을 걷게 되었다. 2014년 이후 2018년까지 베네수엘라의 물가상승률은 8,488%로 세계 경제사에서도 찾아볼 수 없을 정도의 인플레이션을 겪게 되었다. 또한, 2014년 빈곤층의 비율이 48.4%에서 2017년 87%까지 증대되며 파탄 난 경제 상황을 맞게 되었다.[10]

2017년 GDP대비 재정수지 적자는 −31.8%를 기록하였다. 차베스 정권은 경제통제의 일환으로서 환율을 통제하여 1달러에 1,000볼리바르를 주어야 하는 화폐가치의 폭락사태가 벌어졌다. 2016년부터 GDP 성장률은 −17.9%, 2017년 −18.9%, 2018년 −22.5%를 기록하였다. 2019년은 −35%, 2020년은 −30%를 기록하면서, 심각한 경제난을 겪고 있다.

경제적 파탄 이외에도 차베스는 사법개혁위원회를 설치하여 190여 명의 판사들을 몰아내고 법원을 장악하였다. 특히 대법원의 판사들을 차베스의 추종자들로 채웠고 대통령령을 통하여 모든 개혁을 가능하게 하는 '수권법'을 제정하였다. 또한, 차베스는 개헌을 통해 의회 해산권을 만들었고 3권 분립의 입법·행정·사법부 외에 시민부를 설치하여 자기의 추종자들로 세력을 채워 넣었다. 그는 연임 제한을 철폐하는 등의 개헌을 통해 사실상 독재자로서의 의도를 드러내기도 하였다. 비록 그가 2013년 사망하게 되며 독재적 야욕이 막을 내리게 되었으나 베네수엘라의 민주주의를 심각하게 후퇴시켰다는 데에는 의심의 여지가 없다. 이후에도 이 체제를 마두로(Nicolas Maduro)가 이어오며 베네수엘라의 정치·경제체제를 위태롭게 만들었다.

5) 베네수엘라 위기의 근원: 석유 의존과 포퓰리즘적 계획경제

베네수엘라는 한때 세계 4위의 경제대국이었다. 아직까지도 세계 제1의 석유매장 국가로서 잠재성을 갖고 있는 나라이다. 그러나 현재 나타나는 베네수엘라의 심각한 경제위기는 이런 잠재성을 무색하게 만들고 있다.

경제적 요소에서뿐만 아니었다. 정치적으로도 베네수엘라는 1958년 푼토피호를 통해 민주주의의 공고화를 이어온 나라였다. 남미에서는 가장 민주적으로 발전된 국가로서 그 위용을 자랑하였으나 베네수엘라 정당과 정치는 민주적 정치체제를 효율적으로 운용할 수 있는 능력이 부족하였다. 오히려 자유민주주의 정치경제체제에서 무분별한 민영화와 자유시장 경제체제 남발로 독과점과 카르텔을 심화 시켰으며 빈부격차를 증대시키기도 하였다.

그럼에도 베네수엘라의 민주주의 정치가 존재하였던 시기 현재에 나타나고 있는 경제 파탄 현상이나 정치 독재화와 같은 최악의 상황은 어느 정도 상쇄될 수 있었다. 그러나 지난한 민주주의에 지친 시민들은 도리어 차베스와 같은 '영웅적' 쿠데타를 지지하였다. 그의 석유

의존 일관의 정책과 기타 산업 분야에 대한 붕괴적인 정책을 저지하는 데 관심을 두지 않았다.

또한, 차베스가 주장하는 것처럼 정치 엘리트를 비롯하여 경제 부유층으로 인한 베네수엘라의 정치경제위기를 마치 기정사실처럼 받아들였고 이에 따라 빈곤층 중심의 국가를 구축해나갈 것을 염원하였다. 이 가운데 베네수엘라는 중산층이 두터워지는 안정적 사회가 아니라 빈곤층 중심의 체제로서 모두가 가난하게 되는 국가를 만들어 가게 되었다.

이와 같은 베네수엘라 정치경제 구조는 민주적 정치제도를 정착 시키는 데 있어 내생적으로 큰 장벽을 만들어낸 것으로 보인다. 이에 관하여 슘페터(Joseph Schumpeter)는 자본주의적 정치경제 구조 속에서 인간의 합리성을 통한 자유시장 경제 구축과 민주적 정치제도의 정착을 주장하였다.[11] 즉, 베네수엘라는 자본주의적 자유시장 경제를 통한 민주적 정치제도의 공고화에 대한 이념적 토대가 부재하였다.

이뿐만 아니라 차베스 사후 그의 정책을 이어받은 마두로 대통령 같은 정치인들은 장기집권을 위한 대중적 지지도에 초점을 맞추었지 국가의 근본적 산업 토대의 장기적 플랜을 구축하는 데 관심이 없었다. 에너지 의존 산업구조를 제조업 육성정책적 방향을 맞추었어야 했다. 당장 드러나는 결과적 측면에만 주안점을 두어 정치권력체제를 강화하는 데 혈안이 되어 국가재원의 대부분은 복지정책과 사기업의 국유화에 쓰이게 되면서 성장의 동력이라고 볼 수 있었던 시장 중심 자본주의체제의 위기로, 생산성의 위기로 귀결되었다. 시장에서 효율성과 성장을 이끌어 나갈 기업들의 국유화가 문제의 시작이다. 자본주의는 인간을 심리를 잘 반영하는 제도이다. 소유권의 인정이 동기부여이고 생산된 잉여가치를 교환하는 곳이 시장이다. 그러한 근본이 무너지고 만 것이다. 그 결과 베네수엘라는 심각한 경제위기로 인해 정치적 파탄을 맞게 되었다.

국가의 발전에 있어 '보이지 않는 손'과 '보이는 손'의 조화가 절실하게 요구되는데 베네수엘라는 전자를 철저히 무시하고 후자를 중심으로 국가의 총체적 개조를 고수하였던 것으로 보인다. 무엇보다 석유의존증이 심화된 경제체제에서 2000년대 중반 이후 석유 가격의 폭등은 계획 중심의 경제체제의 정당성을 불어넣는 원인으로 작용하였다. 하지만 석유 가격의 하락으로 베네수엘라는 2014년 이후 내리막길을 걷게 되었고 고작 '10여 년의 파티'를 위해 국가의 잠재성을 탕진한 것으로 진단된다. 결국 2017년 베네수엘라는 디폴트를 선언했다. 경제위기로 민심이 흉흉해지자 마두로 정권은 통치력 확보를 위하여 독재의 길을 걷게 되면서 과이도(Juan Gerardo Guaidó Márquez) 국회의장이 2019년 마두로의 대통령취임이 불법임을 선언하며 과도정부를 수립한다. 극심한 혼란속에 과이도는 무력으로 마두로를 축출하려 하였지만 군부와 국민의 지지를 받지 못해 실패하고 만다. 봉기실패이후 과이도는 대정부 투쟁에 나섰지만 2020년 총선에서 패배했고, 오히려 중남미 좌파세력이 다수 집권하는 핑크 타이드(pink tide) 속에 좌파인 마두로 대통령의 운신폭이 넓어지게 되었다. 더불어 러시아의 우크라이나 침공으로 서방세계가 에너지난을 타개하기 위하여 마두로 정권에 손을 내밀게 되면서 2023년 1월 4일 의회의 표결로 과이도 임시정부는 해산되었고 마두로는 정권을 유지 강화하게 된다.

이미 쿠데타가 공공연하게 일어나는 정치체제가 역사적으로 누적되어온 결과 베네수엘라에 다시금 푼토피호 시대처럼 민주주의가 공고화되려면 많은 시간이 필요할 것이고, 또한 베네수엘라 시민들이 정서적으로 장기간의 정치개혁을 인내할 수 있을지도 미지수이다. 경제적 가치의 적절한 배분 측면에서 현재의 베네수엘라에는 근대화라는 긍정적 가치보다는 경제위기와 저발전이라는 부정성이 강화되고 있다. 만일 근대화이론에서 주장하는 경제발전이 정치발전에 긍정적 영향을 준다면, 베네수엘라의 미래는 하루 속히 계획 중심에서 시장중심으로 전환이 전제되어야 할 것이다. 더불어 베네수엘라의 사정을 조금이라도 개선하기 위해서는 베네수엘라 시민들의 인내와 정치체제에서의 대중주의적 요소에 대한 경각심과 정치인에 대한 견제 의식을 높여가야만 할 것이다.

2. 아이티

1) 현황

아이티는 서인도제도에 있는 나라로 오랫동안 프랑스 식민지로 있었던 국가였다. 쿠바와 도미니카공화국을 국경으로 한다. 아이티는 오랜 식민지 시기, 독재 정치, 흉악 범죄 창궐, 국토 황폐화, 여기에 대규모 지진까지 더하여 기하급수적 인구증가와 이로 인한 식량난으로 빈곤까지 겪고 있는 나라이다. 소말리아, 예멘, 시리아 등과 같은 심각한 내전만 겪지 않았을 뿐이지 한 국가가 경험할 수 있는 최악의 요소들을 모두 경험했다고 해도 과장이 아닌 국가다. 아이티의 2022년 FSI는 99.7로 11위였다. FSI 1년간 변동률은 2.20%, FSI 5년간 변동률은 −5.60%, FSI 10년간 변동률은 −5.20%이었다.[12]

오늘날의 아이티는 정치, 경제, 환경, 식량문제, 건강, 국제관계 등 한 국가가 건실하게 이루어내야 하는 많은 부분에 있어 거의 한 부분도 빼놓지 않고 두루 위기를 겪고 있다. 정치적으로는 프랑수아 뒤발

국기와 지도 아이티

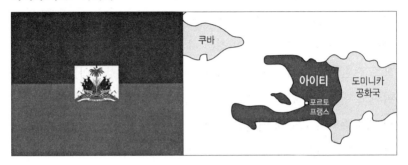

리에(François Duvalier)의 독재 시대부터 그의 아들 장클로드 뒤발
리에(Jean-Claude Duvalier)에 이르는 30여 년간의 독재를 경험하였
다. 경제적으로는 1980년부터 2008년까지 평균 −0.82%의 GDP 하
락을 경험하였다. 2021년에는 −1.8%가 되었다.

1인당 GDP는 1980년 632달러에서 2003년 332달러로 하락하기도
하였다. 실업률이 계속해서 증가하면서, 2007년 16.8%로 정점을 찍
었고 2021년에는 15.7%를 기록하고 있다. 또한, 2010년에는 대규모
의 지진이 발생하면서 −5.7%의 GDP 증가율을 보였다.

환경문제에서는 부농이나 외국 회사들이 농지에 최적화된 땅들을
독점하고 있어 일반 시민들은 산악 지역 등에서 벌목을 하여 숯을 만
들어 파는 등의 무분별한 개간으로 산림비율이 2020년 12.6%의 최저
치를 경신하였다. 2022년 아이티의 빈곤율은 70%에 달해있고 50%의
인구가 하루 1.25달러 이하의 수준으로 삶을 살고 있다.[13]

이 장에서는 이와 같은 오늘날의 아이티의 현상의 원인을 추적하기
위하여 20세기 이후, 특히 뒤발리에 독재가 등장한 1964년을 중심으
로 아이티의 정치·역사적 흐름을 다루도록 할 것이다. 이 가운데 뒤발
리에 부자의 세습 독재 시기와 이후 선거로 출마한 아리스티드(Jean-

Bertrand Aristide), 프레발(Rene Preval) 등으로 이어지는 대통령들은 어떠한 정책을 펼쳤는지 살펴보도록 하겠다.

2) 뒤발리에 2대 부자 독재

1964년 프랑수아 뒤발리에는 종신대통령을 선언하였다. 그 이전까지 아이티는 정권 창출을 위한 갈등이 심각하였다. 뒤발리에는 1957년 선거에서 승리한 이후 드조이(Louis Déjoie)의 지지자들을 대부분 국외로 추방하였다. 아이티 군인들과 미국 용병들이 1958년 뒤발리에체제를 전복하려다 실패하고, 모두 사살되었다.

일련의 사건으로 뒤발리에는 대통령 경호단을 그의 권력을 보존하기 위한 엘리트 군단으로 바꾸었고, 군 장성들을 그에게 충성을 서약하는 인사들로 교체하였다. 이후 뒤발리에는 국가안보 자원민병대(MVSN: Militia of National Security Volunteers)을 통해 뒤발리에 정권을 지지하는 세력을 창출하려고 하였다.

뒤발리에는 독립적 군부가 언제든지 위협을 줄 수 있다고 판단하였다. 1958년 12월 군부세력들을 색출하는 작업을 진행하였다. 뒤발리에는 자신의 대통령궁 군단을 더욱 확장하였고, 위헌적인 대통령직을 계속해 나갔다.

이후 1961년 뒤발리에는 1957년의 헌법 규정을 수정하여 양원제를 단원제로 수정하고 자신만이 유일한 후보자로서 대통령선거에 나갈 수 있음을 규

▲ 뒤발리에(1907~1971년)

정하는 헌법을 제정하였다. 뒤발리에의 임기는 헌법 규정에 따라 1963년 끝나게 되어 있었다. 하지만 1964년 자신을 종신대통령으로 선언하였다.

뒤발리에는 그의 임기 동안 정적들을 6만 명 가까이 숙청하였다. 협박과 억압 등의 갖은 강압적 수단을 동원하여 자기의 정권을 유지하였다. 두발리의 통치 기간 아이티의 상황을 심각하게 만든 것은 바로 부정부패였다. 그는 뇌물 수수와 사기업 갈취, 관금(官金) 횡령 등으로 재산을 증식하여 나갔다.

그러나 뒤발리에는 1971년 심장병과 당뇨로 사망하고 아들 장클로드에게 자리를 넘겨준다. 장클로드 시기 아이티의 빈곤은 더욱 가속되었다. 1인당 GDP가 1985년 377달러였으며 뒤발리에와 그의 가족들은 부정부패를 통해 5억 달러에 달하는 재산을 축재하였다. 뒤발리에 가문의 부정부패적 정치 행보에 따라 정부 고위 공무원들과 군 장성들, 수출업자와 지주들 역시 갖은 부정행위를 통해 재산을 부풀렸다. 뿐만 아니었다. 아이티의 주요 자원을 비롯하여 고급 주택, 땅 등이 소수에게 집중되었다. 반면 대다수 국민들은 외곽으로 밀려나 극심한 빈부격차로 이어지게 되었다.

미국은 반공주의 수단으로써 아이티에 대한 원조를 지속하였는데, 뒤발리에 가문은 부정부패를 통해 미국으로부터 받은 지원금들 역시 지속적으로 횡령하였다. '원조의 함정'이라는 경제적 위기 상황이 시작된다. 단기적으로는 원조로 급한 불을 끄는 형식으로 빈곤이나 기근으로부터 탈출할 수 있지만 장기적으로 식량가격이 폭락하게 되면서 더욱 원조에 의존하게 되는 현상이다. 원조물자를 받다보니 생산에 종사하는 국민들은 줄어들고 인구는 늘어나는 기현상이 발생하게 된다. 노동의 대가보다는 원조물자를 받는 것이 더 편하기 때문이다. 문제는 아이티의 국토는 작고, 비옥한 토지는 이미 농장으로 개간되어 있는 상태라 더 이상 개척할 토지가 없다는 것이었다. 결과적으로 원조물자에 의존하고 식량값은 하락했지만 인구가 증가하면서 식량이 부족하게 되고 원조가 끊기면 기아에 허덕이게 되는 악순환이 반복되고 있다.

이 가운데 국가가 해야 하는 공공 서비스 지원을 비롯하여 국민 기초생활보장과 관련된 기본적 지원이 외국 교회와 자선단체를 통해 이루어질 정도로 열악한 상황이 되었다. 설상가상으로 1978년에는 아프리카 돼지 열병이 발생했다. 이 때문에 돼지 농장으로 생계를 꾸려 가고 있는 대다수 지역 주민들은 강력한 악영향을 받게 되었다.

이 가운데 반정부 시위가 확산되었다. 학생, 노동자, 교회 등 다수 사회구성원들이 정권에 대한 반대 시위를 시작하였다. 특히 아이티 상황에 대하여 교회 내에서 기도와 예배를 통해 정부에 대한 비판을 표하는 종교인들이 투옥되는 등 뒤발리에 정권의 억압적 태도는 교회 중심의 시위가 발생하는 원인으로 작용하였다.

1985년 교회의 지도하에 본격적인 시위가 시작되었다. 시민들은 정부의 부정부패와 무능에 대한 시위행진을 시작하였다. 진압 과정에서 4명의 어린 학생들이 죽었다. 전국적으로 뒤발리에 정권에 대한 반대 시위가 확산되었다. 미국 역시 뒤발리에 정권의 통치 능력을 부정하고, 아이티에 대한 경제적 지원을 중단하였다. 이 때문에 뒤발리에 정권은 정권 창출의 버팀목을 상실하게 되었고 1986년 2월 7일 프랑스로 망명을 가며 30여 년의 독재가 막을 내리게 된다.

3) 아이티 민주정부의 수립과 부침

1987년 새로운 헌법이 제정되며 새로운 정치체제에 대한 시민들의 기대가 일었다. 그러나 시민들의 기대와 반대로 MVSN은 민주적 선거를 열망하는 시위대를 향해 발포하였다. 이러한 분위기 속에 넴피(Henri Namphy) 장군이 정권을 장악하였지만 1년도 안 되어 아브릴(Prosper Avril) 장군에 의해 넴피는 실각하게 된다.

아브릴은 집권 시기 동안 아이티 민주주의를 철저하게 탄압하였다. 정당과 조합, 학생과 민주주의 단체들에 대한 강력한 억압을 가하였다. 1990년 아브릴은 계엄령을 선포하였다. 이에 시민들은 강력한 저항을 이어가며 아브릴 정권의 퇴진을 외쳤다. 미국 역시 아브릴의 사임을 종용하였다. 아브릴은 짧은 독재정을 뒤로하고 퇴임하였다.

1990년 10월 16일 마침내 민주적 선거가 시행되었고 교구 성직자 출신의 아리스티드가 67.5%의 득표율로 대통령에 당선되었다. 그러나 1991년 뒤발리에 추종자들과 MVSN은 아리스티드의 정권 창출과 확장을 저지하기 위해 쿠데타를 시도하였다. 이후 1994년까지 세드라스(Raoul Cedras)와 네렛(Joseph Nerette)이 집권하면서, 아이티의 민주주의를 다시 한번 더 후퇴시켰고 칼리 카르텔(Cali Cartel)과의 연계로 아이티 내에서 마약사업을 확장하는 등의 행위로 정상 경제체제 역시 악화시키는 결과를 낳았다.

1994년 유엔은 결의안 940을 채택하면서, 아이티의 상황을 진전시키려 하였다. 클린턴(Bill Clinton) 대통령은 미국을 비롯한 20개의 다국적 군대를 파견할 것을 선언하였다. 이에 아이티의 19개 부대와 쿠데타 리더들은 사임을 하였다. 10월 15일 아리스티드가 망명에서 돌아오게 되었다. 이후 1996년 프레발로 평화적으로 정권이 이양되며 아이티 정치에도 전환이 시작되는 듯하였다. 그러나 2000년 선거에서 아리스티드의 재선에 대한 보이콧을 외치는 반란 움직임이 일어나 2004년까지 위기가 고조되었다. 결국 아리스티드는 2004년 9월 29일 사임을 표하고, 중앙아프리카공화국으로 다시 망명을 떠났다.

프레발 정권 시기 공기업의 민영화와 같은 경제적 개혁을 통해 아이티의 실업률을 낮추는 등 어느 정도 성과를 거두었다. 그러나 정치적으로 프레발 정권은 의회에서 번번이 반대당으로 투쟁하는 인민조직(사회민주주의 표방), 가족당(사회민주주의와 대중주의 표방)과 충돌하면서, 정치적 혼란을 불러일으켰다. 반대당은 주로 프레발 정권의 민영화와 같은 경제체제 자유화에 대한 격렬한 반대를 표명하였다. 이에 1999년 그는 의회를 해산시키며 아이티의 불안을 가중시켰다.[14]

또한, 2008년에는 식량 가격이 폭등하였는데 쌀의 경우에는 그 가격이 50%까지 치솟았다. 이에 2008년 4월 8일 대통령궁을 향한 폭동이 시작되었고 프레발은 수상 알렉시스(Jacques-Édouard Alexis)를 사임시키고 쌀값을 진정시키기 위하여 국제적 원조와 쌀값 인하정책을 펼쳤고, 폭동은 진정되었다.

2010년 아이티에는 진도 7.0의 대지진이 발생하였다. 이로 인해 10만에서 16만 명에 이르는 사망자가 발생하였다. 아이티정부는 사망자의 수가 22만 명에서 31만 6,000명에 이를 것으로 추산하기도 하였다. 국가 부채가 2010년까지 GDP 대비 23.22%에 이르렀던 상황 속에서 지진으로 인해 아이티의 경제는 최악의 상황을 맞게 되었다. 지진 이전 21억에서 28억 달러에 육박하였던 부채는 지진 이후 31억 달러를 넘기게 되었고 이후 아이티의 부채는 계속해서 증대되었다. 2021년 아이티의 부채는 약 50억 달러로 GDP 대비 비중은 24.23%로 측정되고 있다.

상대적 진도를 고려했을 때, 아이티의 지진은 심각한 사상자 수를

표 10.2 아이티 지진 이후 국가 회복 통계

식량 재공 수혜 인구	26억 7,027만 명
특별 진료 혜택 인구	866명
수자원 혜택 인구	3,000명
임시 거주지 수혜 인구	6,250명
복구 주거 수	6,000가구

출처: https://www.cordaid.org/en/latest/ 검색일: 2022년 10월 15일.

낮았다는 점에서 특기할 만하다. 2008년 5월 12일 중국에서 발생한 지진도 7.9의 지진으로 8만 7,476명이 사망하고 36만 명이 부상을 입었다. 또한, 이탈리아의 경우 2009년 4월 6일 발생한 진도 6.3의 지진으로 295명이 사망하고 2,000명이 부상하였다. 그러나 아이티의 경우 진도 7.0의 지진으로 23만 명이 사망하고 30만 명이 부상하였다.

이와 같은 통계치는 아이티의 지진이 그 규모가 중국보다는 0.9가 작고 이탈리아보다는 0.7이 컸음을 감안하면 사상자 수가 상당하다는 것을 알 수 있다. 이처럼 다소간 비슷한 진도에도 불구하고 아이티에서의 사상자 수가 압도적으로 많은 이유로 포르토프랭스(Port-au-Prince)에 72.1%의 인구가 밀집해 있고 주거 밀도가 매우 높음과 동시에 건축 방식이 부실하다는 점이 지적되었다. 즉, 아이티는 주거지역 밀집과 더불어 건축에 있어 국가관리 능력이 마비되어 있던 상태였다. 지진에 따른 대규모 사망자 발생은 불가피했음을 알 수 있다.

이후 2010년부터 임기를 시작하였던 마르텔리(Michel Martelly)는 군부를 등용하는 등 민주주의에 반대되는 행보를 보였고 2012년 3월 부정부패로 기소되었다. 그는 지진 및 대통령선거기간 동안 260만 달러의 뇌물을 수수한 혐의를 받았다. 이외에도 마르텔리는 2012년 지

제3부 국가위기의 사례

도표 10.3 중국, 이탈리아, 아이티의 상대적 진도수 비교

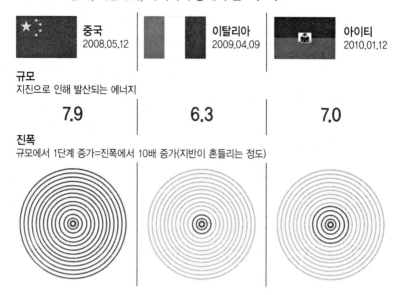

출처: http://news.bbc.co.uk/2/hi/8510900.stm 검색일: 2022년 11월 30일.

방선거를 연기하고 반정권 시위를 외치는 시위대에 최루탄을 발포하는 등 억압적인 태도를 고수하였다. 2015년 선거는 모이즈(Jovenel Moïse)를 지지하는 마르텔리 쪽과 셀레스틴(Jude Celestin)을 지지하는 세력 사이의 격렬한 폭력 투쟁으로 얼룩졌다.

2016년 마르텔리가 사임하면서 피버트(Jocelerme Pivert)가 임시정부를 맡게 되었고 이후 11월 20일 이루어진 선거에서 모이즈가 55.67%의 득표율로 선거에서 승리하였다. 모이즈는 그의 임기 동안 어느 정도의 기본 인프라 건설과 농업 부문에서의 신장정책 등을 펼치며 나름의 노력을 하였다. 그러나 2021년 모이즈의 부정부패와 무능을 이유로 괴한들이 사저를 습격했다. 모이즈는 피살당했고, 무정부 상태의 혼란이 발생한다.

조세프(Claude Joseph) 임시 총리는 미군 파병을 요청하였다. 바이든 행정부는 미군의 주둔지를 확대하는 데 부정적이지만 미국 바로 아래 위치한 아이티의 난민들이 미국으로 유입되는 것에 대한 우려로 딜레마에 빠져있다. 아이티의 정치적 혼란은 2021년 8월 14일의 대규모 지진으로 대선과 총선이 무기한 연기되면서 더욱 깊어지고 있다. 지진 피해 복구도 못한 상태에서 2022년 폭우로 인한 홍수로 더많은 이재민이 발생하게 되면서 경제난은 걷잡을 수 없게 되었다. 유류비 인상으로 이어지고 이로 인한 시위가 전국으로 퍼지게 된다. 치안부재로 2023년 수도 포르토프랭스의 90%를 갱단이 장악한 것으로 보이며 이로 인한 갱단의 전쟁과 연료난에 전염병까지 번지면서 무정부 사태 위기로 국제사회에 평화유지군 파견을 정식으로 요청하였다.

4) 아이티 위기의 근원: 정권의 무능과 정부 역할에 대한 의식 결여

아이티는 취약국가지수에서 1위를 차지하지 않았을 뿐, 국가 내부의 실정을 살펴보면 이보다 더 심각한 위기국가가 존재할 수 있을까 싶을 정도로 국가 전체가 위기로 얼룩져 있다. 물론 소말리아나 예멘처럼 하루하루가 전쟁터인 국가가 존재하나 아이티는 이에 더해 지진과 전염병 등의 각종 재해로 국가가 제 기능을 할 수 없는 조건이 두루 갖추어져 있어 보는 이로 하여금 대안이 존재할 수 있을지 의구심마저 품게 만든다.

현재 국가 인구의 4분의 3이 빈곤층에 속해 있으며 정권을 잡는 대통령마다 정치적 갈등을 초래하며 독단적 태도를 보였다. 또한, 이 가운데 국가 신용도는 지속으로 하락하여 외국인 투자가 제대로 이루어지지 않고 있으며 국가 경제가 파탄 나고 있는 가운데 실업률은 계속해서 치솟았다.

아이티에서 국민의 3분의 2 이상은 비정규직에 종사하고 있다. 젊은 층은 이미 취업의 기회를 잃었고, 별다른 경제적인 수입이 없다. 아이티의 경제 상황은 여러 노동 계층과 더불어 청년층이 범죄에 참여하게 만드는 동력이 되고 있다.

국가 차원에서 교육과 기초생활을 비롯한 자원 보급이 제대로 이루어지지 않았다. 국민 중에서 기초 교육을 받은 인구는 56%에 불과하다. 건강과 보건에 있어 국민의 60%만이 정부 혜택을 누릴 수 있다. 또한, 국가 인구의 절반 이상이 수도를 공급 받지 못했다. 더욱 심각하게는 4%만이 전기를 공급받고 있다. 또한, 공공 서비스 대부분이 포르토프랭스에 집중되어 있어서, 수도와 지방 간 이분화된 국가 분열이 더욱 가속화되는 실정이다.

이런 상황에도 불구하고 정부는 부정부패와 독재정만을 추구하며 국가 차원의 관리에 너무도 소홀한 태도를 이어가고 있다. 시민들이 정치에 참여할 수 있는 공간은 오로지 선거 하나로 국한되어 있어, 정치적 입장표명을 위해 폭력시위와 범죄에 시민들이 연루되는 사태가 벌어지고 있다.

기실 아이티는 로크가 말한 정부가 필요한 세 가지 이유, 법을 준수하는 절대다수가 반사회적 인격 장애를 가진 야만인으로부터의 보호나 정부의 부재가 초래하는 불편성, 폭력적 외부인으로부터 개개인들의 보호 등에 있어서도 정부가 도리어 필요가 없는 상황을 초래하고 있다고 보아도 무방할 정도이다.

아이티정부는 오랜 시간 국가의 기능을 수행하지 못하였다. 경제적 가치 배분에서 역할을 해야 하는 정치권력은 부패했으며 시장을 효율적으로 이끌 수 있는 기업은 무의미해졌다. 기존 질서를 유지해야 하는 법치는 찾기 어려워지면서 과연 아이티정부가 자신들의 국가 관리 능력과 의식을 어느 정도 수준으로 제고하고 있는지 의구심이 들 수밖에 없는 상황이다. 다시 말해 아이티에서는 수십 년간 부정부패로 얼룩져 정권을 잡는 인사들이 굳이 효율적인 정부를 운용할 유인을 점차 상실해 온 것으로 보인다. 아이티의 미래는 암울하다. 의식 있는 시민들이 부재하고 시민사회는 존재하지 않는다. 경제적 가치의 적절한 배분이 발생하지 않고 있다. 분배와 성장이라는 긍정성은 제대로 나타나지 않으면서, 경제위기와 빈곤이라는 부정성만이 강화되고 있다. 국민과 국가 모두 위기를 관성적으로 답습하고 있는 셈이다.

3. 기니

1) 현황

기니는 아프리카 북서부에 대서양을 접하고 있는 국가로 기니비사우, 세네갈, 말리, 시에라리온, 코트디부아르와 국경을 접하고 있다. 알루미늄의 원료가 되는 보크사이트(bauxite)의 주 매장지로 알려져 있다. 프랑스 식민지로 있다가 1958년에 독립하였다. 프랑스가 자본을 철수하면서, 극심한 경제난 속에 정치적인 불안정도 매우 높아졌다. 기니의 2022년 FSI는 99.6로 12위였다. FSI 1년간 변동률은 2.20%, FSI 5년간 변동률은 -2.80%, FSI 10년간 변동률은 -2.30%이다.[15]

기니의 정치 위기는 투레(Ahmed Sékou Touré) 대통령으로부터 시작되었다. 투레 대통령의 독재정은 콩데(Alpha Condé), 둠부야(Mamady

Doumbouya)에 이르기까지 지속적인 독재와 쿠데타로 기니 정치사를 물들게 하였다. 기니 시민들이 민주주의에 대한 열망이 없었기에 지속적인 독재정이 등장했다고 보기에는 일반 시민들에 군부독재에 대한 지속적 저항이 일어났었다. 그러나 군부는 계속해서 폭력을 동원하여 시민들을 억압하였다. 경우에 따라 시민들과 민주적 정부의 수립을 약속했더라도 그러한 약속을 손쉽게 무效화 시키는 경우도 일어났다.

　민주적 정치문화가 자리 잡지 못한 기니지만 천연자원은 풍부하게 보유한 국가이다. 알루미늄의 원자재인 보크사이트와 같은 천연자원을 보유하면서. 불안정한 정치 상황으로 경제적 이익을 창출하지 못하고 있다. 정부는 적극적으로 2015년부터 보크사이트 수출 성장을 위

도표 10.4　기니 보크사이트 매장량 비교(2017년)　　매장량 단위: 10억 톤

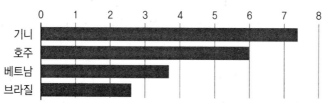

출처: https://www.economist.com/business/2018/11/03/guineas-bauxite-boom-is-helping-china-but-failing-locals 검색일: 2022년 12월 20일.

해 다국적 광산 개발 및 생산 기업을 적극적으로 유치하고 보크사이트 수출에 필요한 철도와 항구도 만들었다. 이런 노력으로 2015년 당시 약 1,700만 톤이던 보크사이트 수출량이 2017년엔 4,500만 톤으로 크게 늘었고 현재도 매장량 세계 1위이며 생산량은 세계 2위이다. 그 뒤로 호주, 베트남, 브라질, 자메이카, 인도네시아 등이 따르고 있다.

기니정부는 수출 증가를 위하여 토지법을 발효하여 광산 개발에 필요한 땅을 주민들로부터 사들였다. 그러나 소유주가 명확한 땅보다 소유권이 제대로 등록돼 있지 않은 땅이 훨씬 많다. 정부가 2001년 토지법을 만들며 토지 소유권을 등록하도록 공지하였지만, 정책이 잘 알려지지 않아 실제 등록한 주민이 거의 없었기 때문이다. 법적 토지 소유권이 없는 주민들은 어쩔수 없이 조상 대대로 물려받아온 토지를 헐값에 정부에 넘겨야 했다. 농사를 지어 먹고살던 땅이 대부분이어서 이들은 땅과 일자리를 동시에 잃게 되었다.

뿐만 아니라 다국적 광산 개발기업이 정부의 적극적인 유치정책으로 아무런 제한 없이 진출하면서 전력난이 심각해지기 시작하였다. 알루미늄은 보크사이트를 전기로 분해해야 얻을 수 있기 때문에 막대한 전기가 필요하다. 그뿐만 아니라 채굴에 필요한 시설을 만드는 과정에서 우물이 오염됐고, 맹그로브숲은 운송의 편의성 차원에서 철길로 갈라지게 되면서 주민들은 삶의 터전을 잃게 된다. 결국 2017년 주민들은 폭동을 일으켰다. 지역 주민들의 권리를 보호할 법적인 토대를 마련하지 않은 채 광산 개발에만 몰두하는 정부를 상대로 분노를 표출한 것이다.

기니정부의 만연한 부정부패와 독재정의 연장, 그리고 이에 따른 경제적 침체와 더불어 제대로 된 수도, 전기, 가스, 도로 등의 공급이 지속적인 부침을 겪고 있다. 원자재 가격에 대한 의존성이 높아서 자원을 경제에 효율적으로 이용하지 못하고 있다. 또한, 그저 지하자원에 의존하는 경제체제는 소위 '자원의 저주(natural resource curse)'를 겪게 하여, 자원 외의 추가적인 혁신을 꾀하는 경제적 개혁이 이루어지기 어렵게 만들고 있다. 풍부한 자원이 현재의 기니를 국가로서 제대로 기능하지 못하게 하는 요소로 작동하고 있는 것이다.

실제로 기니는 GDP 성장률에 있어 2016~2017년 갑작스러운 성장을 보여주었던 시기 외에는 지속적인 부침을 겪고 있으며 실업률은 2021년 6.3%로 정점을 찍었다. 외국인의 직접 투자는 2020년 1.2%를 기록하며 지속적인 하락을 경험하였다.

기니의 현대사를 개괄적으로 서술함과 동시에 그 가운데에서 일어났던 각 정권들의 등장과 퇴진, 그리고 이에 따른 기니의 정치사의 지속적인 부침을 다룰 것이다. 무엇보다 현재 기니가 겪고 있는 경제적 심각성을 다루어 기니가 직면하고 있는 위기에 대하여 논하도록 한다.

2) 기니의 형성과 프랑스로부터의 독립

기니는 10세기부터 15세기에 이르기까지 서수단 제국들(Empires of Western Sudan)의 일부로서 여겨지는 지역이었다. 이 제국들은 가나 제국(Ghana Empire)-송가이 제국(Songhai Empire)-말리 제국(Mali Empire)으로 이어지며 19세기 식민지 시기까지 서아프리카 제국들의 역사가 이어져 왔다.

현 기니 인구 대다수는 바로 마지막 제국이었던 말리 제국의 후손들이다. 풀라니족은 기니 인구의 33.4%를 차지하며 이들은 니제르 평원에 거주하는 베르베르족의 후손들로 여겨진다. 또한, 기니의 지배적 민족으로는 말린케족이 있다. 이들은 인구의 29.4%를 차지하며 식민지 이전 시기부터 기니를 지배적으로 주도하는 집단이었다.

이 외에도 수수족이 21.2%, 게르제족이 7.8%, 키씨족이 6.2%, 토마족이 1.6%, 그리고 이 외의 기타 민족들이 존재하며 기니는 다민족 국가로서의 정체성을 유지하고 있다. 이런 민족적 정체성은 기니 권력과 밀접하게 연관되어 있어 민족에 따른 계층적 사다리를 형성해 놓은 근본적 배경이 되고 있다.

현재 기니 공화국(Republic of Guinea)으로 여겨지는 지역은 말리 제국의 일부로서 식민지 시기 식민국들의 이해관계에 따라 경계선이 만들어진 곳이다. 1884년 베를린회담에 따라 아프리카 식민지는 식민국의 경제적 이해관계에 따른 분리를 경험하였다. 말리 제국의 말린케족은 프랑스 군대의 이 지역 점령에 동의하는 조약을 맺게 되었다.

당시 기니 지역의 지도자였던 사모리 투레(Almamy Samory Touré)는 투클로르족과 시카소 왕국과 더불어 프랑스의 주둔을 몰아내려 하였다. 그러나 1898년 투레의 저항은 프랑스 군대로부터 철저하게 제어되었고 프랑스는 기니와 코트디부아르에 대한 통치권을 가져오게 되었다. 현재의 기니 국경을 형성하게 된 것은 프랑스가 시에라리온을 점령하고 있는 영국과 기니비사우와 라이베리아를 점령하고 있는 포르투갈과 협상을 하게 된 이후였다.

기니는 프랑스 통치에 대한 지속적인 반발을 표출하였다. 오랜 투쟁 끝에 1958년 10월 2일 프랑스로부터 독립을 쟁취하였다. 당시 기니의 독립은 프랑스 의회의 구성원인 기니 민주당(RDA: Rassemblement Démocratique Africain)이 프랑스 공산당(PCF: French Communist Party)과의 연대에 저항하였기에 가능하였다.

당시 프랑스 공산당은 소련과의 연대 속에서 포퓰리즘적 정치를 추구하고 있었고 이에 따라 프랑스와 아프리카 식민지들의 연대를 주된 모토로 삼고 있었다. 그러나 당시 냉전 분위기로 인하여 프랑스 내 기니 민주당은 공산세력에 대하여 반대를 표하였다. 이에 따라 1958년 드골 (Charles de Gaulle) 대통령이 서아프리카문제를 국민투표로 결정하자 는 의견을 제시하였다. 당시 기니 민주당은 투레(Ahmed Sékou Touré) 의 지도하에 따라 투표에서 반대 의견을 표명, 독립을 쟁취하였다.

3) 1958년 이후

■ 지속적인 쿠데타와 민주화의 실패

기니 독립의 중요한 역할을 하였던 투레와 그의 기니 민주당은 1957 년 총선에서 전체 60석 중 56석을 차지하며 압승을 거두었고, 투레는 기니의 첫 대통령으로 당선되었다. 그러나 투레는 자기의 당명과는 다 르게 공산주의적 성향을 지니고 있었고 그가 대통령에 당선된 이후 억 압적 정치를 펼치며 소련의 경제와 정치적 원조에 기대어 기니를 이끌 어간다.

투레는 선거에서의 승리를 발판으로 점차 자신과 그의 족벌을 중심 으로 한 독재정치를 강화시켜 나갔다. 그는 말린케(기니에서는 만딩 고)족 외의 세력들을 정부 요직에서 배척하는 정치를 펼쳐 나갔으며 이외 소수민족들에 대한 탄압을 시행하여 기니에서 3분의1 이상의 인 구가 이주하게 되는 사태가 벌어지기도 하였다.

투레 정권은 기니가 독립 후 초창기에 이루었던 경제와 정치적 발전 을 철저하게 후퇴시켰다. 그가 1984년 3월 26일 병사할 때까지 기니 의 풍부한 지하자원을 활용한 정책은 시행되지 않고 있었고 개발도상 국으로부터의 위치를 전혀 벗어나지 못하였다. 그러나 흥미로운 점은 투레는 그가 집권하고 있었던 시기 공적 자원을 횡령한 적이 없으며, 그의 개인적 부를 축적시키는 데에도 관심이 없었다는 것이다. 이는 경제적 요소들에 대한 그의 관심 부족 또는 검소함에서 기인한다고 파악되고 있다.

투레 사망 이후 베아보귀(Louis Lansana Beavogui)가 임시 대통령으로 직을 수행하였다. 그러나 투레 정권 시기 민주적 정권 이양과 관련된 제도적 수단들이 전혀 마련되어 있지 않은 상황에서 베아보귀는 1984년 콩테(Lansana Conté)에 의한 군사쿠데타로 인해 실각 당하게 된다.[16]

콩테는 쿠데타로 정권을 잡은 이후 군사 국가 회복 위원회(CMRN: Comité Militaire de Redressement National)를 설립하였다. 이 위원회는 기니의 헌법을 초장에 폐지하고 법령과 조례, 대통령령과 같은 가변적 수단을 통해 통치를 시행해 나간다. 이는 그의 의도에 따른 기니의 통치를 용이하게 만들려는 의도가 있었다고 보여진다.

그럼에도 콩테 시기 기니는 다소간 민주적 진전을 보인 경우도 있었다. 국내와 국제적인 압력으로 인하여 콩테는 1993년 12월 19일 기니의 첫 번째 다수당 투표를 시행하기도 하였다. 이 선거에서 콩테가 새롭게 창당한 통합진보당(Party of Unity and Progress)은 전체 114석 중 76석을 얻으며 과반수를 차지하였다. 또한, 콩테는 법령을 통해 경제의 자유화를 비롯하여 외국의 직접 투자를 통한 경제 활성화, 새 헌법을 제정하기 위한 과도 의회의 구성, 기니 대법원의 설치 등을 시행하기도 하였다.

그러나 이런 콩테의 일련의 시도들은 모두 외부와 내부적 압력에 대한 대응책에 불과하였다. 그 자신도 기니의 민주적 진전에 대한 진정성 있는 태도를 보이지 못하였다. 우선 1993년 총선은 국제적으로 공정하지 못한 선거로 여겨졌으며 콩테는 이후 정실주의적 인사등용과 1998년 두 번째 다수당선거에서의 승리를 통한 대통령 임기 연장 개헌, 인권 신장 약속 등을 어기며 민주주의의 퇴행과 부정부패의 만연 등을 초래하게 하였다.

콩테는 영구적 대통령직을 의도하였다. 이는 기니에서 빗발친 저항에 부딪히게 된다. 기니 시민단체 민주연합세력(Union of Democratic Forces of Guinea), 진보연대(Union for Progress), 기니사회운동(Guinean Social Movement), 신민주세력(New Democratic Forces) 등과 학생을 비롯한 종교 단체 등은 콩테에 저항하였다. 이들의 1990년대 운동은 다원적 집합체로 이루어졌었으나 그 움직임에 있어 조직력이 취약하였다. 반대 이념을 가진 세력들 사이의 연대 역시 공고하지 못하였다.

콩테가 2008년 사망하고 이후 카마라(Moussa Dadis Camara)가 쿠데타를 통해 정권을 창출하려 하였다. 시민사회는 카마라에게 6개월간의 과도정부를 통해 민주주의로의 이행을 이루어낼 것을 요구하였다. 그러나 카마라의 군부세력이 민주주의로의 신속한 이행을 저버릴 조짐이 보였다. 시민사회는 단호하게 이들에 대한 반대를 표명하였다.

2009년 일어난 2주간의 반정부 시위는 어느 때보다도 격렬했다. 카마라 군부세력은 무력으로 탄압하였다. 시위로 인한 사망자만 200명을 넘었다. 탄압으로 카마라 정권에 대한 심각한 반발을 불러왔다. 시민사회의 반발과 국가 전체적 상황으로 인하여 카마라의 경호원 중 한 명이 그를 암살하려 하였다. 그러나 암살은 실패했다. 카마라는 모로코로 진료차 도피하였다.

카마라가 도피한 이후 그의 대리인으로서 코나테(Sékouba Konaté)가 레바논으로부터 귀국하여 정권을 잡았다. 시민사회와 국제적 공조를 통해 기니는 민간정부 주도의 민주정을 수립하려 하였다. 이에 군사정권은 민간 수상을 임명할 것에 동의하고 이에 진보연대당에서 도레(Jean-Marie Doré)가 수상에 임명되었다.

2010년 국제사회의 공조 속에서 24명의 후보자가 만나 기니의 첫 자유 대통령선거를 시행할 것을 약속하였다. 이 선거는 6월에 시행될 것으로 예정되었다. 하지만 투표 준비를 비롯하여 여건의 미비, 그리고 투표 위원회에 대한 불신 등으로 연기되었다. 선거에서 과반 득표 후보자가 나오지 않았다. 선거는 11월까지 연기되며 과도 정권의 연장이 지속되었다.

결국 11월 7일 콩데(Alpha Condé)가 52.52%의 득표율을 얻게 되며 12월부터 대통령직을 수행하게 된다. 콩데는 2015년 58%의 득표를 통해 재선에 성공하였다. 2021년까지 대통령직을 맡았다. 그러나 콩데는 2015년과 2021년 재선 과정에서 선거구획을 임의로 정하였고, 연임을 위해 헌법을 개정했다. 이 과정에서 그의 정치적 정당성이 지속적인 저항에 부딪히게 된 것은 당연한 결과였다.

그뿐만 아니라 콩데는 경제 발전 명목의 일환으로 광산 회사 세이블(Sable Mining)과의 유착관계를 갖게 되었다. 세이블은 콩데의 아들에게 뇌물을 지급하고 그에게는 헬리콥터를 제공하는 등 경제적으로 지원하였다. 그리고 기니 광산 채굴을 독과점하였다. 이런 경제적 유착관계는 콩데가 기니에서 정치자금을 마련하는 데 기여했을 것으로 추정되고 있다.

2021년 9월 5일 콩데 정권의 11년간의 통치 행위에 대한 시민들의 불만을 구실로 프랑스 외인부대 출신의 기니군 특수군 사령관 둠부야 대령이 쿠데타를 일으켜 콩데를 억류하였으며 정부와 국회를 해산하였다. 국가재건개발위원회(National Commit-tee of Reconciliation and

Development)를 창설하고 스스로 의장과 임시 대통령직에 취임하였다. 쿠데타의 정당성을 콩데 정권의 비민주적 정치 행위와 부정부패, 그리고 지속적인 빈곤에서 찾고 있다. 하지만 15개 회원국 모임인 서아프리카경제공동체(ECOWAS: Economic Community of West African States)는 2년 내 민정이양을 할 것을 요구하며 금융 및 여행 등의 제재를 가했으며 기니 주재대사들을 소환하였다. 결국 민정이양을 요구하는 국민들의 시위 속에, 2022년 10월 23일 기니 군정은 ECOWAS와 2025년에 대통령선거를 실시하기로 약속했다.

■ 경제위기

기니는 2021년 UNDP 인간개발지수(HDI: Human Development Index)에서 전체 191개국 중 182등을 차지하며 최악의 결과를 보여주었다. 또한, 빈곤률이 1994년 95%에 달하였으며 이 수치는 2018년까지 겨우 5%p가량 감소한 89.8%로 나타났다. 더불어 기니에서는 만성적으로 전기나 수도와 같은 기본 자원이 제대로 공급되지 않고 있으며, 쌀, 주식과 같은 기본 식량 가격이 상승하여 2004년 코나크리에서의 폭동, 2006~2007년의 폭동이 이어졌었다.

1985년부터 시작된 정부 차원에서의 민영화를 비롯하여 투자 활성화를 위한 정책들은 1990년대까지 가시적인 성과를 냈다. IMF와 세계은행, 미국의 도움으로 연간 평균 4%에 달하는 경제성장률을 보여줌으로써 기니는 어느 정도 회복의 가능성이 있는 것처럼 보였다.

그러나 2002년부터 시작된 내외부적 불안정은 성장의 가능성을 차단하였다. 우선 기니정부가 IMF와 세계은행이 제시한 기준을 충족하지 못하자 양 기구는 기니에 대한 투자기금인 빈곤퇴치와 성장시설(PRGF: Poverty Reduction and Growth Facility)을 중단하였다. 설상가상으로 2000년에서 2001년까지 기니 지역 내 전쟁을 비롯하여 반란군들에 대한 처리 비용의 증가와 100만 명의 난민 유입으로 기니정부는 과중한 재정 부담을 지게 되었다.

그러나 2003~2007년 사이 기니는 금, 보크사이트, 아연 등의 천연자원과 지하자원에 대한 국제적 수요가 개선되며 경제적 상황이 나아졌고, 댐과 같은 수력 자원 개발을 우선순위에 두는 등 나름의 노력을 보였다. 이에 따라 2007년 IMF와 세계은행은 다시 기니에 대한 투자기금을 진행하였다. 지속적인 부침 속에서 기니는 개선의 방향을 찾는 듯하였다.

IMF의 보고에 따르면 2008년까지 기니는 엄격한 통화정책과 국제적 원조 속에서 상당한 개선을 보인 것으로 나타났다. 경제 운용에 있어 나은 모습을 보여주었다. 그리고 중앙은행의 감사 계좌(audited account)의 발행과 재정 관리에서의 진전을 통해 기니는 많은 발전을 가져온 것으로 보였다.

그러나 2006년에서 2007년 사이 식량을 비롯하여 연료 가격의 상승으로 기니의 긍정적인 변화에 큰 위기가 찾아왔고 인플레이션이 지속되는 등의 사태가 벌어졌다. 더불어 2008년 금융위기는 천연자원과 지하자원의 수요와 가격의 하락을 가져와 기니경제에 악영향을 끼쳤다. 또한, 과다채무빈곤국계획(HIPC: Heavily Indebted Poor Coun-tries)에 따르면 기니는 관리 수준의 미흡한 모습을 보여주었고 국가 세입이 감소함과 동시에 국가 채무가 상승하였다.[17]

기니는 전 세계 매장량의 30~50%에 달하는 보크사이트를 갖고 있다. 이 외에도 금, 다이아몬드, 아연, 석유, 가스 등 풍부한 천연자원과 지하자원을 갖고 있다. 그러나 지속적인 국가 부채의 심화, 정권의 부정부패와 불안정성으로 인하여 외국 기업들이 투자를 망설이고 있다.

캐나다, 러시아 기업들은 오랫동안 기니에서 천연자원에 대한 투자를 진행하였다. 그러나 외국인 직접 투자는 지속적인 부침을 겪고 있다. 정권의 변동이 생기면서 정치 불안정이 찾아올 때마다 투자자들이 급속하게 투자를 철회하는 현상이 반복된다. 외국인 기니 직접 투자 변동 그래프를 보면 1895년 이후로 지속적인 상승 추이를 보여주긴 하였으나 하락세 역시 심각하게 나타나 상승과 하락의 큰 기복을 계속해서 겪고 있는 것으로 나타났다.

뿐만 아니라 2020년까지 지속적인 원자재 가격이 하락하면서, 국가 수입도 줄었다. 물론 2020년 코로나19 사태 이후 원자재 가격의 급격한 상승으로 원자재 부문에서의 기니경제가 개선을 보였다. 그러나 원자재와 지하자원에 대한 의존증은 기니에 자원의 저주를 가져왔다. 만성적으로 원자재 등의 자원에 의존하는 기니의 경제는 자원 이외에 경제를 부양할 수 있는 수단을 개발하지 못하게 하여 도리어 기니의 경제를 계속해서 어렵게 만드는 원인으로 작용하고 있다.

도표 10.5 외국인 기니 직접 투자 변동(%)

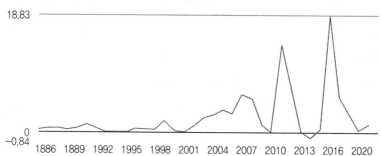

출처: https://www.theglobaleconomy.com/Guinea/Foreign_Direct_Investment/ (검색일: 2022년 12월 28일).

4) 기니 위기의 근원 독재정권의 연장과 부정부패

기니의 정치와 경제 상황은 시민들의 지속적인 민주화 요구에도 불구하고 심각한 부침을 겪고 있다. 기니는 풍부한 지하자원으로 국제적인 관심을 받는 국가이다. 오랜 시간 국제적 개입 속에서 민주화를 이행할 기회가 있었다. 그러나 군부의 끊임없는 권력 쟁취에 대한 욕심과 더불어 선출직 대통령조차도 선출 이후 자기의 지위 보존을 위하여 민주화 저지를 일삼는 등의 행위가 만연했다. 결국 정치권력의 부패가 열린 시민사회의 등장을 막고 있는 것이다.

기니의 만성적인 민주화 부침 상황은 기니 정치인들의 국가 사회를 위한 권력에 대한 겸양의 태도와 군부의 무력을 통한 권력 창출 야욕 등을 억제하는 수단 등을 마련하지 않는다면 이후에도 계속 이어질 것으로 예측된다. 물론 다른 민주주의 국가들처럼 사법부와 입법부 행정부를 분리하는 삼권분립을 형식적으로 마련해 놓았다. 그러나 입법부와 사법부가 사실상 행정부에 귀속되어 있다.

콩테와 같이 대통령이 임의로 법령을 조율하여 자기의 입맛에 맞는 식으로 법을 수정하여 정권을 재창출하려는 정치적 풍습과 태도가 있었고 이에 입법부와 사법부가 그 기능을 다 하지 못하고 있다. 최근 콩데는 연임을 위한 헌법 개정을 추진하였다. 기니에는 만성적인 정치권력의 부패와 이에 따른 독재에 대한 야욕이 기승을 부리고 있다. 정치가 부패하니 성장과 분배가 적정하게 이루어지지 않는다. 정경유착으로 기업은 시장 활성화를 통한 가치창출이 목적이 아니라 정치권력의 비호 아래 단기적 이익에 집중하고 있다. 소유를 인정하는 자본주의와 교환의 장소인 시장이 존재하지만 아무런 작동을 못하고 있다. 즉, 상술한 2021년 쿠데타 이후 민정이양이 늦어지듯이 기니의 민주화 부침과 독재의 연장은 법적 차원의 권리가 동등하게 분배되어 있지 못하고 소수의 정치 엘리트를 비롯하여 군사세력에 편재해 있는 데 기인하였다.

경제적 불안정 속에서 정권은 전기, 수도, 가스, 도로와 같은 기반자원과 시설을 공급함에 있어 문외한 지경이고 설사 간헐적으로 그러한 기본 요소들을 위한 노력을 보인다 하여도 이벤트성에 지나지 않았다. 이처럼 불안정한 정치적, 경제적 분위기는 풍부한 지하자원을 보유하고 있는 이점을 전혀 활용하지 못하였다. 경제적 가치에 대한 적절한 배분이 발생하지 않게 되자, 해외 투자처들로 하여금 투자에 대한 유보를 가져오는 결과를 직면하게 되었다. 국내 기업들도 이런 지하자원을 빌미로 정권과의 유착관계를 통해 독재에 이바지하는 역할을 하는 것에 그친 상황이다. 적절한 경제적 가치 배분의 실패는 총체적 국가위기로 귀결되고 말았다.

주

1) Fragile States Index, https://fragilestatesindex.org/country-data.
2) Gabriel V. Rindborg, *Venezuelan Oil and Political Instability* (Stockholm: Stockholms universitet, 2018), p. 17.
3) Rindborg (2018), p. 22.
4) Rindborg, (2018), p. 23.
5) Jonathan Di John, "The Political Economy of Anti-Politics and Social Polarisation in Venezuela 1998~2004," *Crisis States Research Centre* (2005), p. 5.
6) John (2005), p. 25.
7) "문재인은 실패한 차베스 노선을 가고있나," 『주간조선』, 2020년 8월 6일.
8) Rachel Jones, "Hugo Chavez's health-care programme misses its goals," in *THE LANCET* (June 2008).
9) "Alex Saab: quién es y de qué acusan al empresario vinculado al gobierno de Maduro extraditado a EE.UU," *BBC News*, 13 June 2020.
10) "베네수엘라 따라가나 … 닮은 게 부동산 정책만은 아니다," 『한경 오피니언』,

2020년 8월 19일.

11) 김성수, 『자본주의와 민주주의, 상생의 정치경제학을 위하여』 (서울: 박영사, 2020), p. 216.

12) Fragile States Index, https://fragilestatesindex.org/country-data.

13) BTI Transformation Index, "Haiti Country Report 2022," https://bti-project.org/en/reports/country-report/HTI (검색일: 2022년 10월 28일).

14) "Haiti goes to the polls," *BBC*, 9 May 2000.

15) Fragile States Index, https://fragilestatesindex.org/country-data.

16) Alieu Darboe, "Guinea(1958-present)," *International Center on Nonviolent Conflict* (October 2010), pp. 1−6.

17) Ana Larcher Carvalho, "Republic of Guinea: an analysis of current drivers of change," *Norwegian Peacebuilding Centre* (March 2011), pp. 16−17.

11장

역사문화 분절

역사문화의 위기는 국가를 구성하는 구성원의 특성과 문화를 고려하지 않은 상태에서 독립국가가 되면서 발생한 내부의 민족, 정파의 분열이 외부와 연결되어, 과격하고 폭력적인 형태의 분열로 이어진다.

1. 예멘

1) 현황

예멘은 시바(Sheba)왕국으로 불리며 중동 아라비아반도 남서부에 있는 국가로 사우디아라비아, 오만과 국경을 접하고 있다. 막대한 석유자원이 있고, 세계적인 교역 중심지로 번영한 국가였다. 영국이 철수한 이후로는 급격한 쇠락의 길을 걷고 있는 나라이다. 현대 국가 중 가

국기와 지도   예멘

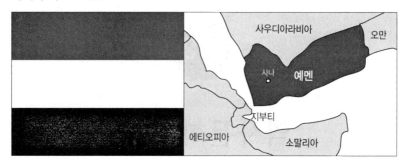

장 과격한 형태로 국가 내분을 겪었고, 민족, 정파, 국제적으로 분열되어 서로 총을 겨누고 있다. 여기에 이슬람 근본주의까지 만연하여 인권이란 요소는 찾아볼 수 없는 국가로 전락했다. 예멘의 2022년 FSI는 111.7로 일상이 전쟁터인 소말리아보다도 높다. 조사 대상 국가 중에서는 가장 높은 1위였다. FSI 1년간 변동률은 0.00%, FSI 5년간 변동률은 0.60%, FSI 10년간 변동률은 6.90%였다.[1]

예멘은 국민의 절반 가까운 인구가 빈곤 상태에 처해 있으며 실업률 또한 아랍 국가 중 최악의 수준을 보인다. 2011년 경제성장률이 −15%를 기록한 이래로, 거의 매년 마이너스 성장률을 기록했다. 경제 부양 측면에서 국가 기능을 하지 못하고 있다.

예멘의 근본적인 문제는 시리아와 마찬가지로 종파주의적 근원을 첫째 요소로 꼽을 수 있다. 이슬람교가 국교로 지정되어 있고 샤리아 법원까지 있다. 이 중 수니파가 다수이고 시아파도 2위를 차지하고 있다. 수니파는 대부분 샤피이파 마드하브이고 시아파는 대부분 자이드파이다. 10세기부터 북예멘 고원지대의 대부분은 자이드 이맘 겸 국왕인 카심 왕가가 1970년까지 통치하였다. 수니파는 남부 아덴지역과 동부 하드라마우트에 자리 잡고 있으며 자이드파는 초기에는 수니파와 서로 교류하면서 정통 칼리파들을 인정하는 등 교리상 큰 차이가 없어 종교적인 마찰은 의외로 적은 편이다. 오랜 공존으로 양측의 신도들은 각자의 모스크가 없을 경우 상대 종파의 모스크에서 예배를 올릴 정도로 큰 문제가 되지 않았다.

예멘의 종파주의적 갈등은 샤피이 수니파와 반군인 자이드 시아파 세력의 다툼에서 시작된다. 갈등의 증폭은 살레(Ali Abdullah Saleh)의 통치 기간 이루어졌다. 살레의 수니파 중심의 국정 운영과 반군세력인 시아파 후티족에 대한 과도한 탄압이 내전으로 확산되었다. 살레 정권은 자원 분배에 있어 공정한 배분을 추구하기보다 정치적·경제적으로 북서쪽 고산지대 사다하(Sa'dah)지역을 차별하면서 정치 참여에서도 제약을 두면서 자이드 시아파의 반발을 사게 된다.[2] 시아파의 강경세력인 후티는 2004년 등장한 이래로 계속해서 반정부 활동을 이어왔다. 2012년 튀니지에서 불어온 민주화 운동인 '아랍의 봄'과 함께 살레는 퇴진하게 되고, 2015년 수도 사나(Sana'a)를 점령하기까지 타협과 사회적 합의를 만드는 노력보다 무장투쟁을 유지하면서, 예멘 상황을 악화시켰다.

이처럼 첨예한 대립각을 내세우며 최악의 사태로 치달은 예멘내전은 오랜 역사의 산물이다. 예멘은 예멘 왕국(1918~1962년)부터 북예멘·남예멘의 분리 시기, 1990년 통일정부 이후 시기, 후티 등장 시기 등으로 나눌 수 있다. 예멘이 통일정부를 구성한 이후를 중심으로 내전 상황을 살펴보자. 이를 통해 예멘이 현재 FSI 지수 1위를 차지할 정도로 나빠진 직접적인 원인을 살피고자 하였다.

2) 2011년도 '예멘혁명' 내전 발생 이전

■ 통일 이전(1962~1990년)

통일 이전 북예멘은 오랜 기간 신정정치에 의해 유지되었다. 북서쪽 자이드 시아파 거주 고산지역은 신정정치를 주도하는 이맘의 지배지역이었다. 신정정치의 경제적 토대를 구성하는 것은 샤피이 수니파였다.

이맘은 상대적으로 부유한 수니파 중부지역인 타이즈, 이브, 알바이다, 그리고 홍해 연안지역이나 티하마 등에서 나오는 경제적 성과물들을 착취하면서 경제적 기반을 유지하였다. 북예멘의 주요 거점은 수도 사나와 같은 고산지대였다. 이후 고산지대 중심의 국가운용은 주변 지역의 불만을 초래, 이후 내전의 근본적 원인으로 작용하였다. 1960년 아랍 국가주의 운동으로 등장한 자유 예멘인(Free Yemenis) 세력은 1962년 본격적으로 이맘의 통치에 대한 반란을 일으켰다.

자유 예멘인들의 모임은 시아파 군주국인 예멘의 이맘 통치체제를 전복시키고, 예언자 무함마드(Muhammad)의 적통 후계자는 수니파라는 주장을 이어나간다. 이들은 기존 사이드(Sayyid)와 같은 이슬람 정통성을 주장하는 자들에 의한 지배를 부인하고, 자신들이 남아라비아(South Arabia)로 이주한 북방계 부족임을 주장하면서 카타니(Qahtanis)들이야말로 진정한 예멘인들임을 주장하며 다른 종파를 배척하였다.[3] 자유 예멘인 세력은 공화주의적 요소를 가미한 정치체제를 주창하며 예멘 아랍 공화국(Yemen Arab Republic)을 건설하게 된다. 공화주의자 사랄(Abdullah al Salal) 대령이 주축이 되어 왕당파에 저항하는 모습이었다. 이집트, 소련, 시리아가 공화정부를 지원했으며 사우디아라비아, 요르단, 모로코, 이란, 영국 등이 왕당파를 지원하면서 내전으로 확대되었다. 1965년부터 내전이 소강상태에 빠지게 되면

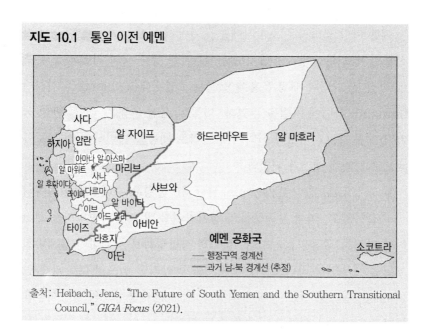

지도 10.1 통일 이전 예멘

사다
하자아 암란
  아마나 알-아스마
알 마위트 마리브
알 후다이다
라이마다르마
'이브 알 바이다
  아드 일라
타이즈 아비안
  라흐지
아단
알 자이프
하드라마우트
알 마흐라
샤브와

예멘 공화국
—— 행정구역 경계선
—— 과거 남-북 경계선 (추정)

소코트라

출처: Heibach, Jens, "The Future of South Yemen and the Southern Transitional Council," *GIGA Focus* (2021).

서 계속된 내전에 지친 주변국들은 개입을 철회하기 시작하였고 공화 정부의 군부도 분열되면서 1967년 이리야니(Abd al Eryani)를 중심으로 사람을 축출하고 왕당파와 1968년 휴전협정을 체결한다. 이 기간 동안 25만 명의 예멘인이 사망하는 피해를 입어 향후 예멘의 정치적 부담으로 남게 된다.[4]

  1970년 신헌법을 반포하며 이슬람 율법 샤리아를 헌법으로 제정하고, 법관들을 이슬람 종교학자로 채우는 등 이슬람 공화국에 가까워졌다. 입법부는 구성하지 않았으며 정당활동도 금지하고 자문회의라는 모호한 단체를 통해 통치하는 체제가 수립되었다. 공화국 의장 이리야니는 중도좌파 알아이니(Mohsin Ahmad al-Aini)를 총리로 임명하였다. 지방의 자치와 통치권은 부족장들에게 위임하는 등 대부족의 영향력은 그대로 인정하였다.

예멘 아랍 공화국은 초창기에는 국가에서 나오는 세수를 단순히 자신들의 세력 확장에 사용하기보다 재투자를 통해 국가 기반 시설 구축에 힘썼다. 그러나 재정 운용에 있어서 고산지대(highland)와 저지대(lowland) 사이에 차별을 두었다. 더불어 재정 운용은 국가수반이 국가 전체를 대표하기보다 산악지대 엘리트 계층을 대변하는 것을 노골적으로 드러낸 계기가 되었다.[5]

결국 1974년 함디(Ibrahim al-Hamdi) 중령은 쿠데타로 이리야니를 축출하였고, 이어 부족장들의 정치참여를 막고 군사평의회를 설치하며 강력한 군정을 실시한다. 정치적 정당성확보를 위하여 경제발전계획을 세우면서 국민으로부터 지지를 받았지만 인프라 부족과 불안한 정치상황으로 답보 상태가 되었다. 남예멘 대통령과의 정상회담을 통한 상황반전을 꾀하고 남예멘 수도 아덴(Aden)을 방문할 계획을 세웠으나, 하루 전날 1977년 10월 11일 암살되고 만다. 그의 동료 가쉬미(Ahmad al-Gashimi) 중령이 그의 뒤를 이어받으며 군사평의회를 해체하고 반대 세력을 내각에 등용하는 등 정치개혁을 취하였다. 그러나 결국 권위주의체제가 강화되었고 1978년 6월, 가쉬미가 남예멘 특사와 면담을 하던 중 특사의 가방에 든 폭탄이 폭발하면서 그 자리에서 사망하고 만다.

살레 중령이 그 뒤를 이어 등장하여 2012년까지 예멘을 철권통치한다. 살레의 집권 초기 남예멘은 '민족민주전선'을 조직하여 북예멘을 공격하여 연전연승하면서 수도 사나가 위태로워졌지만 북부 부족장들의 도움으로 사태를 수습하였다. 고마움에 자신의 부족출신인 부족장들을 요직에 앉히면서 편파적 인사가 시작된다. 처음으로 대통령으로 등장하였던 시기 북예멘지역의 지역 간 격차는 매우 커 지역 간균형 자체를 흔드는 원인이었다. 그럼에도 살레 정권은 구분없이 자유

예멘인 반란 이전 이맘 통치 시기보다 더욱 가혹한 세금을 거두었다. 중간지역에 대한 과세액은 고산지대 주민들에 비하여 두 배나 많았다. 살레 정권의 불공정한 지역정책은 이후에도 지속되었다. 오로지 정권의 기반이 되는 셰이크들만이 주요 수혜 대상이었다. 더불어 1984년 유전이 발견된 마리브(Marib) 구역은 고산지대 엘리트층에 의한 새로운 착취의 대상이 되었고, 이러한 통치 행위는 중부지역과 북예멘 인구의 큰 불만의 원인이 되어왔다.

■ 통일 이후(1990~2011년)

북예멘과 달리 남예멘에서는 사회주의를 기반으로 하는 예멘사회주의당(YSP: Yemeni Socialist Party)이 통치하였다. 영국 총독의 지배를 받던 남예멘은 이집트의 지원으로 투쟁을 전개하여 1967년 11월 예멘인민공화국(PDRY: People's Democratic Republic of Yemen)을 선포한다. 이들은 예멘의 발전을 위하여 북예멘과의 통일은 필수적이라는 주장을 이어왔다.

같은 언어와 종교를 공유하는 민족이지만 북예멘은 왕정을 거쳐 아랍 민족주의를 지향하는 공화정을 채택한 반면, 남예멘은 사회주의체제를 채택하며 이념적 차이가 존재하였다. 더불어 남예멘이 북예멘 가쉬미 암살에 대한 책임이 있는 것으로 드러나게 되면서 북예멘과 남예멘은 1979년 3월 국지전 양상의 전쟁을 치르게 된다. 하지만 남예멘에 온건파 대통령 무함마드(Ali Nasser Mohammed)가 취임하면서 통일의 움직임이 시작된다. 1981년 11월 사나를 방문하고 살레는 아덴을 방문하는 등 두 국가는 평화적 행보를 이어 나갔다. 특히 국경지역에서의 유전 발견은 두 국가의 평화적 관계를 잇는 동력이었다. 더불어 소련의 붕괴로 남예멘은 정치경제적 후원자를 잃게되자 내부의 갈등을 잠재울 수 있는 여력을 잃게 되면서 권력의 기득권을 유지할 수 있는 방안을 찾게 된다.

결국 1990년 4월 두 국가수반은 두 국가를 하나로 통일시킬 것을 합의하였고, 같은 해 5월 22일 예멘 공화국(Republic of Yemen)이 수립된다. 초기 두 국가의 인구 비례로 통일의회와 대통령위원회를 설치하여 대통령에 살레, 부통령에 남예멘의 최고 인민회의 의장 알리베이드(Salim Alibeid)가 취임하면서 다소간 평화로운 시기가 있었다. 그러나 이후 1992년 선거에서 대통령 살레가 이끄는 국민회의(GPC: General People's Congress)와 이슬람 개혁 연합 정당 이슬라(Islah)에 이어 세 번째로 많은 의석수를 점하게 된 남예멘세력의 알리베이드가 이끄는 예멘사회당은 권력배분에 대한 불만을 품게 되었다. 더불어 아덴에서의 수입 급감으로 남부세력이 경제적으로 더욱 어려워졌다. 건강과 교육과 같은 기본적인 정책에서도 불이익을 경험하였다.[6]

상황은 통일 예멘을 오랫동안 이끌어갈 수 없게 만들었고 1993년 남예멘은 분리정책을 선언하고 독립을 주장하였다. 남북 예멘의 회담이 있었으나 실패하였고, 1994년부터 짧은 내전이 시작되었다. 살레는 남북 갈등을 봉합하기 위하여 하디(Abd Rabbuh Mansur al-Hadi)를 부통령으로 임명하며 남북 사이의 균형있는 권력 분배에 관심을 두는 것처럼 보였다. 그러나 기실 살레가 관심이 있었던 것은 그런 모양새가 드러나게끔 행동하는 것이었지 남예멘세력의 이득은 아니었다. 북예멘의 승리로 내전이 마무리 되면서 1999년 최초의 국민투표로 실시된 대통령선거에서 96.3%의 득표율로 재선되었고 2001년 헌법을 개정하여 대통령과 국회의원 임기를 각각 5년에서 7년으로 4년에서 6년으로 연장하는 등 강력한 통치기반을 다지기 시작하였다.

실제로 그는 이슬라와 연정을 구성하는 등, 남부세력 옹호정책보다 이들을 압박하는 행보를 보여 왔었다. 더불어 이런 기회를 통해 살레 정권은 북예멘의 정치·경제적 확장을 도모하였다. 북예멘 고산지대 엘리트 계층을 통해 아덴이 전복되었다. 남예멘의 공무원과 군인들은 해고되었으며 남부지역의 지하자원이 약탈당하였다. 북예멘에 의한 남예멘 억압과 수탈은 이후 예멘의 심각한 내전의 씨앗으로 작용하였다.

이후 남예멘지역에서는 계속해서 북예멘 위주의 정책에 대한 반감으로 반란세력들이 등장하였다. 살레 정권은 반란 및 반대 세력과의 정치적 협의나 타협은 모색하지 않았다. 강경한 정책으로 이들을 더욱 배척하고 진압하였다. 남부지역의 반란 움직임은 평화적으로 유지되는 듯하였다. 하지만 다소간 폭력적으로 변해가며 남예멘의 부활을 주장하는 알히라크(al-Hirak)와 같은 운동으로 이어졌다. 이후 알히라크는 후티 반군세력으로 계승되며 자이드 시아파의 반란에 영향을 미쳤다.

남예멘 반란세력과 후티 반군세력의 알히라크 운동은 단순히 반(反)정권 운동으로 일어났다기보다 정부 요직을 비롯하여 지하자원과 석유 등에 대한 이익의 불공정한 분배에서 나타났다고 보는 것이 적절하다. 또한, 남예멘지역은 오랜 기간 독립을 유지하였다. 정치·경제적으로 배척받는 것은 단순히 반정권 차원으로 이어지는 것이 아닌, 정치적 차원에서 기회를 부여받는 것으로 받아들여졌었다.

살레 정권의 남부세력에 대한 탄압과 갈등 상황의 지지부진한 봉합 정책은 이후 후티 반군세력의 등장에 더욱 큰 원인으로 작용하였다. 2004년 5월부터 2010년 2월까지 사다지역에서는 6차례의 전쟁이 발생하였다. 특히 사다지역에서 알후티(Abdul-Malik al-Houthi)와 그의 아들 후세인(Hussein)은 지역사회 유지로서 인정받는 이슬람 전통주의자들인 사이드들이었고, 이들을 중심으로 '믿음의 청년들(Believing Youth)'과 같은 움직임이 일어났다.

이런 움직임은 2000년대 초반 후세인으로 인해 반미, 반시오니즘 (Anti-Zionism), 자이드 부활론, 살레 정권의 경제정책 실패와 북쪽 지역 방치에 대한 강한 비판 등을 기반으로 공고한 반정권세력을 구축하게 된다. 특기할만한 점은 후세인에 의한 반정권 움직임이 단순히 자이드 시아파의 수니파에 대한 반발과 같은 종파주의적 관점만을 갖고 있지 않았다는 것이다. 이는 범이슬람적 요소로서 정치사회적 요소에 있어 혁명을 가져오고자 하는 운동이었다.

그러나 살레 정권이 가졌던 크나큰 착오는 후세인에 의한 운동이 단순히 자이드 시아파주의를 외치며 수니파에 대한 복수를 내세우고 이전의 이맘에 의한 통치시기로 돌아가자는 복고주의라는 인식이었다. 만약 살레 정권이 후세인에 의한 반정권 움직임이 범이슬람주의적 운동이었음을 다소간이나마 인식할 수 있었다면 어느 정도의 타협점을 모색할 수 있었던 것으로 보인다.

부족장인 셰이크들은 공화국 출범 이후 계속해서 공화국 내에서 불균형한 이익의 주요 수혜자가 되어왔다. 셰이크들의 행보는 이후 그 정당성에 있어 심각한 균열을 입었다. 이들에 의한 정부 권력의 불공정한 사용과 균등한 지역 발전의 실패는 많은 부족들이 사이드들에 의해 구축된 후티 반정부 운동으로 흡수되게 만드는 동력으로 작용한다.

3) 2011년도 '예멘혁명' 내전 발생 이후

■ 2011년도 내전 이후~현재

2010년 불어 닥친 아랍의 봄은 당시까지 부침을 겪던 후티 반군세력과 반정권 운동에 강력한 동력을 불어 넣는다. 살레는 국제정치적 상황과 국내적 상황에 아랑곳하지 않았다. 도리어 그는 2010년 개최하였던 걸프협력회의(GCC: Gulf Cooperation Council) 축구 대회의 성공을 남부지역이 자기의 통제하에 있다는 것을 증명한다고 보았다.

더불어 그는 국회를 장악하여 그와 그의 아들 알리(Ahmed Ali)가 계속해서 정권을 장악할 수 있는 입법을 시도하였다. 그는 이전에 정적들에게 약속하였던 2009년 의회선거의 실시 계획 자체를 무시하는 등 철저히 정실주의적 정치체제를 이어 나갔다.

2011년 본격적으로 예멘에서도 후티 운동과 더불어 반정권적 시위가 발생하였다. 다른 국가와 달리 반정권 운동을 통제할 수 있다고 자신하였던 살레 정권은 심각한 위기에 봉착하게 된다. 당시 살레 정권이 공공연하게 자행해 오던 정실주의적 인사와 부패에 대한 시위대의 반발은 물론, 정치경제를 비롯하여 사회적인 퇴보와 국가 자체의 기반에 대한 의문과 더불어 삽시간에 예멘 전역에 반정권의 흐름이 높아졌다.

살레는 국내적 위기에 대처하고자 미국과의 공조를 요청하였다. GCC에 대한 도움 요청은 물론, 유엔안보리의 P5(미국, 영국, 프랑스, 중국, 러시아), 아프리카통일기구(OAU: Organization of African Unity)에까지 도움을 요청하였다. 운 좋게도 해당 국가와 기구는 협력에 동의하였다. 그러나 도움에 대한 대가로서 살레는 정권에서 물러나겠다는 약속을 하였다. 사우디 왕 압둘라의 압력으로 마침내 살레는 2011년 11월 30여 년 사이의 통치를 뒤로 하고 물러나게 되었다.[7]

살레의 퇴진으로 1994년 이래 부통령을 지내던 하디가 2012년 경쟁자 없이 대통령으로 당선된다. 아랍의 봄으로부터 이어진 반정권 운동의 성공과 이후 예멘 사회의 안정과 민주주의의 실현을 꿈꾸게 하였다. 그러나 이런 소망은 어디까지나 '꿈'에 불과하였다. GCC는 예멘문제 해결을 위하여 국가 화해 회의(NDC: National Dialogue

Conference)를 출범시키고 2년 사이의 논의를 통해 광범위한 차원의 정치경제문제와 사회적 문제를 논의하게 하였다.

그러나 NDC가 광범한 논의를 하는 동안, 예멘 사회 내에서 살레 정권의 붕괴로 인한 혼란이 더욱 가중되었다. 가령 마리브에서 NDC의 논의에 반대하는 세력과 살레 충성파 세력의 파괴 공작원들은 전력과 같은 필수 기반 시설들을 파괴하였다. 이는 수주간 전력 공백의 상태를 가져왔다. 나아가 도로, 수도 등의 시설이 모두 차단당하는 등의 사태가 발생하며 남부지역은 과도기적 논의를 지지하는 세력과 이를 거부하는 세력 사이의 다툼으로 첨예화되고 있었다.

살레는 아이러니하게도 이후 후티 반군세력과 연대를 통해 재기를 노린다. 그는 자기의 군사력을 후티 반군세력을 지지하는 데 이용하며 과도정부의 퇴진을 압박하고자 하였다. 아이러니한 두 세력의 연합체는 후티 지지세력과 자이드 시아파로부터의 지지뿐만 아니라 과도정부의 지지부진함과 실패에 대하여 분노한 세력들로부터 강한 지지를 받게 되었다.

후티는 더욱 광범한 지지를 얻어내기 위해 포퓰리즘적인 행보를 강화하였다. 살레의 경우 그가 과도정부를 끌어내고 사나의 안정과 질서를 가져올 수 있다는 선전을 하였다.

후티는 이후 유엔하에서 이루어진 평화와 민족파트너십 합의(PNPA: Peace and National Partnership Agreement) 논의를 무시하였다. 그는 2015년 초 하디가 반포한 여섯 개 연방 구역의 창설을 골자로 하는 헌법에 강력하게 반발하였다. 또한, 수도를 점령하고 의회와 정부를 해산하였다. 하디는 2015년 2월 아덴으로 망명을 가게 되고 예멘은 완전한 혼돈의 상태로 들어가게 된다.

하디는 망명 후 유엔 안보리에 도움을 요청하여 남예멘지역으로 후티 반군세력이 진입할 것을 막아달라는 서한을 보낸다. 유엔 안보리는 하디정부를 예멘의 유일한 합법적 정부로 간주하였다. 정치적 과도기적 단계를 다시 밟을 것을 발의하였다. 더불어 사우디 연합은 당시 예멘 내부의 알카에다 세력과의 대결을 명분으로 남예멘에 진입하였다. 그러나 하디정부의 요청에 의한 사우디의 진입은 샤피이 수니파와 남부세력의 더욱 강렬한 내전을 불러일으키는 도화선으로 작용하였다.

더불어 후티와 살레의 연합체제는 이후 자연스럽게 와해되었다. 2016년 8월 국가회복정부(NSG: National Salvation Government)의 출범은 후티-살레 연합체제의 심각한 균열을 가져왔다. 2017년 12월 살레는 후티와의 연합을 종료하고 그의 군대를 사우디 연합에 합류시키겠다고 선언하였다. 그러나 살레의 무모한 시도는 후티의 강력한 반발에 부딪혔고 그는 12월 4일 후티에 의해 살해된다.

이로부터 5년이 지난 지금까지 예멘은 북부에서는 시아파 후티가, 남부에서는 사우디와 수니파 국가들의 지원을 받는 남예멘 재분리를 요구하는 분리주의자들이 그리고 동부와 남부에서는 알카에다 아라비아반도지부가 활동하는 등 여러 개의 전선이 형성되어 지속적으로 사망자를 내고 있다. 더욱이 사우디, 아랍에미리트, 러시아, 미국 등의 개입으로 복잡한 내전 양상으로 치닫고 있다. 기아문제, 청년 실업문제는 물론이고 기본적인 인권조차 보장이 안 되는 국가로서 '국가'라는 명칭을 붙이기에도 민망한 상황을 만들어내고 있다.

■ 수차례 합의 도출 노력의 실패

2011년 이후 내전 외에도 예멘 내에서 지속으로 발생하였던 남북 대결 구도와 수니파-시아파문제, 예멘 정권을 지지하는 세력과 반정권 후티 반군세력 등의 복잡한 내전 양상으로 예멘에서는 지속으로 합의

점 도출을 위한 논의가 이루어져 왔었다. 그러나 시도들은 모두 실패로 귀결되었다.

– 서약 합의 문서(Document of Pledge and Accord)

1994년 북예멘의 GPC와 남예멘 YSP는 각 세력의 국내적으로 혼란을 겪고 있었고 이에 독립 회의체인 예멘 국가 화해(National Dialogue)는 통일 협의안 초안의 수정을 위해 서약 합의 문서를 작성하였다. 이는 양원제를 골자로 남북 대표의 균등한 의석 구성을 내세운 것이었다. 그러나 살레 정권은 정작 자기 세력이 선거로 우월한 지위를 점하게 되자 남예멘세력을 진압하는 데 집중하였다. 나아가 남예멘의 지하자원을 비롯한 에너지자원을 착취하면서, 본 협약은 파기된다.

– 사다전쟁 중재(Sa'dah War Mediation)

2004년부터 2010년까지 있었던 사다지역의 6차례의 전쟁으로 인해 예멘은 극도의 혼란을 겪었다. 현재까지 이어져 오고 있는 내전의 결정적인 계기였다. 2006년 9월 살레는 사다전쟁에 대한 중재안을 발표하는데 이는 사이드에 의해 구성된 위원회에서 작성된 것이었다. 정부는 중재안에서 사다 내부에서 발생한 반정권 움직임에 대하여 사다지역에 정부가 기반 시설 건설과 투자에 노력할 것을 약속한다는 것을 명시하였다.

그러나 중재안은 큰 효력을 발휘하지 못하였다. 2009년 6번째 전쟁이 발발하기에 이른다. 이에 정부는 다시금 6개의 항목을 명시한 중재안을 발표하는데 그 내용은 1) 사다지역과 방어 요충지, 산악지역으로부터의 정부군 철군 2) 모든 검문소의 폐지 3) 모든 약탈과 파괴의 중지 4) 점령군 철군과 민간 시설 확립 5) 후티 반군에 의해 납치되었다고 추정되는 6명의 외국인에 대한 상황 명시 6) 지방 정권에 대한 간섭 철회가 있었다.

후티는 5번 조항에 대한 반대 외에 모든 조항을 받아들이기로 하였다. 그러나 2010년 휴전이 있기까지 정부와 후티 반군은 협의점을 도출하지 못하였다. 남은 문제는 2011년 2월까지 지속되었고 아랍의 봄이 몰아닥치며 중재안은 아무런 효력을 발휘하지 못하였다.

– 국가 화해 회의(National Dialogue Conference)

아랍의 봄으로 살레가 퇴진한 이후 반군세력과 정부 엘리트들은 심각한 예멘 내부 상황을 해결하기 위해 광범한 차원에서의 이슈와 이에 대한 해결책을 제시하기 위해 협의하였다.

GCC 주도하에 이루어진 국가 화해 회의는 단순히 남성 위주의 시민사회만을 대상으로 하지 않았다. 이슬람권에서는 획기적으로 여성과 아동을 논의의 대상으로 포괄하였다. 국가 화해 회의는 남부지역 문제와 사다 이슈만을 논하던 것에서 나아가 환경문제를 비롯하여, 사회문제, 화해와 과도기적 정당성 확보, 군사문제와 안전 확충문제 등에 대하여 광범한 차원에서 협의가 이루어졌다. NDC는 협의 끝에 6개 주로 나뉜 연방정부 구성을 골자로 하는 결론을 도출하였다. 이는 이해관계를 달리하는 각 세력 사이의 독립성을 보장하기 위한 시도였다.

그러나 협의 결과 역시 후티 반군세력을 차별하는 협의안이라는 이유로 후티 반군세력의 강력한 반대에 부딪힐 수밖에 없었다.

– 평화와 민족파트너십 합의(Peace and National Partnership Agreement)

2014년 9월 후티의 수도 사나 진입과 더불어 유엔은 반군과 협의를 이끌어 내기 위해 베노말(Jamal Benomar)을 중심으로 대표단을 파견하였다. 본 협의는 하디로 하여금 반군과의 협의를 통해 새로운 수상으로 알바하(Khaled al-Bahah)를 임명할 것을 명시하였다. 또한, 다수 위원회를 통해 예멘의 과도기적 상황과 NDC 협의안의 이행을 감시할 것을 규정하였다. 하지만 후티는 협의안을 이행을 거부하였고, 2014년 말, PNPA안은 완전히 폐기된다.

4) 예멘 위기의 근원: 뿌리깊은 종파 간 갈등과 후티 근본주의

살레 정권의 실각으로 견주어볼 때, 예멘의 현 상황을 초래한 원인을 근본적으로 시리아나 소말리아처럼 정부 실패로 볼 수 있다. 물론 시리아나 소말리아처럼 그 정당성을 확보하지 못한 정부가 끝까지 독재를 내세웠다는 점에서 공통점은 존재한다.

그러나 예멘의 상황이 극한으로 치닫게 된 데에는 부족주의 중심의 종파 간 갈등과 후티 반군세력의 시아파 근본주의적 영향이 크게 작용하였다고 볼 수 있다. 통일 이후에는 샤리아를 헌법의 기초로 삼으면서 사우디와 마찬가지로 이슬람 근본주의 국가로 가고 있다. 정부가 남부세력을 탄압하고, 수니파의 지배적 지위 점령을 유도하였다는 데에서 가치의 불균등한 배분을 초래하였다고 볼 수 있다.

그럼에도 시리아, 소말리아와 다르게 예멘은 수차례 협의점을 찾기 위한 시도가 있었다. 물론 그 내용의 실질성이라는 측면을 고려해볼 때 아쉬움은 많이 남지만, 이런 시도 자체가 존재하였다는 것은 시리아나 소말리아와는 그 결이 상당 부분 다르다고 볼 수 있는 측면이 있었다.

하지만 예멘 후티 반군세력은 시아파 근본주의적인 내용을 근거로 협약의 대부분의 내용을 이행하기를 거부하였다. 만약 이들이 초창기의 모습대로 단순히 종파 간 갈등의 양상이 아닌 정치적 입장으로 사안을 바라보는 노선을 유지했다면 현 예멘의 상황은 다소간 달랐을 수도 있다고 가정할 수 있다. 그러나 후티 반군세력은 정치경제적 차원에서의 협약을 실천하기보다, 본인들의 이슬람 근본주의적 접근을 통해 그들이 원하는 국가를 실현하는 데 더욱 관심이 있는 것처럼 보인다. 다시 말해 예멘 내부에 산재해 있는 정치적 정당의 모습은 인종적 기반의 정당(Ethnicity-Based Party)의 모습을 띠고 있어 종파와 인종에 기반한 적대적 정치문화를 지속으로 배태시켰다.

결과적으로 현 예멘의 비극은 왕당파와 공화파, 좌파와 우파, 남예멘과 북예멘, 수니파와 시아파, 알카에다의 창궐의 복잡한 구조를 보이면서 이해관계자들이 각자의 세력을 공고화하려는 데서 비롯된다. 하지만 근본이 되는 종교적 상징적 가치에서 발생하는 문화적 충돌은 반군의 이슬람 수니파와 시아파 사이의 뿌리 깊은 갈등이 어느 정도 해소되지 않는다면, 예멘 상황의 해결책을 찾는 것은 어려워 보인다. 문화적 가치는 결속하고 협력하는 긍정적 가치를 생산할 수도 있지만, 예멘의 경우처럼 종교와 부족 요소가 엉키며 갈등과 충돌의 양상으로 이어질 수도 있다. 더구나 근본주의세력이 자신들이 원하는 자기들만의 국가를 건설하기를 소망하는 와중에 기존 세력과의 화해와 협력은 곧 그들의 국가 건설을 중단하는 것과 크게 다르지 않기에, 현재의 극단적 상황은 쉽게 그치지 않을 것으로 보인다.

2. 미얀마

1) 현황

오랫동안 버마로 알려진 미얀마는 북동쪽으로 중국, 동으로는 라오스, 동남으로는 태국, 서로는 방글라데시아와 벵골만과 접한 동남아 국가이다. 미얀마는 대표적인 군부독재 국가의 하나이다. 군부세력이 공고하게 자리를 잡으면서, 국기만 독립 후 두 번이 바뀌었다. 이처럼 아시아지역에서 극도의 혼란을 보여주는 국가이다. 미얀마의 2022년 FSI는 100.0으로 10위였다. FSI 1년간 변동률은 6.20%, FSI 5년간 변동률은 4.30%, FSI 10년간 변동률은 3.80%이다.[8]

아웅산 수치(Aung San Suu Kyi)의 국민민주연맹(NLD)이 2020년 11월 총선에서 압승하자 이듬해 2월 군부가 쿠데타를 일으키며 민주주의 정권을 5년 만에 무너뜨린다. 이처럼 미얀마에서 깊게 뿌리 내리고 있는 군사독재체제는 반세기 이상 그 역사를 이어왔다. 1962년 등장한 네 윈(Ne Win) 미얀마군 총사령관은 군사쿠데타를 통해 사회주의 정권을 세웠고 2015년 민주화세력에 패배하기까지 53년간 독재체제를

국기와 지도   미얀마

유지하였다.

미얀마는 민주 반정부세력과 군부세력의 오래된 내전과 갈등 양상과 더불어 100개 이상의 민족적 다양성으로 인한 민족 갈등이 첨예하게 나타난 국가이기도 하다. 영국으로부터 독립한 이후, 여러 민족들은 각 민족의 주권 확립을 위해 심각한 분쟁을 초래하기도 하였다.[9]

이처럼 미얀마 역시 예멘과 비슷하게 정부의 정당성 문제와 더불어 결코 타협하지 않을 수밖에 없는 반정부세력의 입장과 태도, 소수민족의 갈등으로 인해 심각한 사회적 불안 요소를 독립 이후 100년 가까이 유지하는 상황이다. 민주주의 수립과 민족문제라는 두 차원에서의 접근을 통해, 군부의 독재적인 노선과 이에 근본적으로 대처할 수 없는 미얀마의 상황 그리고 사회적 협의점을 찾을 수 없는 민족문제의 근원을 진단해보도록 할 것이다.

2) 미얀마 군사정권 성립과 민주화 항쟁

■ 독립 이전

미얀마는 1948년 영국으로부터 독립한 이후 1948~1962년까지 의회 민주주의 시기, 1962~1988년까지 네 원 군부독재 시기, 1988~2015년 과도 군부독재 시기, 2015~2021년 민주정 시기, 2021년 이후 군부독재 재도래 시기로 나누어볼 수 있다.

우선 1948년 독립을 한 이후, 미얀마의 정치 상황은 대단히 혼란스러운 시기로 점철되었다. 이런 배경에는 독립 이전 혼란스러운 정국이 큰 원인으로 작용하였다. 1930년대 말 제2차 세계대전으로 인하여 미얀마 내에서도 민족 간 관계 개선의 시도들이 모두 무산된 상태였다. 또한, 아웅 산(Aung San)이 이끄는 버마 독립군(BIA: Burma Independence Army)은 일본의 편에서 독립을 쟁취하려는 군사 활동을 벌여왔다. 반면, 다른 소수민족인 카친, 카렌과 이슬람교도들은 영국의 편에서 활동하였다.

또한, 50만 명의 인도인이 버마 독립군에 의해 국외로 추방당했고, 먀웅마 구역에서 카렌족 1,800명이 사살되는 일이 벌어졌다. 그러나 이후 아웅 산은 민족 간 공동 연대를 구축하기 위하여 일본에 등을 돌리기 시작하였다. 그럼에도 민족 간 불신의 씨앗은 사라지지 않은 상태였다.

제2차 세계대전이 끝나고 아웅 산과 친, 카친, 샨족 지도자들은 1947년 2월 독립 후 국가 건설을 위한 회의를 진행하였다. 그 후 2월 12일 조약에서 단일 행정부의 주권을 옹호하고 시민들의 권리를 보장하는 합의하였다. 그러나 이 조약에 카렌, 몬, 라카인족은 참여하지 않았고 이후 이들의 불만이 터져 나오며 혼란이 지속된다.

특히 카렌 국가 연대(KNU: Karen National Union)는 아웅 산이 이끄는 반파시스트 국민 자유 연맹(AFPFL: Anti-Fascist People's Freedom League)에 의해 성립된 헌법질서에 보이콧했다. 이미 공산주의자들이 활동하고 있는 아라칸지역에서는 무장 군인들에 의한 폭력 사태가 벌어지기도 했다.[10]

그러나 이런 부침에도 불구하고 인권과 자유를 보장하고, 양원제를 골자로 한 민주주의적 헌법이 통과되었다. 그러나 민족과 관련된 이슈에 있어서는, 기존 영국 식민지하에서 만들어져 현실과 동떨어져 있는 조항을 그대로 가져왔다. 이후에도 기존 양원제에서 250석의 의석이 민족문제를 제대로 반영하지 못한다는 이유로 22개의 의석을 카렌족에게 할당한다든지 아웅산에 대한 암살 시도가 있는 등 혼란이 지속되었다.

■ 독립 이후~네 윈 실각(1948~1988년)

버마 공산당(CPB: Communist Party of Burma)은 1948년 3월 독립 후 미얀마의 민주적 헌법 질서에 반대하여 무장 반란을 시작하였다. 또한, KNU와 다른 민족들 사이 무장투쟁이 1949년 1월부터 시작되었다. 중앙정부는 이런 혼란 속에서 권위를 제고하기 위한 노력들을 하였으며 네 윈 장군의 경우 버마 군인 탓마도(Tatmadaw)의 정립을 위해 노력하였다.

그럼에도 1950년대까지 국가의 많은 지역과 민족들이 반란 집단에 속해 있었다. 더불어 중국에서 공산당이 승기를 잡은 뒤, 샨주로 수천 명의 국민당(KMT: Koumitang) 세력이 침입하면서 혼란이 가중되었다. 그러나 정부 중심의 의회 민주주의정부가 지속되었다. 1958년 몬, 파오, 라카인, 그리고 공산당세력들이 우 누(U Nu) 수상의 민주적 지도아래 휴전을 맺었다.

이후에도 네 윈의 탓마도 세력은 점차 그 세력을 키워가고 있었다. 그는 1958년부터 1960년까지 군사세력에 의한 국가 관리를 주장하였다. 결국 1962년 네 윈은 우 누를 체포하고 군사쿠데타를 성공시키며 집권을 시작하였다. 결국 1948년부터 시작되었던 연방주의적 민주주의 국가 통치 기틀은 14년을 마지막으로 막을 내리게 된다.

우 누의 실각 이후 네 윈이 세우고자 하였던 미얀마의 모습은 단일 정당이 이끄는 사회주의적 국가였다. 네 윈은 미

▲ 네 윈(1911~2002년)

얀마의 혼란을 해결하기 위하여 버마 사회주의 계획 정당(BSPP: Burma Socialist Programme Party)과 모든 반란세력을 진압하기 위한 두 가지 전략을 내세웠다. 1963년부터 1964년까지 네 윈은 반군세력과 평화적 문제 해결을 시도하는 것 같았다. 그러나 문제 해결에 실패하고, 반군 진압에 전력하였다.

평화협정의 결렬로 CPB는 이전의 평화적 노선을 보류하고 마오이즘(Maoism) 노선으로 방향을 전환하였다. 이후 CPB는 지방을 거점으로 적색 군(Red Power) 영역을 확보해 나갔고 최후 포위 공격(final seizure of power)을 목표로 세력을 규합하였다. 그러나 CPB 내부에는 탄 툰(Than Tun)과 타킨 칫(Thakin Chit) 사이의 분열이 발생하고 있었고, 네 윈은 1968년 이를 기회로 강력한 군사 작전을 통해 반군을 진압하였다.

그는 수백 명의 반군을 체포하였다. 이 시기에 미디어와 기업 등 경제 주체들이 국유화되거나 '버마식 사회주의' 통제를 받게 된다. 소련식 중앙통제 경제 모델을 실행하면서 민간의 투자뿐 아니라 무역도 엄격히 통제하였다. 선교사들은 추방되고 언론과 학교들은 모두 정부로 매수되었다. 불교 승려들과 다른 사회적 요소들이 모두 정부의 영향 아래로 들어가게 되며 본격적으로 네 윈의 군부독재가 시작되었다.

1974년 네 윈은 새로운 버마 사회주의 연방 공화국 헌법을 제정하며 공식적인 군부 통치기관으로서 BSPP의 역할을 공고화했다. 우선 네 윈은 친, 몬, 라카인족의 구역을 설정하며 소수민족을 위한 정책을 실시하였다. 버마족 구역이 7개라 소수민족 구역도 7개로 나누었다는 것은 구색맞추기에 불과하였다. 더불어 시민들의 기본권과 인종과 종교와 지위, 성별에 상관없는 법 앞에서의 평등을 주창하였다.

그러나 많은 소수민족들은 네 윈의 행보가 버마 중심의 사회주의적 국가 건설의 일환이라고 인식하였을 뿐이다. 실제로 네 윈의 행보는 독립된, 종교에 기초한 학교들을 폐지하고 교육체계에서 소수민족의 언어를 지우는 정책으로 귀결되었다. 또한, 1950년대에는 버마어가 아닌 언어로 출판된 책들이 많았으나 1962년 이후로는 출판법에 따라 비버마어 책 출판을 금지하기에 이른다. 뿐만 아니라 소수민족 사람들은 탓마도와 정부의 주요 요직에서 제외되었으며 정권은 지속으로 비버마적 정체성을 삭제하는 데 집중하였다.

이외에도 네 윈 정권은 소수민족에 대한 대량 학살, 반란 운동을 진압하기 위하여 반란세력 지역을 모두 태워버리며 강제로 주민들을 이주시키는 등의 만행을 저지르며 정권의 무자비함을 노골적으로 드러내었다. 정권의 행동에 대항하여 반란세력도 더욱 적극적으로 활동하였다. 대표적으로 1967년 반중국 폭동에 대응하여 중국(People's Republic of China)은 북동쪽 국경에서 군사행동을 하였다.

또한, 실각했던 우 누는 태국 국경지역으로 피신하여 CIA의 원조로 자유 연대 전선(NULF: National United Liberation Front)을 창설하였다. 이들은 KNU, 몬 그리고 다른 인종들과 연합하여 정부에 대항하였다. 그러나 반정부세력은 1970년 중반까지 정부 진압으로 해산되었다. 이후에 CPB와 더불어 국민민주주의 전선(NDF: National Democratic Front)이 등장하며 미얀마의 정치 상황은 공산주의와 민주주의적 노선으로 양분된다.[11]

1980년 중반까지 미얀마정부는 재정의 약 40%를 반군 억제를 위한 군사력 유지에 투자하며 파산을 겪게 된다. 미얀마정부의 무자비하고 경제적으로 무능한 태도는 결국 학생들의 격렬한 시위에 부딪히게 되었다. 1988년 8888항쟁을 계기로 사회주의적 일당체제는 막을 내리게 된다.

■ 네 윈 실각 이후~2021년 쿠데타

네 윈이 사임한 이후 미얀마의 정치는 다시 한 번 혼란의 소용돌이로 들어가게 된다. 군부는 미얀마인들을 정치적으로 억압하고, 이용하는 데 있어 유혈사태를 동반하는 무력 진압이 가장 효과적이라는 것을 알고 있었다. 군부는 수천명의 시민들을 학살했으며 국제사회의 비난을 받게 되었다. 이 때 등장한 인물로는 아웅산 수치, 그리고 다시 재기를 노렸던 우 누, 퇴역 장군 출신의 틴 우(Tin Oo)와 다른 인사들이 민주주의를 주장하며 등장하였다.

이 당시 CPB와 NDF의 격렬한 싸움은 국가 전체를 혼란 속으로 몰아넣었다. 특히 민주주의 옹호세력들은 국경지역으로 피신하며 저항을 이어갔다. 당시 혼란으로 1만 명 이상이 사망하였다. 군부 내 소 마웅(Saw Maung) 장군이 쿠데타를 일으켜 국가법질서회복평의회(SLORC: State Law and Order Restoration Council)를 구성하면서 버마사회주의연방공화국에서 미얀마 연방으로 국호를 바꾼다. 국가법질서회복평의회는 1997년 11월에 국가평화발전평의회(SPDC: State Peace and Development Council)로 개편된다. 군부세력은 다시금 정권을 잡으며 이전 네 윈 시기와 다르게 다수당과 시장 중심의 경제체제를 내세우며 새로운 정치를 실현해 나갈 것을 주창하였다. 더불어 1997년 미얀마는 동남아시아국가연합(ASEAN: Association of Southeast Asian Nations)에 가입하며 네 윈 시기 철저한 고립주의를 외쳤던 것으로부터 변화를 시도하였다. 1990년 5월 자유선거가 치러지면서 아웅산 수치가 이끄는 국민민주연맹(NLD: National League for Democracy)이 전체 492석 가운데 392석을 차지하는 승리를 거둔다. 하지만 군부는 결과를 거부하고 국가평화발전평의회가 2011년까지 통치하였다.

군사정권의 행보는 역시 보여주기식 정책들에 불과하였다. 이들은 아웅산 수치, 우 누, 틴 우 등의 인사들을 모두 체포하였고, 주요 인사들은 모두 수감되었다. 더불어 SLORC-SPDC체제에서 헌법 자체가 부재하여 1990년 5월 치러진 선거에서 NLD가 82%의 의석을 차지하자, 80명의 선출 의원들이 체포당하는 일이 벌어지기도 하였다.

1993년 SLORC는 전당대회를 열어 NLD와 소수민족 그리고 군사정권이 토의를 통해 헌법을 제정할 것을 제안하였다. 그러나 NLD는 표현의 자유 제한을 근거로 전당대회 참석을 거부하였다. 라카인족 수장 소 음라 아웅(Saw Mra Aung)이 이끄는 인민의회(People's Parliament)는 10인의 위원회를 구성하였다. 그러나 이 위원회는 수백 명의 민주주의 인사들이 체포되며 와해된다. 이후 1998년부터는 아예 정부에 대항하는 민주적 흐름을 지향하는 단체들은 모두 억압을 받았다.[12]

뿐만 아니라 대학에서는 폐교와 검열이 일상화되었다. 국제엠네스티(Amnesty International)는 2001년 미얀마에서 1,850명의 정치인들이 수감되었다고 보고하였다. 아웅산 수치는 2000년 9월부터 2002년 5월까지 자택 구금되었으며 NLD는 군사정권에 의해 많은 주요 인사들이 체포되고 당 사무실이 폐쇄되며 와해되었다.

유엔과 서방 사회는 미얀마에 대한 비난의 수위를 높였다. 2003년 8월 군사정권 킨 눈(Khin Nyunt)은 이에 대응하고자 민주주의를 위한 로드맵(roadmap to democracy)을 발표하였다. 그러나 이에는 구체적인 실행 계획이 담겨 있지 않았다. 수치에 대한 석방 약속은 이루어지지 않았고, 인권 탄압과 폭력 사태가 지속되었다.

1993년 이후 처음으로 열린 2005년 전당대회에서 정부는 헌법을 재

수정할 것을 제안하였다. 그러나 이들의 전당대회는 우선 NLD의 참여를 원천적으로 차단하였으며 오로지 자신들의 입김과 부합하는 정당들만이 전당대회에 참여할 수 있게 하였다. 또한, 이들은 양곤(Yangon)에서 핀마나(Pyinmana)로 수도를 옮겼다. 이는 1988년 일어난 8888항쟁과 같은 사태가 다시 발생할 것을 두려워한 군부의 조치였다.

2007년 SPDC는 석유 가격에 대한 연료 보조금 제도 철폐를 발표했다. 이는 기존 석유 가격의 2배의 인상을 가져왔다. 이런 조치는 군사정권에 대한 반대 여론에 불을 지폈고 8월 15일 본격적인 반정부 시위가 일어나며 샤프란혁명(Saffron Revolution)이 시작되었다. 2007년 항쟁에는 수천 명의 불교 승려도 참여하였는데, 이들 중 많은 수가 사상을 입게 되며 국제사회로부터 거센 비난과 내부 정당성을 상실하게 된다. 결국 군부정권은 2008년 2월 7일 국민투표를 갖고 2010년 민주적 절차에 따른 선거를 치르기로 협의하였다.

2010년 선거에서 통합단결발전당(USDP: Union Solidarity and Development Party)은 147개 하원 의석 중 133석, 상원 86개 의석 중 81개를 차지하며 압승하였다. 2010년까지도 구금되어있던 아웅산 수치는 마침내 풀려나게 된다. 국제사회의 경제제재가 강화되자, 미얀마 군부는 국명을 미얀마 연방에서 미얀마 연방 공화국으로 변경하며 2010년 새롭게 제정된 헌법으로 총선을 실시한다. 군부의 지원을 받는 USDP가 승리를 거두었다고 공포하였지만 유엔을 비롯한 국제기구와 인권단체들은 군부가 부정선거를 자행하여 재선거를 실시해야 한다고 주장하였다. 군부는 받아들이지 않았다.

떼인 세인(Thein Sein) 대통령은 2011년 3월 집권을 시작하여 여러 정치적 개혁을 착수해 나간다. 떼인 세인은 수백 명의 정치 사범들을 석방하였으며 언론의 자유와 시민들의 정치적 자유를 보장하는 개혁을 실시하였다. 점진적 개혁조치로 아웅산 수치의 가택연금도 풀어주었고 국민민주연맹 후보의 선거등록을 허가하였다. 국가인권위원회도 신설하면서 노동법과 노동조합의 권리도 인정해 주었으며 자유로운 언론 활동 보장을 위하여 검열도 완화하였다.

2011년은 비록 문민이 주도하는 정부가 탄생하였지만 여전히 군부세력의 잔존 영향이 남아 군부-문민의 복합적 정치체제가 작동한 시기였다. 당시 문민이 주도하는 정치적 개혁에는 많은 기대가 있었다. 그러나 미얀마 과거 역사가 보여주는 것처럼 이 모든 개혁이 역으로 퇴보하지 않을까 하는 두려움도 있었다.[13]

과거 군사정권세력은 유화적 이미지를 만들기 위해 정치범 석방, 투표 허용, 자유 증진 등의 조치를 취하였다. 그러나 정작 NLD와 시민들이 민주주의적 영향력을 높여가기 위해 집결할 경우에는 무력으로 진압하였다.

2011년부터 시작된 개혁은 이전보다 확실히 눈에 띄는 성과들을 내었으나 여전히 군사정권이 의회의 4분의 1을 차지하였다. 2008년 당시 제정된 비민주적 헌법은 여전히 군부세력에 국방, 부동산, 국경 수비와 같은 부서의 자리를 할당하였다. 또한, 당시 헌법은 아웅산 수치가 대통령이 되는 것 자체를 막고 있었다.

2015년 자유선거에서 아웅산 수치의 NLD가 선거에서 압도적으로 역사적인 승리를 거두자, 시민들이 갖고 있던 개혁 퇴보의 두려움은 다소간 누그러질 수 있었다. 2015년 정권교체는 자유로운 과정으로 이루어졌고 민주 정당이 의회의 압도적 다수를 차지하였다. 새로운 의회가 출범하였고 2016년 3월 15일 민간 출신 틴 쩌(Htin Kyaw)가 대통령으로 4월에서는 아웅산 수치가 신설직인 국가고문에 취임하였다.

그러나 소수민족문제는 여전히 상존하였다. 가령 스스로를 로힝야라고 지칭하는 라카인족의 경우 수십 년을 미얀마에서 살아왔다. 하지만 여전히 방글라데시 이주민으로 여겨지며 배척 받고 있었다. 뿐만 아니라 샨과 카친족의 경우에는 투표권 자체가 보장되지 않았으며 이외에도 소수민족이 살고 있는 전국 3.4%의 구역에서 선거가 이루어지지 못하였다.

더불어 2008년 헌법으로 인해 여전히 군부의 영향에서 자유로울 수 없었던 문민정부는 25%의 의석을 군부에 의무적으로 할당해야 했고, 주요 요직들 또한 군부가 집권하고 있는 현실 속에서 어려움에 직면하게 된다. 가령 아웅산 수치를 대통령으로 추대하기 위해 헌법 개정을 하는 데 있어 큰 어려움에 직면하자 이들은 수치의 친한 친구인 틴 쩌를 2016년 대통령으로 추대할 수 있게 하는 쪽으로 군부와 타협을 맺었다.

1962년 이후로 처음으로 비군사세력에서 나온 대통령으로서 틴 쩌는 아웅산 수치를 수상과 비슷한 자리인 국가고문으로 등용시킨다. 당시에는 틴 쩌-수치정부가 미얀마의 과도적 민주주의 수립의 성공적인 정권이 될 것이라는 기대가 팽배하였다. 그러나 2017년 NLD의 주요 활동원이자 이슬람계 변호인 코 니(Ko Ni)가 양곤국제공항에서 암살당하였다. 더불어 로힝야 사태가 발발하며 소수민족에 대한 틴 쩌-수치 정권의 미온적 태도는 더욱 미얀마 정권의 권위에 대한 정당성에 의문을 던지게 하였다.

NLD는 이후 군부의 쿠데타를 영구적으로 막기 위해 2020년 초 개헌을 시도하였다. 2020년 11월 치러진 선거에서 NLD는 의회 75%의 의석 중 83.2%를 차지하며 전체 의석의 62.4%를 확보하고 독자적 정부를 구성할 권리를 부여 받아 기존 2008년 헌법의 25% 군사정부 할당 조항을 삭제하려 하였다. 더불어 아웅산 수치의 대통령 추대에 대한 개정도 진행하려 하였다. 그러나 이는 군부세력을 자극하였고, 군부는 다시금 쿠데타를 감행하였다.

2021년 2월 1일 미얀마 군부는 탓마도를 중심으로 아웅산 수치를 몰아냈고 민 아웅 흘라잉(Min Aung Hlaing)이 정권을 잡았다. 이후 군부정권이 1년간 비상사태를 선포하자 미얀마 각지에서 반군정 민주화 운동이 진행되었다. 지난 총선에서 당선된 국회의원, 군정반대 정당, 시민운동세력, 소수민족들과 반군들은 국민통합정부(NUG: National Unity Government) 구성을 통해 전략적 연대를 선언하였다. 노르웨이 오슬로 평화연구소(PRIO)는 NUG의 구성으로 군부 통치에 대한 저항이 조직적으로 구성되면서 민간정부와 민주주의에 대한 요구가 높아졌다고 진단했다. 민주세력이 점점 늘어나면 군부의 지배지역이 줄어들면서 소수민족 국가로 구성된 미얀마의 특성상 각 민족별로 분열돼 독립하는 혼란이 발생할 것이라고 예측했다. 군부가 권력을 잃을 경우를 대비하여 국제사회는 미얀마 사태 해결을 위하여 NUG를 인정하며 지역사회의 분열을 방지하기 위하여 지원을 늘려가야 한다고 주장한다.[14]

3) 소수민족문제

미얀마 혼란의 근본 원인의 하나는 소수민족문제이다. 소수민족에 대한 탄압의 원인은 과거 영국의 식민지 통치시기에 주류민족인 버마족을 소외시키는 소수족 우대 및 종교 간 분열정책으로 볼 수 있다. 다수인 버마족이 독립 후 미얀마 사회의 주도층으로 부각하면서 보복이 시작된 것이다. 이에 소수민족들이 버마족에 대항하면서 각 소수민족 기반의 지역에서 게릴라전과 테러를 자행하고 있다. 미얀마 소수민족을 상징하는 다양한 문장(紋章)들이 존재한다. 이는 미얀마 소수민족 기반 정치세력이 얼마나 복잡하고, 다양한지를 알 수 있다.

미얀마에는 여느 나라보다도 압도적으로 많은 민족이 공존하고 있다. 버마족이 압도적 다수를 차지하고 있고 그 외 100개(정확히는 135개로 추정) 이상의 민족이 미얀마를 구성하고 있다.

복잡한 민족 구성으로 인해 민족문제는 첨예한 대립각을 세우며 미얀마 역사 내내 진행되었다. 특히 근래 들어 발발한 로힝야 사태는 미얀마 내부의 곪아 있는 소수민족문제의 심각성을 국제사회에 고발하였다. 따라서 여기서는 미얀마 내부에 존재하는 주요 민족들과 이들과 얽혀 있는 정치적 문제에 대하여 다루도록 하겠다. 이를 통해 미얀마 정권의 민주적 정당성에 어떠한 문제를 야기했는지 알아볼 것이다.

1931년 영국의 조사에서 미얀마에 거주하고 있는 민족은 주요 6, 7개의 민족을 제외하고 13개의 인종에 따른 135여 개의 소수민족들이 존재하는 것으로 나타났다. 그중에서 대표적인 6개의 민족을 살펴보도록 하겠다.

도표 11.1 미얀마 민족 구성 비율

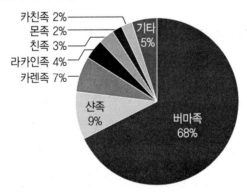

■ 친족

친족은 미얀마 40여 개의 소수민족들을 대표하며 현재까지도 지속적인 차별을 겪어 온 민족이다. 이들은 영국군으로 전쟁에 참전하기도 했고, 식민지 시기에는 많은 수가 기독교로 개종하기도 하였다. 영국군으로 전쟁에 참전하기도 하였다. 1974년 3만 6,019km²의 친주(state)가 성립될 때까지 친족은 미얀마 중앙정부에 귀속되어 있었다.

1980년 이전까지 친족에 대한 다른 특별한 사건이 발생하지 않았으나 1980년대 이후 친민족전선(CNF: Chin National Front)의 설립과 이에 따른 1988년대 민주주의 운동으로 인하여 정부로부터 강력한 탄압을 받았다. 이 때문에 많은 가구들과 아이들을 포함한 5만여 명의 친족은 인도를 비롯하여 타 국가로 피난을 가게 되었다. 이들은 1990년 선거에서 의회 5석을 차지하게 되었으나 곧 정치 활동을 금지당했다. 2002년 3월에는 친족의 저명한 학자인 살라이 툰 탄(Salai Tun Than)이 투옥을 당하는 등 지속적인 억압을 겪었다.

■ 카친족

8만 9,041km²의 카친주를 중심으로 10만여 명의 인구를 보유한 카친족은 풍부한 자원을 보유한 지역을 거점으로 하고 있으나 수십 년간의 갈등으로 그 기능을 다하지 못하는 상태이다. 1948년 독립하여 1960년대 우 누가 불교 중심의 주를 건설하려는 시도가 있기 전까지 카친주는 기독교인이 대다수인 곳이었다. 그러나 1961년 우 누는 불교를 국교로 공포하며 카친주의 지도자들과 갈등을 빚게 되었다.

뿐만 아니라 1960년 10월 25일 양곤대학의 카친 대학생들이 카친족의 권리를 되찾겠다는 목표로 카친독립기구(KIO: Kachin Independence Organization)를 만들며 카친주의 독립을 요구하는 운동을 개진하여 나갔다. 이 때문에 카친족은 중앙정부와의 심각한 마찰을 빚게 되었다. 1961년부터 1986년까지 중앙정부군에 의하여 3만여 명의 민간인이 사망하는 사태가 벌어졌다.

이후에도 카친족은 중앙정부와 지속적인 갈등을 겪어 왔으나 1989년 극적으로 휴전에 협의하게 되며 카친주의 안정을 꾀하는 시도를 하게 된다. 그러나 이후 마약을 비롯한 에이즈 등의 문제로 지속적인 인권과 보건문제 등을 겪었다. 카친족은 미얀마 소수민족문제의 주요 이슈로 남아 있다.[15]

■ 카렌족

1952년 3만 383km^{2}의 카렌주가 성립되며 카렌족의 거점이 마련되었다. 그러나 이 주는 카렌족 인구의 4분의 1도 포함하지 못하는 지역이었고 100만 인구의 카렌족은 이와라디 삼각주(Irrawaddy delta)지역에 거주하고 있다.

1949년 KNU가 결성된 이후 1970년 정부에 의해 분쇄될 때까지 반정부 연합을 구축하여 정부와의 갈등을 빚어왔다. 뿐만 아니라 KNU의 지도부가 기독교인들이지만 카렌족의 대다수는 불교를 믿고 있다. 내부적 종교 갈등문제 역시 1990년대 중반부터 지속으로 터져 나왔다. 이렇듯 수십 년간의 반정부 갈등과 내부 갈등 등으로 인하여 카렌족은 그 구심을 잃었다. KNU와 SLORC 사이의 평화 협정이 깨지며 30만 명의 난민이 발생하는 등 지속적인 문제가 발생하였다.[16]

■ 몬족

400만 명의 인구를 갖고 있는 몬족은 1974년 만들어진 1만 2,295km^2 의 몬주를 중심으로 하는 민족이다. 이들은 1974년까지 KNU와 더불어 반정부 무장 운동을 이끌어 왔으며 1995년 SLORC와 새로운몬국가정당(NMSP: New Mon State Party)이 휴전에 협정하기까지 계속해서 반정부 시위를 이어왔다.

NMSP의 일부 세력은 2001년부터 반정부 무장 시위를 재개하였으며 홍사와토 회복당(Hongsawatoi Restoration Party)라는 새로운 이름으로 당명을 바꾸기도 하였다. 이들의 동맹당인 몬 민족민주전선(MNDF: Mon National Democratic Front)은 1990년 선거에서 5석을 얻게 되었으나 이들의 정치 지도자들이 모두 체포당하며 정치적 영향력을 거세당하기도 하였다.[17]

■ 라카인족

1974년 3만 6,778km^{2}의 라카인 주가 성립되었다. 300만 명 가량의 라카인족은 기본적으로 불교를 중심 종교로 하나 라카인주에 거주하는 인구 중 70만에서 150만 명의 다른 민족은 이슬람교를 믿고 있다. 그러나 무슬림들은 중앙정부로부터 강력한 탄압을 받아 1978년에는 20만 명의 무슬림들이 방글라데시로 피난을 가고 1991년부터 1992년까지 25만 명이 피난을 가는 등의 사태가 벌어졌다. 무슬림들에 대한 차별은 훗날 로힝야 사태의 발단으로 작용하였다. 이외에도 1990년 선거에서 아라칸 민주주의 연맹(ALD: Arakan League for Democracy)이 의회에서 다수 의석을 확보하였다. 그러나 이 정당의 지도부들을 포함하여, 다수 정치인들이 정치 활동을 정지당하는 등 강력한 탄압을 받게 되었다.

■ 샨족

본디 샨주는 30여개의 하위 지역들의 약한 연대로 이루어진 곳이었다. 1947년 헌법에 따라 샨주는 하나로 통합되었으나 국민당(KMT)원들이 샨주로 들어옴에 따라 갈등이 확산되었다. 더불어 네 윈의 쿠데타 이후 샨연방의 지도층이 다수 체포되며 샨주의 혼란은 심해졌다.

1960년대 버마 공산당이 샨주를 침략하며 공산당과 연대하는 세력과 이들과 반목하는 세력으로 나뉘면서 샨족은 분열을 겪는다. 이후 마약 관련 문제로 추가적인 부침을 겪었다.

샨족의 주요 정당은 샨국가군(SSA: Shan State Army)과 민주주의 전선인데 이들은 주로 학생을 비롯한 지식 계층의 지지를 받는다. 반면 곤 정(Gon Jerng)에 의해 지도되는 샨 통합혁명군(SURA: Shan United Revolutionary Army)은 KMT와 연대하며 지역세력으로서의 영향력을 유지하였다. 이런 세력을 기반으로 샨족은 반정부 운동을 유지하여 나갔는데 SURA의 경우 정부의 휴전 제의를 거절하기도 하였다.

이후 샨족의 민주주의를 위한 샨민족연맹(SNLD: Shan Nationalities League for Democracy)는 1990년 선거에서 과반을 차지하며 선거에서 승리하였다. 그러나 SLORC-SPDC는 이와 같은 결과를 인정하지 않으며 샨주에 대한 강압적인 정책을 펼쳤다. 이 때문에 2002년까지 30만 명의 샨족이 태국으로 피난을 가는 사태가 벌어졌다.[18]

■ 로힝야 사태

로힝야족은 라카인주에 속해있는 무슬림 계열의 소수민족을 가리킨다. 이들은 미얀마정부로부터 공식적으로 시민권을 인정받지 못하고 지속적인 차별을 겪어야만 하였다. 특히 로힝야족에 의한 라카인 여성

강도 살해 사건은 로힝야 사태의 도화선으로 작용하였다. 이후 라카인 족은 보복으로 10명의 로힝야족을 살해하는 사건이 벌어졌다.

라카인 불교도와 로힝야 무슬림 사이의 첨예한 갈등은 2017년 8월 25일 로힝야 반군이 30여 곳의 경찰 초소를 공격하며 시작된 로힝야 사태가 잘 보여준다. 이에 대한 반격으로 미얀마정부군은 로힝야 거주 지역을 군사작전 구역으로 선포하고, 로힝야인들의 터전을 초토화시켰다. 이로 인해 730명의 유아들을 포함하여 6,700여 명의 로힝야족들이 목숨을 잃었다. 이후 로힝야족은 미얀마를 벗어나 방글라데시로 가는 등, 70만 명의 피난민이 발생하는 사태로 이어졌다.

로힝야 사태를 단순히 라카인족 불교도와 로힝야족 무슬림 사이의 갈등으로 치부하는 데는 큰 한계가 있다. 벵골지역 무슬림들이 영국에 의해 강제로 이주 당하며 기존 미얀마 로힝야족과 섞이며 발생한 문제로 볼 수 있다. 강제적 이주를 통한 융합은 소수민족문제를 포함하여 종교 분쟁의 씨앗을 만들었다.

뿐만 아니라 두 세력 사이의 갈등에 있어 미얀마 정권이 민주적 정부로서 구심체 역할을 다하지 못하고 일방적으로 로힝야를 탄압한 것은 심각한 인권 유린 사태로 번지게 만든 원인이라 볼 수 있다. 향후 미얀마 내부에서 로힝야 사태와 같은 소수민족문제가 또 다시 발생하지 말라는 법도 없다. 더구나 아웅산 수치와 같은 민주주의의 상징으로 여겨지는 인물이 소수민족문제에 함구하고 있는 점, 미얀마가 제대로 된 민주국가로 성장하기에는 현재 그 가능성이 척박해 보인다는 점은 제2의 로힝야 사태를 만드는 원인으로 작용할 가능성이 높다.

4) 미얀마 위기의 근원: 너무 쉬운 쿠데타
그리고 소수민족 차별

미얀마에서 민주주의 수립은 과연 가능한가라는 질문에는 '그렇다'보다 '아니다'라고 대답하는 편이 합리적이라 여겨질 정도로 미얀마 역사는 민주주의에 있어 상당한 무능을 보여주어 왔다. 고작 10여 년의 민주정권을 누렸을 뿐이고 그 전과 후로 군사정권이 틈만 나면 미얀마 정권을 탈환하여 미얀마에서의 쿠데타는 마치 숨 쉬는 것보다 쉽게 여겨질 정도로 미얀마의 정치를 비약적으로 후퇴했다.

물론 군사정권이라 하여 무조건 실패를 한다는 것이 아님을 감안할 때, 미얀마의 군부세력도 어느 정도 미얀마 특유의 정치 상황을 만들어가고 개선시킬 수 있지 않을까라는 기대를 해볼 수도 있다. 그러나 미얀마의 현대사를 돌아 보건대 그러한 상황을 기대하기는 현실적으로 어렵다.

미얀마 시민들의 기대에 힘입어 아웅산 수치와 같은 인물들이 등장하기도 하였다. 그러나 정작 아웅산 수치는 미얀마의 가장 근본적인 정치문화적 문제인 소수민족문제에 있어 자기의 정치적 영향력을 위하여 함구하는 태도를 보였다. 또한, 군사쿠데타에 대한 그의 저항은 실효성 있는 결론을 만들어내지 못하였다. 무능력한 미얀마 민주정부의 실태를 고발하는 자료로서 기능하였다고밖에 보여지지 않는다.

여느 위기 국가가 그러하듯 미얀마 역시 국가체제의 내생적 불안·군부 쿠데타의 난립·불안정한 민주주의를 겪었다. 그러나 미얀마가 특히 다른 위기 국가에 비하여 주목할만한 점은 소말리아와 유사하게 수십여 개의 민족이 뿌리내리고 있다는 사실이다. 구심체를 잡아줄 동력이 부재하여 왔다는 점이다. 무엇보다 민주주의의 정착에 있어 부족

간 연대를 규합하는 것이 요원해지는 경우가 많았으며 로힝야 사태는 균열의 단면을 보여준다.

더불어 민족문제와 관해 민족 정당의 만연으로 인해 립셋과 로칸 (Seymour Martin Lipset & Stein Rokkhan)이 제시한 사회적 균열 구조의 정치적 진화가 순조롭게 이루어지지 못한 것으로 보인다.[19] 기실 군사정권을 비롯하여 쿠데타의 연속성 속에서 민족 정당이 그 형태만을 갖췄을 뿐, 정치적 내용은 없었기 때문에 갈등의 정치적 의제 설정과 진화는 지지부진하였을 수밖에 없었을 것이다.

미얀마 내부에는 다양한 문화적 상징성들이 존재한다. 무수한 소수민족문제를 무시하고 그저 다수에 의한 폭정이 만연해지는 상황을 당연하게 여기는 정치 역학적 태도는 미얀마를 향후에도 위기국가로 규정하는 요인으로 작용할 것이다. 문화적 가치의 부정성인 갈등과 충돌이 강화되고 있다. 미얀마가 군사정부의 초헌법적 권력을 누리는 실태와 소수민족문제로 미얀마 내부에 번져있는 갈등의 씨앗을 해결하기 위해서는 군사쿠데타에 대한 경각심과 민족문제에 대한 다름을 인정하는 태도가 요구된다. 개인들을 연계시키는 공통적인 지식을 전파하는 시도가 정부와 사회차원에서 공유되어야 할 것이다.

3. 나이지리아

1) 현황

나이지리아는 서아프리카 기니만을 접하고 있는 국가로 공식 명칭은 나이지리아 연방공화국이다. 북쪽으로는 니제르, 북동쪽으로는 차드,

카메룬, 베냉과 국경을 접하고 있다. 영국 식민지로 있다가 1960년에 독립하였다. 풍부한 원유자원을 보유하고 있음에도 불구하고 내전과 독재로 인한 정치적 불안정성이 높은 국가이다. 끊임없는 군부 쿠데타 의 등장과 부정부패, 질병의 만연, 경제적 상황 악화로 앓고 있는 대표 적인 나라의 하나이다.

나이지리아의 2022년 FSI는 97.2로 16위였다. FSI 1년간 변동률은 −0.80%, FSI 5년간 변동률은 −4.40%, FSI 10년간 변동률은 −3.9% 이다.[20]

나이지리아는 아그이이론시(Johnson Aguiyi-Ironsi)로부터, 고원 (Yakubu Gowon), 모하메드(Murtala Mohammed), 오바산조(Olusegun Obasanjo), 샤가리(Shehu Shagari), 부하리(Muhammadu Buhari), 바방기다(Ibrahim Babangida), 아바차(Sani Abacha), 아부바카르 (Abdulsalami Abubakar), 다시 오바산조, 야르아두아(Umaru Musa Yar'Adua), 조나단(Goodluck Jonathan), 다시 부하리에 이르기까지 4개의 공화국을 걸쳤으며 민주적 투표에 의한 국가수반은 소수에 불 과할 정도로 나이지리아의 정국은 대혼란을 겪었다.

기니와 같이 자원 부국이나 정작 국민 대다수는 빈곤 상태에 빠져

국기와 지도 나이지리아

제3부 국가위기의 사례

있는 기형적인 경제 구조, 정치인들이 해외에 비자금을 조성하여 국제적 수사를 받았으며 국민들뿐 아니라 외국인을 대상으로도 사기를 친 정치인들, 국민 건강에 정부가 무관심하고 이슬람과 기독교의 갈등이 심화되어 폭력 유혈사태가 벌어졌으며 인종 갈등마저 기승을 부리고 있는 나이지리아는 국가의 외형을 갖추고는 있으나 내실에 있어 국가라고 부르기 민망한 역사를 보여주었다.

이 절에서는 나이지리아의 극악의 상태를 진단하기 위하여 쿠데타가 끊임없이 등장한 배경을 고찰하고 국가 자원의 분배가 어떻게 이루어졌고 더불어 자원부국임에도 불구하고 파탄 난 경제 상황이 어떻게 발생하였는지를 추적해나가도록 할 것이다. 우선 영국 식민지 시기 이후부터 현재까지를 대상으로 나이지리아의 정치 경제사를 서술하도록 하겠다.

2) 제1공화국~제4공화국

■ 제1공화국

1960년 10월 1일 나이지리아는 영국으로부터 독립을 쟁취하였다. 1930년대 이전에는 나이지리아라는 국가는 존재하지 않았으며 유럽 열강의 이권 쟁취를 용이하게 할 목적으로 나이지리아라는 지역이 구획된 것에 불과하였다. 식민지시기를 거치며 집적된 '서아프리카인'으로서의 정체성과 영국 식민지 통치방식에 대한 저항을 통해 비로소 나이지리아 청년운동(NYM: Nigerian Youth Movement)과 같은 '국가주의'적 이데올로기가 이 지역에 뿌리 내리기 시작하였으며 이것이 오늘날의 나이지리아로 이어졌다고 보는 것이 합당하다.

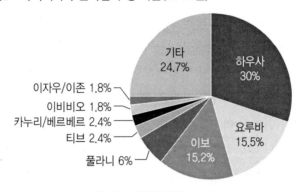

출처: https://www.statista.com/statistics/1203438/distribution-of-ethnic-groups-in-nigeria/
검색일: 2022년 9월 1일.

1960년 독립 당시 나이지리아는 가장 인구수가 많은 국가이자 자원 부국으로서 아프리카에서 가장 성공적인 근대 국가의 모습을 구가할 것으로 기대되는 곳이었다. 우선 나이지리아는 하우사, 풀라니, 요루바 그리고 이보 등과 같은 다양한 민족이 거주하는 지역이었으며 이는 국가 정체성 확립에 걸림돌로 작용하였다. 이에 따라 많은 예술가, 학자, 정치인들은 예술 작품을 비롯하여 연설, 입법을 통해 국가 정체성을 확립하려 노력하였다.[21]

그러나 지역적 정체성이 더 강력하여 국가 정체성 확립은 원활하지 못하였다. 더불어 인종적 다양성으로 인해 다수 민족이 소수에 의한 지배를 획책하는 것이 소수민족에 의해 강력한 반발에 부딪히며 통일성 있는 정체성 확립은 요원하였다. 더불어 1964년과 1965년 선거에서 수많은 부정부패가 등장하여 나이지리아 연방 시스템에 대한 의문은 더욱 많은 지역과 인종으로부터 의구심을 받게 될 수밖에 없었다.

국가 정체성과 연방 시스템의 안정적 구축의 실패는 단순히 그 자체의 실패로 끝나지 않고 이후 쿠데타의 만연한 등장과 내전을 초래하는 원인이 되었다.

　당시 나이지리아는 주로 남부와 북부지역으로 나뉘어 정치적 경쟁을 펼쳤었다. 북부 총회(NPC: Northern People's Congress)는 나이지리아 제1공화국을 주도하여 나갔던 세력으로 당시의 정국을 혼란스럽게 만들었으며 부정부패를 자행하여 이후 나이지리아 정치의 치명적인 오점을 남겼다. 남부에서는 아월로워(Obafemi Awolowo)의 활동그룹(AG: Action Group)과 아지키웨(Nnamdi Azikiwe)의 나이지리아 시민회의(NCNC: National Convention of Nigerian Citizens)가 자원을 경쟁적으로 획득함으로써 북부와의 경쟁에서 우위를 확립하려 하였다.[22]

　NPC는 이후 NCNC와의 연대를 통해 연방정부에 대하여 상대적으로 강한 권력을 얻게 된다. NPC는 공공 서비스 부문에 있어 지역적 격차를 해소하기 위하여 남부의 유능한 인사들을 사임시키는 대신 북부의 자격이 부족한 인사들을 등용하기 시작하였다. 더불어 NPC는 기존 식민지 시기 인재 등용과 군사 충원이 남부지역에서 이뤄졌던 관행을 폐지하고 할당제를 통해 북부 인사를 등용하여 50% 이상의 요직을 채우는 등의 조치를 취하였다.

　이처럼 연방정부의 영향력은 주로 북부로부터 파생되었고 이는 서부지역에서 AG가 주도하는 정부가 1962년 NPC-NCNC 연대에 의해 위기를 겪게 되며 더욱 심화되었다. AG는 이후 1963년 중서부지역이 서부지역으로 분리되며 더욱 그 영향력을 상실하게 된다. 당시 정치적 흐름을 바꾸기 위하여 남부에서는 인구조사를 조작하는데, 의회 의석 할당이 인구비례로 이루어졌기 때문이었다. 남부는 1953년부터 남부와 동부에서 인구가 70% 가량 증가하였다고 서류를 제출하였으나 이는 NPC가 주도하는 정부에 의해 거절당하였다.

이에 질세라 북부에서는 1963년 인구조사에서 북부지역 인구가 800만 명이 증가하였다는 보고를 하였는데 이에는 가축 수가 인구수로 둔갑하는 등의 사기와 부정이 만연하였다. 당시 인구조사에서 나온 나이지리아 인구는 5,562만 268명이었다. 북부지역 인구는 2,975만 8,875명으로 전체 인구의 2분의 1 이상을 차지하는 비중이었다. 이처럼 제1공화국은 철저히 북부 NPC 중심으로 정국이 운영되고 있었다.

남부지역은 1964년 선거에서 NPC를 연방에서 축출하고 AG 중심의 정국 운영을 꾀하기 위해 진보 대동맹 연대(UPGA: United Progressive Grand Alliance)당을 창당하였다. 당시 NPC는 나이지리아 민족민주당(NNDP: Nigerian National Democratic Party)과 연합을 통해 AG의 선거 기획에 대항하였다. 이들은 남부에서의 영향력 확보를 위해 나이지리아 민족동맹(NNA: Nigerian National Alliance)을 세우기도 하였다.

NPC의 AG에 대한 견제 노력은 단순히 선거 구획을 더 많이 차지하는 것으로 그치지 않고, UPGA 인사들에 대한 체포와 구금 시도로 이어졌다. 남부지역 인사들의 북부지역에서의 선거유세 활동 자체를 전면 금지하는 등의 조치를 취하였다.

이처럼 남부와 북부의 과도한 경쟁으로 인하여 1964년 선거는 부정부패로 얼룩지게 되었고, 전체 174석 중 88석이 북부에 할당되었으며 NNDP는 서부지역에서 30%의 의석을 가져왔다. AG의 기획은 선거에서 참패를 가져왔으며 이에 AG는 NCNC와의 연대를 통해 선거에 대한 보이콧을 시도하려 하였으나 이는 동부에서만 소기의 성과를 거두었을 뿐, 큰 영향력을 가질 수 없었다.

1964년의 치열하고 경쟁적인 그리고 배타적인 선거는 이후 나이지리아의 국가 수립의 안정성 도모와 정착을 가져오는 데 장애로 작용하였다. 선거 이후에도 NNDP는 AG 후보들과 UPGA 지지자들에 대한 강압적 자세를 보였고 이들의 후보자 지명 자체도 차단하려고 하였다.

1965년 서부지역 선거에서는 NNDP가 선거함에 투표용지를 자기 당에 유리하게 채워 넣는 부정을 저지르고, 선거 결과를 통상 관행에 어긋나게 이바단(Ibadan)의 중앙본부에서만 전파될 수 있도록 하여 NNDP 선거 관리인들로 하여금 선거 결과를 조작할 수 있는 시간을 벌어주기까지 하였다. 선거 결과는 10월 13일 발표되었다. UPGA가 11석을 차지한 것에 비해 NNDP가 51석을 차지하며 승리를 거두게 된다. 그러나 AG의 수장 아데그벤로(Dauda Soroye Adegbenro)는 UPGA에 68석의 승리를 주장하며 자체적으로 임시정부를 구성할 것을 선포하였다. 뿐만 아니라 서부지역에서는 선거 결과에 불만을 품은 많은 시민들이 시위를 시작하였다. 당시 NNDP가 주도하는 서부지역 정부에 대한 반발은 카카오 가격 하락과 더불어 더욱 거세졌고, 마침내 폭동으로 이어진다.[23]

서부지역의 반발에 대해 타협을 꾀하기보다 군사적 동원을 통해 진압을 시도하였다. 당시 수상 발레와(Abubakar Tafawa Balewa)는 서부지역 수상 아킨톨라(Ladoke Akintola)에게 군사를 지원하여 서부지역 사태를 안정시키려 하였다. 그러나 시위는 더욱 거세졌고 이는 제1공화국의 막을 내리게 하는 쿠데타로 이어졌다.

■ 군사정권(1966~1979년)

1966년 1월 15일 5명의 군인이 이끄는 쿠데타가 발생하였다. 소장(major general) 아그이이론시가 당시의 혼란을 수습하는 차원에서 권력을 잡게 된다. 아그이이론시 군사정부는 당시 정국의 혼란을 정리함과 동시에 NPC 주도의 부정부패 정권을 정리할 때까지만 정권을 잡겠다는 약속을 하였다.

그러나 그는 정당 활동을 차단하고 군사정권을 통해 각 지역을 수복하려 하였다. 그의 쿠데타와 집권은 특히 당시 남부지역에서 많은 환영을 받았는데 NNDP의 붕괴는 남부지역에서 반대 세력과 시민들에게 승리감을 가져다주기까지 하였다.

쿠데타의 성공은 이보족의 지배를 의미하기도 하였는데, 쿠데타를 이끈 5명의 주요 인사들이 모두 이보족이었기 때문이다. 북부 주요 인사 중 발레와를 포함한 다수가 살해당하였다. 이보족에 의한 북부에 대한 견제가 지속적으로 진행되었다.

아그이이론시는 이보족 주요 인사들로 내각을 구성하였다. 북부가 중심이 되었던 나이지리아 연방체제를 폐지하였다. 그리고 단일화된 정권을 내세웠다. 이후 연방체제에서 독립적으로 존재하던 지역들은 모두 통합되기 시작하였다.

남부지역에 의한 나이지리아 지배체제에 대한 불만과 이보족의 지배적 등장에 대해 북부세력들은 현행체제의 위협을 도외시할 수 없었다. 이에 따라 북부지역 하사관들을 포함한 군부는 이바단에서 아그이이론시를 체포해 살해한 후 반대 쿠데타를 시도하였다. 이 쿠데타세력 중 고원은 쿠데타 성공 후 아그이이론시에 의해 시행된 단일국가체제를 폐지하고 다시 나이지리아를 지역적 다양성에 기반한 연방체제로 만든다.

그러나 고원의 군사정부체제는 동부의 군사세력의 중심인 오주쿠(Colonel Ojukwu)로부터 그 정당성을 인정받지 못하였다. 오주쿠는 고원의 체제는 군사정권을 이끌 권위와 정당성을 결여하고 있다고 주장하였다. 이는 고원체제에서 내전과 대학살의 단초가 되었다. 특히 북부지역에서 살고 있는 동부지역 시민들과 이보족 사이의 심각한 유혈

사태가 발생하였다. 끊임없는 복수 혈투 끝에 동부지역에서 8만~10만 명의 민간인이 사망하는 사태가 벌어지게 되었다.[24]

심각한 유혈사태와 내전을 진정시키고자 고원과 오주쿠는 가나 아부리에서 1967년 1월 4, 5일 회담을 가졌다. 그러나 본 회담은 서로의 입장 차만을 확인하게 되었고 오주쿠는 연방체제에서 동부지역이 주된 지역으로서 역할을 할 것을 주장하기에 이른다. 이에 고원은 동부지역에 대한 제재 조치를 취함으로써 5월 30일 오주쿠는 동부의 독립을 선언하며 내전은 더욱 심화되었다.

지금은 비아프라전쟁으로 불리는 당시의 내전은 석유가 풍부한 남동부의 독립을 원치 않는 고원이 이끄는 연방 군사정부(FMG: Federal Military Government)의 승리로 일단락되었다. 이로써 아그이이론시 이후 고원 군사정권이 본격적으로 나이지리아의 정국을 운영하였다.

고원이 전쟁에서 승리한 이후 나이지리아 경제를 부양하기 위해 시행한 첫 번째 정책은 석유 부문에 있어서의 확장이었다. 당시 나이지리아에서는 대규모의 석유가 나오고 있었는데 1970년 3억 9,600만 배럴이 채취되던 것이 1972년 6억 4,300만 배럴, 1974년 8억 2,300만 배럴로 증가하였다.[25] 이에 따라 나이지리아정부가 얻게 되는 수입도 급격하게 늘었다. 1958년 20만 나이라(Naira, 나이지리아의 화폐 단위)에 그쳤던 것이 1970년 1억 6,600만 나이라로 증가했고, 1976년에 이르면 53억 나이라로 기하급수적으로 증가하였다. 특히 당시 중동발 석유위기로 인해 나이지리아 석유에 대한 수요는 폭발적으로 증가하였다. 석유 가격 역시 배럴당 1973년 3.80달러에서 1974년까지 14.70달러로 뛰며 나이지리아 수입이 기하급수적으로 늘어났다.

석유 수입의 증가는 국가 재정을 이전보다 튼튼하게 만들었다는 장점이 있었으나 도리어 나이지리아 경제가 석유에 의존하게 되는 상황을 초래하였다. 이에 따라 나이지리아 경제는 석유 가격의 변동에 따라 흔들리게 되는 취약성을 노정하였다. 또한, 석유 수입이 기하급수적으로 늘어나며 타 분야에 대한 경제적 관심이 줄어들게 되어 석유 의존증을 심화시켰다.

뿐만 아니라 석유 수입의 증가는 나이지리아 재정 부문의 부정부패를 가져왔다. 석유로부터 얻은 수입을 통해 정부 인사들은 지대추구 행위를 일삼았고 이는 세금과 공공 서비스를 통해 재원을 확충하는 다른 나라들과 달리 나이지리아의 재원을 해외에 의존하게 만드는 사태를 만들었다.

나이지리아 석유 채취를 위해서 해외 석유 회사들은 나이지리아정부에 임차료를 지불해야 했고 나이지리아정부는 재원 충당을 위해 더욱 적극적으로 외국 기업에 대한 임대사업을 진행하였다. 이에 따라 나이지리아 경제는 석유 의존증과 더불어 시민들의 의사가 정치와 경제 활동에 반영되지 못하는 기형적인 현상이 나타났다.

이처럼 석유 수입은 증가했지만 그와 동시에 기형적인 경제 구조를 초래하였으며 더욱이 시민들의 의사가 반영되지 못해 부정부패가 만연하게 일어난 고원정부는 실패를 맞게 된다. 우선 석유 수입 분배에 있어 연방정부와 지방정부는 심각한 갈등을 빚게 되고 특히 석유 생산 지역 위주로 분배를 시행하며 지역 갈등을 심화시키기도 하였다.

고원정부는 초기 국가적 화해와 재건 등을 골자로 정권의 정당성을 주장하였으나 석유 수입의 증대와 더불어 국가 운용 능력에 있어 비합리성을 지속으로 답습하였다. 이에 따라 그의 초기 목표는 가시권에서 벗어난 지 오래였다. 더욱이 그는 1973년 인구조사에서 나이지리아의 인구가 10년 전인 1963년에 비해서 43%가 증가된 7,990만 명이라는 결과가 나오자, 민주주의로의 이행에 대한 압박을 느끼고 조사 결과를 인정하지 않는다. 이와 같이 경제적 부문에서의 부정부패와 정권 이양 차원에서의 논의 역시 무마되는 사태가 지속되며 고원정부는 그 신뢰성을 상실하였다.[26]

1975년 7월 30일 모하메드가 이끄는 군부세력이 등장하며 또 다시 쿠데타가 발생하였다. 고원정부의 오랜 실패와 부정부패 등에 염증을 느꼈던 나이지리아 시민들은 모하메드의 쿠데타를 '정직한 정부'가 도래하는 새 시대의 시작으로 여겼고 적극 환영하였다. 또한, 모하메드가 민간정부로의 이양을 도울 수 있을 것이라는 기대가 일었다.

그러나 6개월도 채 되지 않아 모하메드는 암살당하고 오바산조가 이끄는 쿠데타세력이 집권하였다. 1975~1976년에만 두 차례의 쿠데타가 발생하였으니 당시 나이지리아 정국이 얼마나 혼란스러웠는지를 엿볼 수 있다.

오바산조는 3년여의 기간이라는 군사정권으로서는 짧은 집권 시기를 누렸다. 그러나 여전히 나이지리아에서는 오바산조를 추앙하는 분위기가 이어지고 있다. 심지어 그의 이름이 국제공항에 붙여지기도 하였는데

▲ 오바산조(1937년~)

이는 오바산조가 부정부패 척결과 국가 연합의 고조, 민간 이양으로의 목표를 세우고 이를 이행하는 데 소기의 성과를 거두었기 때문이기도 하다.

우선 부정부패 척결에 있어 오바산조는 이전 정권에서 부정부패를 저지른 개개인들을 단호하게 숙청하였다. 모하메드의 짧은 집권 속에서 시작되었던 군사정권세력들에 대한 숙청이 지속으로 이어졌으며 부패 인사들을 적극적

으로 대체하였다. 또한, 고원정부로부터 이어진 국립청소년봉사군단 (NYSC: National Youth Service Corps)을 계승해 정부 활동에 청년층을 포섭시키고 국가의 공동 목표를 향해서 단결을 지향하는 방향성을 고수하였다. 더불어 모하메드 정권 시기 추가된 7개의 주에 자원분배정책을 심화시켰고 지역 갈등을 완화시키기 위한 헌법을 제정하기도 하였다. 마지막으로는 1979년 법원 결정에 따라 오바산조는 민간으로의 정권 이양을 이루어내며 이전 군사정권보다 많은 성과를 도출했다.

그러나 오바산조의 상술한 업적들에는 많은 문제가 전제되어 있었는데 우선 부정부패 척결에 있어 단순 인사 교체는 피차의 차이를 없게 만드는 결과를 낳았다. 제아무리 부정부패 인사가 축출된다 한들 다음 인사가 부정을 저지르지 않으리라는 보장이 없었기 때문에 이와 같은 방법은 이미 시작부터 한계를 노정하였다고 볼 수 있다.

더불어 NYSC의 계승은 비록 일부 국가 연대의 증대를 위해 도움이 된 측면이 있었다고 볼 수 있다. 그러나, 그 참여에 있어 일부 대학생들과 엘리트 청년층만이 포섭되며 그 역시 한계를 가질 수밖에 없었다. 더불어 자원의 고른 지역 분배에 있어 오바산조는 1978년 석유 가격 인하로 인한 재원 충당의 감소를 상쇄시키고자 공공 서비스 부문에 대한 지출을 감소시키고 세금을 추가로 부과하는 등의 조치를 취해 저항에 부딪히기도 하였다.

그럼에도 오바산조가 삼권분립의 헌법을 도입하고 대통령 권한을 강화하는 등 민주화로의 이행을 위해 노력한 부분은 여전히 긍정적으로 평가받는 요소이다. 더불어 그는 정당 활동을 허용하였는데, 1978년 9월 21일 연방선거 위원회(FEDECO: Federal Electoral Commission)에 등록을 신청한 50여개의 당 중 5개의 당이 승인되었다.

5개의 당은 1979년 7월 7일부터 8월 2일까지 선거를 치르게 되었다. 이 중 나이지리아 민족정당(NPN: National Party of Nigeria)이 449개의 의석 중 168석을 차지하며 승리를 거두게 되었다. NPN은 이전 NPC처럼 단순히 북부만을 대표하는 것이 아닌 나이지리아 국가 전체를 대표하였기에 이전과는 다른 정당 흐름을 만들어냈다고 평가받았다. 1979년 8월 2일 이루어진 대통령선거에서 샤가리가 다소간의 부침 끝에 정권을 이양 받게 되며 13년간의 군부정권의 흐름이 중단되게 된다.

■ 제2공화국(1979~1983년)

1979년 새 헌법 아래 시작하게 된 제2공화국은 이전 제1공화국, 군부시기와 다르게 확실한 '국가'로서의 정치를 구가해 나갈 것을 기대 받았다. 그러나 학생, 지식계층, 노동당, 문민 출신 등이 정치적 영향력을 행사함에 있어 많은 제약을 여전히 노정하고 있었고 이에 따라 정치적 힘과 영향력은 제1공화국의 원로 정치인과 주요 경제 인사들에게로 돌아갔다.

제2공화국의 출범과 더불어 NPN의 후보였던 샤가리 중심의 정국 운영에 대해 나이지리아 통합정당(UPN: Unity Party of Nigeria)은 대통령선거 결과에 대해 반대 의사를 표명하였다. 이에 따라 NPN은 UPN과의 연대를 꾀해야 했다. 그러나 NPN은 제1공화국에서 그랬던 것처럼 연방정부에서 영향력을 행사하고 싶은 다른 정당들과의 후원 관계를 모색하였다.

그러나 제2공화국에서는 제1공화국에서 그러했던 것처럼 북부와 남부의 갈등이 존재하지 않았고 이에 NPC가 그러했던 것처럼 후원과 연대를 도모할 수 있는 '패러다임'이 부족하였다. 이에 따라 NPN은 자기 정당 위주의 정국 운영을 지속해 나갔고, 정치적 자원 분배에 있어 편협한 입장을 지속으로 고수하였다.

제2공화국 시기 샤가리 정권은 연방정부 차원에서 부동산정책과 교육, 대학 건설, 방송국 설치 등을 통해 내부 인프라를 다지기 위한 노력을 하였다. 이 과정에서 막대한 재정이 지출되었고, 재정 지출을 통한 국가사업의 확대는 도리어 정치인들의 영향력 증대와 권력 강화를 초래하였다.

제2공화국 당시 민간정부로의 정권 이양이 곧 군사정권에서 초래되었던 부정부패의 심화를 일단락 시킬 것이라 생각하였던 시민들의 기대는 이 과정에서 쉽게 좌초되었다. 가령 NYSC의 경우 국가사업 추진 과정에서 1,600만 나이라가 횡령되는 사건이 벌어졌고, 통신부서 나이지리아 대외 통신부(NET: Nigerian External Telecommunications)는 5,300만 달러를, 연방 부동산 계획에서는 4,300만 달러가 부정한 과정에 사라지는 사건들이 발생하였다.

부정부패는 제2공화국 시기 석유 수입원의 감소로 인해 더욱 심화되었다. 1980년대 석유 공급과잉(oil glut)으로 인해 석유 가격은 급격하게 떨어졌고 이는 나이지리아 경기침체의 원인으로 작용하였다. 당시 석유 수입은 1980년 123억 나이라였던 것이 1983년 73억 나이라로 떨어졌다.[27] 또한, 석유 생산량이 1980년 일일 200만 배럴을 넘겼다가 1983년 일일 130만 배럴로 감소하였다.

나이지리아정부는 이미 오랜 기간 지속되어온 석유 의존 현상과 이에 따른 경제 불안정 현상을 해결하기 위해 국내 산업 구조에 대한 혁신을 모색하기보다 외국의 원조를 갈구하는 태도를 보인다. 당시 샤가리 정권은 IMF로부터 15억 나이라 상당의 자금을 들여왔다. 더불어 사우디아라비아로부터 4억 나이라의 차관을 받았다. 제2공화국을 지내는 동안 나이지리아의 외환보유고는 5,462만 나이라에서 798만 나이라로 급격하게 감소하였다. 국가 부채는 90억 달러에서 180억 달러로 2배가량 늘어나 경제가 심각한 위기 상황에 직면하였다.[28]

나이지리아의 GDP는 1981년부터 1983년 사이 8.3%가 감소하며 심각한 경제위기를 겪게 된다. 또한, 인플레이션은 30%에서 50%로 증가하였으며 나이지리아의 구매력은 석유 수입 감소로 인해 지속으로 감소하였다.[29]

경제 상황 악화는 비단 정부의 정책 실패로 그치는 것이 아닌 민간 삶의 불안정성을 급격하게 초래하였다. 우선 정부는 공무원들의 임금을 수개월간이나 제대로 지급할 수 없었다. 불안정성은 지역 내 범죄율 증가로 이어졌다. 더불어 밀수품, 암시장 등이 횡행하게 되며 경제적 상황 악화는 물론 민간의 삶이 불안정하게 되는 결과로 이어졌다.

또한, 나이지리아는 경제위기 상황에서 노동력의 유출을 막기 위해 노동자의 이주를 막는 정책을 펼친다. 이는 서아프리카경제공동체(ECOWAS)의 정책을 위반한 것으로서 국제적 비난을 피할 수 없었다.

이런 상황에서 시민들의 민간 정권에 대한 실망과 분노를 등에 업고 각 정당은 자신들만의 어젠다를 형성해 정치적 경쟁을 심화시켰다. 이들은 자기 정당의 의견을 내세울 수 있는 인쇄 매체를 적극 이용하여 정적을 공격하는 데 동원하며 정치적 불안정성을 초래하였다.[30]

이 외에도 정실주의 인사 등용, 종교 갈등의 심화, 정당 간 경쟁의 지속과 심화 등으로 샤가리 정권은 이전과 같은 지지를 받을 수 없었다. 1983년 8월 6일부터 9월 3일까지 치러진 선거에서 NPN의 대승이라는 결과가 나왔는데, 이는 철저히 선거조작을 통해 만들어진 것으로서 나이지리아 시민들의 공분을 자아냈다.

샤가리는 아월로워를 누르고 재선에 성공하였다. 그러나 결과는 부정선거로 배태된 것이기에 UPN 지지자들의 엄청난 반발에 부딪히게 되었고 NPN의 정치적 정당성은 심각한 손상을 입었다. 그럼에도 샤가리는 1983년 10월 1일 취임식을 강행하였다. 심각한 정치적 혼란 속에서 부하리는 기회를 잡고 다시금 쿠데타를 시도하며 민간 정권은 4년 만에 그 막을 내리게 된다.

■ 군사정권(1983~1993년), 임시정부

1983년 10월 31일 부하리의 쿠데타는 군부의 부활을 가져왔다. 10년 사이의 군사정권으로 인해 민간 정권 시기 파탄 수준의 위기를 겪었던 경제는 더욱 더 악화되었고, 나이지리아의 만성적 질병과 같은 부정부패는 더욱 고착화되었다.

부하리 정권은 정권의 정당성을 위해 부정부패 척결, 경제 상황 개선을 주된 목표로 내세웠다. 특히 부정부패 척결을 위해 부하리 정권은 나이지리아인들의 의지의 부족이 부정부패의 원인으로 작용하였음을 지적하였다. 이에 따라 그는 금욕적 수단들을 통해 국가 부정부패 척결을 이루어내야 함을 주장하였다.

우선 그는 제2공화국에서 시행되었던 공공 부문의 지출을 대폭 감소시키고 불필요한 요소에 대한 지출을 중단하는 등의 조치를 취하였다. 이와 같은 전 국가적 차원의 '금욕주의'적 시도는 기실 그의 독재적 정권 운용을 위한 수단으로 전락하였다. 그는 자기의 정권에 위해를 가할 수 있는 제2공화국 인사들을 숙청하는 한편, 정치적 감시를 강화하였다.

뿐만 아니라 그는 사회적 규율을 강화하고 개선시켜 나가기 위해서는 정권의 힘이 강해져야 한다고 믿었고 정권에 대한 비판을 검열 및 차단하려 하였다. 이를 바탕으로 그는 규율이 부재한 사회에 대한 전쟁을 선포해 사회 개조를 적극적으로 추진해 나갔다. 이와 같은 규율

제3부 국가위기의 사례

과 사회 개조 방침으로 그가 제시한 것은 무질서와의 전쟁(WAI: War Against Indiscipline)이었다. 이는 초기에 나이지리아 시민들로부터 규율이 부재한 정치 시스템, 비윤리적 정치인들에 대한 반발로 인해 크게 환영받았다.

그러나 부하리의 규율은 그 본질적 특성을 고려해보면 쉽게 파악할 수 있는 것처럼 정치인들에 대한 규제를 명목으로 일반 시민을 감시하는 수단으로 전락하고 말았다. WAI는 그저 겉치장과 같은 시도에 불과하였다. 이는 나이지리아에 만성적으로 뿌리내리고 있는 빈곤과 기초 서비스의 제공 결여들을 감추는 시도밖에 되지 않았다.

이와 같은 부하리의 시도에 대해 회의를 느꼈던 이들은 저항세력으로 등장하였다. 나이지리아 변호사협회(NBA: Nigerian Bar Association)나 나이지리아 학생민족연합(NANS: The National Association of Nigerian Students) 등 대표적인 저항 단체들에 대해 부하리는 여느 군사정권이 그렇듯 폭력적인 수단을 동원해 진압하였다.

부하리의 통치 기간은 WAI와 같이 실효성이 부재한 정책의 시도와 그저 독재만을 일삼아 당장 해결해야 하는 나이지리아의 중대 사안들 해결의 골든타임을 놓치게 만들었을 뿐이다. 이에 따라 부하리 정권은 2년여 만에 바방기다의 쿠데타로 인해 실각하였다.

1985년 8월 27일 바방기다의 쿠데타에 의해 다시금 군사정권이 연장되었다. 바방기다는 부하리 정권의 국가 부채 탕감 능력의 부족과 민간 이양으로의 의지 부재 등을 골자로 스스로에게 정당성을 부여하였다. 바방기다는 부하리 정권과 다르다는 이미지를 심어주기 위해 부하리 시기 이루어졌던 인권침해에 대한 조사와 정치범 석방, 언론인 석방 등을 통해 유화책을 펼쳤다.

바방기다 정권 시기 이루어진 가장 대표적인 정책은 구조조정프로그램(SAP: Structural Adjustment Program)이다. 바방기다는 대중 토론을 통해 나이지리아의 심각한 부채 상황을 헤쳐 나가려 하였다. 그는 IMF의 원조를 받을 것인지 아니면 SAP를 통해 자체적 개혁을 해나갈 것인지를 결정하게 하였다. 이 토론을 통해 바방기다 정권이 원하는 대로 SAP 도입을 통해 부채 탕감 계획을 세워나가게 되었다. 이는 IMF의 참여 없이 세계은행의 감시 속에서 자체적 개혁을 시행해 나가는 계획이었다.

SAP는 그 자체적 특성에 따라 양면성을 지닌다. 우선 프로그램 자체가 빚 탕감을 목표로 하고 있기에 가시적으로 1985년부터 1988년까지 나이지리아의 부채는 38.7%가 감소되는 성과를 거두었다. 또한, 농업 부문에서의 생산량 개선으로 1991년까지 GDP가 평균 5.3%가 증가되는 효과를 얻게 되었다.[31]

그러나 SAP로 인해 긍정적인 효과를 상쇄하는 부정적 영향을 맞게 되었다. 우선 SAP를 시행하는 동안 실업률이 눈에 띄게 증가하였다. 나이라 통화가치의 하락으로 인하여 나이지리아의 구매력도 현저하게 감소하였다. 더불어 경제 상황 개선을 위해 규제를 완화하였다. 부채 탕감을 위해 생활필수품, 특히 석유에 대한 정부 차원의 보조금 지급을 중단하며 연료 가격의 상승을 가져왔다.

또한, SAP를 통해 해외 자본을 유치하려던 바방기다 정권의 시도 역시 한계에 부딪혔다. 1988년 바방기다 정권은 민영화를 통해 135개 기업에 대한 투자를 유치하려 하였다. 그러나 135개 회사 중 50개의 회사만이 매각되며 SAP의 실효성 자체가 의문을 받게 되었다.

이처럼 바방기다 정권 역시 정권 차원에서 유화책을 통해 다소간 완화된 군사정권을 보여주었다지만, SAP와 같은 대규모 정책이 실패를 겪게 되었고 더불어 국민 기초생활에 대한 정부 차원에서의 보조를 진행하지 못하며 무능함을 드러내게 되었다.

바방기다는 이후 1993년 8월 27일 사임에 동의하기까지 의도적으로 민간 정권으로의 이양을 지연시켰고, 선거 결과에 동의하지 않는 등 '추태'를 보였다. 또한, 정당 창당에 있어 민족 공화주의자 협의체(NRC: National Republican Convention), 사회민주당(SDP: Social Democratic Party)만을 허용하며 상당히 제한된 민주주의로의 전환을 보여주었다.

바방기다 정권 이후 임시국가정부(Interim National Government)가 수립되었으나 단 3개월 만에 그 수명을 다하였다. 충격적이게도 임시정부 이후 나이지리아에는 다시 군사쿠데타가 일어났다.

■ 군사정권(1993~1999년)

1993년 11월 17일 아바차는 임시정부를 해산시키고 그 자신을 국가수반으로 하는 정권을 세운다. 이미 상황이 나빠진 나이지리아의 경제는 더욱 쇠퇴하였다. 또한, 의회와 대통령선거를 통해 당선된 선출직 정치인들에 대한 무시는 더욱 공고화되어 가며 나이지리아의 민주화는 심각한 위기에 봉착하였다.

아바차는 바방기다 정권 시기 이미 실효성을 상실한 SAP를 전면 중단시켰다. 또한, 군사정권답게 그의 정적들을 숙청하고 반대 세력의 집결을 막기 위해 지속적인 투옥을 지시하였다. 이에 따라 오바산조와 야르아두아가 옥에 갇히게 되었다.

당연하게도 아바차 정권은 강력한 시위에 부딪히게 되었다. 여기에는 나이지리아의 민주주의를 도모하려는 여러 세력들이 가담하였다. 민주주의 캠페인(Campaign for Democracy)은 민주주의연합(NADECO: National Democratic Coalition)을 형성하였다. 라고스에서는 임시

정부 수반이었던 아비올라(Moshood Abiola)가 스스로를 대통령으로 칭하며 취임식을 거행하였다.

아바차는 단숨에 저항세력을 탄압하였다. NADECO를 비롯해 반정부세력을 불법화했으며, 아비올라는 체포되어 1998년 그가 죽을 때까지 구금 상태를 면하지 못하였다. 또한, 아바차는 정권 공고화를 위해 민간인 사살을 서슴지 않았다.

아바차 정권 당시 이루어졌던 석유 산업 개발은 심각한 문제를 초래하였는데 이는 석유 회사들이 환경문제에 대한 의식이 전혀 없었던 점에 기인한다. 석유 채취를 위한 난개발로 인해 송유관이 폭발해 무고한 민간인들이 죽는 사건이 발생하였다. 지역사회의 엄청난 환경오염이 가속화되었다.

또한, 아바차 정권 아래 사로위와(Ken Saro-Wiwa)나 오고니(Ogoni)족과 같은 반정부 및 반대 세력들은 사형에 처해지거나 거센 탄압을 받았다. 국제사회는 이와 같은 아바차 정권의 강압적인 정치와 이로 인한 나이지리아의 민주주의 후퇴 등을 강력하게 규탄하였다.

이와 같은 국제사회의 나이지리아에 대한 부정적인 평판은 국제정치적 입지를 좁혔을 뿐만 아니라 경제적인 요소에 있어서도 손실을 겪게 하였다. 나이지리아에서는 이미 국제적 신뢰도 위상의 하락으로 해외 기업들이 투자를 다수 회수하기에 이르렀으며 석유 산업이 쇠퇴하였다.[32] 석유에 대한 해외 투자가 감소하였음에도 불구하고 석유값 상승으로 어느 정도 손실을 상쇄할 수도 있었으나 이미 아바차 정권 시기 부정부패가 만연하게 되어 이 역시 효과가 미미하였다.

민주주의로의 전환을 앞둔 시점에서 쿠데타를 감행해 나이지리아의 민주주의를 후퇴시키고 경제를 더욱 더 악화시켰으며 국민들로부터 전혀 환영받지 못했던 아바차 정권은 그가 1998년 6월 8일 심장병으로 사망하게 되며 끝을 맞이하였다. 그의 집권 시기 수많은 횡령과 부정부패로 인한 국가 신뢰도의 하락과 유럽 은행들의 투자 반환 요구 등으로 나이지리아는 국가로서 그 자격을 상실해가고 있었다.

아바차에 뒤를 이어 과도정부를 담당하게 된 아부바카르는 정당 창당을 허용하였다. 26개의 정당이 신청서를 냈지만 3개의 정당만이 승인을 받아 민주주의 동맹(AD: Alliance for Democracy), 국민의 당(APP: All People's Party), 인민민주주의당(PDP: People's Democratic Party)이 만들어졌다.

1999년 1월 9일 이뤄진 선거에서 PDP가 승리하게 되며 지배 정당으로서 그 입지를 굳히게 되었다. PDP는 528석, APP는 251석, AD는 166석의 결과를 얻었다. 또한, 동 년 2월 20일 진행된 상원선거에서 PDP는 360석 중 206석을 차지하며 다수당으로서의 입지를 다졌다. 그러나 이 선거 과정에서도 투표 조작이 있었고, 민주주의 달성을 위한 나이지리아인들의 희망은 여전히 요원해 보였다.

■ 제4공화국~현재

나이지리아의 국민적 영웅으로 추앙받는 오바산조가 1999년 3월 29일 치러진 선거에서 승리함에 따라 나이지리아는 천신만고 끝에 가장 긴 민간 정권을 누릴 수 있게 되었다.

오바산조 정권은 그의 이전 정권 시기 보여주었던 것처럼 나이지리아의 발전을 위해 많은 노력을 하였다. 그는 바방기다 정권 시기 시행되었던 SAP를 계승해 이어 나갔고, 나이지리아 통신(NITEL: Nigerian Telecommunications Limited)과 같은 통신 기구를 통해 인터넷과 핸드폰의 보급률을 높여 가며 국민 생활 개선에 기여하려 하였다.

또한, 그의 재임 시기 GDP가 2004년까지 4.9% 증가했으며, 외국인 투자도 2000년 11억 달러에서 19억 달러로 증가, 인플레이션 상황 역시 안정되기 시작하였다. 또한, 석유 의존 중심의 경제체제를 개선하기 위해 노력한 결과 비석유 부문 산업이 8.9% 증가하였다. 뿐만 아니라 외국 부채를 350억에서 50억 달러로 낮추며 나이지리아 역대 정권 중 가장 혁혁한 성과를 세웠다.

그럼에도 오바산조 정권 시기를 그저 장밋빛으로만 그리기에는 국내적 경제문제의 심화, 기초 자원 공급과 종교 갈등 부분에 있어 문제가 지속되었기에 어려움이 있어 보인다. 우선 GDP가 수치상으로는 증가했지만, 이는 나이지리아 소수 엘리트와 부유층의 견인으로 인해 이루어진 것이었을 뿐이고 오히려 다수 빈곤층문제는 더욱 심화되었다. 더불어 정부 재원이 늘어났음에도 불구하고 공무원과 교사 등에게 지불해야 하는 임금이 지급되지 않았다.

더불어 수도, 도로, 전기와 같이 기본적으로 공급되어야 하는 자원들은 끊임없이 부침을 겪었고, 1,000명의 출생아 중 200명의 출생아가 사망할 정도로 정부가 보건과 건강에 관심을 두지 못하였다. 또한, 종교와 인종 갈등이 지속되었고 오바산조 정권 아래에서도 부정부패문제는 해결되지 못하였다. 가령 2005년 런던에서 알라미예세이가(Diepreye Alamieyeseigha)가 180만 파운드를 펀드에서 횡령함에 따라 체포되었고 이외에도 국제적 사기까지 벌이는 등의 부정부패 사건이 끊이지 않았다.

그럼에도 오바산조의 두 시기는 모두 나이지리아의 열악한 식민지 이후의 국가 창건에 있어 큰 초석을 두었다고 평가하는 것이 적절할 것이다. 그 어떤 군사정권도 오바산조와 같이 민주주의로의 이행과 국가 경제와 사회의 안정을 위해 실질적인 노력을 기울이지 않았고 성과를 거두지도 못하였기 때문이다.

오바산조는 2007년 헌법에 따라 임기를 마무리하고 그의 정당 PDP의 후보 야르아두아를 지지할 것을 표명하며 나이지리아 역사상 처음으로 평화로운 정권 이양을 하였다. 하지만 그의 급작스러운 사망으로 2010년 부통령이었던 조나단이 대통령직을 승계한다. 조나단 대통령은 직접적인 부족이나 종교적 기반이 없기에 부족이나 각종 자원 이권으로부터 자유로울 수 있다는 점은 장점으로 작용했으나, 확고한 지지기반의 부족은 정치적 장애가 될 수 있었다. 하지만 여당의 인지도에 힘입어 58.9% 득표율로 재선에 성공한다. 그의 재임기 중 테러집단인 보코하람의 기승, 여당 내 부정부패, 석유값 하락으로 경제가 침체되면서 2015년 대선에서 보코하람의 강경진압을 공약으로 내세운 전진보회의 부하리 후보에게 패배하고 정권을 내주게 된다. 부하리는 보코하람 척결이라는 홍보를 극대화 하면서 2019년 재선에 성공하였다. 그러나 경제 침체에 대한 불만에 정부에 저항하는 시위대에게 경찰이 발포를 하는 사건이 발생하면서 지지율은 하락하게 된다. 결국 2022년 12월 대선을 맞이하기 1년전 전격적으로 화폐개혁을 단행하면서 구권 사용을 금지하고 신권 발급량을 줄이자 야당 후보의 조직적 선거운동은 한계를 맞게 되었고 조직적인 방해공작은 결과적으로 집권 여당후보인 티누부(Bola Tinubu)가 2023년 5월 29일 대통령에 취임한다. 역사상 가장 낮은 37%의 득표율로 당선된 티누부 대통령이 풀어야 할 과제는 부정선거 논란뿐 아니라 기타 얽히고설킨 사회경제적 문제들을 포괄하는 것으로 험난한 여정이 예상된다.[33]

오바산조 이후 야르아우다, 조나단, 부하리, 다시 티누부로 정권이 이어지며 나이지리아에서의 정치현상은 이전에 비해서는 어느 정도 안정되어 가고 있는 것으로 보인다. 하지만 코로나19로 인해 경제성장이 더욱 둔화되어 실업률과 인플레이션이 각각 9.8%, 17%로 극에 달했다. 나이지리아의 상황은 다시금 심각한 위기에 직면하고 있다.

3) 나이지리아 위기의 근원: 부정부패·빈번한 쿠데타

나이지리아는 아프리카 국가들 중 하나의 국가로서 생존하는 데 성공하였다. 그러나 그 과정 속에서 지나칠 정도로 빈번하게 일어난 쿠데타와 석유 자원으로 인한 자원 의존성 심화, 그리고 부정부패의 만성화는 나이지리아를 한 국가로서 온전하게 존재하는 데 큰 걸림돌로 작용하였다.

부정부패의 경우 오히려 쿠데타를 정당화하는 단골 명목으로 등장하였다. 쿠데타를 위해 부정부패가 존재하는 것 같은 모습까지 보이게 되었다. 수십 년의 고질적인 부정부패와 석유 단일의 경제체제로 인해 나이지리아의 정치경제 상황은 파국에 이르렀다. 이는 국가가 국가 전체를 위해 존재하는 것이 아닌 정권의 창출과 이들의 생존을 위해 존재하는 것 같은 양태를 지속으로 드러내 보였다.

오바산조와 같은 정치인의 등장으로 나이지리아의 파국적인 상황이 어느 정도 상쇄되는 시기도 있었다. 그러나 국가위기를 타개하려는 나이지리아 정치인들의 전반적 의식이 부족한 상황에서 '영웅적' 인물이 등장한다 하더라도 한계를 지닐 수밖에 없을 것이다. 단순히 영웅적 인물에 대한 의존성의 심화는 민주주의의 성숙을 위해 필수적인 시민사회의 참여를 배제하는 요인으로 작용할 수 있기 때문이다. 영웅적 인물에 대한 바람은 나이지리아의 부족 중심과 종교 중심의 정치문화에서 찾아볼 수 있다. 종교 또는 부족의 역사에서 나타나는 기적을 일으키는 상징성에 대한 갈망이 매우 크다고 볼 수 있다. 결국 부족별, 종교별로 그들만이 구축하는 세상에 대한 환영을 추구하고, 이는 국가 통합의 저해 요소로 기능한다.

나이지리아 시민들은 7차례의 쿠데타를 겪으며 정치적 상황에 심각한 염증을 느끼면서도 변화를 기대하는 이율배반적 상황이 반복된다. 이 때문에 쿠데타 역시 부정부패와 마찬가지로 만성적인 현상으로 여겨지는 경향이 생기게 되었다. 이는 이전 군사정권 시기에 부정부패 척결을 명목으로 규율을 위해 독재정을 구가하였던 부하리와 같은 인물이 다시금 나이지리아 민주정치에 등장하는 현상을 보아도 알 수 있다. 아무리 절차적 민주주의인 선거로 당선되었다고 하나 군부를 통해 독재정을 세웠던 인물에게 정권을 다시 잡게 하는 문화는 나이지리아의 정치문화를 적나라하게 보여주는 것이다.

나이지리아는 코로나19 사태 이후 심각한 경제위기에 직면하고 있다. 이와 같은 불안정 속에서 언제든 나이지리아에는 쿠데타가 다시 발생할 수 있다. 가장 큰 이유는 인종과 종교에 기반이 되는 문화적 상징체계에서 파생되는 갈등과 충돌이다. 더불어 많은 국민들이 종교에 심취하여 현실보다는 기적과 사후 행복이라는 영생의 세계를 믿는 경향 역시 발전에 걸림돌이 되고 있다.

무엇보다 인종과 종교적 기반을 통해 구성되는 자신들이 속한 집단의 이익이 우선이 되는 가산주의는 부정부패로 이어지고 있다. 치유되지 못하는 부정부패는 나이지리아의 정치인들로 하여금 절제와 존중이 아닌 탐욕적인 정치적 입장을 고수하게 만드는 유인으로 작용하고 있다. 나이지리아의 위기를 극복하기 위해서는 쿠데타와 부정부패에 대한 국민들의 진중한 경각심과 감시가 더욱 요구될 것이다.

▌주

1) Fragile States Index, https://fragilestatesindex.org/country-data.
2) Marieke Brandt, *Tribes and Politics in Yemen: A History of the Houthi Conflict* (Oxford: Oxford University Press, 2017), p. 135.
3) Gerald M. Feierstein, "YEMEN: THE 60-YEAR WAR," *Middle East Institute* (February, 2019), p. 2.
4) "예멘은 왜 사우디와 전쟁을 하는가?," 『아틀라스』, 2019년 9월 18일.
5) Feierstein (2019).
6) April Longley Alley, "Breaking Point? Yemen's Southern Question," *International Crisis Group* (October 2011), p. 2.
7) Feierstein (2019) p. 11.
8) Fragile States Index, https://fragilestatesindex.org/country-data.
9) 최병욱, 『동남아시아사: 민족주의의시대』, (서울: 사인, 2016).
10) Martin Smith, "Burma (Myanmar): The time for change," *Minority rights group international* (May 2002), pp. 7-8.
11) Smith (2002) pp. 9-10.
12) Smith (2002) pp. 10-11.
13) "President of Myanmar Reshuffles His Cabinet," *The New York Times*, 27 August 2012.
14) "미얀마 군정 제재 강화하고 임시정부 인정 지원 확대해야," 『연합뉴스』, 2023년 6월 4일.
15) John S. Moncreif & Htun Mya, "The war on Kachin forests," *The Irrawaddy* 9-8 (October 2001).
16) KNU, "KNU, Report the Facts: The Yadana Gas Pipeline Construction in Tavoy District, Mergui-Tavoy," *KNU* (1996).
17) Smith (2002), pp. 17-18.
18) Amnesty International, "Myanmar: Exodus from the Shan State," https://www.amnesty.org/en/documents/asa16/011/2000/en/
19) Seymour Martin Lipset & Stein Rokkhan, *Party Systems and Voter Alignment: Cross-National Perspectives* (NY: Free Press, 1967).
20) Fragile States Index, https://fragilestatesindex.org/country-data.
21) Toyin Falola & Matthew M. Heaton, *A HISTORY OF NIGERIA* (New York: Cambridge University Press, 2008), pp.158-159.
22) Falola & Heaton (2008).
23) Falola & Heaton (2008), pp. 163-170.
24) Sara S. Berry, *Cocoa, Custom, and Socio-economic Change in Rural Western Nigeria* (Oxford: Clarendon Press, 1975), pp. 168-169.
25) Tom Forrest, *Politics and Economic Development in Nigeria* (Boulder, CO: Westview Press, 1995), p. 134.

26) Falola & Heaton (2008), pp. 181-186.

27) Forrest (1995), p. 86.

28) Eghosa E. Osaghae, *Crippled Giant: Nigeria since Independence* (London: C. Hurst, 1998), pp. 155-156.

29) Falola & Heaton (2008).

30) Adigun A. B. Agbaje, *The Nigerian Press, Hegemony, and the Social Construction of Legitimacy, 1960-1983* (Lewiston, NY: Edwin Mellen Press, 1992) pp. 176-199.

31) Osaghae (1998), p. 203.

32) Osaghae (1998), p. 281.

33) "나이지리아 대선 후의 혼란과 민주주의의 대가," 『데일리 경제』, 2023년 3월 13일.

12장

국제제재 위협

국제사회는 국가차원과 민간차원의 국제네트워크를 확대하면서 보편적 가치의 추구를 통해 유지된다. 비록 냉전은 끝났지만, 미국의 중심으로 하는 세력과 대안세력으로 볼 수 있는 러시아와 중국 그리고 지역패권국가들의 경쟁구도에서 회색지대에 위치한 국가의 권위는 축소되었다. 결국, 국제네트워크의 약화는 국가의 위기로 확대될 수 있다.

1. 아프가니스탄

1) 현황

아프가니스탄은 북으로 투르크메니스탄, 우즈베키스탄, 타지키스탄과 국경을 접하고 있고, 북동쪽으로는 중국, 동남쪽으로는 파키스탄,

국기와 지도   아프가니스탄

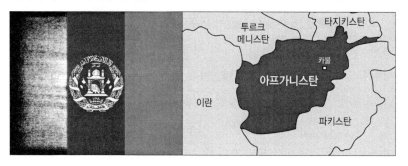

서쪽으로는 이란과 국경을 접한 중앙아시아 산악 지대에 위치한 국가
이다. 아프가니스탄은 오랫동안 전쟁에 시달리고 있다. 1979년부터
시작된 아프가니스탄의 지난한 전쟁사는 지금까지 이어져 오고 있다.
단기간 일어난 내전이 아닌 수십 년의 전쟁으로 인해 국토는 황폐해졌
고, 정치와 경제에 있어서 총체적 난국을 겪고 있다. 아프가니스탄의
2022년 FSI는 105.9로 8위였다. FSI 1년간 변동률은 3.80%, FSI 5
년간 변동률은 −1.40%, FSI 10년간 변동률은 −0.10%이다.[1]

소련·미국의 개입으로 아프가니스탄에서는 대리전이 발생하였다.
1979년부터 소련은 아프가니스탄에 공산주의 정권을 이식시키기 위
한 노력을 시작하였으며 미국은 이에 대한 견제로 이슬람 무자헤딘
(Mujahedin) 세력을 통해 이들을 제어하려 하였다. 이 가운데에서 아
프가니스탄은 소련과 미국으로부터 받는 원조로 인해 GDP가 개발도상
국 중 가장 높게 상승한 국가 중 하나가 되었다.

아프가니스탄은 소련의 통치를 받았던 시기 발생한 혼란으로 인해
현재까지도 지속적인 내전과 탈레반의 기승 등이 나타나게 되었다. 소
련이 아프가니스탄을 통치하던 시기 근대화 추진을 위한 적극적 개혁
은 많은 반발에 부딪히게 되었고, 파키스탄에 있는 반정부세력 무자헤

딘은 지속으로 아프가니스탄 내의 소련에 대해 견제하였다.

소련이 철수한 이후 공산정권이 내부에 세워졌으나 곧 탈레반(Taliban)이 파키스탄과 사우디아라비아의 재정적 지원을 통해 1996년 카불을 점령함으로써 무너지게 되었다. 이후 탈레반은 지속으로 아프가니스탄 내에서 언론 탄압, 여성 차별, 이슬람 근본주의적 제도 도입 등을 통해 강압적인 정치를 이어갔다. 이후 2001년 9·11테러로 탈레반 정권은 미국의 공격으로 무너졌다가, 2021년 미군 철수 이후 재기하게 된다.

소련 점령 이후 현재까지도 지속되고 있는 아프가니스탄의 지나칠 정도로 장기화된 내전은 아프가니스탄의 정치·경제를 붕괴시켰다. 인간개발지수는 0.374로서 최하위 수준에 머물고 있다. 또한, 정부는 국가 자체의 안정적인 구심체의 역할을 상실한 지 오래다. 탈레반의 지속적인 영향으로 사실상 국가로서 아프가니스탄을 간주하는 것이 어려워지고 있을 정도이다.

이 절에서는 아프가니스탄의 위기를 이해하기 위해 1978년 이후 소련이 아프가니스탄을 점령한 시기부터 탈레반의 등장까지를 먼저 다루고 탈레반 등장 이후 2001년 9·11테러를 이어 현재까지 이루어진 미국의 아프가니스탄에 대한 조치들을 다루도록 할 것이다.

2) 소련 점령 시기~탈레반의 등장(1978~1996년)

1978년 4월 아프가니스탄 인민민주주의 정당(PDPA: People's Democratic Party of Afghanistan)이 이끄는 친소련 정권이 칸(Mohammed Daoud Khan) 대통령을 축출하고 정권을 잡았다. 이들은 정권 창출과 동시에 보다 강압적인 태도로 아프가니스탄 내의 개혁을 시행해 나간다. 가령 이들은 토지 분배와 같은 정책을 시행하였는데 이는 반대 세력의 경제적 토대에 대한 위협을 가한 것으로서 많은 반대를 받게 되었다.

특히 PDPA 세력의 개혁은 당시 무자헤딘 세력에 의해 격렬한 반대에 부딪히게 되었다. 소련은 PDPA에 대한 군사적 원조를 하였다. 이후 PDPA의 서기장 타라키(Nur Muhammad Taraki)가 당시 같은 당수상 아민(Hafizullah Amin)에 의해 암살당하였다. 아민은 상황을 더욱 악화시켰고 이에 소련은 본격적으로 1979년 10월부터 군사적 침공을 가해 카불로 진주하였다.

아프가니스탄을 점령 후 소련은 카르말(Babrak Karmal)을 수반으로 내세웠다. 카르말을 중심으로 소련은 아프가니스탄 내에 친소련정부를 세웠고 이에 미국과 파키스탄은 아프가니스탄 무자헤딘 반군을 지원하며 아프가니스탄에서의 내전의 시작을 알리게 되었다. 소련-아프가니스탄전쟁(Soviet-Afghan War)으로 알려진 본 내전은 56만 명이상의 사망자를 낳았고 국토를 황폐화시켰으며 200만 명의 피난민들을 발생하게 하였다. 또한, 국가 전체가 군사중심사회로 변모했으며 용병 고용과 무장 경찰 등이 아프가니스탄 내에서 일반적 현상으로 자리 잡으며 향후 아프가니스탄 혼란의 원인으로 작용하였다.

1988년 제네바협정에 따라 소련은 아프가니스탄에서의 철수에 서명하게 된다. 소련이 아프가니스탄에서 철수하게 되면서 아프가니스탄 내에서 변화가 나타났다. 우선적으로 카르말 행정부의 비효율적 통치는 행정부의 지도자로서의 수명을 다하게 되어 나지불라(Mohammed Najibullah)로 대체하게 되었다. 또한, 공산주의체제를 변화시켜 나가기 위해 무자헤딘과의 전쟁을 중단하고 화해적 분위기를 조성하려고 했다. 그러나 무자헤딘 세력은 화해의 제안을 거절하였다.[2]

이로 인해 소련이 철수한 이후에도 아프가니스탄에는 내전의 종식이 일어나지 않았고, 오히려 나지불라는 무자헤딘의 강한 공격을 받게 되었다. 뿐만 아니라 당시 친소련 정권은 더 이상 소련의 재정 지원과 군사적 지원을 받지 못하게 되며 1992년 붕괴하였다.

3) 탈레반 정권의 성립, 9·11테러~현재

■ 탈레반 등장~9 · 11테러

1993년 파키스탄으로 이슬람 신학을 공부하러 왔던 대부분이 무자헤딘이었던 파슈툰족 학생들과 이슬람 종교 단체들은 탈레반을 결성하였다. 이들은 칸타하르(Kandahar) 점령을 시작으로 카불로 진격해 1996년 9월 27일 라바니(Burhanuddin Rabbani) 정권을 전복시킨다.

이후 탈레반은 그들만의 정권을 세우고 무자헤딘의 지도자였으며 종교지도자인 오마르(Mullah Mohammad Omar)를 수장으로 세운다. 오마르는 빈 라덴(Osama bin Laden)과의 연대를 도모하였다. 9·11테러 이후에는 그를 미국에 인도하는 것을 거부하였다.

탈레반 정권은 이슬람 샤리아에 대한 엄격한 해석으로 여성에 대한 배타적 정치를 펼쳤으며 민간인을 대량으로 학살하였다. 여성에게 강제적 부르카 착용 및 혼자 다니는 것을 금지하였다. 이를 배경으로 한 소설 『천 개의 태양』의 내용을 보면 혼자 다니는 여성을 꾸짖는 정도는 상당히 점잖은 것이며 욕설과 폭행을 일상적인 상황으로 묘사하고 있다. 또한, 유엔의 식량 원조를 거부하였으며 초토화(scorched-earth) 전략으로 국토를 황폐화시켰고 민간 가옥 수만 개를 파괴하는 만행을 저지름과 동시에 국제사회의 만류와 반발에도 불구하고 '이교도 잔재 청산'을 명분으로 유네스코 세계문화유산 중 하나인 바미안 석불을 비롯하여 약 2,100여 점의 유물을 파괴하였다. 이 때문에 탈레반 정권은 파키스탄, 사우디아라비아, UAE를 제외하고는 국제적으로 정권 차원에서 인정받을 수 없었다.

탈레반은 알카에다(Al Qaeda)의 지도를 지지하였는데 이는 당시 미국 클린턴(Bill Clinton) 행정부의 반발을 샀다. 미국은 1998년 8월 20일 아프가니스탄 동부에 알카에다 군사 훈련 기지로 추정되는 곳에 미사일 공격을 가하였다. 이 외에도 탈레반은 전 대통령들과의 연대와 무자헤딘 중 사야프(Abd-I-Rab Rasul Sayyaf)의 지도를 받는 분파들로 이루어진 북부연합(Northern Alliance)에 도전을 받기도 하였다. 그럼에도 2001년 9월 11일 테러가 터지기 전까지 탈레반은 아프가니스탄 국토의 80% 이상을 차지하였다.[3]

9·11테러로 부시(George W. Bush) 행정부는 아프가니스탄에 대한 대대적 공격을 개시하였다. 테러 배후자인 빈 라덴을 인계하지 않는 이유로 미국은 탈레반 정권을 전복시킬 것을 선언하였다. 2001년 10월까지 영미 연합군과 북부 연합 전선 등은 탈레반에 대한 공격을 개시해 탈레반은 결국 끝을 맞이하게 된다.

■ 미군 점령기~탈레반 부활

미국의 침공으로 아프가니스탄은 이후 유엔의 관리하에 들어가게 된다. 유엔은 본협약(Bonn Agreement)을 통해 결의안 1383을 채택하였다. 이후 탈레반을 제외한 모든 아프가니스탄 분파들은 결의안에 동의하였다. 카르자이(Hamid Karzai)를 대통령으로 임시 행정부를 설치할 것을 결정하였다. 더불어 의회인 지르가(Loya Jirga)를 통해 국제평화유지군을 주둔하게 하는 조치를 취하였다.

2001년 10월 9일 탈레반 정권은 붕괴되었고, 탈레반의 수장 오마르는 피신을 하였다. 그러나 탈레반이 완전히 소탕된 것은 아니었다. 탈레반은 산악지역으로 숨어들었고, 흩어져 지내면서 재기를 노렸다.

2002년 부시 대통령은 아프가니스탄의 재건을 선언하였다. 마셜플랜(Marshall Plan)이 유럽사회를 제2차 세계대전 이후 수렁에서 꺼내었듯, 아프가니스탄이 재기하는 데 원조를 할 것을 선언하였다. 이후 미 의회는 380억 달러의 원조를 통해 아프가니스탄의 인권과 재건 문제를 해결하려 하였다.

또한, 아프가니스탄에 대한 군사적 원조로서 유엔 안보리에 의해 세워진 국제안보 지원군(ISAF: International Security Assistance Force)이 그 역할을 하였다. 더불어 북대서양조약기구(NATO: North Atlantic Treaty Orgnization)는 ISAF와 더불어 아프가니스탄 내에서 그 역할을 증대시켜나갈 것을 선언하였다. NATO는 이후 2006년까지 병력을 증가시켰고 ISAF 부대 역시 이에 따라 초기 5,000명에서 이후 6만 5,000명으로 증대되었다.

'민주주의 아프가니스탄'의 수립은 미국의 뜻대로 되지 않았다. 무엇보다 탈레반 국내 정치세력들의 분열상이 극심했다. 카르자이가 미국의 지원을 등에 업고 대통령에 당선되었지만, 정부 내 만연한 부패 구조와 아프가니스탄의 고질적 문제로 대두되어 온 아편 생산체제를 근절하지 못했고, 이를 통한 탈레반 세력의 활동 역시 막지 못했다. 카르자이는 2004년 9월 대통령선거에서 55.4%의 득표율로 대통령으로 당선되었다. 또한, 2005년 9월에는 의회선거가 열리게 되었다. 여기서 북부연대와 국가전선(National Front)이 주요 세력으로 등장하였다.[4]

2004년 제정된 헌법을 통해 카르자이는 국가적 차원에서 국민들에 대한 교육, 건강 등과 교통수단과 농업부문에 있어서의 개혁을 가져오기 위한 노력을 하였다. 또한, ISAF는 아프가니스탄 국군(ANSF: Afghan National Security Forces)을 훈련시켰다.

2005년 5월 23일 부시 대통령과 카르자이 대통령은 양국을 전략적 협력 대상으로서 공조할 것을 약속하는 공동 선언을 하였다. 이에 따라 미국은 아프가니스탄에서 국제적 테러 단체들과의 전투를 위한 본거지를 마련할 수 있게 되었고 아프가니스탄은 미국의 원조로서 치안과 민주와 번영을 가져올 것으로 여겼다.

그러나 미국의 다양한 지원에도 불구하고 아프가니스탄 내에서 안정은 요원하였다. 2006년 7월 자살 폭탄 테러가 국가 전역에서 발생하였다. 2005년 27건이었던 테러는 2006년 139건으로 증가하였다. 이는 아프가니스탄정부가 안정적으로 국가를 통치하지 못하고 있는 상황을 방증하였다. 더불어 미국의 원조에도 불구하고 국제사회가 아프가니스탄의 치안과 안보를 안정시키는 데 제 역할을 다하고 있지 못함을 보여주었다.

더불어 2006년 11월 NATO 회원국들이 아프가니스탄 내에서 회원국들의 군대가 효과적으로 사용되고 있지 못함을 주장하며 아프가니스탄에서 철군을 요청하였다. 이에 미국 국방부 장관 게이츠(Robert Gates)는 나토 회원국들이 병력을 증대시키지 않는 것을 비난하며 미국과 나토군 사이의 균열이 발생하였다.

상황은 2008년으로 넘어오면서 더욱 악화되었다. 유엔은 미군이 아프가니스탄에서 활동 중 신단드(Shindand) 구역에서 수십 명의 민간인을 사살했다고 보고하였다. 이에 카르자이 대통령과 미국은 아프가니스탄 내에서 제대로 된 치안 역할을 수행하는 데 있어 부족하다는 비난을 받게 되었다.

그뿐 아니라, 경기 부양에도 실패하면서 정치권에 실망한 국민들이 증가했고, 설상가상으로 2009년 대선의 부정선거 논란이 겹치면서 미국과의 관계도 소원해졌다. 1,200만 유권자 가운데 가니(Ashraf Ghani) 전 대통령이 당선된 2014년 대선에 참가한 유권자는 700만, 5년 후인 2019년에는 200만도 되지 않는 유권자가 투표권을 행사했다. '무늬만' 민주주의인 채로 연명해 온 것으로 볼 수 있다. 카불과 지역세력들, 인구의 다수를 차지하는 파슈툰족과 소수 인종으로 분류되는 타지크족, 하자라족, 우즈베크족 간의 갈등도 지속됐다.

2009년 당선된 오바마(Barack Obama) 대통령은 아프가니스탄에 7만 명의 병력 파병을 결정하였다. 이런 결정을 내린 것은 테러리스트들에 대한 미국의 견제 본거지로서 아프가니스탄이 중요하였기 때문이었다. 그러나 동시에 그는 2011년 말까지 이라크에 주둔하고 있는 미군을 줄여 나갈 것임을 표하였다. 이를 통해 아프가니스탄에 지속적으로 기승을 부리고 있는 탈레반 세력을 소탕하고 아프가니스탄-파키스탄 연계의 남부 국경에서의 잡음을 진압하려 하였다.

더불어 NATO는 이전 미국과의 균열에서 벗어나 군사 이외에 아프가니스탄 내의 국군과 경찰을 훈련하기 위한 5,000명의 부대를 파송하였다. 이를 통해 아프가니스탄의 불안정한 상태를 회복시키려 하였다.

2009년부터 취해진 오바마 행정부의 적극적인 아프가니스탄정책은 2010년 NATO가 아프가니스탄의 치안과 안보를 아프가니스탄 군대와 경찰에게 넘겨주면서 2014년까지 점진적으로 병력을 줄여나갈 것을 약속하고 2011년 빈 라덴이 사살되며 이전보다 소극적으로 변화되었다. 더불어 오바마 대통령도 2011년 6월 22일, 2012년 여름까지 3만 3,000명의 부대를 철수시킬 것을 결정하며 아프가니스탄 내에서의 서방세력의 영향력은 축소되었다.

이러한 분위기를 틈타 탈레반은 2012년 3월 미국정부가 아프가니

제3부 국가위기의 사례

스탄 내에서 민간인들을 사살하였으며 죄수 교환을 함에 있어 의미 있는 진전을 보이지 않은 것을 비난하며 미국과의 대화를 거부한 채 재기를 노리기 시작하였다.

2014년 오바마가 아프가니스탄에서의 완전한 철수를 지시하였다. 그러나 이후 트럼프(Donald Trump) 행정부가 들어서면서 다시 아프가니스탄에 관심을 보였다. 이에 탈레반은 트럼프정부의 아프가니스탄 계획의 시행을 비난하며 카불에서 115명의 민간인을 향한 테러를 감행하였다. 2016년에는 어린이 공원에서 부활절을 축하하고 있는 기독교 신자들에게 테러를 자행하여 최소 72명의 사망자와 300여 명의 부상을 내었다. 희생자의 대부분은 여성과 어린이였다. 이후 탈레반은 미국과 카타르에서 협정을 체결하며 미국이 아프가니스탄에서 철군할 것을 약속하였다. 2021년 4월 바이든(Joe Biden) 대통령은 아프가니스탄에서의 완전한 철군을 결정했다. 이로써 미국은 아프가니스탄에서의 20년 동안의 전쟁을 마무리하였다.

미국의 판단 착오도 탈레반의 재집권을 부른 주요한 이유였다. 미국은 아프가니스탄 정부군(ANDSF)의 능력을 과대평가했다. 미국 정보기관들은 정부군이 주요 도시를 탈레반 공격으로부터 충분히 보호할 수 있는 군사적 역량을 가지고 있다고 평가해 왔다. 2021년 3월 미국 정보기관이 바이든 행정부에 제출한 자료만 하더라도 "탈레반의 공격이 개시되더라도 아프가니스탄 전체를 장악하는 데 2~3년이 걸릴 것"이라고 내다봤다. 하지만 실제 탈레반의 공격이 시작된 이후 아프가니스탄 정부군은 변변한 저항조차 하지 못하며 무력함을 드러냈고, 탈레반은 수 주 만에 아프가니스탄의 지배권을 확립했다.

2021년 8월 15일 탈레반은 카불로 진주하며 대통령궁을 점령하면서 재기를 알렸다. 탈레반은 포괄적인 이슬람정부를 세우기 위해 대화를 진행해 나갈 것임을 약속하였다. 그러나 탈레반 재집권 이후 아프가니스탄 경제는 무너졌고, 인권문제는 최악의 상황을 맞고 있다. 바이든 대통령은 "아프가니스탄 정부군이 스스로 싸울 의지가 없는 전쟁에서 미군이 싸울 수도, 싸울 필요도 없다"고 항변했다. 미국의 아프가니스탄에서의 철수와 그에 따른 탈레반의 재집권은 베트남 철수이후 또 다른 세계경찰(global policeman)로서의 미국의 이미지에 오점으로 남게 될 것으로 보인다. 중국 및 러시아의 재부상에 따라 부각되고 있는 (The Second Cold War) 질서하에서 미국 헤게모니의 지속성에 대한 의문을 보여주는 상징적 사건으로 남을지도 모른다.[5]

과연 미국이 아프가니스탄을 떠나는 데 아무런 계산이 없었을까에 대한 의문도 남는다. 중국정부의 이슬람 주류문화권인 위구르자치지역의 탄압과 연관되어 90km에 달하는 아프가니스탄과 국경을 접하고 있다는 점이다. 중국 내에서 이슬람과의 종교 갈등이 발생할 경우 '중국 대 이슬람' 갈등구도를 활용해 중국을 견제하려는 미국에 득이될 수 있다는 것이다. 중국은 현재 탈레반과 좋은 관계를 유지하기 위하여 지원을 계속하며 중국 내 분리독립세력과 연계되지 않았으면 하는 메시지를 지속적으로 전달하고 있다. 신장 위구르 대다수는 아프가니스탄과 같은 수니파이며 독립을 주장하는 세력은 동투르키스탄이슬람운동이라는 단체로 언제든지 연계가 가능하다.[6]

4) 아프가니스탄 국제제재 위기의 근원: 서구의 무책임한 점령과 탈레반

아프가니스탄은 소련와 미국의 점령 아래에서 지낸 20세기 말~21세기 초의 사실상 '식민 국가'를 지냈다. 독립적인 국가로서 안정적인 정권을 지낸 시기는 사실상 전무하다고 여겨진다. 그렇다면 아프가니스탄 위기에 있어 가장 큰 원인을 제공한 것은 오랜 점령 기간에도 불구하고 아프가니스탄에 실질적으로 안정적인 체제를 이식하지 못한 서구라고 볼 수 있다.

소련은 아프가니스탄 진주 후 자신들의 위성 국가로서 아프가니스탄 내에서의 영향력을 행사하려 했을 뿐, 사실상 아프가니스탄 내적체제의 안정성 그리고 무자헤딘과 같은 반군세력에 대한 조치를 전혀 취하지 않았었다. 또한, 1990년대 초반 소련이 붕괴한 이후 무책임하게 아프가니스탄으로부터의 영향력을 축소하였다. 이는 이후 아프가니스탄 분쟁의 씨앗이 되었다.

또한, 미국의 경우 20년간 아프가니스탄에 군대를 주둔시켰음에도 불구하고 이를 통해 아프가니스탄의 치안과 안보문제를 해결하는 데 별다른 효과를 내지 못하였다. 물론 소련과 다르게 민주주의적인 요소들을 많은 부분 가미시켜 이전보다는 다소간 안정적인 체제를 배태시켰다고 볼 수 있다. 그러나 사실상 정권의 정당성을 확립하는 데 있어 이슬람 세계에서의 동학을 파악하는 데에는 효과가 없었다고 봄이 적절할 것이다.

물론 소련과 미국만이 아프가니스탄 위기의 직접적인 원인 제공자라고 보는 것 또한 무리가 있다. 아프가니스탄의 불안정한 상황을 틈타 무자헤딘에서 탈레반으로 이어지는 무장세력은 끊임없이 사회 내에서 이슬람 근본주의로 무장한 독재적 정치체제를 계획하고 있다. 소련을 격퇴한 여러 이슬람 근본주의 무장세력들은 아프가니스탄의 안정화에 장애가 되고 있다. 아프가니스탄의 미래를 어둡게 하고 있다. 소련을 격퇴한 여러 무장단체 중 세력을 장악한 탈레반은 매우 철저한 분리주의로 조직을 운영하다보니 중심적 거점을 제거하기가 어렵다.

지도부는 현장 지휘관으로 사병을 모집하고 자신들의 자식을 반미 성전에 참여시키면서 아프가니스탄 청년세대에서 추앙을 받는다. 지도부는 정부의 힘이 미치는 못하는 지역에서 봉사하고 분쟁을 해결하면서 사회 곳곳을 잠식해 들어갔다.[7] 중앙정부의 통치와 정당성이 무너지는 이유인 것이다. 그러다 보니 탈레반 분리조직들은 스스로 재원을 해결하고 불법광산과 마약 밀매로 상당부분을 충당하고 있다. 결국 중앙정부의 통제에 의존할 필요가 없는 것이다. 국제사회의 관심보다는 독자적 노선이 힘이 실리는 이유이다.

마지막으로 일종의 신식민주의(neocolonialism)의 성격으로서 아프가니스탄 내부의 정치 엘리트들은 자생적으로 국가체제의 개혁과 정치문화를 비롯하여 시민사회의 수립을 위해 노력하지 않았다. 도리어 미국의 원조와 친미정부 수립을 위한 미국의 정책에 기대는 모습들이 지속되었다. 이런 태도는 미국이 2021년 철군하며 남긴 9조 원 가량의 무기들을 운용하지 못하고 탈레반에게 대부분 점령당하는 사태로 이어졌다.

신정 정치와 같은 종교적 기반을 중심으로 하는 이슬람의 정치문화와 미국의 강제적 민주주의 이식의 부조화, 그리고 아프가니스탄 민주정부의 미국 의존증 심화와 무능은 현대 아프가니스탄의 위기를 배태시키는 주요 원인으로 작용하였다. 향후 아프가니스탄이 국제연대의 배제로 인해 나타나는 위기 국가에서 벗어나 안정된 국가가 되기 위해서는, 무엇보다 탈레반과 같은 국내적·국제적 정당성이 취약한 세력이 현실적 가능성을 막론하고 정당성을 인정받을 수 있는 세력으로 변모하는 모습을 국제사회에 보여주는 것이다.

2. 이란

1) 현황

이란은 대표적인 중동 국가로 동쪽으로 아프가니스탄, 동남쪽으로 파키스탄, 북동쪽으로 투르크메니스탄, 서북쪽으로 아제르바이잔, 서쪽으로 튀르키예와 이라크와 국경을 접하고 있다. 종교국가로 국교는 시아파 이슬람이며 정치체계는 최고 지도자이자 성직자인 라흐바르 또는 아야톨라가 종신직으로 통치한다. 그는 신의 대리인으로 대통령보다 지위가 높으며 국민의 투표로 뽑힌 전문가의회에서 선출된다. 이란의 2022년 FSI는 84.1로 39위였다. FSI 1년간 변동률은 −0.40%, FSI 5년간 변동률은 −1.70%, FSI 10년간 변동률은 −5.50%이다.[8]

이란은 국가 자체로서는 앞에서 언급한 다른 국가들보다는 상대적으로 안정적인 국가체제를 갖추고 있다. 당장 FSI 지수 자체도 상술한 국가들에 비해 낮은 수치를 보여주고 있다. 위기 국가로 보기 어려울 수도 있다.

그러나 이란은 오랜 기간 지속된 이슬람 보수주의 경향을 보이면

국기와 지도　이란

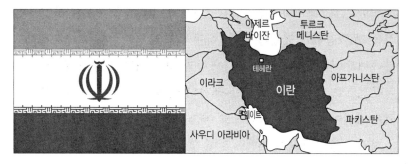

서, 사회 통제가 공고해졌다. 그 결과 인권 탄압과 이슬람 근본주의적 독재가 팽배해져 있는 상황이다. 더불어 핵문제에 있어 서방 세계와 전면적인 갈등을 빚고 있다. 이런 점들로 인해 이란이 앞으로도 국제 사회에 지속적인 불안정을 초래할 것으로 예측된다.

중동에서는 시아파 종주국으로서 수니파 국가들을 비롯해 같은 종파 국가인 이라크와도 갈등을 지속으로 빚고 있다. 이란은 시아파정부 인 시리아 아사드 정권을 지원하며 시리아 내부에서 사우디와의 갈등을 더욱 증폭시키기도 하였다.

무엇보다 이란의 정치체제에 있어 그 명암이 확실한 요소로서는 오랜 기간 이슬람 독재를 이끌어 오고 있는 호메이니(Ayatollah Ruhollah Khomeini)-하메네이(Sayyid Ali Hosseini Khamenei)의 신정체제이다. 1979년 팔라비(Pahlavi) 왕조가 이란혁명으로 무너졌다. 이후 호메이니는 시아파들에 의한 아랍 내 이슬람 혁명을 수출하면서, 서구의 정치체제에 도전하였다.

호메이니의 신정체제는 오랜 기간 이란을 종교적 구심체를 통해서 다스릴 수 있게 하는 원동력으로 작용하였다. 이에 따라 이란체제는 다른 위기 국가들에 비해 '매우' 안정된 모습을 보여주고는 있기는 하다. 그러나 이란 내부의 민주적인 정권 수립이 더욱 힘들어졌다. 국제사회에서 핵문제와 관련하여 이란은 끊임없는 '불신'의 아이콘이 되었다.

이란은 제3세계의 많은 위기 국가들과 다르게 시작부터 식민지 시절을 겪은 경험이 없었다. 이는 이란 자체의 강한 결속력과 구심체가 있어서가 아니었다. 영국, 러시아 등과 같은 서구 열강의 간섭이 동시 다발적으로 발생하며, 특정한 국가의 이란 지배는 강한 견제를 받게 되는 상황이었다. 이런 상황으로 이란은 식민지에서 벗어났다.

하지만 영국의 석유 개발로 인해 많은 간섭과 영향을 받았다. 제2차 세계대전 중에는 영국이 직접적으로 침공을 가하기도 하였다. 독일에 대한 지원 혐의 등으로 연합국의 지배를 받기도 하였다. 즉, 이란은 직접적으로 한 국가의 식민지가 된 경험이 없을 뿐이지 열강의 간섭으로부터 완전히 자유로웠다고 보기는 어렵다.

이란의 1950년대 이후 팔라비 왕조의 멸망과 이후 지속된 이란의 신정체제, 그리고 그 가운데에서 발생한 비민주적 양태와 더불어 현재 이란이 받는 강력한 국제제재와 관련된 핵문제를 다루도록 할 것이다.

2) 팔라비 왕조 이후~신정체제(1979년~현재)

■ 팔라비 왕조의 멸망과 신정체제의 성립

팔라비 왕조는 카자르 왕조를 무너뜨리고, 1925년 등장하였다. 팔라비 왕조는 샤(Shah)를 중심으로 입헌 군주제 국가를 내세웠다. 사실상 독재적 체제를 고수한 것이다. 이로 인해 출발부터 시민들의 반발을 살 수밖에 없었다.

1941년 제2차 세계대전 동안 나치 독일에 지원을 한 이유로 연합군의 지배를 받았다. 그러다 1945년 영국과 미국, 소련이 철수하면서, 강대국의 영향에서 벗어났다.

당시 팔라비 왕조는 1951년 국가의회 마즐리스(Majlis)를 통해 1903년부터 시작되었던 영국의 앵그로 이란 석유회사(AIOC: Anglo Iranian Oil Company)로부터 독재적으로 운영되었던 석유 산업을 국영화하려 하였다. 당시 한국전쟁에서 영국의 도움이 필요하였던 미국은 영국의 편을 들면서, 이란의 영국 회사 국영화 시도에 대한 반대를 표명하였다. 그러나 당시 수상이었던 모사데크(Mohammed Mossadeq)는 의회를 통해 국영화를 밀어붙였다. 이에 미국과 영국은 CIA의 공조하에 자흐디(Fazlollah Zahedi)를 이용해 쿠데타를 일으켜 모사데크를 퇴위시켰다.

팔라비 왕조 시기 이란은 석유 수입을 통한 국가재정을 늘렸고, 경제 상황을 개선하였다. 하지만 시민들은 팔라비 왕조에 불만을 보였다. 팔라비 왕조의 친서방적 정책과 여성들의 참정권 허용, 경제 분배정책에 불만을 품었다. 특히 이슬람 극단주의세력을 비롯한 종교적 입장을 고수하는 이슬람 사회에서 팔라비 왕조의 독재적, 친서방적, 탈종교적 정책 등은 심각한 반발에 부딪혔다. 1965년 시아파 이슬람 보수세력 지도자 호메이니에 의해 당시 수상이었던 만수르(Hassan Ali Mansur)가 암살당하기도 하였다.[9]

1970년대 중반까지 석유 가격의 폭발적인 상승으로 산유국들은 경제적 수혜를 광범위하게 누렸다. 그러나 1977년부터 이란은 경제적으로 침체를 겪기 시작하였다. 지속적인 경제 악화로 팔라비 왕조에 대한 반감이 고조되었다. 팔라비 왕조의 부정부패와 억압적 태도, 이슬람 근본주의적 입장과 반대되는 노선으로 이란 사회가 상당 부분 팔라비 왕조로부터 등을 돌리고 있었다. 1979년 이란혁명이 발생하였고, 팔라비 왕조는 역사 속으로 사라지게 되었다.

▲ 호메이니(1902~1989년)

이란 특유의 신정 정치를 만들어갔으며 현대 이란 정치에 막대한 영향을 남긴 이는 호메이니이다. 이라크로 망명했던 호메이니는 혁명 이후 귀국하여 정권을 창출하였다. 호메이니는 헌법을 제정하며 이란을 이슬람 근본주의적 입장에서 개조해 나갔다. 호메이니는 이슬람 최고 지도자(Supreme Leader, 아랍어로는 Wali Faqih)를 중심으로 대통령과 입법부 등을 종속시키는 새로운 신정체제를 선포하였다. 신정체제는 대통령과 입법부의 공무원들이 제아무리 국민투표에 의해 당선되었다고 해도, 이슬람 지도자의 절대적 영향 아래에 두는 체제였다. 민주적 선거에 의해 당선된 대통령보다 최고 지도자의 영향력이 절대적이다.

■ 보수세력과 개혁세력의 충돌

1980년 대통령선거에서 당선된 바니사드르(Abolhassan Bani-sadr)는 당시 270명의 마즐리스 의석 중 60석을 차지한 호메이니의 이슬람 공화당(IRP: Islamic Republican Party)과 갈등을 빚었다. 1979년 11월 벌어진 미국 대사관에서의 인질 사건으로 인해 미국과의 관계가 경색되었다. 이런 정국 속에 바니사드르는 마즐리스와 호메이니에 의해 탄핵당하였다. 탄핵은 바니사드르가 이끄는 개혁세력과 호메이니가 이끄는 반개혁세력의 충돌이 직접적인 원인이었다.

바니사드르의 뒤를 이어 하메네이가 대통령으로 당선되며 이슬람주의를 내세우는 세력이 이란을 지배하였다. 호메이니의 종교적 지도 하에 중동 사회에 시아파 중심의 종교적 혁명의 불길이 일어났다. 이에 이라크는 이란과의 전쟁을 시도하여 확산을 막으려 하였다. 이란-이라크전쟁은 지지부진한 소모전으로 이어졌다. 이 가운데 이란의 경제적 상황은 1977년 이후 더욱 악화되었다. 이후 호메이니는 공식적으로 개혁세력을 용인하지 않았고, 주요 개혁 인사들의 사임을 유도하였다.

1989년 호메이니가 죽자 그의 뒤를 이어 하메네이가 최고 지도자가 되었다. 이슬람 보수주의세력의 염원과 다르게 1989년 선거에서 개혁세력의 라프산자니(Hashemi Rafsanjani)가 95.9%의 압도적인 득표율로 당선되었다. 라프산자니는 이 기회를 통해 국민투표를 통해 대통령의 권한을 강화하는 헌법 수정을 하였다.

1992년 마즐리스 총선은 의회에서 개혁세력의 영향을 강하게 만들었다. 70%의 의석을 차지하며 라프산자니는 더욱 강한 지지를 받게 되었다. 당시 이란에는 헌법수호위원회(Guardian Council)가 있었다. 헌법수호위원회는 이슬람 보수주의를 고수하는 기구로서 개혁세력의 걸림돌로 작용하였다. 그럼에도 라프산자니는 2005년까지 개혁세력의 영향력을 높여갔다.

1993년 라프산자니는 이전보다 낮은 63.2%로 당선되었다. 라프산자니는 정당 활동의 자유를 보장하며 개혁을 추진하였고, 수호위원회와 마즐리스의 중재 역할을 하는 판별위원회(Expediency Council)의 초기 위원장으로 당선되면서, 이란 내에서 정치적 영향력을 높여갔다.

1997년 라프산자니의 후임 대통령으로는 하타미(Sayed Mohammad Khatami)가 69%의 득표율로 당선되었다. 그 역시 개혁세력의 일원이었으며 하타미는 이후 팔라비 왕조의 노선처럼 여성참정권 보장과 서구세력과의 관계 개선 등을 통해 개혁을 시행해 나간다. 또한, 언론에 대한 검열을 축소하며 보다 민주적인 정치를 만들어가기 위해 노력했다.

하타미의 개혁적인 행보는 그가 실각하기까지 보수세력의 강력한 저항에 부딪히게 된다. 1997년부터 하타미에 대한 반대를 표명하던 보수세력은 하타미와 연계된 살람(Salam) 신문을 폐간하기 위해 마즐리스를 이용하고 언론을 탄압하였다. 또한, 보수세력은 자경단을 통해 개혁 성향의 학생들을 급습해 학생 한 명을 죽게 만들기도 하였다. 이는 이란 시민들의 폭동을 불러왔고 이 과정에서 1,400명의 시민이 체

제3부 국가위기의 사례

포되었다.

더불어 2000년 의회선거에서 보수세력은 판별위원회를 통해 개혁세력 후보자들을 사전 차단하는 등의 행보를 보였다. 물론 선거 결과 290석 중 200석을 개혁세력이 차지하게 되었고, 보수세력은 참패하였다. 그러나 선거 결과 발표를 지연시키는 등의 행동을 통해 보수세력은 개혁세력에 대한 불법적인 견제를 계속 시도하였다.

이와 같은 보수세력의 완강한 저항으로 인해 하타미가 시도하려는 개혁들은 심각한 부침을 겪었다. 2001년 대통령선거에서 하타미에 대한 견제를 위해 후보 등록 자체를 거절하기도 하였으며 이후 2002년 하타미에게 이슬람에 대한 모독을 빌미로 사형 선고가 내려지게 되며 그 힘을 상실하게 된다.

이런 가운데 이란 사회 내에서는 개혁세력을 대신한 신보수주의세력들이 부상하게 된다. 이들은 개혁세력의 입법안들을 좌절시키기 위해 판별위원회를 적극 활용하였다. 그리고 언론 통제, 출판 검열, 개혁인사들에 대한 대규모 체포 등을 통해 이란의 개혁을 철저하게 차단하였다.

또한, 2003년 지방선거에서 신보수주의세력들은 판별위원회를 이용해 3,600명의 후보자 등록을 차단하였다. 철저한 감시 속에서 선거를 치루면서, 의회에서 195석을 차지하였다. 이에 개혁세력들은 일련의 선거들이 모두 무효이며 이란 사회에 대한 반란이라고 주장하였다. 하지만 보수세력 견제에는 큰 효과를 거두지 못하였다. 이후 2005년 하타미 후임으로 아흐메디네자드(Mahmoud Ahmadinejad)가 대통령에 당선되면서, 신보수주의자들이 이란 정치권력을 장악하였다.[10]

아흐메디네자드는 부의 재분배와 빈민 구휼 등을 통해 정권의 정당성을 강화하였다. 아흐메디네자드는 포퓰리스트로서 대중 정서에 부

이란은 최고 지도자인 하메네이가 통치하고 있음. 하메네이의 권력은 사방으로 뻗어있음.

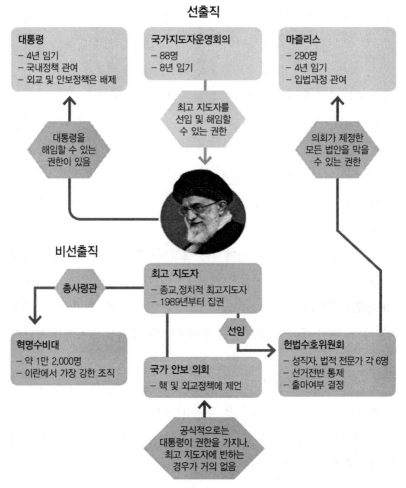

선출직

대통령
- 4년 임기
- 국내정책 관여
- 외교 및 안보정책은 배제

국가지도자운영회의
- 88명
- 8년 임기

마즐리스
- 290명
- 4년 임기
- 입법과정 관여

대통령을 해임할 수 있는 권한이 있음

최고 지도자를 선임 및 해임할 수 있는 권한

의회가 제정한 모든 법안을 막을 수 있는 권한

비선출직

총사령관

최고 지도자
- 종교,정치적 최고지도자
- 1989년부터 집권

선임

혁명수비대
- 약 1만 2,000명
- 이란에서 가장 강한 조직

국가 안보 의회
- 핵 및 외교정책에 제언

헌법수호위원회
- 성직자, 법적 전문가 각 6명
- 선거전반 통제
- 출마여부 결정

공식적으로는 대통령이 권한을 가지나, 최고 지도자에 반하는 경우가 거의 없음

출처: https://worldview.stratfor.com/article/iran-political-change-measured-pace, 검색일: 2022년 9월 30일.

합하는 정치를 펼치려고 하였다. 더불어 이슬람 근본주의적 입장 속에서 보수주의적 입장을 견지하였다. 서방세계와 핵문제 논의에 있어서도 별다른 진전을 보지 못했다.

아흐메디네자드는 철저하게 신보수주의의 입장에서 개혁세력을 탄압하였다. 독재적인 정치운영과 핵 개발을 추진하면서, 서방세력과 맞섰다. 또한, 부의 재분배를 위해 이전 라프산자니와 하타미 정권에서 추진하던 탈석유 산업정책과 반대되는 정책을 펼쳤다.

아흐메디네자드는 개혁적 정책들이 국가의 부채를 심화시킬 것이고 서구와의 관계 개선은 이란의 상업과 경제를 침체시킬 수 있다는 명분으로 보수주의적 정책을 펼쳤다. 또한, 시장경제에 대한 지속적인 간섭으로 이란의 자유시장 경제를 파국으로 치닫게 하였다. 더불어 아흐메디네자드의 포퓰리즘적 정책으로 선심성 공약과 현금 지급 등이 만연하게 이루어졌다. 결과적으로 인플레이션이 가속화되었고, 아흐메디네자드의 지지율도 낮아졌다. 그럼에도 아흐메디네자드는 2009년 선거에서 선거 조작을 통해 재선에 성공하였다.

이후 이런 분위기 속에 이란사회에서는 아흐메디네자드의 퇴진을 요구하는 녹색운동(Green Movement)이 일어났고, 이에 친개혁세력들이 다시금 정권을 잡게 된다. 2013년 선거에서 전체 3,670만 4,156표 중 1,861만 3,329표를 차지하며 로하니(Hassan Rouhani)가 당선된다.

로하니는 2021년까지 이란의 정권을 유지하였다. 로하니가 개혁주의세력과 보수주의세력 사이에서 중립적 입장을 고수하며, 이란 사회를 이끌어간 것이 주효하게 작용하였다. 또한, 로하니는 여성 참정권의 보장과 여성 인사를 등용하는 등의 파격적인 행보를 보였다. 서방사회와의 관계에서도 우호적 입장을 취하기 위해 노력하였다. 이에 하메네이와의 관계는 완전히 틀어지게 되었다. 이후 2021년 선거에서 보수파 라이시(Ebrahim Raisi) 대법원장이 하메네이의 지원 아래 부정선거로 추정되는 선거를 통해 당선되었다. 이로써 이란 정치는 8년 만에 다시 보수세력의 영향 아래 놓이게 되었다.

3) 핵문제와 국제제재

이란에 대해 논할 때, 간과할 수 없는 것은 핵문제이다. 보수세력이 재 등장한 1990년대 말부터 2000년대까지 이란의 핵문제는 국제사회의 중요한 이슈로 등장하였다.

이란은 서방세력과 핵문제 협상에 있어 끊임없는 번복을 하였으며 이에 강력한 제재를 받아 현재까지도 경제적으로 심각한 타격을 입고 있다. 이외에도 이란이 지속으로 국제원자력기구(IAEA: International Atomic Energy Agency)에 의한 조사 거부와 우라늄 개발에 대한 자 료를 공개하는 데 소극적인 모습을 보이며 국제사회에서의 신뢰도는 더욱 하락하고 있다.

이란이 IAEA에 가입한 것은 1974년 팔라비 왕조 시기였다. 하지만 1979년 왕조가 전복된 이후 이란은 보수주의적 세력의 통치 아래 은 밀하게 핵 개발을 진행하였다. IAEA에 따라 가입국은 핵 시설 설비에 대한 자료를 제출해야 했다.

핵확산금지조약(NPT: Nuclear nonproliferation treaty)에 따라 이란은 민간 원자력 기술(civil nuclear technology)만을 개발할 수 있었다. 평화적인 목적으로는 핵 시설과 개발을 진행할 수 있었다.

이란은 1950년대부터 핵 개발에 관심을 보였다. 1974년 팔라비 왕 조의 샤는 1994년까지 23개의 원자로를 개발할 것을 선언하였다. 또 한, 핵무기 확보를 위해 노력할 것임을 드러내었다. 그러나 서독과의 협정으로 이란은 부셰르(Bushehr), 페르시아만의 경수로를, 프랑스

표 12.1　1974~2009년 이란 핵문제 주요 사건 정리

1974년	팔라비 왕조 IAEA 가입
1979년	보수주의세력 등장과 비밀리에 핵 개발 진행
1995년	• 미국 핵과학자협회의 이란 핵 개발 보고 • 러시아의 8억 달러 원자로 건설 지원
2003년	• IAEA 조사단의 나탄즈 핵 시설 조사 진행 • 이란 핵문제 유엔 안보리 이관
2004년	• E3 회담 진행 • 파리 협정 채택
2006년	• 이란 우라늄 농축 재개 선언 • 이란 핵문제 유엔 안보리 재이관 • E3+3 회담 진행과 이란의 거부 • 이란 제재 선언
2007년	• 아흐메디네자드 대통령, 이란 핵 개발 가속화 주장 • E3+3와 EU, 이란 추가 제재 선언
2008년	유엔 안보리에 따른 추가 제재 선언
2009년	• E3+3 회담 진행 • 미국-이란관계 부분적 진전과 G8 국가들의 이란 민간 핵 개발 권리 인정 • 이란의 E3+3 회담 참석과 콤지역 조사 동의 • 이란의 지속적인 결의안과 협정 위반과 핵 프로그램 확장 계획 선언

와의 협정으로 2개의 경수로를 추가로 설치하기로 결정하였다. 그러나 1979년 혁명으로 팔라비 왕조가 사라지고 호메이니는 경수로 건설을 중단했다.

　1980~1990년 동안 이란의 핵 개발 의지는 더욱 높아졌다. 특히 부셰르에서의 원자로가 단순히 민간 원자력 시설의 개발이 아닌 핵무기를 개발 계획으로 변모되고 있다는 서방 세계의 의구심도 증대되었다. 1995년 미국 핵과학자협회(Bulletin of the Atomic Scientist)의

알브라이트(David Albright)는 이란이 비밀리에 핵 개발을 진행하고 있다고 보고했다.[11] 또한, 남아프리카공화국이 1988~1989년에 걸쳐 이란에 불순물이 제거된 우라늄인 옐로 케이크(Yellow cake)를 공급하였다는 보고가 나왔으며 2004년 초 파키스탄에서의 조사에서 파키스탄의 핵 기술과 네트워크가 이란과의 연계가 이루어졌다는 사실이 적발되었다.

러시아는 1995년 이란과 8억 달러 가량의 지원으로 부셰르에 원자로 완공을 지원하는 서명을 하였다. 이외에도 기술 수주 등의 계약을 하였다. 하지만 독일과의 마찰로 인해 러시아-이란의 계약이 지연되었다.

2005년 러시아는 이란과의 새 협정을 통해 비밀 프로토콜에 서명하며 우라늄에 대한 개발을 도울 것을 약속하였다. 이에 따라 미국은 러시아-이란의 핵 개발에 대한 강한 비난을 표명하였다. 그리고 이란과 사업계약을 체결하는 회사에 대해서는 불이익을 주는 제재를 발표하였다. 러시아는 미국의 우려를 받아들이고 이란과의 계약을 일부 철회할 것에 동의하였다.

2002년 9월 IAEA 조사단은 이란의 허가를 얻어 나탄즈지역의 핵 시설을 조사하였다. 2003년 2월 엘바라디(Mohammed El-Baradei)에 의해 진행된 조사에서 나탄즈지역에 두 개의 핵 시설이 존재하며, 40 메가와트의 중수로를 계획하고 있음이 확인되었다. 그러던 중 다른 지역에서 1991년부터 중국으로부터 천연 우라늄 1,800킬로그램이 반입된 것이 포착되었고, 테헤란에서도 미신고 핵 시설이 있음이 발견되었다. 추가로 2002년 여름에는 이미 이란의 반정부 조직 인민무자헤딘기구(Mojahedin-e Khalq)는 이란의 핵 관련 위성사진을 공개하여 테헤란 남쪽 24킬로미터 지점의 나탄즈 우라늄 농축시설을 폭로하기도 하였다.[12]

지도 12.1 이란 핵 프로그램 실행 지역

테헤란
연구중인 원자로

투르크메니스탄

아라크
중수 생산 계획

나탄즈
우라늄 농축
시범시설

아프가니스탄

이라크

야즈드
우라늄 광산

쿠웨이트

이스파한
연구중인 원자로

파키스탄

부셰르
거의 완성된 원자로

사우디 아라비아

오만

출처: https://sites.suffolk.edu/farous97/2015/11/07/irans-nuclear-program/ 검색
일: 2022년 10월 3일.

이에 따라 엘바라디는 이란이 핵안전조치협정(Safeguard Agree-
ment)의 의무사항들을 위반하였고, 이란이 '추가적인 프로토콜'을 이
행하여 미신고 핵 시설을 제한할 것을 표하였다.[13] 더불어 2003년 8월
진행된 추가 조사에서 고농축 우라늄과 원심분리기 등이 발견되며 이
란의 핵 개발에 대한 의구심은 더욱 증폭되었다.

일련의 상황으로 인해 IAEA는 당해 9월 이란이 IAEA와의 약속을
준수할 것을 강조하며 이란의 상황에 대한 투명한 보고를 요청하였다.
더불어 2003년 10월 21일 프랑스, 독일, 영국 외교부는 테헤란에서

이란으로부터 조사단의 보고에서 제기된 문제를 해결하기 위한 IAEA
의 조치에 대해 완전한 협력을 약속하게 하였다.[14]

그러나 이란은 조사단의 조치와 IAEA의 요청을 이행하는 데 소극
적인 태도를 보였다. 이에 2003년 미국은 이란 핵문제를 유엔 안보리
로 이관하는 결정을 하였다. 2004년 추가 조사에서 이란이 2003년 핵
시설 관련 보고에서 상당 부분을 누락하였음이 드러났다. IAEA 이사
회는 이란의 의무 이행 실패를 강력히 규탄하였다.

IAEA는 2004년 이란의 핵 시설 개발을 즉각적으로 중단할 것을 요
구하였다. 이에는 원심분리기, 옐로 케이크, 우라늄 등의 생산을 즉각
적으로 중단한 것이 포함되어 있었다.[15] 그러나 이란은 즉각적 중단은
어려우며 원심분리기의 생산을 중단하는 것 등은 용인될 수 없음을 표
명하였다.

2004년 11월 파리에서는 E3(프랑스, 독일, 영국) 대표가 이란의 우
라늄 개발과 관련해 회담을 가졌다. 이에 따라 파리협정(Paris Agree-
ment)을 채택해 이란이 핵 개발을 포기하는 대가로 경제적 지원을 할
것임을 약속하였다. 또한, WTO에 이란을 포함시키는 논의를 진행할
것도 포함하였다.[16]

그러나 2004년 이란 반정부 단체 이란 국민 저항위원회(NCR: Na-
tional Council of Resistance of Iran)는 이란이 파르친, 라비잔에서
핵무기 관련 연구를 한다고 보고하였다. 이에 대해 이란은 IAEA의 조
사를 거부하다 제한된 조사를 허용하였다. 그러나 이후 이란은 E3와
의 협상이 진전되지 못한다는 것을 빌미로 우라늄 농축을 지속할 것을
표하였다. 이란은 유럽과 미국의 영구적 중단 요구가 비현실적이라면
서, 자신들이 핵 개발을 하는 것이 아닌 연구적 차원과 에너지 시설을
건설하는 것이라고 하였다.

2005~2006년 이란과 IAEA의 협정은 지지부진하였다. IAEA는 이란의 비협조적인 태도, 의무 위반에 대한 비난을 거세게 표명하였다. 이란은 2006년 1월 농축 재개를 선언하였고, IAEA는 이란 핵문제를 유엔 안보리로 이관시킬 것을 발표하였다.

이란 역시 IAEA의 이러한 조치에 반발하였다. 더 이상 자발적 중단은 없을 것이며 우라늄 농축사업을 재개할 것임을 발표하였다. 더불어 추가적인 프로토콜과 조사단의 조사에 대한 협력 역시 번복할 것이라고 하였다. 이에 유엔 안보리는 이란의 비협조적 태도와 핵문제에 대한 강력한 우려를 표명하면서, 제1696호 결의안을 채택하였다. 결의안은 농축을 중단할 것을 요구하는 내용이었다.[17] 더불어 IAEA의 조치를 따를 것을 요구하였다.

이란에 대한 제재와 E3 등의 실효성이 낮아졌다. E3 외에 중국, 러시아, 미국이 참여한 E3+3가 발족되었다. E3+3는 이란과의 장기적이고 포괄적인 협상을 진행할 것을 선언하였다. 이들은 이란의 민간 핵 개발 프로그램에 대한 필요성을 인정하면서, 경수로 건설을 지원하고, 그 대신 안보리에서 이란 핵문제 중단을 논의할 것을 요구하였다.

E3+3의 요구에 대해 이란은 부분적인 긍정을 하였다. 그러나 우라늄 농축과 관련한 항목에 있어 불명확한 부분이 있고, 지원이 있기 전 이란이 일방적으로 핵 시설에 대한 전면적 중단을 선언하는 것은 무리가 있다고 판단하였다. 이란은 계속해서 자신들의 중단이 선제적 조건이 될 것을 주장하는 것과 항목의 불명확성 등을 이유로 협조를 거부하였다. 마침내 2006년 9월 28일 이란은 우라늄 농축을 '하루도 중단하지 않을 것'임을 표명하며 E3+3의 제안을 거부하였다.

이에 유엔 안보리는 마침내 이란에 대한 제재를 발표하였다. 이에 따라 이란은 핵 물질과 관련된 수출과 수입에 있어 국제적 제재를 받고, 이란의 핵 개발에 있어 연계된 10개 회사와 12명의 인사들의 계좌를 동결하였다. 또한, 유엔 헌장 7조 41항에 따라 지명된 개인과 단체에 대한 감시를 시행할 것을 선언하였다.[18] 더불어 결의안 1737에 따라 미국은 이란이 달러로 무역을 하는 것에 대한 제재를 결의하였다.

이란은 이에 굴하지 않고 2006년 10월 27일 의회에서 IAEA와의 협의 내용을 수정하고 핵 프로그램을 가속화시키는 법안을 통과했다. 이와 동시에 이란은 자신들의 핵 프로그램은 핵무기 개발과는 상관이 없으며 오로지 산업적 용도로만 쓰임을 지속해 주장하였다. 이에 유엔은 이란에 대한 추가적 제재를 취함으로써 대출과 보조금 등에 대한 압박을 가하였다. 이후 이란은 IAEA와의 협력을 전면 중단하고 안보리가 이란에 대한 불법적 간섭을 하고 있다고 주장하였다.

2007년 4월 아흐메디네자드 대통령은 이란이 우라늄 농축에 있어 상당 부분 진전을 보였다고 주장하였다. 안보리에 이란에 대한 제재를 재고하지 않는다면 이란은 핵 개발을 더 강하게 진행할 것이라고 하였다.

IAEA는 이란 핵문제의 국면을 해결하기 위해 새로운 대안 계획서를 제시하였다. 여기서 IAEA는 나탄즈의 우라늄 농축시설을 2007년 9월까지 폐기하고, 2007년 11월까지 원심분리기 P1~P2를 폐쇄할 것을 요구하였다. 또한, 2007년 9월 28일 E3+3와 EU는 이란에 대해 추가적 제재를 경고하였다.

그러나 제재조치와 유엔의 경고에도 이란은 핵 개발을 시도하였다. 이란은 핵무기 개발을 위한 핵분열성 물질을 성공적으로 만들었고, 고농축 플루토늄을 생산하였다.

각종 국제제재에도 불구하고 이란 상황의 진전이 없자 2008년 3월 3일 유엔 안보리는 만장일치로 결의안 1803을 채택해 이란의 국제운송과 선박 운용에 있어 검열을 선언하였다. 또한, ANNEX I과 II에 따라 이란을 오가는 회사와 개인에 대한 제재가 취해졌다. 미국은 만약 이란이 추후 핵 개발 중단에 동의할 경우 정치와 경제 그리고 에너지 협력을 받을 수 있음을 표명하기도 하였다.

2008년 오바마는 대통령선거 캠페인에서 중동과 이란에 대해 다음과 같은 주장을 내놓았다. 첫째, 이스라엘의 안전보장은 절대적이다. 둘째, 하마스는 테러 조직이다. 셋째, 이라크로부터 조기에 병력을 철수한다. 넷째, 테러와의 전쟁의 주요 전장은 이라크가 아니라 아프가니스탄과 파키스탄이다. 다섯째, 이란의 핵무기 보유는 용납할 수 없다. 여섯째, 대이란 무력 행사는 배제하지 않는다. 일곱째, 그렇지만 이란과도 교섭할 용의가 있다.[19]

이 중 특히 이란과의 교섭을 지향한 오바마 행정부는 2009년 3월 20일 이란에 대한 메시지를 발표하였다. 오바마는 상호 경의(敬意)를 토대로 대화할 것을 호소하였다. 이전 부시 정권에서 부시가 이란을 '악의 축'으로 지명한 것에서 한 걸음 더 나아간 메시지였다.[20]

확실히 오바마정부의 외교정책 기조로 인해 이란과 미국의 외교적 대화는 어느 정도 물꼬를 트는 것처럼 보였다. 그러나 이를 위해서 이란의 최고 지도자 하메네이는 미국이 먼저 근본적으로 변화된 정책을 보여주어야 할 것을 주장하였다. 그는 말로만 하는 변화는 의미가 없으며 행동으로서 미국이 변화를 보여줄 것을 촉구하였다.

2009년 2월 4일 미국정부는 이란에 대해 논의하기 위해 독일 비스바덴에서 E3+3의 회담을 개최하였다. 여기서는 추가적인 제재를 가하기보다 이란의 변화를 촉구하는 의견이 지속으로 표명되었고 런던에서의 다음 만남을 약속하였다.[21]

그러나 서방의 태도적 변화에도 불구하고 이란은 변화를 보이지 않았다. IAEA는 이란이 유엔 안보리 결의를 지속으로 위반하고 있다고 보고하였다. 2008년과 2009년에는 이란이 9,956킬로그램의 우라늄을 연료 농축 발전소에 주입하였음이 드러나며 이란의 태도에는 진전이 없다는 사실이 드러났다.[22]

2009년 4월 8일 런던에서 E3+3의 회담이 개최되었다. 여기서 미국은 이란과의 회담을 위한 외교적 노력을 할 것을 약속하였다. 이는 미국 이란 관계에 있어 상당히 획기적인 발전이었다. 오바마정부가 이란의 핵문제 해결을 위해 진지한 태도를 보이고 있음을 드러낸 행보였다. 또한, 오바마는 이란에 새로운 제재를 가할 의사가 없으며 이란이 이에 건설적인 답을 하기를 기대하였다.[23] 더불어 G8 국가들도 이란의 민간 핵에너지 프로그램의 권리를 인정하면서, 이란이 E3+3의 요청에 따라 건설적인 응답을 기대한다는 성명을 발표하였다.

그러나 엘바라디는 이란이 IAEA의 요구를 지속적으로 무시하고 있는 것으로 봤다. 이란이 우라늄 농축과 중수로 프로그램을 계속 추진하며, 서방의 요구에 협력할 것을 거부했다는 것이었다. 이란은 유엔 안보리 결의와 IAEA와의 건설적인 차원에서의 협력할 의지가 없다는 것이 그의 주장이었다.

일련의 노력 끝에 이란은 2009년 9월 2일 E3+3 회담에 참석할 것에 동의하였다. 회담에서는 핵문제를 간접적으로만 다루고 경제와 안보문제를 주로 다룰 것을 요구하였다. 이에 E3+3 구성원들은 이란의 요구를 받아들였다. 미국은 이란이 과연 대화에 대한 진지한 의지가 있는지를 검증하고자 하였다.[24]

아흐메디네자드는 9월 14일 회담에서 핵문제에 대한 논의는 제외할 것을 요구하였다. 덧붙여 아흐메디네자드는 이란이 핵 기술을 평화적으로 사용하는 것이고, 이는 이란의 권리이며 협상의 여지가 없다고 주장하였다.[25] 그러나 미국은 이에 대해 회담에서 핵문제를 제외하는 것은 부당하다고 하였다. 그리고 이란이 핵문제에 대한 책임을 회피하는 것은 상황을 더욱 악화시키게 만드는 것이라고 하였다.

2009년 10월 1일 E3+3의 정상들과 이란 대표가 스위스 제네바에서 만나서 이란문제를 논의하였다. 여기서 미국은 이란이 그들의 핵시설과 프로그램이 평화적 목적을 위해 사용되고 있는지를 증명하게 하려 하였다. IAEA는 이란이 의무를 이행할 의지가 있는지를 확인하려 하였다.

여기서 각국 정상들은 2009년 추가로 드러난 이란 콤지역의 은닉핵 시설문제로 회담을 벌였다. 회담은 다소간의 진전을 보이게 되었다. 이란은 IAEA가 콤에 대한 조사를 하는 데 동의하였다. 그리고 러시아와 프랑스가 저농축 우라늄을 처리하는 대신 30년간 이란이 지속할 수 있는 원자로에 대한 공급을 약속하였다.

회담 이후 엘바라디는 이란이 응답하기까지 시간이 더 필요하다고 요청하였다. 우라늄 농축 제안에 대한 응답 시한을 연기해 달라고 하였다. 그리고 데드라인을 충족시키지 못했음을 알렸다. 또한, 미국 국무부 대변인 켈리(Ian Kelly)는 이란의 연장에 대한 실망을 표명하였다.[26]

IAEA 사무총장은 이란이 콤 시설에 대한 정보제공을 회피하였고, 이는 핵안전조치협정의 의무와 일관되지 않은 태도임을 지적하였다.[27]

결국 2009년 11월 27일 IAEA 사무총장은 이란이 지속적으로 IAEA 요구와 유엔 안보리의 결의를 무시했다고 판단했다. 콤의 우라늄 농축 시설은 농축 관련 행동에 대한 중단 의무를 어긴 것에 대해 이란을 규탄하는 성명을 채택하였다. 이에 11월 29일 아흐메디네자드 대통령은 이란의 핵 시설 프로그램을 더욱 확장할 것이며, 10개의 우라늄 농축 발전소를 건설을 발표하였다.[28]

이후 이란은 2010년 2월 9일 고농축 우라늄 20%를 추가로 생산하기 시작하였다. 이에 따라 핵 물질을 운반할 수 없게 하는 추가 유엔 제재와 더불어 EU도 포괄적 제재를 선언하였다. 2011년에는 E3+3가 이란과 이스탄불에서 다시 만나 핵문제를 논하였다. 하지만 진전을 보이지 못하였다. 이란은 E3+3에 제재를 철회하고 핵 개발에 대한 승인을 얻어내고자 하였다. 하지만 모두 거절당하였다.

또한, 2012년에는 EU가 아예 이란산 석유 수입을 중단하였다. IAEA는 테헤란에서 이란과의 핵문제를 논하기로 하였다. 4월 14일 이란과 E3+3는 다시 만나 상호 긍정적인 태도를 보였다. 이어 5월 23~24일에 걸쳐 바그다드에서 두 번째 만남을, 6월 18~19일에는 모스크바에서 세 번째 만남을 이어갔다. 그러나 8월 30일 IAEA의 조사 결과에서 이란은 포르도(Fordow) 우라늄 농축 시설을 지속으로 개발해 왔으며 고농축 우라늄에 대한 끈을 놓지 못하였음을 보고하였다. 또한, 11월 16일에는 이란이 이미 약 2,800기의 원심분리기를 설치하였음이 드러났다.[29]

이후 이란은 계속해서 우라늄 농축을 진행하였다. 2014년부터 2022년까지 E3+3의 지속적인 회담과 더불어 각국 정상들의 만남, IAEA의 조사 등이 계속되었으나 이란은 핵 개발에 대한 야심을 놓지 않고 있다. 사실상 이란은 서방 세계와의 대화에서 어느 정도의 '시늉'만을 보였을 뿐 전혀 긴장 완화에 진지한 태도를 보이지 않았다.

최고 지도자 하메네이는 국내외정책에 대한 국민투표를 하자는 온건파 로하니 전 대통령의 제안을 거부했으며, 호메이니의 기일에 열린 추모행사에서 미국과 서방세력의 요구를 받아들이는 것은 이란민족에 대한 적대감만 더욱 키워서 더 대담한 공격을 하게 만들 것이라고 경고했다.[30]

4) 이란 위기의 근원: 신정체제·국제사회 일원으로서의 의식 결여

이란은 중동 세계에서 사우디아라비아와 더불어 중심 역할을 하는 국가로서 막강한 영향력을 자랑하였다. 특히 시아파 종주국으로서 수니파 종주국인 사우디아라비아와는 대척점을 이루어 중동 분쟁의 단초를 계속해서 제공하고 있기도 하다. 사우디아라비아가 부분적으로나마 친미적 태도를 보여주고 있다면 이란은 철저하게 반미적 태도를 유지하면서, 서방의 중동에의 영향을 차단하는 데 일조하고 있다.

이런 경향은 국제체제에서 탈냉전 이후 다극체제로의 중요한 요인으로 작용하고 있으며 이란은 러시아와 같은 주요 국가들이 잠재적 세력으로 등장하는 지렛대로 활용되고 있는 형국이다.[31] 즉, 국제사회의 안정성에 있어 첨예한 불안 요인으로 그 역할을 해내고 있다.

팔라비 왕조 시기에는 친서방정책을 펼쳤으나 이후 신정체제가 등장하게 되며 국제사회의 일원으로서의 의식보다는 철저하게 이슬람 근본주의와 시아파 중심의 중동 세계 개편을 고수하고 있는 것이 현재 이란이다. 비록 근 10년은 개혁파세력들에게 어느 정도 정치적 영향력이 주어졌지만, 기본적으로 종교 최고 지도자가 존재하여 이슬람 중심의 사회체제 구축은 공고화되었다.

이처럼 종교와 종파로 무장한 이란은 자신들의 주권을 국제사회에서 확립하는 데 있어 친선과 화해 협력으로 방법을 모색하기보다 마치 북한처럼 핵무기 개발을 통해 수단을 찾고 있다. 무엇보다 이란 보수주의자들은 이슬람 근본주의적 태도를 고취시키기 위해 국제체제에서 배제된 영향력 증진에 오히려 관심을 두고 있다. 여기에는 핵무기와 같은 수단이 효과적이라 판단하는 것이다.

사우디아라비아와 같은 친서방적정책에 동조하는 것은 그들의 중동에서의 영향력을 낮추는 데 그칠 것이고, 무엇보다 이란과 중동 세계 대다수가 이슬람 보수주의적 태도를 동조하기에 이란은 국제제재에도 불구하고 이들의 반국제·반미적 태도를 유지하고 있다. 이란은 국제사회의 한 구성원으로서의 의식보다는 중동세계에서의 '이슬람 근본주의'의 부활과 서방 세계의 영향력을 차단해 아랍 특유의 정치체제를 구축해 나가는 데 많은 관심을 기울이고 있다.

이란이 국제사회의 요청대로 핵 개발을 내려놓고 국제사회의 한 일원으로서 돌아오기를 기대하는 것은 상술한 점들을 고려할 때 상당 부분 어려움이 따를 것이다. 이슬람의 특성상, 폐쇄적 정책으로 인해 얻게 될 경제적 피해는 종교를 통한 심리적 해방으로 어느 정도 상쇄 가능하다고 판단한다. 즉 이슬람 특유의 정치, 경제, 사회 전반의 원리를 설명하는 꾸란을 해석한 샤리아를 지키면 영생을 얻기에 현재의 빈곤은 큰 문제라 생각하기 않는다. 그렇기에 국제체제에서 배제된 경제 제재 조치 등이 효과를 거두지 못하는 점 역시 비슷한 맥락이라고 볼 수 있을 것이다.

2022년 12월부터 바이든 미국행정부는 사우디의 친중노선 경도에 대한 견제, 이란 내 억류된 미국인 석방 그리고 2024년 대선 주도권 선점을 위하여 이란정부와 협상을 제기하였다. 이란의 경제난과 더불어 미국의 경제제재로 동결된 해외자금 해제가 절실하다는 점 등이 물꼬를 튼 것이다. 실제로 미국정부는 이라크에 동결되어 있던, 이라크가 이란으로부터 수입한 가스와 원유 대금 25억 유로(약 3조 4,600억 원)에 대한 결제를 용인해 주었다.[32] 이어 이란 중앙은행(CBI)은 한국 내 이란의 석유 판매 동결자산 70억 달러(약 9조 2,050억 원)가 2023년 8월 12일부로 해제가 완료되었다고 발표했다.[33] 2018년 트럼프 행

　　　　　　　　　　　　　제3부 국가위기의 사례

정부가 일방적으로 이란 핵합의(JCPOA, 포괄적 공동행동계획)에서 탈퇴하면서 시작된 강경조치와 뒤이은 제재들이 이번 협상을 통해 어느 수준으로 완화될 것인지, 나아가 이란이 핵개발 포기를 할 수 있을지 등은 여전히 미지수이다. 하지만 근본적으로 이란의 위기를 해소하기 위해서는 국제사회가 요구하는 보편적가치를 수용하는 태도와 더불어 정치와 종교의 분리, 그리고 종교와 종파와 같은 근본적 차원에서 이란 내부로부터의 변화가 절실하게 요구된다.

3. 북한

1) 현황

북한의 공식 국가 명칭은 '조선민주주의인민공화국'이다. 줄여서 '조선'이라고 한다. 동아시아 북부 한반도 북쪽에 있다. 동과 서로 바다를 접하고 있고, 남으로는 대한민국, 북쪽으로는 대부분을 중국과 국경을 접하고 있고, 북동쪽 끝자락으로 러시아와 국경을 맞닿고 있다. 인구

국기와 지도 북한

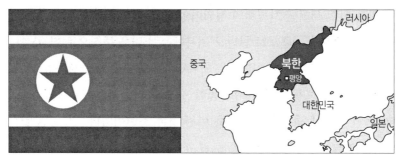

는 2,500만 명이다.

북한의 2022년 FSI는 89.1로 32위였다.[34] 변화하는 국제정세에 적응하지 못하면서, 국제사회의 제재 속에서 식량난, 에너지난, 외화난으로 인해 체제 붕괴의 위기를 겪는 '고난의 행군'을 겪기도 하였다. 주체를 유일한 사상으로 인정하는 폐쇄적인 정치체제와 경제정책, 3대를 이은 독재 권력의 세습, 국제사회의 우려 속에 진행된 핵 개발로 인해 국제사회의 제재를 받고 있다.

북한은 공식적으로는 다당제를 택하고 있다. 그러나 실질적인 노동당 일당 독재국가이다. 북한 정치의 출발은 공산당이었다. 그러나 공산당과 신민당이 합당해 조선로동당이 된 이후로 한 번도 집권당이 바뀌지 않았다. 조선로동당의 상징은 낫, 망치, 붓으로 이는 농민, 노동자, 지식인을 상징한다. 북한의 정치이념은 '주체사상'이다. 주체사상을 창시한 김일성이 집권한 이래로 아들 김정일, 손자 김정은으로 이어지는 3대 세습 정권이 이어오고 있다.

2) 김일성 시기

제2차 세계대전이 끝날 무렵 위도 38도를 기준으로 한반도는 남북으로 나누어졌다. 남북을 가르는 경계는 이데올로기였다. 북한은 제2차 세계대전 이후 생겨난 사회주의 정권이었다. 소련의 강력한 지원을 받고 있었다. 38선을 기준으로 한반도 이북에는 소련을 중심으로 한 공산당 정권이 생겨났고, 38선 이남에는 자유민주주의 정권이 탄생하였다.

현재와 같은 북한 정치시스템이 구축된 것은 1960년대였다. 북한 정권 수립에 결정적인 영향을 미친 것은 소련이었다. 1945년 일제 식민지가 끝나고, 북한지역은 소련 군정이 있었다. 소련 군정이 끝난

1948년 북한은 사회주의 정권 수립을 선언하였다. 이후 노동당을 중심으로 한 국가체계를 수립하였다. 노동당은 입법·사법·행정의 모든 기관을 초월하는 초법적인 기관으로 실질적인 권력을 행사하는 최고 조직이다. 헌법에서도 "조선민주주의 인민공화국은 조선로동당의 령도 밑에 모든 활동을 진행한다"고 규정하였다. 노동당을 제외한 여타 정당들은 이름뿐인 외곽단체에 불과하다.

이후 '6·25전쟁'을 거치면서, 주체사상을 기본 이념으로 하는 일당 독재체제를 완성하였다. 주체사상을 정점으로 한 노동당 독재체제는 노동당 규약에 명시되어 있다. 노동당 규약에는 노동당을 "위대한 김일성 동지의 당"으로 규정하였다. 노동당의 성격에 대해서는 "조선로동당은 위대한 수령 김일성동지를 영원히 높이 모시고 … 조직 사상적으로 공고하게 결합된 로동계급과 근로인민대중의 핵심부대, 전위부대"로, 노동당의 이념사상은 '김일성의 혁명사상, 주체사상'을 유일한 지도사상으로 하며, "자본주의 사상, 봉건유교사상, 수정주의, 교조주의, 사대주의를 비롯한 반동적 기회주의적 사상조류를 반대 배격" 한다고 규정하였다.

북한 정권은 출발부터 소련의 강력한 영향 아래 세워진 사회주의 정권이었다. 북한 정권은 초기 소련식 사회주의를 추종하였다. 소련 역시 북한 정권을 위한 상당한 지원을 하면서 소련의 위성국가로 지원하였다. 돈독하였던 북한과 소련과의 관계는 1950년대를 지나면서 달라졌다. 프롤레타리아 독재를 표방했던 소련의 지도자 스탈린(Joseph Stalin)이 사망한 이후 집권한 흐루쇼프(Nikita Khrushchyov)는 개인 독재를 비판하면서, 집단지도체제로 전환하였다.

하지만 북한의 상황은 달랐다. 김일성은 반대파를 숙청하면서, 절대적인 일인 권력을 강화하였다. 사회주의 정권이면서, 지도체계에 대한 차이로 갈등이 커진 상황에서 중국과 소련의 국경 분쟁이 발생하였다. 북한은 중립을 표방하면서, 친소련정책을 철회하였다.

이후 북한은 1960년대부터는 주체사상을 유일사상으로 하는 유일사상 확립 과정을 거쳤다. 정치, 경제, 군사, 사회문화의 모든 부분에서 주체를 기본으로 하는 이념국가체계, 김일성을 절대적인 권력으로 하는 수령 중심의 유일영도체계를 구축하였다. 그리고 1972년 이른바 사회주의 헌법 개정을 통해 다른 나라의 사회주의와 다른 북한식 사회주의인 '주체사회주의'를 공식적으로 선언하였다.

북한이 주체사상을 전면으로 내세우면서, 소련과 다른 '우리식 사회주의'를 선언한 것은 정치적인 권력문제가 컸다. 북한 정권이 수립될 때까지만 해도 여러 정치세력이 있었다. 중국 공산당에서 활동했던 연안파, 소련공산당과 연결되어 있던 소련파, 빨치산 계열, 남로당 등의 세력이 있었다. 하지만 전쟁에 대한 패전 책임과 '8월 종파사건'을 거치면서 권력은 김일성으로 집중되었다.

김일성의 정치적 정적들이 제거된 상황에서 김일성이 유일한 지도자라는 것을 체계화하였다. 이것이 주체사상으로 이어졌다. 김일성이 창시하였다고 하는 주체사상은 북한의 유일한 정치이념이다. 북한의 실질적인 유일한 정당인 노동당은 김일성의 혁명사상인 주체사상을 유일한 지도사상으로 하는 입법·사법·행정의 모든 기관을 초월하는 초법적인 조직이다. 노동당의 목적도 '온 사회의 주체사상화'에 있다.

종교적 성격의 주체사상을 정치이념으로 하는 북한에서 지도자는 절대적인 존재이다. 북한에서 지도자는 행정부의 수반이라는 정치적 위상, 행정상의 직위나 직책만을 의미하지는 않는다. 조직상으로는 총사령관이자 행정부의 수반이다. 하지만 동시에 정신적인 지도자이다. 현대적인 신정(神政)체제에 가깝다. 지도자의 위상을 잘 대변하는 용어로서 '혁명의 수뇌부'가 있다. 수뇌는 머리로 수령이고, 뇌의 생각을 인민들에게 전달하는 신경조직은 당이며, 몸은 인민이다. 육체의 생명력은 뇌가 있을 때 정상적으로 작동한다. 뇌가 없다면 식물인간이나 다름없다. 생각도 활동도 할 수 없다. 이처럼 정치적 관계와 생명체의 유기적 구조를 동일시하는 것 이것이 '생명체론'이다. 사회조직과 유기체의 생명 조직을 하나로 보기에 지도자에 대한 명칭에 가족용어가 등장하며, 절대적 의미가 부여된다.

1980년대까지 경제성장을 하였던 북한은 1980년대 중반 이후 북한 경제의 지원국이었던 소련이 붕괴하면서 급격히 추락하였다. 여기에 1990년대부터 핵 개발을 시작하면서 국제사회의 제재를 받고 있다.

3) 김정일 시기

■ 김정일의 집권 과정

김정일은 1964년 김일성종합대학을 졸업하고 정치적 행보를 노동당 선전선동부에서 시작했다. 선전선동부는 노동당의 조직지도부와 함께 핵심 조직의 하나이다. 방송언론을 비롯해 문화예술과 사적 관리, 인민 교양사업을 총괄하는 조직이다.

노동당 선전선동부에서 김정일은 김일성을 수령으로 한 유일영도체계사업을 지휘하였다. 1960년대는 주체사상을 유일사상으로 체계화하는 시기였다. 이 시기 김정일은 김일성의 혁명업적을 우상화하는 선전선동사업으로 정치적 기반을 닦았다.

북한에서도 형식적인 선거가 있다. 북한 지도자는 노동당의 최고 의사결정기구인 당대회를 통해서 선출한다. 현재에도 이러한 전통은 이어져서 김정은체제가 시작된 이후로 7차 당대회, 8차 당대회를 순차적으로 진행하면서, 5년마다 개최를 정례화하고 있다. 김정일도 당대회를 통해 공식으로 지도자로 선출되었다. 알려진 바로는 1973년 9월 제5기 7차 노동당 전원회의에서 비밀리에 후계자로 선출되었고, 1974년 2월 공식적으로 후계자로 지목되었다.

그리고 1980년 10월에 있었던 제6차 당대회에서 후보로 결정되었다. 1980년 제6차 당대회가 있었고, 제7차 당대회는 김정은 집권기인 2016년에 있었다. 김정일이 2011년 사망한 이후로도 당대회가 열리지 않았기 때문에, 김정일 사망 이후부터 2016년까지 김정은은 김정일의 공석을 대리한 것이다.

후계자로 지목되면 상징적인 호칭이 붙는다. 후계체제 공식화 이후 최초로 나타난 호칭은 '영도자'였고 이후 '영도자', '최고사령관', '수령', '인민의 어버이', '위대한 영도자' 등으로 지칭됐다. 동시에 김정일을 지칭하는 '향도성', '백두광명성', '공산주의 미래의 태양', '향도의 해발' 등의 용어도 출현했다. 또한, '친애하는 지도자' 앞에 '영도자가 갖추어야 할 풍모를 완벽하게 지닌 …' 등의 수식어가 붙었다. 김정일에게 가장 많은 붙은 것은 '친애하는 지도자'였다. '친애하는 지도자'라는 표현은 1994년 7월 김일성이 사망하기 전까지 가장 많이 불린 호칭이었다. 김일성 사망 이후에는 '친애하는 지도자'라는 수식어를 계속 사용하면서 '경애하는 장군님', '위대한 장군님', '우리 당과 인민의 위대한 영도자', '최고사령관동지' 등으로 불렸다.

김정일에게는 '장군'이라는 용어가 가장 많이 사용되었는데, 이에 대해 북한에서는 '김정일 장군 호칭은 자기 영도자에 대한 열렬한 사랑과 흠모의 호칭으로, 수령께 드릴 수 있는 여러 가지 관칭을 초월해 전인민적 사랑의 분출로서 터져 나오는 언어표현'이라면서 '세상에 장군처럼 감동 깊은 호칭은 없다'고 강조하였다.

■ 김정일과 핵개발

북한의 권력 핵심은 군부이다. 군 권력의 최고 자리인 최고사령관 취임으로 후계 구도가 완성된다. 김정일은 1991년 12월 24일 최고사령관에 추대되면서 무력을 장악하였고, 김정은은 2011년 12월 17일 김정일 사망 일주일 후인 2011년 12월 31일에 최고사령관에 추대되었다.

김정일은 최고사령관에 오른 후 본격적인 핵 개발을 준비하였다. 1993년 3월 12일 NPT 탈퇴를 선언하면서 본격적인 핵 개발에 나섰다. 1993년부터 국제사회의 대북 제재가 본격적으로 시작되었다. 북한 핵 개발과 관련한 유엔 안보리의 제재는 '유엔 안보리제재안 825호'였다. '유엔 안보리제재안 825호'는 1993년 3월 12일 북한의 NPT 탈퇴와 IAEA 사찰 거부에 대한 제재로 1993년 5월 11일 결의되었다. 'NPT 탈퇴 재고 촉구', 'NPT 조약 이행 재확인', 'IAEA의 안전조치 이행 촉구'를 목적으로 한 제재였다.

이후로 유엔의 대북제재 결의안을 살펴보면 다음과 같다.[35]

2006년 7월 5일 북한의 대포동 2호 발사에 대해 2006년 7월 15일에 '유엔 안보리제재안 1695호'를 결의하였다. 1695호는 '탄도미사일 관련 프로그램의 중단 촉구', '미사일 및 관련 물품과 기술 이전에 대한 주의 촉구', '미사일과 관련된 물품조달', '미사일·대량살상무기(WMD) 프로그램과 관련된 금융자산 이전 주의'를 내용으로 하였다.

2006년 10월 9일에 북한의 1차 핵실험이 진행되었다. 이에 대해서 2006년 10월 14일에 '유엔 안보리 1718호' 제재가 취해졌다. '유엔 안보리 1718호'는 '북한이 탄도미사일, 핵무기, 대량살상무기(WMD) 프로그램 포기 촉구', 'NPT, IAEA 안전규정으로 복귀', '6자회담 복귀', '핵무기 관련 기술 및 중화기 수출 및 이전 금지', '안보리 아래 제재 관련 위원회 구성' 등을 주요 내용으로 한 제재안이었다.

2009년 5월 25일에 북한이 제2차 핵실험을 진행하였다. 이에 대해 2009년 6월 12일에 제재안 '유엔 안보리 1874호'를 결의하였다. '유엔 안보리 1874호'의 주요 내용은 '2·13, 10·3합의 이행 촉구', '포괄적 핵실험 금지조약(CTBT) 동참요구', '유엔 회원국의 1695, 1718호 이행 촉구', 'NPT 탈퇴 선언 철회 요구', '핵 개발 관련 국제사회 금융 지원 금지', '7인 전문가그룹 창설', '북한의 탄도미사일 기술 이용 금지' 등을 담았다.

4) 김정은 시기

■ 김정은 집권과정

2011년 12월 17일 김정일의 사망과 함께 김정은 시대가 시작되었다. 김정일에서 김정은으로의 권력 세습은 김정일의 건강이 나빠진 2008년 이후부터 시작하였다. 김정은은 형인 김정철을 제치고, 후계 수업을 받았다.

당시 김정은에 대해서는 많이 알려진 것이 없었다. 어린 시절인 16살 때 스위스에서 유학하였고, 북한으로 돌아와서는 2002년부터 2007년까지 김일성종합군사대학 특설반을 다닌 것으로 알려져 있는 정도였다. 이런 이력으로 김정은의 유학 경험이 북한체제의 변화로 이어질 것으로 기대하기도 하였다.

후계수업을 받던 김정은은 2011년 12월 31일 최고사령관에 오르면서, 김정일 사망 이후 형식적인 절차를 마무리하고 권력에 올랐다.

김정은의 공식적인 첫 행보는 김정일의 장례식을 주관하는 것이었다. 장례식이 끝난 이후 김정일 사망 보름 뒤인 2012년 1월 1일 신년사를 직접 발표하였다. 김정일 시기에도 없었던 신년사를 육성으로 발표하면서 새로운 지도자로 등장하였다.

김정은 권력 세습 초기에는 권력 승계과정에서 발생할 수 있는 문제를 최소화하는 데 집중하였다. 김정은에게 우선 필요한 것은 권력의 정당성을 확인하는 것이었다. 정치적 기반이 취약했던 김정은은 할아버지와 아버지의 권위를 빌려 위상을 높였다.

김정은체제가 시작된 직후인 2012년 4월 11일에 개최된 제4차 당대표자회에서는 노동당 규약을 개정하였다. 규약 개정의 핵심은 김정일은 아버지 김정일을 할아버지 김일성과 같은 지위에 올리는 것이었다. 서문을 개정하면서 '김일성은'이라는 문구를 '김일성-김정일'로 바꿨다. 바뀐 서문에서는 "조선로동당은 위대한 김일성-김정일주의를 유일한 지도사상으로 하는 김일성-김정일주의당, 주체형의 혁명적당이다. 조선로동당은 위대한 김일성-김정일주의를 당건설과 당활동의 출발점으로, 당의 조직사상적공고화의 기초로, 혁명과 건설을 령도하는 데서 지도적지침으로 한다"고 명시하였다. 당의 목적에 대해서도 "공화국 북반부에서 사회주의 강성대국을 건설하며 전국적 범위에서 민족해방민주주의 혁명의 과업을 수행하는 데 있으며 최종목적은 온 사회를 주체사상화하여 인민대중의 자주성을 완전히 실현하는 데 있다"고 규정하고 있다. 이외에도 사업방식에서는 '항일유격대식 사업방법, 주체의 사업방법'을 기본정치 방식으로 '선군정치'를, 사회주의 건설의 총노선으로 '사상, 기술, 문화의 3대혁명'을 원칙으로 명시하였다.

2013년 4월에는 '조선민주주의인민공화국 최고인민회의 법령'으로 금수산태양궁전을 '김일성, 김정일 조선을 상징하는 수령영생의 대기

념비로 영구보존하고 길이 빛내이기 위한 결정'으로 '조선민주주의인 민공화국 금수산태양궁전 법'을 채택하였다. 금수산태양궁전은 김일 성이 생전에 집무를 보았던 공간이면서, 김일성과 김정일의 시신이 있 는 곳이다. 이른바 성지로서 지도자의 묘소를 단장하면서, 영원한 지 도자로서 위상을 높인 것이다. 이는 김일성과 김정일로 이어지는 '유 일혈통체계'의 강조를 통한 후계구도의 정당성을 알리는 것이었다.

■ 김정은의 '사회주의 문명국' 비전

김정은은 새로운 지도자로서 '사회주의 문명국 건설'이라는 비전을 발 표하기도 하였다. 2012년 공동사설을 통해 "우리 조국을 발전된 사회 주의 문명국으로 빛내여 나가야 한다"면서 '사회주의 문명국' 건설을 목표로 제시하였다. '사회주의 문명국'은 "사회주의문화가 전면적으로 개화발전하는 나라, 인민들이 높은 창조력과 문화수준을 지니고 최상 의 문명을 최고의 수준에서 창조하며 향유하는 나라"로 '전체 인민이 높은 문화지식과 건강한 체력, 고상한 도덕풍성을 지닌 선진적인 나 라'를 건설하겠다는 비전이다. 특히 사회문화 분야에서 '문화예술 분 야를 포함하여 교육, 보건, 체육 분야 모두 일정 수준 이상으로 높여 인민생활을 풍요롭게 하겠다'는 것이 핵심이었다. '사회주의 문명강 국' 건설은 문화예술 분야를 포함해 교육, 보건, 체육 분야 등을 일정 수준 이상으로 높여 인민들에게 높은 문화 수준을 누리도록 하겠다는 것이었다. 김정은은 「위대한 김정일동지를 우리 당의 영원한 총비서 로 높이 모시고 주체혁명위업을 빛나게 완성해나가자」는 조선로동당 중앙책임일군들과 한 담화에서(2012년 4월 6일) "교육, 보건, 문학예 술, 체육을 비롯한 문화건설에서 모든 부문에게 끊임없는 혁명적 전환 을 일으켜 우리나라를 발전된 사회주의 문명국으로 빛내여 나가야 한다"고 주장하였다. 그리고 "교육사업에 대한 국가적 투자를 늘이고 교육의 현대화를 실현하여 중등일반교육 수준을 결정적으로 높이고 대학교육을 강화하여 사회주의 강성국가 건설을 떠메고 나갈 세계적 수준의 재능 있는 과학기술인재들을 키울 것이며, 북한의 사회주의 보건제도를 향상시키고 시대적 명작들을 더 많이 보급하면서, 체육을 대중화하겠다"고 주지하였다. 그러한 과정을 통해 북한을 문명한 사회주의 문화의 창조자로 거듭나갈 것임을 천명하였다.

'사회주의 문명국 건설'은 이후 '원수님의 력사적인 신년사에 제시된 중요한 과업'이자 '비약적으로 발전하는 21세기의 현실적 요구'를 반영한 사상으로 규정되었다.[36]

'사회주의 문명국' 건설의 목표는 문화 분야를 넘어 '모든 분야에서 사회주의 세계문명을 따라 가는 것'이었다. 특히 "과학, 교육, 보건, 문학예술, 체육 도덕을 비롯한 모든 문화분야를 선진적인 문명강국의 높이에 올려 세우는 것"으로 제시하였다. 과학과 교육, 보건과 문학예술, 체육에서 인력과 제도를 정비하고, 높은 수준으로 끌어올림으로써, 인민들을 사회주의 문화의 창조자, 향유자가 되도록 하겠다는 것이다. '풍부한 지식과 높은 문화적 소양'을 지닌 인민으로 키우며, "유족하고 문명한 생활을 마음껏 누릴 수 있는 조건과 환경을 마련"하는 것이다.

'사회주의 문명국' 건설을 위해 가장 역점을 둔 분야는 과학과 교육이었다. 낙후한 사회 전반을 과학기술의 혁신을 통해 모든 분야에서 비약적으로 발전을 이루어야 한다면서, 과학기술 분야의 인재를 우대하였고, 과학기술 인재 양성에 정책역량을 집중하였다. 김정은은 '21세기는 과학과 기술의 시대', '지식경제의 시대'로 규정하고, 과학기술을 핵심 산업으로 발전시켜 나갈 것을 강조하였다. 과학기술은 '문화의 중심적인 형태의 하나로 인류 문명 정도를 규제하고 높은 단계로 발전하도록 추동하는 중요한 요인'이기 때문에 '과학기술의 비약적인 발전을 통해서 인류 문명의 새로운 개화기를 열어갈 수 있다'고 강조하였다. 과학자들을 위한 아파트를 건설하여, 고층의 고급 아파트를 제공하였고, 영웅칭호 수여, 각종 인센티브 제도의 도입하는 등의 과학자 우대정책을 추진하였다.

2012년에는 김정은체제의 첫 사회개혁으로 교육제도를 개편하였다. 현재의 교육으로는 사회주의 문명국 건설을 이룰 수 없다고 판단하고, 지식경제시대를 선도할 수 있도록 교육 기간을 연장하고, 교육내용을 개편하였다. 11년제 의무교육을 12년제로 바꾸면서, 기초학력을 높였다. 전민과학인재화, 과학기술보급실 건설 등의 과학 인재 양성을 위한 인프라 건설을 추진하였다. 문화에서는 인민대중제일주의를 앞세우면서 각종 유희장과 편의시설을 건설하면서 문화사업을 추진하였다.

■ 김정은체제의 위기

김정은의 정책은 2019년을 기점으로 달라진다. 계기가 된 것은 2019년 2월 하노이에서 열린 제2차 미북정상회담이었다. 평양에서 출발하여 기차를 타고 단둥을 거쳐 중국 내륙을 관통하고, 중국 베트남 국경을 넘는 행보 속에 이루어진 미국과의 회담이 성과 없이 끝나면서 김정은의 리더십은 치명타를 입었다. 대외정책은 전면적으로 수정되었다.

김정일은 하노이 회담이 무산된 직후인 2019년 4월에 열린 최고인민회의 제14기 제1차회의 시정연설에서, '김일성-김정일주의(자주 혁명로선, 주체노선, 사대와 교조, 외세 배격)의 국가건설 및 관련 활동에 철저히 구현'을 강조하면서 자주 노선 강화를 명시하였다. 북한식 사회주의 우리 문화가 제일이고, 북한식 사회주의 생활 양식과 도덕이 제일이라는 긍지와 자부심을 강조한 '우리 국가제일주의'를 표방하면서, 반제투쟁, 반계급 교양사업을 강화하였다.

"사람들의 정신을 침식하고 사회를 변질타락시키는 온갖 불건전하고 이색적인 현상들의 자그마한 요소에 대해서도 경계심을 가지고 사상교양, 사상투쟁을 강도높이 벌리며 법적투쟁의 도수를 높여 우리 국가의 사상문화진지를 굳건히 수호"[37]할 것을 내세우면서, 내부 단속도 강화되었다. 생활 양식을 확립하고 도덕 기강을 바로 잡는 것을 "우리 사상, 우리 제도를 지키고 빛내이기 위한 심각한 정치투쟁이며 첨예한 계급투쟁"으로 강조하면서 내부적 통제를 강화하였다.

2019년 이후 북한 상황은 더욱 나빠졌다. 2020년부터 시작된 코로나19 팬데믹으로 취약한 보건의료 수준이 드러났다. 극단적인 폐쇄정책으로 대외무역이 90% 넘게 축소되었다. 여기에 자연재해가 겹치면서 식량문제도 위기 수준이다.

김정은체제에서는 '이민위천', '일심단결', '자력갱생'의 구호를 앞세우며, 내부적인 결속과 통제에 나서고 있다. '이민위천'은 김일성으로부터 김정일을 거쳐 김정은의 인민대중제일주의로 이어지는 사상적 고리로서 모든 것은 인민을 위한 것에서부터 출발한다는 구호이다. '이민위천'을 명분으로 '인민대중제일주의'를 주체사상과 연결하여 강조한다.[38] 2021년 10월 10일자 『로동신문』 1면 "(사설) 인민대중제일주의 기치를 높이 들고 나가는 조선로동당의 위업은 필승불패이다"에서 "경애하는 김정은동지는 천재적인 사상리론적예지와 비범특출한 령도력, 거룩한 풍모를 지니고계시는 우리 당과 국가, 인민의 위대한 수령이시다"면서 김정은을 '수령'으로 규정하는 근거로 내세웠다.

다시 등장한 '자력갱생'은 위기 상황 속에서도 위축되지 않고 발전의 전망을 펼치기 위한 구호이다. 과거와 달리 '국가적인 자력갱생', '계획적인 자력갱생', '과학적인 자력갱생'으로 발전해 나갈 것을 요구

한다.[39)]

위기 상황에서 북한은 김정은을 수령으로 추대하면서 김정은 중심 체계를 강화하였다. 김정은의 수령 등극은 2021년 4월부터 시작하였고, 2021년 10월 10일 노동당 창건일에 맞추어 북한은 김정은을 공식적으로 '수령'이라고 지칭하였다. 그리고 2022년 4월에는 김정은 최고수위 추대 10주년 중앙보고대회를 개최하였다.

이후 김정은 10년 업적을 선전하는 방송물 제작을 비롯하여, 기념우표 발행 등의 선전사업과 함께 2022년 2월 26일 제2차 초급당비서대회를 개최하여 말단 당조직을 정비하면서, 수령 교양사업에 집중하였다. 2019년 이후 사회주의 진지 수호를 내세우면서, '비사회주의, 반사회주의' 척결을 강조하였던 선전 기조 대신 수령 충실성 교양사업을 강화하는 등 5대 교양('혁명전통교양', '충실성교양', '애국주의교양', '반제계급교양', '도덕교양')사업을 적극적인 대중운동으로 강력하게 추진하고 있다.

교양사업과 함께 비사회주의 문화 관련 법령을 제정하여 처벌 규정을 강화하였다. 특히 2020년 말에 제정한 「반동사상문화교양법」은 남한을 비롯한 외래 사상과 문화를 유포하거나 향유하는 것에 대한 강력한 처벌을 규정한 법으로 알려져 있다. 2021년에 제정한 최고인민회의 제14기 5차 회의 2021년에 제정한 「청년교양보장법」은 청년들이 외부 사상에 물들지 않고, 사회주의 사상교육을 받을 수 있도록 규정한 법이다. 청년을 중심으로 한 북한 주민들의 사상개조와 교양에 집중하고 있다. 2023년에는 국가에 대한 애국심을 강조하는 「국가상징법」과 청소년들의 언어생활을 통제하는 「평양문화어보호법」을 제정하였다. 사회주의 내부 문화만을 허용하고, 일체의 외부 문화에 대해서는 어느 때보다 강하게 통제하고 있는 상황이다.

5) 북한 위기의 근원: 핵개발

국제사회의 대북 제재의 원인은 핵 개발이다. 김정은 시대에도 핵무력 개발은 계속되었다. 몇 차례에 걸친 핵실험을 강행하였다. 그리고 북한은 2016년 5월 제7차 당대회에서 핵보유국가임을 선언하였다. 핵개발 이전에는 핵실험으로, 핵개발을 선언한 이후에는 발사체인 미사일 시험발사를 진행하였다.

북한의 핵실험과 장거리 미사일 발사는 국제사회의 우려를 낳았다. 북한의 핵실험이나 장거리 미사일 발사가 있을 때마다 유엔과 국제사회는 우려를 표명하면서, 제재의 강도를 높여왔다. 하지만 북한은 '자주권'을 명분으로 반발하면서, 핵개발을 포기할 의사를 보이지 않고 있다.

북한 정권 수립 직후인 1949년부터 북한은 미국의 제재를 받았다. 한반도의 분단이 이데올로기에 의한 분단이었기에 남과 북은 소련과 미국의 절대적인 영향 아래에 있었다. 대북제재와 관련해 처음 적용된 것은 수출통제법(Export Control Act of 1949)이었다. 1949년에 발효된 수출통제법은 동서 냉전의 산물로 미국과 소련의 두 강대국 사이의 긴장이 고조되면서, 대공산권 교역을 통제하기 위해 제정한 법이다.

이후로 적성국교역법(Trading with the Enemy Act of 1917)을 비롯해, 방위생산법(Defense Production Act of 1950), 대외지원법(Foreign Assistance Act of 1961), 수출관리법(Export Administration Act of 1979), 무기수출통제법(Arms Export Control Act of 1976), 국제금융기관법(International Financial Institution Act of 1988), 핵확산방지법(Nuclear Proliferation Prevention Act of 1994) 등의 규제를 받았다. 그러나 본격적인 국제사회의 제재는 핵개발이 시작된 1990년대 이후였다.

북한이 핵 개발을 본격적으로 시작한 것은 1990년대이다. 1985년 NPT에 가입하였다가 탈퇴를 선언한 1993년에 유엔은 NPT선언 철회를 촉구하는 825호 결의안을 채택하였다. 이후 북한은 제재 속에서도 계속해서 핵실험과 미사일 발사를 감행하였다. 북한의 핵실험과 미사일 발사가 있을 때마다 국제사회는 북한의 핵 활동에 대한 우려를 표명하였고, 강력한 경고와 함께 제재가 취해졌다.

북한은 국제제재에 대해 강하게 반발하고 있다. 『로동신문』을 비롯한 관영 언론을 동원해, 핵 개발이 '미국의 대조선억제시 정책'의 결과라고 반발하면서, 핵 개발의 정당성에 대한 선전으로 대응하고 있다.

북한의 핵 개발에 대한 강도 높은 국제적 협력이 이루어지고 있는 것은 북한의 핵 개발 우려가 크다는 것을 반증한다. 유엔을 비롯한 국제사회의 적극적인 대북 제재는 "북한이 핵 개발을 통해 얻을 것이 없다"는 메시지를 전달함으로써, 북한의 핵 개발을 지연하거나 나아가 핵 개발 자체를 포기하도록 하는 데 목적이 있다. 제재의 내용도 갈수록 정밀하고, 강력해지고 있다.

김정은체제에서도 핵개발은 계속되었다. 김정은은 그러나 부족한 정치적 입지를 다지고, 국제사회에서 협상력을 강화하기 위한 핵 개발을 추진하였다. 김정은의 핵 개발 명분은 유훈사업이었다. 선대에 이루지 못한 사업을 이어받는다는 명분으로 핵 무력 강화를 추진하였다. 이어진 핵 개발에 대한 국제사회의 대북 제재도 강화되었다.

김정은 집권 첫 해인 2012년 12월 12일, 북한은 장거리 로켓을 발사하였다. 이에 대해서 2013년 1월 22일에 '유엔 안보리 2087호'를 결의하였다. 2087호의 주요 내용은 '유엔의 대북제재 결의안인 1718, 1874호의 내용을 재확인', '북한 인물 및 단체에 대한 금융활동 감시', '6자회담 재개 촉구', '대량의 현금(bulk cash)에 대한 언급' 등이었다.

2013년 2월 12일에 북한은 제3차 핵실험을 진행하였다. 이에 대해서 유엔은 2013년 3월 8일에 '유엔 안보리 2094호' 제재안을 발표하였다. '유엔 안보리 2094호'의 주요 내용은 '핵, 탄도미사일 프로그램과 관련해 회원국 내 대량의 현금이 북한으로 유입·제공을 방지할 것을 결정', '앞서 언급한 조치를 회피하는 데 기여할 수 있는 무역 및 공적 금융지원을 제공하지 말 것을 결정', '핵, 탄도미사일 프로그램과 관련해 회원국 자국 내의 지사, 대표부 및 계좌 개설을 금지하기 위한 제재를 취할 것을 촉구', '북한 외교관의 위법활동에 대한 주의 강화', '금수 대상 사치품 예시 목록 지정(보석류, 요트, 고급 자동차 등)', '무기 개발에 사용될 여지가 있는 모든 품목에 대해 회원국의 수출입을 모두 통제할 수 있는 '캐치-올' 조항 삽입 등이다.

국제사회의 우려에도 불구하고 진행된 4차 핵실험에 대해서 북한은 자칭 수소탄 실험이라고 주장하였다. 이어 2016년 2월 7일에는 북한이 위성 발사라고 주장하는 장거리 미사일 실험발사를 단행하였다. 연이은 핵실험과 미사일 발사에 대해 유엔은 2016년 3월 2일에 '유엔 안보리 2270호' 제재안을 발표하였다. 2270호 제재의 주요 내용은 '핵실험, 탄도미사일 기술을 사용한 실험 금지', '핵 포기 촉구', '북한의 모든 무기 거래와 무기 수출 후의 수리 및 서비스 제공 금지', '북한군의 작전 수행에 필요하다고 판단되는 일체 무역 거래와 다른 나라에 대한 교육, 훈련 등 금지', '아프리카 등지에서 이루어지는 외화벌이용 교관파견 불가', '석탄, 철광석 등의 수출금지', '금, 티타늄, 바나듐 등의 희토류 거래 원천 금지', '북한으로의 항공유 판매 금지', '북한 은행의 해외 지점 및 사무소의 신규 개설 금지', '기존 지점의 90일 이내 폐쇄 조치', '북한정부와 노동당 관련 기구의 해외자산 동결과 이전 금지', '대북 무역에 대한 금융지원 금지' 등을 담았다.

유엔의 제재와는 별개로 북한에 대한 개별 국가의 제재도 진행되고 있다. 한국정부는 독자적인 제재를 통해 핵 개발에 대해 제재를 가하고 있다. 미국, 유럽연합, 일본 등을 비롯한 주요 국가들은 독자적인 제재를 취하고 있다.

하지만 북한의 핵개발과 미사일 발사에 대한 국제사회의 제재에는 국가에 따라서 차이가 있다. 특히 중국은 제재를 통한 압박보다는 대화를 통한 비핵화 해법에 무게를 두고 있다. 반면 미국은 북한의 비핵화 약속을 전제로 할 때 '대화를 할 수 있다'는 입장이다. 대화의 목표는 북한의 핵 위협을 완전히 제거하는 것에 초점을 두고 있다.

유엔과 국제사회의 제재로 북한의 국제적인 경제 활동이 사실상 차단되었다고 해도 과언이 아니다. 하노이에서 열린 북미정상회담이 성과없이 끝나고, 코로나19 팬데믹이 시작된 2020년 이후 북한의 대외무역은 전년 대비 90% 가까이 감소하였다.

북한에 대한 제재가 성공할 것인지에 대한 의견은 차이가 있다. 경험적으로 경제제재의 효과를 장담하기 어렵기 때문이다. 더욱이 제재받는 국가의 주변에 강력한 탈출구가 있는 경우에는 제재 효과가 크게 감소할 수밖에 없다. 2023년에도 지속되는 북한의 미사일 도발과 탄도미사일 가능성으로 국제사회의 제재는 어느 때보다 강화되고 있다. 하지만 중국과 러시아가 국제사회의 우려의 목소리를 무시하고 지역패권 유지와 강화라는 목적으로 북한과의 관계를 유지하는 한 국제사회의 북한에 대한 제재는 한계에 놓여 있다고 볼 수 있다.

주

1) Fragile States Index, https://fragilestatesindex.org/country-data.
2) William Byrd, "Lessons from Afghanistan's History for the Current Transition and Beyond," *UNITED STATES INSTITUTE OF PEACE* (September 2012), p. 7.
3) Riaz Hassan, "The Afghanistan Conflict in its Historical Context," *ISAS Working Paper* (June 2014), p. 5.
4) Hassan, (2014), p. 6.
5) 김성수, 『새로운 패러다임의 비교정치』 (파주: 박영사, 2022), pp. 469-470.
6) "아프가니스탄 사태의 파장과 교훈," 『한국대학신문』, 2021년 9월 6일.
7) "Who are the Taliban?," *BBC*, 12 August 2022.
8) Fragile States Index, https://fragilestatesindex.org/country-data.
9) Stephen Jones, "The Islamic Republic of Iran: An introduction," *House of Commons* (December 2009), p. 8.
10) Jones (2009), p. 16.
11) David Albright, "An Iranian Bomb?," *Bulletin of the Atomic Scientists* 51-5 (July 1995).
12) 다카하시 가즈오 지음, 이용빈 옮김, 『이란과 미국: 이란 핵 위기와 중동 국제 정치의 최전선』 (파주: 한울 아카데미, 2014), p. 205.
13) IAEA Director General, "Implementation of the NPT safeguards agreement in the Islamic Republic of Iran," *IAEA Board of Governors Report* (June 2004).
14) Iran Ministry of Foreign Affairs, "Statement by the Iranian Government and visiting EU Foreign Ministers," (October 2003).
15) IAEA Director General, "Implementation of the NPT safeguards agreement in the Islamic Republic of Iran," *IAEA Board of Governors Report, Resolution adopted by the Board* (September 2004).
16) Jones (2009), p. 114.
17) 다카하시 가즈오 (2014), p. 211.
18) United Nations Security Council(UNSC) Res 1737 (23 December 2006) UN Doc S/RES/1737
19) 다카하시 가즈오 (2014), p. 226.
20) 다카하시 가즈오 (2014), p. 226.
21) Jones (2009), p. 123.
22) Jones (2009), p. 124.
23) Jones (2009), p. 126.
24) Jones (2009), pp. 127-128.
25) "Talks will not include atomic issue, Iran tells US," *The Daily Telegraph*, 14 September 2009.

12장 국제제재 위협

365

26) "Iran delays answer on draft enrichment proposal," *US Embassy London*, 23 October 2009.

27) IAEA Director General, "Implementation of NPT Safeguards Agreements and Relevant Provisions of Security Council Resolutions 1737, 1747, 1803, 1835 in the Islamic Republic of Iran," *IAEA Board of Governors Report* (16 November 2009).

28) Jones (2009), p. 134−135.

29) Kelsey Davenport, "Timeline of Nuclear Diplomacy With Iran," https://www.armscontrol.org/factsheets/Timeline-of-Nuclear-Diplomacy-With-Iran (검색일: 2022. 11. 13).

30) "이란 최고지도자, 미적대감, 우리가 굴복할수록 더 강해질 것," 『뉴시스』, 2023년 6월 5일.

31) 김성수 (2022), pp. 461−464.

32) "이라크 내 이란 동결 자금 27억불 해제 … 美의 中 견제 조치," 『중앙일보』, 2023년 6월 11일 .

33) "한국의 이란 동결자금 해제 완료-이란 중앙은행(CBI)," 『뉴시스』, 2023년 8월 13일.

34) Fragile States Index, https://fragilestatesindex.org/country-data.

35) 국제사회의 대북 제재에 대한 구체적인 내용은 전영선 외, 『대북제재가 북한 경제·사회분야에 미치는 영향 분석』 (통일부, 2016) 참고.

36) "우리당의 사회주의 문명국 건설 사상의 정당성," 『로동신문』, 2013년 7월 14일.

37) "조선로동당 위원장이시며 조선민주주의인민공화국 국무위원회 위원장이신 우리 당과 국가, 군대의 최고령도자 김정은동지께서 력사적인 시정연설을 하시였다," 『로동신문』, 2019년 4월 13일.

38) "인민대중제일주의정치로 백승을 떨치시는 위대한 우리 령도자 력사의 분수령에서 더 높이 울린 이민위천의 선언," 『로동신문』, 2021년 1월 28일, 1면.

39) "자력갱생의 기치높이 새로운 비약과 승리를 ! ," 『로동신문』, 2021년 1월 24일, 2면; "조선로동당 제8차대회의 문헌과 결정을 깊이 학습하자 국가적이고 계획적이며 과학적인 자력갱생," 『로동신문』, 2021년 1월 29일, 1면.

제3부 국가위기의 사례

제4부

국가위기관리의
평가와 방안

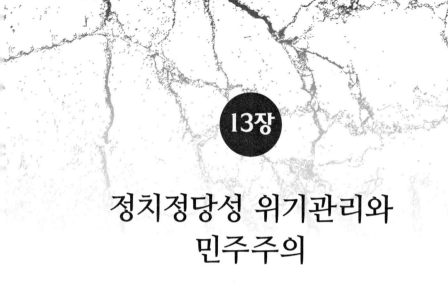

정치정당성 위기관리와 민주주의

현대사회가 다양한 이익집단이 공존하는 다원화된 사회라는 특성을 무시하고, 차별을 통한 부족화 현상이 강화되면서 정치정당성의 위기가 발생한다. 자유와 평등의 실현, 정의와 공정이 유지되는 제도, 신체적 안보와 사유재산을 보호하는 건강한 공동체를 유지할 수 있는 복지 그리고 교육 등을 통하여 사회적 합의가 도출될 때 정치정당성이 유지될 수 있다. 하지만 차별이 기반이 되는 속박, 불평등, 불의, 무질서 등이 발생할 때 위기를 예상할 수 있다. 국민주권이 우선시되는 민주주의가 기반이 되어야 한다. 그러기 위해서 법에 의한 통치를 근간으로 개인의 자유와 결사적 삶이 보장된 안정적인 관료 시스템과 함께 서로 이해하는 관용과 긴장을 해소하는 타협이 기반이 되는 시민사회가 활성화 되어야 한다. 모두에게 평등하게 적용되는 법에 의한 통치가 이행될 때 권위의 정당성이 보장되는 것이고 국가위기 국면을 타파할 수 있으며 나아가 흥한 나라가 되는 바른길일 것이다.

1. 국가 구성 요소의 균열

월드컵, 올림픽, 그리고 전쟁 …

모두 국가를 기본 단위로 이루어지는 행위들이다. 4년에 한 번 열리는 월드컵 경기는 예선전부터 세계인의 관심사가 된다. 올림픽, 각종 세계선수권 대회 역시 국가의 명예가 걸려있는 지구촌 축제이다. 국가 사이의 갈등과 분쟁은 끝내 전쟁으로 귀결되기도 한다. 국가 간의 경쟁이 적대적 대상에게 가하는 '조직화된 폭력(organized violence)'의 형태로 나타나는 것이다.[1]

국가는 개인과 집단이 정치 행위를 할 수 있는 공간적 토대를 제공한다. 그리고 국가 자체도 스스로 정치적 행위를 통해 개인과 집단에 절대적인 영향력을 행사한다. 21세기 인공지능(AI: Artificial intelligence)이 새로운 세상을 열어가는 중에도 국가는 여전히 개인의 삶에 가장 크고 직접적인 영향을 미치고 있다.

국가란 무엇이기에 사람들은 국가를 위하여 헌신하고, 국가를 위해 목숨까지 각오하는 것일까?

고대에서 지금까지 국가는 가장 중요한 주제의 하나였다. 국가는 근대적인 발명품이다. 국가가 있기 이전의 조직체로는 가족이나 혈족 등이 있다. '인간은 사회적 동물이다'는 명제가 있듯이 인간은 기본적으로 개인보다는 집단을 이루며 살아왔다.

심리학자 매슬로우(Abraham H. Maslow, 1908~1970년)의 주장에 따르면 인간은 심리적으로 안전과 사랑, 집단에 대한 소속감이 늘어나면서 집단생활을 시작했다.[2] 집단이 점점 커지면서, 더 큰 부족이나 무리를 이루게 되었다. 집단을 이루는 기초는 혈족 관계였다. 집단이 커지게 되면 지도자가 필요해졌다. 집단에서 일어나는 갈등과 이해관계를 통제하고 조절해야 했다. 지도자를 중심으로 여러 부족이 결합하고, 이것이 중앙집권제로 이어지면서 마침내 국가라는 개념이 탄생했다. 결국 일개 혈족이나 부족이 사적 네트워크를 통해서 집단을 이끌어 갈 수 있는 범위를 넘어서는 광범위한 조직의 단계로 들어서면, 국가는 리더십을 제공해주는 역할, 사회적 상호작용에 대한 통제, 그리고 집단이 필요로 하는 일을 수행하기 위한 제도를 갖추게 된다.

국가는 무엇으로 이루어지는가? 상술 하였듯이 국가를 구성하는 3대 요소로 영토·국민·주권을 꼽는다. 국가(state)는 주권이 실재하는 영토의 경계이고, 국민은 그 영토 안에 살고 있는 구성원이고, 주권은 주인이라는 권리이다.

주권에 대한 개념이 생겨난 것은 16~17세기이다. 16세기 주권이 실재하는 영토의 경계라는 개념에서 출발하여 영토 보존권의 개념으로 확대되었다. 국가에 대한 개념과 과학적인 이론체계로 해석되기 시작한 것은 1950년대이다. 이스턴(David Easton) 정치체계의 모형을 중심으로 과학적인 분석이 이루어지기 시작하였다. 정치체제는 사회 구성원들의 요구와 지지에 따라 정책을 조정 또는 집행한다는 이론이다. 이후 국가에 대한 다양한 해석이 전개되었다.

국가는 고정된 조직체가 아니다. 국가를 운영하는 이론과 제도는 시대에 따라서 다양한 형태로 변화되었다. 국가의 변화에 대해서는 다양한 이론이 있다. 그러나 크게 주류이론과 대안이론으로 구분된다.

주류이론의 출발은 베버(Max Weber, 1864~1920년)이다. 베버는 자본주의 철학자로 근대 산업사회에서 나타나는 '안정'과 '질서'의 특성을 주목하였다. 역사의 변동에서 중요한 것은 안정과 질서로 보았다. 진화적인 진보는 각 사회의 근본적인 조건에 달려 있다고 주장하면서, 현실 사회를 권위체계들로 구분하였다. 즉, 국가, 국가의 정통성, 그리고 힘과 강제력 등을 통해 권력을 분석하였다.

베버는 국가 운영에서 정책 과정을 필연적인 갈등이 아닌 집단 사이의 경쟁으로 인식한다. 즉, 다양한 집단으로 구성된 현대사회 속에서 이들이 자신들의 이익과 정체성을 정치적으로 표출하는 과정이 곧 국가에 의해 매개되는 다원주의적 과정이라고 할 수 있다. 이런 과정이 수월하게 이루어질 수 있는 체제가 바로 민주적인 정치체제라는 입장이다.[3]

대안이론을 대표하는 것은 마르크스(Karl Marx)이다. 마르크스는 사회의 변화를 생산양식과 사회계급의 생산 관계에 의해 결정되는 경제체계로 분류했다. 마르크스는 19세기 프랑스를 연구모델로 분석하였다. 이 연구를 바탕으로 경제적 토대의 변동, 모순의 심화가 발생할 것이라고 보았다. 그리고 불평등이라는 그 결과에 따라서 계급투쟁이 사회 변동으로 이어질 것으로 보았다.[4] 자본주의체제에서 국가는 구조적으로 계급문제에 자유롭지 않다는 것이 핵심이다. 현대사회에서 제기되는 사회 집단 사이의 갈등은 근원적인 존재로서, 부의 소유에 따라 결정되는 계급이라는 구조적인 갈등 요소 또는 모순이 존재한다는 것이다.

주류이론으로서 다원주의적 접근은 국가와 정치과정에서 나타나는 사회와의 관계, 다시 말해 '소프트웨어'적 측면에 주목하였다. 사회에서 발생하는 다양한 요구를 조정하는 정치제도의 유연성에 초점을 맞추고 있다. 국가의 개입보다는 조정의 입장을 준수한다. 반면 대안이론인 계급주의적 접근은 '하드웨어'적 측면, 곧 사회구조의 문제에 집중하였다. 따라서 문제 해결을 위하여 인위적 구조의 변화에 초점을 두고 있다. 사회적 구조의 문제점을 부각함으로써 국가의 개입을 정당화하곤 한다. 양자의 사이에서 하나의 입장만을 고수하는 것은 바람직하지 않다. 사회갈등의 근본적 존재 이유에 관한 문제의식을 계급주의적 접근으로 찾아내면서 이를 자유롭고 공정한 경쟁이 가능한 차원으로 제도화시킬 수 있는 방식으로 다원주의적 접근을 고민 해야한다. 그러한 과정속에서 민주주의, 자유주의, 자본주의가 상생하는 공동체를 만들어나갈 수 있을 것이다.

2. 근대화에 따른 민주주의 발전과 위기

전근대사회로부터 근대로 이행하면서 인류는 새로운 세계를 맞이하였다. 이른바 '근대화'이다. '근대화'는 봉건체재의 붕괴와 상업자본주의에서 제조자본주의로 그리고 산업자본주의 등장과 함께 출현한 근대적 산업사회라는 거대한 변화과정이 서구를 중심으로 나타난 역사적 사건이다. 17세기부터 19세기까지 유럽과 북아메리카 등 서구를 중심으로 진행된 정치·경제·사회의 변화과정을 의미한다.

근대화는 비록 서구에서 전개되었던 혁명적 변화였지만 그것은 서구만이 아닌 세계적 차원에서의 변화로 발전되어 20세기 전후 들어 아시아, 아프리카, 남아메리카 등 비서구지역도 영향을 주면서 근대화의 물결에 동참하였다. 전 세계적인 현상으로서 근대화는 각 국가의 상황과 조건에 따라서 매우 다양하고 복잡한 형태로 전개되었다.

근대화와 근대화 이전은 어떤 차이가 있는가?

무엇보다 활동 집단이 달라졌다. 근대화의 기저에는 산업화가 있다. 산업화 이후, 이전에는 인간의 생산 활동이 농업을 비롯한 1차 산업으로 이루어졌던 것과 달리 2차 산업을 중심으로 이루어졌다. 생산

활동의 터전이 바뀌면서, 인간관계도 달라졌다. 전통사회는 가족과 같은 1차 집단 중심이었기에 가족의 지위가 곧 개인의 지위가 되었고, 더불어 사회 전체의 가치로 인식되었다. 특히 생존을 위한 경제 활동이 중심적으로 이루어졌다. 반면 근대사회는 가족과 같은 1차 집단 중심이 아닌 기업, 노조, 단체 등의 2차 집단이 중심이므로 사회적 지위가 개인의 지위가 되었다.

전통사회에서는 사회적 기능이 분산되어 있고 편익의 배분이 신분이나 세습제 등 특수기준에 의해 이루어지는 데 반해, 근대사회에서는 사회관계가 보다 세분되었다. 더군다나 유교문화권의 국가들은 개인의 능력을 평가하는 시험제도(merit system)를 통하여 신분의 상승이 가능했다. 서구사회 역시 후발주자로 엽관제도에서 능력위주의 시험제도로 변환하였다. 보상체계도 신분적 기준보다는 객관적·보편적 기준에 근거하여 이루어지게 되었다.

정치적으로는 효율적 생산성 향상을 위하여 정부의 선택과 집중이 증대하면서 권력의 집중화 경향이 두드러졌다. 예술의 진화와 의식의 변화에서 따라 새로운 경향등이 등장하면서 재화에 대한 사람들의 기호에 변화가 시작되었다. 또한, 과학의 발전으로 인한 전문성 확대, 도시화와 규모의 증가라는 변화를 통해 복잡·다양한 인간관계의 확대로 이어졌다. 근대화 이후 자본주의가 강화되면서 시민의 보편적 가치인 자유와 평등이 부의 불균형으로 발생한 양극화의 심화로 흔들리게 된다. 저소득층은 경제적인 부를 축적할 기회를 점차 상실해가면서, 다음 세대로의 경제적 전이는 점점 어려워진다. '경제적 빈곤의 세습'에 대한 불안정한 심리상태는 '집단지성에 의한 사회적 연대'보다는 정치가들이 주장하는 '사회적 구조의 피해자'라는 선동에 끌리게 한다. 불평등으로 파생된 불만을 성별, 성적지향, 직업군, 특정계층 등의 정체성을 바탕으로 자기의 정치세력을 구성하고자 한다. 특정 계층의 이익과 관점을 대변하게 되고, 집단화로 응집력을 강화하는 '정체성 정치'를 통해 팬덤(fandom) 현상을 만들어 낸다.[5]

팬덤은 미국 법률학자 추아(Amy Chua)의 주장에 따르면 정치적 부족주의로 진화될 수 있다.[6] 삶이 피곤한 현대사회에서는 보편적 가치의 공유보다 상대적 박탈감 속에서 차별의식이 강화되면서 '나와 같은 사람'이라는 모습에 마음이 끌리게 된다는 것이다. 그들이 잘해서 지지하는 것이 아니라, 자신이 지지하기 때문에 잘하고 있다는 평가를 받아야 한다는 것이다. 부족의 사전적 의미는 같은 인종·언어·관습 등을 가진 집단이다. 주로 보편적 가치가 태동하기 전인 전근대화 사회의 공동체를 가리킨다. 부족은 소속집단의 이익을 절대적으로 추구한다. 동시에 부족은 외부의 접근을 위협으로 간주하고, 배척한다.

팬덤을 현대적 의미로 이해한다면, 반대 의견은 가짜뉴스고 반대파는 거대 악으로 치부되곤 한다. 부족이 갖는 본능적 배제 때문이다. 현대사회는 다양한 이익이 공존하는 다원주의 사회이다. 그런데 차별의식이 강화되면 '나와 같은 사람'이라는 점에 마음이 끌리게 되면서 동조하는 사람끼리 부족을 이루게 된다. 정치적 부족주의가 기록적인 수준의 불평등과 결합하면서 오늘날 우리는 양 정치 진영 모두에서 맹렬한 정체성 정치를 목격하고 있다.

세계 곳곳에서 정치적 부족주의의 위력이 강해지고 있다. 팬덤정치의 위험성은 공적 공간을 변형시켜 공공의 이익은 존재하지 않고 단지 자신들이 속한 집단의 사적 욕망을 충족하는 장으로 변질시킨다는 데 있다. 근대화의 중요성은 세속적이면서 다양한 사회적 이익이 존재하게 된다는 것이다. 사회 내 다른 목소리를 내는 것은 우리가 누리고 있는 근대성이 산물이라는 것을 자연스럽게 받아들이는 자세가 필요하다.

다양한 집단들이 참여할 수 있는 공론장이 국가와 시민사회를 중심으로 활성화되어야 한다.

3. 근대화, 권위주의, 시민사회

사회과학 영역에서 근대화 개념은 정치·경제·사회·문화 등 전 영역의 변화 그리고 진보와 같은 의미로 사용되었다. 근대화이론은 사실상 근대화되지 못한 국가 혹은 저발전 국가보다 나은 국가발전을 위해 근대화되어야 한다는 당위성을 내포하였다. 근대화이론에서 주장하듯이, 근대화를 국가의 발전과 연관 짓게 된 것은 통계방법론을 활용한 과학적 근거를 통해 잘사는 나라일수록 민주주의를 유지하는 기회가 많아진다고 보았기 때문이다. 나아가 근대화는 역사의 발전 경로로서 인류가 보편적으로 겪어야 되는 과정이라고 보았다.

근대화이론을 주창하는 학자들은 근대화로 인한 경제 발전이 민주화의 중요한 요인이라고 지적하였다.[7] 근대화를 통한 자본주의의 확립은 민주주의에 긍정적인 영향을 미친다는 측면에는 대표적으로 다원주의적 관점이 위치하고 있다. 다원주의 관점에서는 자본주의 경제를 근대화의 한 과정으로 간주하면서, 민주주의를 정치 참여의 권리와 기회의 신장이라는 관점에서 규정하기 때문에 국가를 발전된 정치제도로 규정한다. 요컨대, 근대화는 시민들의 의식 변화를 물질적 가치에서 점점 탈물질적 가치라는 '삶의 질'로 옮겨가게 하기 때문에 민주주의의 근간이라 할 수 있는 참여를 활성화한다. 이 때문에 자본주의와 민주주의는 사회 발전을 이룰 수 있는 필수 불가결한 요소라는 입장이다.

하지만 근대화는 어떤 경로와 과정을 거치는가에 따라서 확연히 다른 결과로 나타났다. 근대화는 근대화를 촉발시킨 사상, 제도, 경제적 여건 등이 그 나라에서 자생적으로 발생하였는지, 아니면 외부적 충격이나 외세의 영향에 의해 비롯되었는지에 따라 다르다. 자생적 근대화와 외생적 근대화로 분류할 수 있다. 이 분류에 따르면 제3세계, 특히 아프리카와 남미는 주로 외생적인 근대화를 경험한 국가에 해당한다.[8]

오랜 세월을 두고 자생적 근대화를 서서히 경험한 서구 국가들은 각계각층의 인구와 사회세력들이 변화에 적응할 수 있는 시간적 여유와 공간을 확보할 수 있었다. 그 결과 산업화와 자본주의의 발전에서 파생된 모순을 조정하면서 민주주의 발전을 이룩하였다. 반면 급속한 변화를 경험한 제3세계 국가들은 변화에 적응할 시간적 여유를 갖지 못하였다. 공간 안에서의 발생하는 긴장과 모순을 해결하는 과정이 존재하기 어려웠다. 그 결과 서로 기득권을 유지하려는 정치세력 간에 마찰과 갈등으로 이어졌다.

또한, 제3세계 국가들은 선진국과 비교할 때 아무리 자원이 많다고 하여도 경제적인 수준이 부족한 경우가 많았다. 선진국들은 공업화를 이룩할 즈음 식민지로부터 값싼 원료를 들여오거나 제품을 팔 수 있는 손쉬운 시장을 가질 수 있었다. 선진국은 무역과 금융체계를 독자적으로 창설하고 운용해 나갔다. 그러나 후진국은 식민지도 없었고, 선진국의 무역과 국제금융체제의 지배 속에서 공업화를 이룩하고 발전해야 했다.

후진국이라고 해서 항상 불리한 위치에 있는 것만은 아니다. 후진국은 선진국들이 이미 개발해 놓은 기술을 사용할 수 있었다. 기술개발 부담과 시행착오의 과정을 반복하지 않고 발전할 수 있는 이점도 있었다. 그러나 선진국의 최신기술은 후진국의 여건에 맞지 않은 경우도 많았고, 선진국에 대한 의존도를 높이는 위험도 있었다.

근대화이론은 근대화와 발전을 통해 자유민주주의 정치체제의 수립이 달성될 것이라고 보았다. 하지만 이론과 달리 제3세계 국가에서는 군부독재, 관료적 권위주의 정권으로 이어졌다.

권위주의 정권이 등장했던 이유는 무엇일까? 네 가지로 축약해 보자.[9]

첫째, 대부분 식민지 독립과 함께 수립된 민주주의적 정치체계가 주민들이 기대하였던 것만큼 재화와 용역을 제공하는 데 실패하였다. 오히려 지배세력의 권력만 공고히 되는 현상이 지속되었다. 이 때문에 지배층에 대한 피지배층의 불만이 높아졌다. 둘째, 상술한 이유와 직결된 것으로, 신생 국가들은 식민지로부터 독립하였다고는 하지만 곧 경제적인 위기에 직면하였다. 빈곤에 대한 국민의 불만으로 신생국들은 정치적 불안정과 혼란을 겪었다. 알제리, 짐바브웨, 콩고민주공화국, 남수단, 동티모르 그리고 남미 곳곳에서 냉전기와 탈냉전기를 통틀어 특히 남반구 국가들이 정치적 불안과 경제위기를 경험했다.

셋째, 위의 두 가지 이유와 연관되듯이 사회 계층들 사이의 긴장과 분열이 증대되었다. 특히 남미 사회에서는 좌파적 이데올로기에 물든 하층계급과 노동자들이 조직적으로 엘리트 계층에 도전하고 위협을 가하였다. 이런 상황에서 군부세력들이 엘리트 계층의 안전과 이익을 보호하고 사회적 안정을 기하기 위해 강압적으로 정권을 장악하는 경향이 있었다. 1973년 아옌데(Salvador Allende) 정부를 쿠데타로 붕괴시킨 칠레의 피노체트(Augusto Pinochet), 1976년 쿠데타를 일으키고 집권하여 페론주의자(Peronist), 노동운동가 등을 탄압한 아르헨티나의 비델라(Jorge Rafael Videla) 정권 등이 그 예이다.

넷째, 한국도 사례가 되겠지만 개발도상국가에서 등장한 권위주의 체제는 이전의 민주주의가 성과를 거두지 못한 그들 사회의 발전이나 근대화를 위한 대안적 통로로 이해되었다. 즉, 강력한 국가를 강조한 조합주의(corporatism)나 배타적인 통치 행위에 기반을 둔 관료적 권위주의(Bureaucratic Authoritarian) 등이 개발도상국들의 발전 문제를 해결할 수 있는 대안으로 여겨졌다.

선진국을 제외한 많은 나라에서 탄생한 권위주의 정권, 독재정권은 1970년대를 지나면서 상당 부분 민주화되었다. 민주화의 물결은 한 번에 일어난 것은 아니었다. 여러 차례에 걸쳐 유럽, 남미, 아시아 등의 권위주의체제가 민주주의체제로 전환되었다. 몇몇 국가들은 다시 권위주의체제로 돌아가기도 하였다. 오반(Viktor Orban) 정권하의 헝가리, 마두로(Nicolas Maduro) 통치하의 베네수엘라, 니카라과의 오르테가(Daniel Ortega), 2014년 쿠데타로 집권한 태국의 쁘라윳 짠오차(Prayut Chan-o-cha) 정권 등이 그러하다.

이들 사회의 특징은 시민사회가 급속히 위축되고 있다는 점에 있다. 민주주의가 공고화되기 위하여서는 민주주의체재가 비민주주의체제로의 회귀를 위한 어떠한 세력으로부터 위협을 받지 않아야 한다. 또한, 불안정한 상황 속에서도 국민들이 어떠한 변화가 있어도 민주적 절차에서 이루어질 거라는 믿음을 가져야 한다. 그리고 헌법적으로 민주주의체제에서 일어나는 사회적 갈등이 법치에 따라 해결되며 편법적인 갈등 해결 시도는 효과적이지도 많은 비용이 수반될 때 민주주의는 공고화되었다고 할 수 있다. 결론적으로 민주주의의 공고화는 단순한 제도적 변화뿐 아니라 사회 구성원들의 다음 장에서 다루는 심리적인 기저까지 제도화, 내재화되는 것으로 볼 수 있다.

민주주의의 실천적인 측면을 위한 다섯가지 조건이다. 무엇보다 자유롭고 자율적인 시민사회가 필요하다. 상대적으로 자율성이 있는 정치사회가 존재하고, 정부의 정책은 개인의 자유와 결사적 삶을 보장하는 법치로 이루어져야 한다. 그리고 안정적인 국가 관료 시스템이 구축되어야 한다. 그리고 마지막으로 제도화된 경제사회가 존재해야 한다.

현대사회에서 직접민주주의에 가장 가까운 형태는 대의제의 피라미드형인 풀뿌리 정치로 이해되곤 한다. 이러한 시스템의 기초는 이웃과 일터에서의 직접민주주의에 기초한다. 면 대 면 토의 및 합의나 다수에 의한 의사 결정, 그리고 좀 더 높은 단위에서의 대표자 선출을 위한 선거, 선출된 사람들의 선출한 사람들에 대한 책임감 등이 이러한 피라미드형 시스템을 이룬다. 그러나 단순히 피라미드 형태로 조직된 정치제도는 관료적 독재로 수렴하거나, 반혁명에 의하여 전복되기 쉬우며 민중의 무관심 등으로 인해 책임성 있는 민주주의를 유지하기 힘들다. 즉, 책임성을 가진 피라미드형 시스템은 지속적인 정당 시스템과 병행될 때 민주주의의 본질을 달성할 수 있다. 정당의 중요성이 강조되는 지점이다. 하지만 정당이 아프리카, 중동, 남미, 동유럽 등과 같이 이념화, 종교화, 인종화 세력으로 변질될 때 민주주의는 퇴조하게 된다.

그렇기 때문에 정치제도의 근간은 개인의 자유와 결사적 삶을 보장하는 법치로 이루어져야 한다. 그리고 안정적인 국가 관료 시스템이 구축되어야 한다. 그리고 마지막으로 제도화된 경제사회가 존재해야 한다. 동시에 성숙한 시민의식이 함께해야 한다는 점이 강조된다.

주한외신기자 전 협회장이었던 브린(Michael Breen)은 "한국인들은 국민의 뜻에 응하는 것이 민주주의의 요체라고 생각한다"고 하였다.[10] 한국에서는 '어떤 쟁점에 대한 대중의 정서가 특정한 임계질량에 이르면 뛰쳐나와 의사결정 과정에 영향력을 행사'하는데, 이것을 '민심'이라고 생각한다는 것이다. 민심이 법이 되는 순간이다.

이런 현상은 대중주의적 선동을 통해서 쉽게 나타나는데 미국의 미국우선주의, 영국의 브렉시트, 인도의 종교근본주의 등이 그런 사례로 볼 수 있다. 정치적 라이벌을 적으로, 기득권을 사회악으로, 그리고 언론을 가짜뉴스로 치부하는[11] 선동을 반복하면서, 집단주의적인 사고를 의도적으로 만들어내게 된다. 법치는 무너지고 무조건 따라야하는 신념이 강화된다. 프레임 현상이다. 프레임이란 '세상을 어떻게 바라볼 것인지를 형성하는 정신적 구조'이다.[12] 프레임은 특히 정치선동가들의 반복되는 학습으로 무의식적 생각을 의식적으로 행동하도록 만들고, 민심을 형성하게 한다.

결국 진영 논리로 만들어진 대중주의는 사회의 근간을 위협한다. 학문과 양심의 자유, 사상과 표현의 자유라는 기본 권리이자 희생과 투쟁으로 지켜온 민주주의의 토대를 위협한다. 개인의 자유를 지키기 위해 고안된 삼권분립이나 법치주의 등을 무력화하며 '국민의 뜻'이라는 한마디로 통치한다. 대중주의로 통치하면서 다양성을 인정하지 않고 사회현상을 단순화시키기 위해 희생양을 찾아나가는 제도의 강화는 결국 소수의 과두제가 되어 민주주의의 근간을 위협한다. 권위주의적 지도자의 등장으로 독재로 치닫는 '권리 보장 없는 민주주의'이다.[13] 선거를 통해 선출되는 절차적 민주주의의는 존재하기에 국가의 근간을 위협하지는 않는다. 하지만 잠재적 위협요인으로 권력의 사유화와 통치강화를 위한 갈라치기식 통제는 최후에는 독재로 치달을 수 있다. 과거 독일 나치당의 히틀러(Adolf Hitler, 1889~1945년)도 이탈리아 파시스트당의 무솔리니(Benito Mussolini, 1883~1945년)도 절차적 민주주의를 통해 정권을 취했다는 사실을 기억해야 한다. 결과적으로 민주주의가 수호되기 위해서는 민주적 규범의 핵심인 상호존중(mutual tolerance)과 권력의 절제(forbearance)가 이루어져야 한다.

고전적으로 민주주의는 자유와 평등이라는 원칙을 유지할 때 정당화될 수 있다. 다수의 의사가 존중된다는 것이 최상의 결과 또는 효율적이기 때문은 아니다, 다수의 결정을 존중하는 것은 그것이 평등에 대한 존중을 대변하면 개인의 의견은 똑같이 중요하며 모두 정치적 판단을 내릴 능력이 있다는 것을 전제하는 것이다. 고전적 의미처럼 민주주의는 단지 동등한 의사의 표현만으로 완성되지 않는다.

민주주의를 유지하기 위하여서는 시민사회의 역할과 더불어 다름을 인정하는 관용과 타협이 존재하며 누구에게도 적용되는 법에 의한 통치는 필수조건이다. 그러한 과정에서 만들어지는 공론장과 교육의 역할도 강조되어야 한다. 그리고 언론과 집회, 결사(대표적으로 정당)의 자유도 있어야 한다. 법에 의한 통치는 민주적 가치의 종합체이며 다수의 의사가 반영되며 동시에 개인의 자유를 다수의 지배로부터 보호받을 수 있기 때문이다. 결과적으로 법을 통한 통치가 아니라 법에 의한 통치가 집행될 때 국가 권위의 정당성은 인정받을 수 있으며 국가위기를 극복할 수 있을 것이다.

주

1) Hedley Bull, *The Anarchical Society* (London: Macmillan Press LTD, 1983), p. 184.
2) Abraham H. Maslow, *Motivation and Personality* (New York: Harper, 1954).
3) Max Weber, *The Protestant Ethic and the Spirit of Capitalism* (New York: Scribner's Press, 1958).
4) Karl Marx and Friedrich Engels, *The Communist Manifesto* (London: Merlin Press, 1988[1848]).
5) "팬덤을 넘어 부족주의로 진화하는 정치," 『국민일보』, 2022년 9월 5일.
6) 에이미 추아 지음, 김승진 옮김, 『정치적 부족주의』 (서울: 부키, 2020).
7) 김성수, 『새로운 패러다임의 비교정치』 (파주: 박영사, 2022), pp. 385-389.
8) James Bill, & Robert L. Hardgrave, *Comparative Politics: The Quest of Theory* (MD: University Press of America INC, 1981), p. 63.
9) 김성수 (2022), pp. 389-391.

10) Michael Breen, *The New Koreans: The Business, History and People of South Korea* (UK: Random House, 2017).

11) 스티븐 레비츠키, 대니얼 지블렛 지음, 박세연 옮김, 『어떻게 민주주의는 무너지는가』 (파주: 어크로스, 2018).

12) 조지 레이코프 지음, 유나영 옮김, 『코끼리는 생각하지 마』 (파주: 와이즈베리, 2018).

13) 야스차 뭉크 지음, 함규진 옮김, 『위험한 민주주의: 새로운 위기, 무엇이 민주주의를 파괴하는가』 (파주: 와이즈베리, 2018).

14장

경제성장동력 위기관리와 자본주의

사적 경제 행위자들의 모든 활동을 보장하는 시장경제 나라도 있고, 사적 경제 활동을 금지하고 오로지 국가가 통제하고 계획하는 나라도 있다. 대부분 국가는 공적 영역과 사적 영역의 조화를 추구하는 혼합경제를 택한다. 경험적으로 경제 발전은 사유재산을 보호하면서 교환의 자유가 보장되는 자유시장경제에서 발생한다. 하지만 공정한 경쟁의 장이 만들어지지 않는다면 사회적 갈등으로 번질 수 있다. 경제에서의 경쟁이 온전히 공정하다고 보기 어렵다. 자원, 정보, 기술적인 조건에서 차이가 있기 때문이다. 결과적으로 불평등이 발생한다. 공평한 분배와 공정한 경쟁이 의미하는 바가 무엇인지에 대한 논의를 국가와 시민사회는 지속적으로 만들어 나가야 한다. 흥한 나라의 조건이란 무엇인가? 공정한 경쟁도 중요하지만 개인의 자율성과 창조성을 지지할 수 있는 노동과 복지의 상호연동적인 시스템도 중요하다. 이러한 노력이 성장과 분배에서 파생되는 갈등과 저항을 방지하는 것일 것이다.

1. 정치와 경제의 관계

현대사회에서 정치는 경제와 깊은 관계에 있다. 정치와 경제는 기본적으로 추구하는 목표가 다르다. 경제의 목표는 활용할 수 있는 자원으로부터 가능한 최상의 물질적 생활 수준을 달성하는 것이다. 구체적으로 효율성, 성장, 그리고 안정이라는 목표가 있다. 반면 정치가 목표로 하는 것은 시민의 권리를 확립하고 보호하는 것이다. 정치는 궁극적으로 정의를 지향한다. 정의에는 여러 의미가 있으나 현대사회에서 정의는 개인의 자유, 이익과 의무의 공평한 배분, 사회질서의 준수로 요약할 수 있다.

경제는 정치적 영향이나 간섭으로부터 배제된 자율적 영역이라 할 수 있다. 경제를 가장 분명하게 설명하는 개념은 '시장'이다. 시장은 다양한 가치의 재화가 개인의 의지로 교환되는 곳이다. 시장의 최종목적은 자본의 축적과 경제 발전이다. 시장은 시장의 원리에 따라 움직여야 한다는 신념이 있다. 이런 점에 주목하게 되면 정부의 역할은 시장 이외의 영역으로 제한된다.

경제가 개인 사이의 거래가 교환의 가치에서 이행되는 사적 영역이라면 정치는 개인 사이의 거래라고 여겨지는 교환의 가치가 다른 사람에게까지 영향을 줄 수 있는 공적 영역으로 정의될 수 있다. 스미스(Adam Smith)의 말처럼 정부의 역할은 질서 유지와 국방에 국한되며, 공적인 영역은 사적 영역에서 결핍된 공공재를 제공하는 데 머물러야 한다.[1] 경제는 자발적인 교환을 기본으로 하지만 정치는 개인 사이의 거래가 아닌 타인에게까지 영향을 미치기에 공적 영역의 가치를 권위적으로 배분하는 것을 기본으로 한다.

시장을 기본으로 하는 경제는 자발적 교환에 따른 계산으로 움직인다. 경제 행위의 특징은 자원을 활용한 이윤의 극대화이다. 효율성과 선택을 통해 목표를 달성한다. 경제에서 계산은 개인이 원하는 욕구를 만족시키기 위해 가능한 모든 방법을 사용하는 행위에 기초한다. 경제적 효율성을 추구하는 과정에서 합리성이라는 개념이 등장한다. 경제학의 도구적 합리성은 효율을 최고의 가치로 둔다. 계산과 효율성이라는 관점에서 경제는 인간을 목적이 아닌 하나의 자원인 수단으로 두게 된다.

하지만 현실에서는 경제 번영과 정치 정의가 불가분의 관계로 연결되어 있다. 정치와 경제는 서로를 강화한다. 추구하는 목표에 따라서 정치적 과정과 경제적 과정을 분리하기 어려워졌다. 경제적인 거래처럼 정치활동도 종종 고유한 이익을 가진 개인들이나 그룹들 사이의 상호 호혜적인 교환으로 이루어진다. 정치 행위에서 왜 그리고 무엇을 하는가를 말하기 위해서는 경제적 계산이 필요하다. 반면에 공공재를 공급 또는 유통해야 하는 시장도 다양한 정치적인 차원을 가지고 있다. 시장의 작동과정에서 거래의 질서, 분배의 정당성 등을 둘러싼 권력과 권위의 문제가 계속해서 제기되며 이는 정치와 명확하게 구분하기 어려운 것이다.

그런 측면에서 시장경제 역시 어느 정도는 '계획경제적' 요소를 지닌다. 시장경제를 채택한 국가도 분배의 정당성을 위한 계획을 세워야 한다. 굳이 구분해 말하자면 소련과 동구권이 채택했던 계획경제는 '중앙집권적 계획경제'이고, 시장경제는 '분권적·합의적 계획경제' 정도가 될 것이다. 시장경제를 채택한 권위주의 정권의 경우 '시장 권위주의(market authoritarianism)' 형태를 띨 수 있다. 공산주의든, 자본주의든, 권위주의든 정치와 경제는 동전의 양면과도 같다.

정치와 경제를 상호 분리할 수 없는 것은 경제 활동의 핵심 요소들이 정치적 가치와 연결되어 있기 때문이다. 경제의 기본인 시장을 예로 들어 보자. 시장은 자유로운 개인들이 상호 호혜적인 거래를 허용함으로써 효율성을 달성한다. 개인들은 그들이 시장에 진입하기 위해 보유한 자원이 허용하는 최대효용의 수준에 도달할 때까지 상호 간 교환을 수행한다. 경쟁은 효율성을 촉진하는 중요한 요소이다. 기업들과 개인들은 가능한 낮은 가격으로 생산해야 한다는 지속적인 압력에 놓이게 된다.

그렇다면 경쟁은 공정한가? 경제에서의 경쟁은 온전히 공정하다고 보기 어렵다. 자원, 정보, 기술적인 조건에서 차이가 있다. 이런 차이는 역설적으로 비효율성을 유발할 수 있다. 절대적인 우위에 놓인 상황에서 공정한 경쟁을 기대하기 어렵다. 이렇게 되면 사회의 효율성을 떨어뜨리게 된다. 강력한 경쟁은 구성원의 결속 약화로 이어진다. 소외, 무관심, 적대감을 유발할 수 있다. 시장이 경제적 효율성을 달성했다고 하더라도, 경제적 효율성보다 넓은 사회적 효율성을 달성하지 못하기도 한다.

공정성에 대한 개인적 차원에서 고려할 부분 역시 존재한다. 노력은 언젠가 보상받을 것이라는 믿음 자체가 거짓일 수 있다는 것이다. 성공한 사람은 그만큼 노력했다는 논리는 뒤집어서 생각해 본다면 불행한 사람은 그만큼 노력을 하지 않았다는 논리가 될 수 있다. 오히려 사회적 약자에 대한 차별로 곤경에 처한 사람은 그럴 만한 이유가 있다고 믿는 편견을 만들어 낼 수 있다. 결국 노력과 보상은 비례하지 않는 경우가 있다는 것이다.

이러한 편견은 능력주의(meritocracy)의 폐해로 설명될 수 있다. 능력주의는 자본주의 사회에서 과도하게 좋은 의미로 해석된 경향이 있다. 상술한 바와 같이 개인에게 주어지는 보상은 개인의 능력과 노력에 따른 것이라는 인식이다. 그러나 능력주의라는 말을 고안하고 확산시킨 영국의 정치가이자 사회학자인 영(Michael Young, 1915~2002년)

의 생각은 달랐다. 그는 능력주의가 학위에 대한 집착(diploma disease)으로 이어질 것이라고 이미 수십 년 전에 경고했다.[2]

그랬기 때문에 2001년 당시 블레어(Tony Blair) 영국 총리가 능력주의를 옹호하는 발언을 했을 때 영은 "특정한 능력을 지닌 사람들이 새로운 사회계급으로 진입하면서, 해당 계급에 다른 사람들이 들어갈 수 있는 공간을 남겨두지 않는 것은 잘못된 것"이라고 분명히 지적했다.[3] 소위 '능력'으로 포장된 실력과 업적이 실상은 사회 계층에 따른 불평등한 교육 기회, 부의 대물림과 같은 능력 외의 요소를 배제하고 있다는 의미다.[4]

물론 불확실성이 희망이 될 수 있고, 보상이 온다면 엄청나게 큰 기쁨으로 올 수 있다는 인식의 전환도 필요하다. 사회심리학자 러너(Melvin Lerner)는 '공정한 세상 가설(just-world hypothesis)'을 주장했다. 보이지 않는 노력은 언젠가 보상 받을 것이라는 믿음 자체가 거짓말이라고 한다. 이러한 가설은 결국 성공한 사람은 그만큼 노력했다는 희망의 씨앗을 만들지만 동전의 다른면을 보면 불행한 사람은 그만큼 노력을 안했다는 논리가 가능하다. 사회가 공정하지 못하고, 균등하지 않다는 점에 절망해 사회적 구조 탓만을 해서도 안 된다. 사회적 선동(煽動)이 작동할 수 있는 영역이다. '인위적으로 만들어지는 따뜻한 위로로 포장된 공정한 세상'은 역사를 통틀어 존재하지도 않았고, 앞으로 만들어질 수도 없다. 하이에크(Friedrich Hayek)의 말처럼 '불확실성이 동기부여'라는 점도 분명하다.[5]

노력과 보상은 비례하지 않는 경우가 훨씬 많다. 노력은 항상 보상 받는다는 믿음만 존재한다면, 결과가 좋지 않았을 때 자기성찰보다는 원망 속으로 빠져들게 된다. 무엇 때문에 노력해야 할까하는 회의론에 빠지게 되어 분노의 감정이 사실을 지배하게 된다. 노력에 대한 대가가 명백하게 수직적 관계를 보인다면 노력하는 사람보다 불만에 차 있는 사람이 더 많을 것이다. 보상은 경쟁력을 갖추고 있으면 어떤 상황에서도 올 수 있다. 그런 보상은 엄청나게 큰 기쁨을 주며 다음 단계로 달려가게 하는 동기부여가 된다.

결국 오늘날 정치경제의 과제는 정치와 경제의 두 가지 상반되는 영역의 유기적인 상호보완적 통합을 심리적 요인을 고려하면서 어떻게 이룰 것인가의 문제이다.

2. 정치경제학의 쟁점들

자본주의 초기와 달리 공공경제는 계속해서 확대되었다. 제2차 세계대전 이후부터 적어도 1970년대 후반까지 공공경제 부문의 규모는 전쟁 이전보다 적어도 세 배 이상 확대되었다. OECD 국가의 국민총생산에서 차지하는 비중도 절반 가까이 차지하였다.

국가의 활동 수단과 역할, 그리고 국가의 개입 범위는 현대 정치경제학의 쟁점이 된다. 그 이유는 국가가 경제와 사회생활에서 이중적인 방식으로 참여하기 때문이다. 국가는 한편으로 안보와 국방, 노령자 복지, 보건, 교육, 연구, 운송, 에너지, 통신, 환경 보호 등의 공적 지출을 한다. 그리고 다른 한편, 국가는 계속해서 규제 장치와 금융 수단을 통해 시장에 개입한다. 소득과 재산의 재분배 등 경제 자원의 조절을 통한 공공 부문의 활동은 국가 활동에 중요한 결과를 낳는다.

국가 활동에서 공공경제가 중요한 이유는 국가는 공공경제를 통해 '자원의 효율적 배분', '적절한 소득 재분배', '경제 안정화'를 실현하기 때문이다.

1) 자원배분

자원배분(allocation of resources)은 서로 다른 용도에 따라 사용자 간에 자원을 배분하는 것이다. 일반적으로, 자원의 최적 배분 상태란 '타인의 효용을 감소시키지 않고서는 어떤 개인의 효용을 증가시킬 수 없도록 자원이 배분된 상태'이다.[6]

자원은 소비자가 가장 원하는 재화의 생산에 목적을 두어야 한다. 또한, 자원은 가장 생산적인 산업의 배분이어야 한다. 이론상으로 자원의 최적 배분은 완전경쟁에 의해 달성된다. 하지만 독과점 등 불완전 경쟁이 존재하고, 시장에 대한 정보가 완벽하게 주어져 있지 않다. 제도적·심리적 요인이 작용하는 현실에서 자원의 최적 배분은 달성 불가능하다.

최적의 배분이 불가능할 때는 어떻게 해야 할까? 정치경제학의 이론은 두 가지 다른 답을 제시한다.

국가의 어느 정도의 개입을 주장하는 케인즈(John Maynard Keynes, 1883~1946년)를 비롯하여 경제정책을 추구해 온 학자들은 시장의 실패를 자유방임적인 시장체계에서 빈번하게 발생하는 문제로 간주한다. 그리고 시장의 효율성을 복원하고 분배의 정의를 달성하기 위해 시장에 대한 국가의 개입을 요청한다. 정부가 개입해 경제를 안정시키고 고용수준을 유지해야 한다고 본다.[7]

이에 비해 신자유주의 경제학은 시장 중심적인 정책을 통해 시장의 실패를 해결할 것을 주장한다. 신자유주의자들의 입장에서는 국가주의야말로 20세기 민주주의 발전의 최대 장애물이다. 국가는 동구권 사회주의와 남미 자본주의의 민주화를 막은 당사자다. 이러한 사회에서는 정치 엘리트, 기업 엘리트, 관료, 노조 모두 국가가 통제하는 지대를 두고 경쟁하게 된다. 이른바 '지대추구' 사회다. 특히 프리드먼 (Milton Friedman)[8]은 시장의 실패가 곧바로 정부의 개입으로 이어져서는 안 된다고 경고하는데, 그 이유는 '정부의 실패(government failure)'로 인한 비용이 시장의 실패보다 더 클 수 있기 때문이다.

마르크스주의는 구조적인 문제를 제기한다. 자원의 최적 배분문제는 사적 소유로부터 발생하는 근본적인 문제라는 점에서 최적 배분을 위해서는 생산수단을 사회화할 것을 제시한다. 현대 마르크스주의자들은 신자유주의 자체가 문제라고 지적한다. 자본주의 자체보다는 '자본주의체제에서 구현되는 신자유주의'가 문제라는 것이다. 현대 마르크스주의자들은 자본주의 자체를 부정하지는 않는다. 사회적 불평등을 심각한 병폐로 간주하고, '사회적인 책임'을 질 수 있고, 보다 "공정한 형태인 이른바 '양심적인 자본주의'가 요구"된다고 이야기한다.[9]

주류경제학은 시장의 실패를 비정상적이고 예외적인 특수상황으로 간주하면서, 자생적인 회복 장치를 믿는다. 반면, 마르크스주의자들은 그것을 자본주의 경제의 고유한 특징으로 간주하며, 시장에 의한 자원의 배분보다는 생산수단의 사회적 관리라는 대안을 선호한다. 결과적으로 정부가 어떻게 효율적으로 공공영역에 활력을 줄 수 있는지가 중요하다. 그러한 이유에서 시장과 계획이 조화되는 혼합경제가 대안이 되고 있다.

2) 소득과 재산의 재분배

경제학에서 재분배(redistribution)는 어떤 사람으로부터 다른 사람에게로의 소득, 부 혹은 재산의 이전을 의미한다. 재분배는 한 사회의 가난한 구성원들을 위해 재화가 분배되어야 하고, 부유한 사람은 가난한 사람을 지원할 의무가 있다는 것을 의미한다.

그렇다면 이런 의무는 어디에서 오는 것인가?

마르크스주의 경제학에서는 부유한 사람들이 가난한 사람들을 착취하는 사회구조를 비판한다. 사회구조의 왜곡으로 소득과 재산의 불균형이 일어난다는 것이다. 따라서 과도한 부의 축적을 사회로 환원해야 할 책임을 강조한다.[10] 반면 주류 경제학에서는 더 많은 사람들을 소비자로 만듦으로써, 생산과 고용을 자극하고, 개인들이 더 나은 삶의 수준을 누릴 수 있도록 동등한 기회를 제공할 필요성에서 재분배의 의의를 찾는다.

소득의 재분배는 개인이 제공하는 노동의 양에 기초해 보상을 받을 수 없게 하는 시장경제의 비효율성을 바로잡기 위해 개인들이 거두는 수입의 양을 평등하게 만드는 정책이다. 오늘날 소득의 재분배는 대부분의 선진국에서 대개 소득 관련 세제와 복지정책을 통해 이루어지고 있다.

부의 재분배는 보유한 자산을 다른 사람에게 이전함으로써 경제적 평등을 달성하려는 정책을 의미한다. 자본주의와 공산주의 이념에 상관없이 모든 정치체제는 과세와 복지, 국영화 등의 방법으로 소득과 재산의 재분배를 진행한다.

적절한 재분배는 무엇일까? 정의론으로 우리에게 잘 알려져 있는 롤스(John Rawls, 1921~2002년)는 분배를 통한 자유주의적 가치 수호를 위한 2가지 원칙을 제시한다. 제1원칙은 모든 사람들은 자유롭게 선택과 소유를 할 수 있다는 자유의 원칙이며, 제2원칙은 모든 사람들은 균등한 기회를 가져야 한다는 기회균등의 원칙 그리고 사회적 약자에게 더 많은 복지를 제공해야한다는 차등의 원칙이다. 이 세상에는 다양한 환경과 조건속에 사람들이 살고 있기에 모두가 합의하여 사회제도

제4부 국가위기관리의 평가와 방안

를 만든다는 것은 불가능에 가깝다. 개인의 이해관계가 다르기 때문이다. 간단하게 얘기해서 조세제도를 결정한다고 생각해 보자. 부자는 자신의 재화를 지키기 위해 감세를, 빈자는 복지증진을 위해 증세를 원할 것이다. 결국 합의점을 찾을 수 없다. 롤스는 아무런 조건도 환경적 요인도 존재하지 않는 '무지의 베일'이라는 가상의 상태에서 사회제도를 만들어 보자는 제안을 통해 해결책을 제시한다. 개인이 자신의 사회적 위치를 알 수 없는 '무지의 베일' 속에 있다면, 부자도 빈자도 아닌 상태이기에 자신의 이득만을 고려할 수 없기 때문에 합리적 합의점에 도달할 수 있다는 것이다. 무지의 베일은 가상의 상태이기에 현실에서는 불가능하다. 그렇다면 그러한 합의에 도달할 수 있는 과정을 만들어 나가는 것이다. 그러한 절차적 과정에 적용되는 원칙이 바로 앞에서 설명한 제1원칙과 제2원칙인 것이다. 그의 결론은 다음과 같다. 경제적 불평등은 불가피하지만 복지의 확대와 균등한 기회제공을 통해서 사회적 정의는 달성할 수 있다.

과세에 의한 소득 재분배는 가장 일반적으로 사용하는 소득과 재산의 재분배 방식이다. 하지만 세금이 과도한 경우에는 투자 의욕을 떨어뜨리고 가계 지출을 억제하고, 저축하지 않게 만들기도 한다. 누진적 성격이 강한 세금일수록 그러하다. 소득세의 영향으로 일하고자 하는 동력이 떨어질 수 있다. 또는 특정한 물품에 세금을 부과함으로 해당 물품을 구매하고자 하는 사람들의 경제적 의사결정과정에 교란이 발생할 수도 있다. 조세 부과로 인해 소위 초과부담이 발생하는 이유다.[11]

사회보장을 통한 재분배는 저소득층의 교육, 보건, 주거 등 기초생활 지원을 통해 구매력과 수요를 유지하는 가운데, 생산과 경제성장을 촉진하면서, 공적 부조, 사회보험 등의 안전망을 구축하는 정책이다. 공적 부조는 주로 빈곤층을 대상으로 하면서, 납세능력이 없는 극빈곤층에 대해 무상급여를 제공하는 완전한 재분배이다. 사회보험은 실업, 재해, 질병, 노령에 대한 정책으로 그 재원은 개인과 기업이 부담하는 방식의 재분배이다.

공동체미덕을 강조하는 샌델(Michael Sandel)은 신자유주의가 지배적인 시장원리로 확산되기 시작한 오래전부터 현재 지배적인 대의민주주의를 비판하면서 자유주의적 한계를 가진 분배 개념을 버리고 '시민성의 정치경제(political economy of citizenship)'를 증진시켜야한다고 주장해왔다.[12] 민주적인 시민의 덕성은 '사회적 평등'의 정신과 기풍에 의해 강화될 수 있다. 만약 불평등이 커진다면 시민들은 더 이상 그들이 동일한 운명을 공유하고 있다고 생각하지 않게 될 것이다. 결국 정의와 연대에 대한 그들의 의무감을 이행하는 데 관심을 갖지 않게 된다. 나아가 불평등은 정치적 영향의 격차를 증가시키고 평등한 시민성이라는 자치의 토대를 침식할 것이다. 정의는 올바른 배분만의 문제는 아니라는 것이다. 올바른 가치측정의 문제이기에 좋은 삶의 의미를 함께 고민하고 그 과정에서 생길 수밖에 없는 이견을 기꺼이 수용하는 문화를 만들어 나가야 한다. 이런 맥락에서 샌델은 개인의 자유는 공동체의 자치(self-government)에 따라 그 실현 여부가 달라진다고 주장한다.

그러한 연장선에서 샌델은 그의 저서 『돈으로 살 수 없는 것들(What money can't buy)』에서 시장지상주의 문제점을 지적한다.[13] 현재 우리 사회가 시장경제를 가진 시대에서 시장사회를 이룬 시대로 이행됨에 따라 기존에 시장논리의 영역에서 배제되었던 분야들마저 시장논리를 바탕으로 돈으로 거래된다는 것이다. 이러한 현상은 불평등을 양산하게 된다. 불평등 측면에서 돈으로 사고 팔 수 있는 요소가 증가할수록 불평등 및 부의 분배문제는 더욱 심화되고 있다. 그뿐 아니라, 시장은 그 자체로 부패하는 성향을 가지고 있는데, 이는 시장가치가 비시장가치인 윤리를 밀어내고 삶 속에 나타나는 올바른 가치들을 상품화한다. 결과적으로 본래의 가치를 변질시키거나 저평가하게 되는 결과를 가져오게 되기 때문이다. 샌델 역시 시장경제자체는 생산 활동을 조직하는 효과적인 도구라는 사실을 인정한다. 하지만 시장사회는 시장가치가 인간 활동의 모든 영역에 퍼진 바람직하지 않은 생활방식이라고 정의 내렸다. 결국 두 개념을 구분 짓고, 나아가 현대 사회가 시장의 역할과 영향력의 범위를 적절한 방식으로 논의해야 한다. 결과적으로 공적 미덕을 강조하면서 부의 평등 자체가 정치적 목표는 아니지만 공공선에 대한 대중의 무관심과 무능력을 유발하고 결과적으로 정치적 불평등과 정치적 소외를 확산시키는 현실을 구원하는 것이 현대정치의 가장 중요한 과제라는 시각이다.

한편으로 민주주의 이상을 실현할 수 있는 토대인 개인의 경제적 독립성도 고려해야한다. 시민과 시민의 관계에서 그 누구도 주인이 되어서는 안 된다고 주장하는 화이트(Stuart White) 역시 개인들의 경제적 독립성이 민주주의 이상을 실현할 수 있는 토대임을 강조한다. 생산수단을 소유하고 있지 못한 개인들이 노동력이라는 상품을 공급하는 능력이나 기회와 상관없이 최소한의 수준에서 자신의 기본적인 물질적 필요를 충족시킬 수 있는 능력 즉 독자적인 가능성을 확보해야 한다고 주장한다. 특히 종속적인 고용관계나 관료적 의존관계로부터 자유로운 재원을 확보할 수 있어야 한다. 직장의 유지 및 박탈 여부는 한 인간의 자존감 및 독립성에 지대한 영향을 미치기 때문에 고용주의 직접적이고 자의적인 지배로부터 어느 정도는 자율성을 가져야 한다. 또한, 자본의 논리에 대한 종속을 최소화시키기 위해서라도 일정 기간은 생계 걱정을 하지 않으면서 '고용되지 않을 자유' 혹은 '노동하지 않을 자유'를 가질 수 있어야만 한다. 그 이유는 '타인의 자의적 의지에 종속되지 않는 상태'인 비지배(non-domination)자유 관계를 유지할 수 있기 때문이다.

우리가 흔히 경험할 수 있는 상가의 사례를 살펴보자. 임차인이 임대인과 가깝게 지내면서 임대인이 임대료 일부를 면제해주었다고 하자. 더 이상 경제적 부담이 없어졌으므로 자유로워진다고 할 수 있을까? 만약에 비지배자유의 측면에서는 임대인이 갑자기 마음이 바뀌면서 임차인에게 다시 임대료를 그 이상 요구한다면 경제적 부담은 다시 시작되어 자유를 잃게 될 것이다. 이처럼 자유를 비지배로 본다면 국가가 개인의 자유를 보장하기 위하여 개입하는 것은 문제가 되지 않을 것이다. 빈곤 때문에 타인의 의지에 예속되는 것을 방지하기 위하여 국가가 복지를 제공하는 것은 결과적으로 개인의 자유를 신장하는 길이다. 그런 지원의 핵심적 동기는 정치적 평등성과 자립을 사회의 구성원에게 가능하게 하는 것으로 볼 수 있기 때문이다.

하지만 역사적 경험으로 보면 재분배 수준이 낮았을 때, 삶의 수준이 향상되었다는 근거로 재분배를 비판하는 견해가 있다. 국가의 보호가 가난한 사람들의 자활 의지를 저해하고 국가에 대한 의존도를 높이고, 과도한 조세가 부유한 사람들의 소비와 투자를 억제해 경제 발전을 가로막는다는 주장과 같은 맥락이다. 재분배정책이 지나치게 강조된다면 개인의 정당한 권리가 침해당할 수 있다는 우려가 확산할 수 있기 때문이다. 공평성과 효율성이 충돌하는 것이다. 아울러 복지병(dependence on social welfare)도 지나친 소득 재분배정책의 결과라고 할 수 있다.[14]

소득과 재산의 재분배문제는 오늘날 모든 국가에서 고민하는 문제이다. 어떻게 하는 것이 최적인지는 알 수 없다. 학자들의 견해가 다른

제4부 국가위기관리의 평가와 방안

것은 정치경제를 바라보는 시각이 다르기 때문이다. 정치경제를 바라보는 시각이 다르다는 것은 '공평한 분배' 혹은 '정의로운 분배'에 대한 시각도 다르다는 것을 의미한다.

대부분의 국가는 사적 경제 행위자들의 활동을 보장하면서 동시에 공적영역의 활성화를 위하여 공적영역과 사적영역의 조화를 추구한다. 흥한 나라들 대부분은 사유재산을 보호하는 자본주의 체재 안에서 교환의 자유가 보장되는 자유시장경제를 채택하고 있다. 흥한 나라들은 대부분 자유시장 경제체제를 유지하고 있다는 점을 주목할 필요가 있다.[15]

현대 자본주의사회는 정부의 개입으로 경제의 방향성이 좌우되는 계획경제라는 보는 관점이 있다. 시장을 단지 사적영역으로 간주하여 자유주의의 원리인 개인의 자유만 적용되어서는 안된다는 것이다. 정부의 개입과 기업의 확장성을 볼 때 공공의 영역으로 보아야 한다는 것이다. 즉 민주주의의 원리가 적용되어야 한다는 것이다. 동시에 사유재산을 보호하는 자유시장경제가 국가의 경제적 번영으로 이어질 수 있다는 주장 역시 존재한다. 하지만 시장경제체재가 반드시 포용적 제도를 번영하는 것은 아니다. 공정한 경쟁의 장이 만들어지지 않는다면 사회적 갈등으로 번질 수 있다는 점은 유의해야 한다. 중요한 것은 분배는 공평해야 할 것이며 경쟁은 공정해야 한다는 의미를 찾기 위한 과정과 절차가 만들어져야 한다. 그러기 위해서는 자율적인 시민사회의 역할과 더불어 국가는 공론의 장을 만들어나가는 노력을 경주해야 한다. 흥한 나라의 조건은 공익을 대변하는 민주주의와 사익을 대변하는 자본주의 그리고 두 체제의 공통분모인 자유주의가 균형적 조합을 이루어 나갈 때 흥한나라로 가는 조건일 것이다.[16] 다음 장에서는 자유주의 가치를 추구하는 것이 어떻게 문화적 긴장을 해소하는지 살펴보자.

주

1) Adam Smith, *The Wealth of Nations I–III* (Penguin Adult, 1986).
2) Michael Young, *The Rise of the Meritocracy: 1870–2033* (London: Thames & Hudson, 1958).
3) "Down with meritocracy," *Guardian*, 29 June 2001.
4) Stephen J. McNamee, *The Meritocracy Myth* (London: Rowman & Littlefield, 2018).
5) "공정사회의 허상?," 『경기일보』, 2020년 10월 13일.
6) Vilfredo Pareto, *The Mind and Society: A Treat of General Sociology* (New York: Dover, 1935).
7) 이토 미쓰하루 지음, 김경미 옮김. 『존 케인즈: 새로운 경제학의 탄생』 (서울: 소화, 2004).
8) Milton Friedman, *Capitalism and Freedom* (Chicago: University of Chicago Press, 1962).
9) 데이비드 하비 지음, 강윤혜 옮김, 『자본주의는 당연하지 않다』 (서울: 선순환, 2021), pp. 13–14.
10) Howard J. Sherman, *Reinventing Marxism* (Baltimore and London: Johns Hopkins University Press, 1995), p. 70–71.
11) James R. Hines Jr, "Excess burden of taxation," *The Office of Tax Policy Research, Working Paper Series* (May 2007).
12) 마이클 샌델 지음, 안규남 옮김, 『민주주의의 불만』 (파주: 동녘, 2012).
13) 안기순 (2012)
14) Peter Gottschalk, & Robert A. Moffitt, "Welfare Dependence: Concepts, Measures, and Trends." *The American Economic Review* 84–2, (1994), p. 38–42; Greg J. Duncan, et al. "Welfare Dependence within and across Generations," *Science* 239–4839 (1988), p. 467–471.
15) 김성수, 『자본주의와 민주주의, 상생의 정치경제학을 위하여』 (서울: 박영사, 2020), p. 6–7.
16) 김성수, 『새로운 패러다임의 비교정치』 (파주: 박영사, 2022), p. 366.

제4부 국가위기관리의 평가와 방안

15장

사회공동체 위기관리와 자유주의

문화는 국가구성원들을 결속하고 공동체 내 정체성을 형성하는 역할을 한다. 따라서 문화는 정치적 갈등과 폭력의 수준과 형태를 포함해 사회적 질서, 행동의 원인 때로는 비합리적 동기 등을 설명하는 근거가 된다. 누군가로부터 저급한 것으로 취급받고 결국 자기의 가치를 잃어버린 문화는 다른 문화들을 상대로 반목하게 된다. 종교도 마찬가지다. 반목은 언어뿐 아니라 폭력의 형태로 진화하면서 사회균열을 강화해 내전으로까지 확대시킨다. 타인의 자유에 대한 속박은 나의 자유에 대한 속박일 수 있다는 자유주의적 전통에 기반한 인식이 필요하다.

자유주의에서 다루는 자유는 단지 정부로부터 '구속의 부재'를 의미하는 소극적 자유의 형태를 넘어 각 개인이 지닌 능력을 충분히 발휘할 수 있는 상황을 마련해주는 적극적 자유의 형태로 고려될 수 있다. 자유라는 가치를 부정한 채 사회공동체 위기를 극복할 수는 없다.

1. 분열의 경계: 공동체로서의 민족과 문화

1) 민족이라는 울타리

국가를 이루는 구성원들을 하나로 모으게 하는 것은 무엇일까? 민족국가의 경우에는 해답이 명확하다. 하지만 오늘날 대부분의 국가구성원은 하나의 민족, 하나의 언어, 하나의 문화, 하나의 종교로 이루어지지 않는다.

'민족'이라는 개념의 허구를 지적하기도 한다. 근대적인 '민족'의 형성과정은 정치사회화와 집단 형성과 관련된 가장 대표적인 사례로서, 정치문화의 주된 주제라고 할 수 있다. 하지만 이런 민족 개념이 사실은 허구라는 것이다. 앤더슨(Benedict Anderson, 1936~2015년)의 『상상의 공동체(Imagined Communities)』는 민족주의에 대한 성찰을 통해 현재 민족의 개념은 개념으로만 존재할 뿐 실제 대상이 없는 허구적 산물이라고 주장한다.[1]

앤더슨의 주장에 따르면 민족은 근대에 와서 생긴 개념인데도, 마치 고대로부터 존재해 온 것처럼 '우리'를 믿게 한다는 것이다. 민족 개념의 확산에는 미디어의 영향이 컸다. 인쇄업이 발달하면서, 신문이나 서적의 보급이 늘어났다. 현대적인 인쇄술의 발전으로 역사적인 사건이 광범위하게 알려지게 되었고, 이를 통해 활자 범위 내의 사람들이 '우리는 함께 한다'는 의식을 갖게 되었다는 것이다.

종교의 역할 또한 공동체를 만드는 데 일조하였다. 문화적 매개체로서 종교는 형상적 이미지들로 인해 지역인들에게 과거의 모습들을 재현할 수 있게 되었다.

민족은 제한되고 주권을 가진 것으로 상상되는 정치공동체이다. 실제로는 서로에 대해 알지 못하고, 만나지 않았으면서도 구성원의 마음에는 '하나'라는 이미지가 있기에 존재할 수 있는 것이다. 예를 들어 타국에서 한국 사람을 만났을 때 느끼는 감정을 떠올릴 수 있을 것이다. 앤더슨의 관점은 이런 감정들이 문화적으로 구성되고 경험되는 시간과 공간 안에 존재하기에 사전에 아무런 상호교류가 없어도 '민족'의 감정을 느낀다고 본다.

민족주의는 제국주의의 확산에도 주요한 역할을 했다. 제2차 세계대전의 나치즘과 파시즘, 내선일체(內鮮一體)를 내세운 일본의 군국주의 역사를 보면 국민들을 어떻게 활용하였는지 알 수 있다. 그러나 제국주의 확산에 결정적인 역할을 했던 민족주의는 제국주의 식민지 사회 내에서는 오히려 제국을 위협하는 운동이 되었다. 따라서 민족의 개념은 실재하나 민족은 실재하지 않는다고 말할 수 있다.

실재하지 않은 민족이 강력한 영향력을 미치게 된 것은, 민족이 국가를 유지하는 관념적 토대가 되었기 때문이다. 관제 민족주의로 국가의 존재를 과거로부터 끌어오고 국민의 역할을 부여함으로써 국민이 국가에 대한 믿음을 갖고 국가를 위해 일을 할 수 있도록 하였다.

앤더슨은 민족주의라는 단어가 가지는 철학적 기반이 얼마나 허약한지를 보여준다. 민족주의는 국민국가의 이데올로기적 발현이다. 철학적 기반은 약하지만, 지난 200년 동안 가장 강력한 이데올로기로 기능했다.[2] 민족주의는 19세기 이후 세계질서를 양분한 자유주의와 사회주의를 관통했고, 제국주의 시대가 낳은 그림자인 다윈주의적 인종주의(Darwinian racism)를 이끌었으며, 20세기 전반기 일종의 이데올로기적 기형아로 부상했던 파시즘과 나치즘을 견인했다.[3]

민족주의가 만들어진 역사와 철학은 깊지 않다. 하지만 그것들이 만들어 낸 결과는 거룩하거나 참혹하다. 때로는 월드컵이나 올림픽에서의 대규모 응원과 같은 좋은 형태로도 나타나지만, 반대로 아프리카의 내전, 유럽의 인종청소 등과 같은 반인도적 범죄 및 대량 학살 역시 모두 민족주의 아래 벌어진 일이다.

모국어라는 말조차 '어머니'라는 말을 떠올리며 국가를 생각하게 된다. 이는 본인이 속한 국가에 대한 충성심이 높아지며, 다른 나라에 대한 반감을 자연스럽게 만들어 낸다. 이분법적 사고는 다양한 형태의 민족주의를 더욱 강화시킬 뿐이다. '단일민족', '유구한 역사'로 대표되는 한국의 민족주의는 세계화, 세계인이 되는 데 얼마나 도움이 될까 고려해봐야 할 대목이다.

2) 문화의 경계

민족을 넘어서는 국가구성원을 결속하고, 정체성을 형성하는 것은 무엇일까? 문화가 하나의 대안일 수 있다. 문화는 거의 유사한 형태의 특정 행동으로 드러나는 정치적 행위에 대한 실마리를 제공한다. 즉 문화는 정치적 갈등과 폭력의 수준과 형태를 포함해 사회적 질서, 행동의 원인 등을 설명하는 근거가 된다. 문화는 행동을 이해하기 위한 의미의 체계와 상대자의 동기, 그리고 정체성을 형성하고 유지하기 위한 메커니즘을 제공하기 때문이다.

라이틴(David Laitin)은 스페인의 바스크지역에서는 극렬한 수준의 정치적 저항이 발생했지만, 인근의 카탈로니아지역에서는 저항이 없었다고 지적했다. 이를 설명하기 위해 사회 조직화 과정에서 문화적으로 형성된 관습의 차이에 주목했다. 바스크에 있는 마을에서는 명예를 중시하는 문화가 있었던 반면, 카탈로니아에서는 저항의 개념이 없었다는 것이다. 바스크는 유럽에서 불굴의 전투민족으로 유명하다. 그 이유 때문인지 많은 나라 특수부대의 베레모는 바스크의 전통 모자이다. 남미 6개국을 독립시킨 볼리바르(Simon Bolivar), 쿠바혁명의 주역이었던 체 게바라(Che Guevara)도 바스크 이민자의 자손이다. 두 지역의 공동체를 구성하고 있는 하위문화에서 나타난 차이가 결정적인 역할을 했다는 것을 확인했다.[4]

문화는 최근 몇 년 사이에 표면적으로 눈에 띄게 증가한 민족과 정체성 논쟁의 중심이 되었다. 아일랜드의 경우를 보자. 1541년 영국의 헨리 8세가 아일랜드를 침공해 아일랜드 국왕을 겸하고, 영국 신교도를 북부로 이주시키면서 토착민인 가톨릭(구교도)과의 갈등이 시작되었다. 1921년 영국-아일랜드 조약으로 영국계 신교도가 많은 북아일랜드는 영국의 일부로 남게 되었다. 하지만 여전히 신교와 구교 사이의 대립은 계속되고 있다. 북아일랜드가 경험한 정체성의 갈등은 특정한 문화에서 중요한 요소들이 다른 문화에게는 위협이 되기도 한다는 것을 시사한다.

서로 다른 문화들을 비교해보면, 사회적 구분을 짓는 견고한 기준이라 하더라도 매우 변화가 심하다는 것을 알 수 있다. 집단의 경계를 넘나드는 분석의 과정에서 변화가 의미하는 것은 유기적이다. 여러 범주에서 시간이 흐르면서 문맥 관계를 이루게 되고, 그러면서 계속해서 변한다는 것을 보여준다. 이것은 하나의 사회적 환경 속에서 다른 집단이 누구이고, 갈등 속에서 특별한 정치적 이익이 무엇인지에 따라 어떻게 집단 사이의 차이가 좌우될 수 있는지를 보여준 '상황적 민족성'을 다인종 국가인 아프리카 사례에서 찾아볼 수가 있다.[5]

우리는 문화를 통해 합리적이지 않은 행동의 동기를 찾아내기도 한다. 동기는 행동의 원인을 사회적 환경에 연결시켜 주는 구조를 제공하기에 문화 연구에서 매우 중요하다. 합리적 행동은 일반적으로 이익을 동반하기에 예측이 어느 정도 가능하지만, 동기를 강조하는 입장에서는 각 집단 간에 나타나는 행동이 문화적 요인에서 파생되기 때문에 같은 국가 안에서도 다양하게 나타날 수 있다.[6] 결국 문화적 배경의 차이를 찾는 노력은 사회 내 갈등을 해소할 수 있는 디딤돌이 될 것이다.

주류문화가 아닌 문화는 주류문화가 아니라는 이유로 배제되고 무시되는 문화는 자신들의 가치를 찾고 인정받기 위하여 오히려 다른 문화들을 상대로 반복하고 저항하게 된다. 결국 폭력의 형태로 나타나곤 한다. 사회 내 갈등은 단지 '이념의 충돌'에서 야기된다는 단순 논리에서 벗어나 틀린 것이 아니라 다름을 인정하는 자세가 필요하다.[7]

2. 자유주의와 공동체주의의 조화

자본주의는 더 많은 돈을 벌기 위한 동기를 부여하는 데는 탁월한 장점을 보유하고 있는지 몰라도, 이익 추구의 결과가 양산하는 잘못에 대한 사회적 책임성을 부여하는 데는 약하다는 사실을 역사적으로 드러냈다. 앞서 언급한 정치경제학의 쟁점들, 즉 자원배분, 소득과 재산의 재분배 등이 안정적이고 지속 가능한 자본주의 사회를 창출하는 원동력이라는 사실이 간과된 것이다.

월 가(Wall Street)를 수놓았던 상업은행과 금융기관들의 탐욕, 그리고 부실한 금융감독이 맞물려 2008년 금융위기를 낳았다는 점은 분명하다. '잃어버린 30년'의 시작이 된 1990년대 초 일본의 버블경제 붕괴 역시 마찬가지였다. 부동산과 주식시장에 대한 과도한 투자, 잉여자금을 부동산에 투자하며 사실상 투자회사로 변한 제조업체들, 그리고 그 이면에는 여지없이 해당 현상을 유발한 금융당국의 관리 실패가 있었다. 제로금리와 금리의 수직상승이라는 양극단을 오가며 거품 경제와 경기침체를 유발한 것이다.

결과론적 차원에서 이야기한다면, 위와 같은 상황은 이미 어느 정도 예측된 것이나 다름없었다. 혁명의 동력으로서 등장한 자유주의를 지탱한 힘은 '경제적 자유'의 확보였기 때문이다. 맨더빌(Bernard Mandeville, 1670~1733년)의 표현을 빌리면 '사적인 악, 공적인 이익(private vices, public benefits)'의 추구, 다시 말해 사적 이익의 추구를 통한 공공선을 추구하는 것이 자유주의 사상의 원류였다.

그러나 민주주의와 병행하는 자본주의는 언제나 자유와 평등의 '길항적' 관계를 고려하지 않을 수 없었다. 자유주의의 근본적 딜레마였다. 자유주의자 로크(John Locke)가 실은 자신의 사상에 다소 모순적인 면모를 가졌다는 사실을 상기하면 더욱 그렇다. 예를 들어 자유주의적 얼굴을 지닌 로크는 이성의 범주 안에서의 자유를 강조하고 입법권력을 제한할 것을 강조했다. 개인의 재산권에 자연권적 권능을 부여하고, 정부가 이러한 자연권을 침해할 경우 정부에 대한 반란을 정당화한 것이다.[8]

반면 급진주의적 모습을 지닌 로크는 신 앞의 평등과 자유를 강조하였고, "생산물이 썩어 없어질 정도로 소유물이 많아서는 안 된다"는 점을 강조함으로써 평등에 방점을 두었다. 자본주의가 "자유, 평등, 그리고 공동체에 위배된다는 비판적 문제의식"을 분명히 지니고 있었던 것이다.[9] 지나친 소유는 타인의 소유를 제한할 수 있다는 점을 분명히 했다.

로크에서 시작된 자유주의 전통은 피치자의 동의에 기반을 둔 정부의 운영을 주장하는 페인(Thomas Paine, 1737~1809년)의 제한된 정부로 이어간다. 상술하였듯이 매디슨(James Madison)은 개인의 자유와 권리를 위해 운영되는 정부와 동시에 다수지배라는 민주주의의 폐해를 막기위해 다양한 파벌이 공존하는 열린사회와 다수 세력이 장악하기 힘든 입헌적인 제도적 배열을 강조하였다.

자유주의는 발전과정에서 결국 양분되었다. 산업혁명 이후 축적된 노동계급의 비참한 현실이 드러난 결과이기도 했다. 이에 대한 문제의식은 복지 자유주의(welfare liberalism)의 형태로 나타났다. 자유는 단지 정부로부터 '구속의 부재(absence of restraint)'를 의미하는 소극적 자유의 형태를 넘어 각 개인이 지닌 능력을 충분히 발휘할 수 있도록 하는 상황을 마련해 주는 것, 즉 적극적 자유의 형태로 나아가야 할 필요가 있다는 그린(Thomas H. Green, 1836~1882년)의 주장이 나온 것도 같은 맥락에서였다.[10]

양분된 자유주의는 공동체주의의 등장으로 이어졌다. 공동체주의는 자유주의의 근본적 결함이 사회와 유리된 개인(alienation in societies), 원자화된 개인(atomized individuals)을 양산하는 데 있다고 봤다. 개인이 권리라고 주장하는 것도 실상은 공동체가 빚어낸 구조의 일환이라는 것이다. 개인의 권리를 지나치게 강조하는 것을 지양하고, 공동체에 '빚지지 않은' 개인이 아닌, 분열의 경계를 넘어서는 사회공동체를 형성하는 것이다. 개인의 자유보다는 평등의 이념과 개인의 권리보다는 책임이 주요시 되어야 한다.

결국 국가위기는 경제적 가치의 배분이 불안정해도 발생할 수 있지만, 공동체를 구성하는 사회적 가치의 배분 상황이 불평등해도 발생할 수 있다는 사실, 그것이 공동체주의자들이 전하고자 했던 바이다. 재강조하지만, '분배적 정의의 대상'이 되는 가치는 그것이 어떤 형태이든 본질적으로는 '사회적' 가치이다. 공동체주의가 의미하는 사회적 가치는 무엇일까?

사회는 정치, 경제, 교육, 예술 등을 포함하는 다원적 영역으로 이뤄져 있고, 각 영역에 합당한 정의의 가치가 있다. 예컨대 정치는 '권력' 가치를 본원적으로 내포하고, 경제 영역은 '자본'을 독점적 가치로 삼는다. 교육 영역은 '명예'라는 가치를 지니고, 예술 영역은 '창조성'이라는 가치를 갖는다.[11]

왈쩌(Michael Walzer)는 어느 한 영역에 해당하는 가치가 다른 영역에 과도하게 침투하는 일을 막는 것이 중요하다고 강조했다. 정치와 교육, 예술 영역에 자본이 침투한다고 가정해보자. 돈이 정치권력, 문화권력을 사고, 명예를 살 것이다. 돈이 창조성을 파괴할 것이다. 심지어는 돈이 사랑을 살 것이다. 이 과정에서 정치와 교육은 부패하고, 예술은 편협해질 것이다. 공동체 내 사회적 가치 배분은 혼란스러워질 것이고, 공동체는 분열을 거듭할 것이다. 즉 어떤 영역에서 우월한 위치를 차지하는 사람이 다른 영역의 재화까지 쉽게 소유하는 것에 반대하는 것이다.

흔히 자유지상주의자라 불리우는 노직(Robert Nozik) 역시 절대적 소유권을 주장하면서도 절차적 정의를 강조한다. 그는 정의의 원리에 맞도록 재화가 취득되어야한다는 원칙, 자유롭게 기망 없이 소유권이 이전되어야 한다는 원칙, 그리고 잘못된 소유가 생기면 국가가 개입할 수 있다는 원칙을 주장한다. 즉 규칙이 공정하고 정의롭다면 결과도 공정하다는 것이다.

사회공동체 위기를 관리한다는 것은 결국 분열의 경계를 기억하되, 공동체적 차원에서 이해하고 관리하는 것이다. 테일러(Charles Taylor)의 표현을 빌리면 '상호 인정(mutual recognition)'이다. 서로의 차이에 대한 인정, 다른 문화를 지닌 집단에 대한 이해, 집단 간 차이에 대한 인정을 의미한다.[12]

물론 민족이라는 울타리는 상호 인정의 공동체주의적 세계관에서
도 중요성이 쉽게 감퇴하지 않는다. 오히려 정체성은 시민 정체성이라
는 느슨한 형태가 아닌, '동포'로서의 연대로부터 비롯된다. 집에서 혼
자 애국가를 부르는 것과 월드컵경기장에서 동포들과 함께 애국가를
부르는 것이 주는 감동을 비교할 수는 없다. 21세기에도 민족과 동포
감정이 주는 연대의 힘은 강력하다.

동시에 테일러가 지적한 대로 긍정적 차원에서의 애국심은 민족주
의와 구분될 수 있다. 애국심은 어디까지나 '보편주의를 표방하는 자
유주의적인 것'이어야 하고, '자유주의적 민족주의에 착근 가능한 세
계시민주의'의 형태를 띠어야 한다.[13]

'자유' 또는 '자유주의적인 것'의 의미가 시대와 문화에 따라 변화
해 왔다는 사실을 기억하는 것도 필요하다. 조금 다른 문제지만, 남반
구를 비롯한 소위 제3세계 지역에서는 정치적 자유와 경제적 자유 간
의 논쟁도 지속되고 있다. 이는 유엔 세계인권선언(Universal Declar-
ation of Human Rights)이 구성하는 핵심 개념으로서 자유가 내포하
는 이중적 의미에 근거한다. 정치적 자유(공포로부터의 자유)와 경제
적 자유(결핍으로부터의 자유)가 그것이다. 이 중 후자는 생존권과 발
전권을 중시한다. '배고픈 자유'보다는 경제적 가치를 획득함에 따라
종국적으로 달성 가능한 자유에 주안점을 두는 것이다.[14]

시장에 대한 민주주의의 우선성을 강력하게 지지하는 흐름도 있다.
민주주의 없이는 자유주의는 온전하게 실현 불가능하다고 주장하면서
시장에 대한 민주주의의 강력한 통제를 지향한다. 공동체의 전반적인
의사결정에 대한 시민의 광범위하고 적극적인 참여가 근본적으로 중요
하다는 것이다. 이러한 민주적 권리는 다른 사적이고 경제적 권리의 원
천이자 기반으로 작용한다. 오늘날 대의민주주의제의 한계와 결함을

보완함으로써 자유주의적 정치관행에 수정을 가하고자 하는 일단의 참여민주주의자들 역시 경제적 권리보다는 정치적 권리를 강조한다.

정치적 권리를 강조하는 것은 자유에 대한 해석을 얼마만큼 적극적으로 해석하느냐에 달려있다. 자유의 개념을 재해석하여 참여의 원리를 평등의 관점에서 단순히 정치적 영역을 넘어 사회, 경제적 영역에까지 확장한다. 자유는 '자유로운 선택'뿐만 아니라 '자기발전의 활동'까지도 포함한다고 주장할 수 있다. 그럼 여기서 자기발전을 위한 조건이 성립되어야 한다. 자기 발전으로서의 자유개념은 그 조건으로서의 사회협력을 필요로 하고 나아가 물질적 조건에 대한 공평한 접근이 보장되어야 한다. 더불어 자유로운 평등한 권리의 주체로서 공동의 활동에 관련된 결정과정에 자유롭게 참여할 수 있는 권리가 포함된다. 다양한 권리들을 열거하면서 재산권은 독립적인 권리가 아니라 적극적인 자유의 개념에서 도출되는 수단적 권리라는 점이 강조될 수 있다. 인간의 모든 집단생활의 방면에 참여하고 공동의 결정을 내릴 수 있는 참여의 권리는 경제적 영역에도 동일하게 적용되어야 한다는 시각이다.

굴드(Carol Gould)는 시장경제와 그것을 뒷받침하는 일련의 권리를 중요하게 고려하더라도 이것들이 참여 민주주의적 결정에 의해 규제될 수 있다고 강조했다.[15] 따라서 그녀의 자유개념은 민주적 참여를 핵심으로 삼으면서 단순히 사적인 영역의 자유를 뛰어넘어 사회적, 정치적 질서의 재편을 위한 규범적 토대로 작용하게 된다. 즉, 정책결정권력의 평등한 분배는 민주주의의 심화와 확장을 의미하는바, 이는 시장 경쟁보다 훨씬 더 중요한 가치라는 것이다. 광범위하고 적극적인 시민적 참여를 보장하는 민주주의는 다른 사적인 자유로운 권리의 원리이자 그런 권리를 제약할 수도 있는 절차적 근거라 보는 것이다.

다른 한편으로, 하버마스(Jurgen Habermas)는 『사실성과 타당성

(*Between Facts and Norms*』에서 '자유주의-부르주아적 패러다임' 과 '사회-복지적 패러다임'를 구분하여 시장과 민주주의 사이의 균형 을 추구하였다.[16] 전자의 패러다임에 대해 지나치게 경제적 영역과 시 장 중심성을 비판하면서 공적 영역의 중요성과 시민의 역할을 부정한 다고 비판한다. 후자에 대하여서는 복지패러다임은 비효율적인 관료 주의적 복지국가로 전락할 위험성이 크며 국가에 대한 개인들의 의존 성이 심화되기 때문에 공적, 사적 영역의 구분이 불확실해 진다는 점 을 비판한다.

그는 대안으로 절차적 패러다임을 제시하였다. 민주주의와 경제적 권리는 패러다임 안에서 핵심적 두 기둥으로 연계된다. 절차적 패러다 임은 재산권과 계약의 자유 등 사적인 자율성을 보장하는 권리들과 공 동체의 의사결정에 참여할 정치적 권리를 동등하게 강조한다. 이는 법 적 형식에 따른 권리와 담론이론의 상호 중첩적이며 교류적 패러다임 으로 설명될 수 있다. 즉 경제영역을 관할하는 법 규범 및 제도들은 민 주적 시민이 참여하는 공적인 담론의 영역과 상호 구성적이다. 결과적 으로 하버마스는 사적인 자율성을 보장하는 권리들과 공동체의 의사 결정에 참여할 권리를 동등하게 강조하면서 시민들은 법질서의 주체 로서 정치적인 공적 담론에 참여함으로써 자신들의 권리문제를 의논 할 수 있어야 한다고 지적했다.

하버마스는 공동의 의사를 형성하는 과정에 참여할 수 있는 평등한 기회에 대한 기본권을 강조했다. 그의 주장에 따르면 평등하고 자유 로운 개인들은 공동의사를 형성하는 과정에 참여함으로써 법주체로서 그들의 정치적 자율성을 행사하며 그 과정에서 정당한 법을 만들고 효 력을 발생시킨다. 즉, 재산권과 계약의 자유를 중요한 내용으로 하는 사적인 자유와 정치과정에의 참여를 핵심내용으로 하는 정치적 자유

모두 같은 기원을 갖기 때문에 서로의 전제조건을 형성하는 위치에 있음을 강조하고 있다. 사적인 자유와 공적인 자유가 충돌할 경우 그것은 공동생활의 불가피한 현상으로 받아들여야 할 뿐 원칙적으로 어떤 권리가 다른 권리에 대해 절대적인 우선성을 지닌 것으로 생각할 수 없다는 것이다. 사적이고 경제적인 자유와 공적이고 정치적인 자유를 상호 보완적으로 보는 시각이다.

위에서 다룬 것처럼 자유의 개념은 영속적이지 않다. 때로는 소극적 자유의 형태를 띨 수도 있고, 적극적 자유의 형태를 띨 수도 있다. 그러나 자유라는 가치를 부정한 채 사회공동체 위기를 극복할 수는 없다. 가치가 상대화된 세계에서 자유주의와 공동체주의를 조화롭게 엮어나갈 수 있는 능력, 어쩌면 그것이 오늘날 위기에 놓인 국가가 끊임없이 추구해야 할 시지프스(Sisyphus)의 길인지도 모른다.

▌주

1) Benedict R. Anderson, *Imagined Communities: Reflections on the Origin and Spread of Nationalism* (London: O'G, Verso, 1991).
2) Leon P. Baradat & John A. Phillips, *Political Ideologies: Their Origins and Impact* (Oxon: Routledge, 2020) p. 49.
3) Amitav Acharya & Barry Buzan, *The making of global international relations: Origins and evolution of IR at its centenary* (Cambridge, NJ: Cambridge University Press, 2019).
4) David D. Laitin, *Hegemony and Culture: Politics and Religious Change among the Yoruba* (Chicago: University of Chicago Press, 1986).
5) 존 하비슨 외 지음, 김성수 옮김, 『세계 속의 아프리카』(서울: 한양대학교 출판부, 2017).
6) 김성수, 『새로운 패러다임의 비교정치』(파주: 박영사, 2022), p. 122.
7) "팬덤을 넘어 부족주의로 진화하는 정치,"『국민일보』, 2022년 9월 5일.
8) 김성수, 『자본주의와 민주주의, 상생의 정치경제학을 위하여』(서울: 박영사, 2020), p. 58-65.

9) 김성수 (2020), pp. 50, 54.

10) Avital Simhony, "Beyond Negative and Positive Freedom: T. H. Green's View of Freedom," *Political Theory* 21-1 (February, 1993), pp. 28-54.

11) Michael Walzer, *Spheres Of Justice: A Defense of Pluralism and Equality* (Basic Books, 1983).

12) Charles Taylor, "The Politics of Recognition," in Amy Gutmann (eds.), *Multiculturalism: Examining the Politics of Recognition* (Princeton: Princeton University Press, 1994), pp. 25-73.

13) 김정현, "민족주의, 애국심, 세계시민주의-테일러(C. Taylor)의 견해를 중심으로," 『철학논총』 제73집 3호 (2013), p. 57.

14) Damien Kingsbury et al. *International Development: Issues and Challenges* (London: Palgrave, 2016).

15) Carol Gould, *Globalizing Democracy and Human Rights* (Cambridge: Cambridge University Press, 2004), pp. 42-43.

16) 위르겐 하버마스 지음, 한상진 옮김, 『사실성과 타당성: 담론적 법이론과 민주적 법치국가 이론』 (서울: 나남신서, 2007).

16장

국제연대 위기관리와 다자주의

국가들로 이루어진 세계적인 차원의 시스템에서 각국은 상호 영향을 주고받는다. 현실주의적 국제체제와 자유주의적 다자주의는 서로 다른 지향점을 지니고 있지만, 분리될 수 없는 동전의 양면이 되고있다. 코로나19로 촉발된 팬데믹이야말로 현실주의와 다자주의의 연결을 보여준 대표적 사례이다. 코로나19가 급속도로 전파될 수 있었던 배경에 초연결성이라는 세계화가 자리하고 있는 반면, 역설적으로 감염병문제를 해결하기 위한 가장 강력한 기제 또한 글로벌 보건협력체제였다는 점이다. 바이러스의 확산에 따른 국경봉쇄, 자국 경제보호 조치 등 현실주의 경향의 탈세계화 조치가 확산했지만, 국가 간 상호의존을 약화시키는 것만으로는 팬데믹의 종식을 이끌어낼 수 없었듯이 국가위기 관리는 동맹의 틀 안에서 국제연대를 통해서 가능하였다. 결국 동맹으로부터 배제된다면 외부요인에 의한 국가위기가 발생할 수 있다. 위기와 극복은 국가의 지정학적 위치와 유연성을 통한 지전략적 선택일 것이다.

1. 현실주의적 국제체제

1) 세계 차원의 시스템

세계화가 빠르게 진행하면서, 국제적인 주권국가 시스템이 출현하였다. 국가들로 이루어진 세계적인 차원의 시스템에서 각국은 타국과 집합적인 세계적 경향에 영향을 받기도 하고, 타국과 세계 정치 전반에 영향을 끼치기도 한다.

국제적인 시스템이 형성된 것은 개인과 국가의 관계와 유사하다. 국민이 구성원으로 국가를 이루듯이 국가가 구성원으로 하나의 세계를 이루기 때문이다.

17세기 근대 국가의 등장 이래로 몇몇 국가들이 자국의 이익을 달성하기 위해 권력을 행사했다. 대표적인 국가로 영국이 있다. 영국은 국제사회의 균형자를 자처하면서, 국제정치의 핵심적인 행위자가 되었다. 그러나 19세기 후반 국제체제의 변화에 맞물려 상황은 달라졌다. 이념의 스펙트럼에 따라서 국제관계의 새로운 질서가 만들어졌다.

제2차 세계대전 이후 미국을 중심으로 한 자유 진영과 소련을 중심으로 한 공산 진영 사이의 대립이 가속되었다. 국가 사이의 권력 경쟁의 무대 역시 유럽에서 전 세계로 확대되었다. 미국과 그 동맹국들은 소련과 그 동맹국들에 대항하여 균형을 이루고 있었다. 각 진영에서는 초강대국과 결탁하였다. 타 진영과 이데올로기적 반감도 있었다. 진영 내의 국가 간 동맹은 매우 견고했다. 진영을 대표하는 초강대국은 헤게모니 달성을 위해 각 진영을 보호하였다. 군사력은 냉전 기간 양 진영이 세력균형을 유지하는 데 필수적인 요소였다.

그러나 1970년대 초반부터 소련이 붕괴한 1991년까지 국제체제는

제4부 국가위기관리의 평가와 방안

점차 다극화 양상을 보였다. 같은 기간 각 진영 사이의 응집은 점차 느슨해졌고 중국과 일본, 서유럽과 같은 강력한 행위자들이 등장했다. 국가들은 독립적인 영역을 확보해 나가기 시작했다.

1991년 소련의 해체는 탈냉전 시대로 이어졌다. 소련 붕괴는 궁극적으로 군사력과 경제력의 우월성을 통한 미국의 단일 헤게모니 등장 배경으로 작용하였다. 미국은 유엔을 통해 평화유지 역할을 주도적으로 수행했고, 아울러 집단적 안전보장체제가 유엔(1990년 걸프전)과 NATO(1999년 코소보 사태)를 통해 실제로 작동하였다.

탈냉전 이후 미국 중심의 일극(一極) 질서는 2010년대에 접어들면서 신냉전체제로 접어드는 양상을 보였다. 러시아에서는 푸틴(Vladimir Putin)체제가 사실상 20년 넘게 이어지면서 미국 및 서방 세계와 충돌해 왔고, 중국은 시진핑(习近平)의 장기 집권과 더불어 동북아지역을 넘어 세계 차원에서 미국과 대립 구도를 형성하고 있다. 2022년 2월 러시아의 우크라이나 침공은 후대 역사가들이 신냉전의 시대가 본격적으로 도래했음을 알리는 신호탄으로 기록할지도 모른다. 대만을 놓고도 미중 간 갈등이 점차 심각해지고 있다.

푸틴의 러시아와 시진핑의 중국은 무제한적 전략적 파트너십을 선언했고, 미국 패권주의 종식을 강조했다. 미국 중심의 탈냉전 세계질서체제에 도전하겠다는 뜻을 분명히 한 것이다. 2023년 3월 모스크바를 방문한 자리에서 시진핑은 "지난 100년간 보지 못했던 변화가 지금 일어나고 있다"며 "중국과 러시아가 그러한 변화를 이끌어 가는 국가"라고 역설했다.[1] 국제체제가 초강대국으로 군림한 미국 중심 질서로부터 미중갈등과 미러대립이 병존하는 초강대국 및 여러 개의 지역 강대국체제로 변모할 수 있는 자국에 지전략적 이익에 기반한 소다자주의 출현을 대비한 갈림길에 선 형국이다.

1990년과 1999년 작동했던 유엔의 집단안전 보장제도는 갈등의 당사자가 안보리 상임이사국인 러시아인 관계로 우크라이나 사태에 전혀 적용되지 못하고 있다. 중국은 대만의 1위 무역상대국이며 대만 역시 중국 제품 수입에 크게 의존한다. 2022년 대만은 중국에서 840억 달러어치를 수입하였고 1,210억 달러를 중국에 수출하였다.[2] 물론 중국과 대만의 무역상호주의가 중국이 마음만 먹으면 대만을 침공하지 못하도록 보장하지는 않을 것이다. 결과적으로 유사시, 대만문제로 미국과 중국과 물리적 충돌이 발생해도 마찬가지일 것이다. 국제체제의 전환기다.

2) 국제관계에서 국가의 위계

대부분 국가는 주권적으로 평등한 권리를 누리고 있다. 하지만 일부 국가는 다른 국가에 비해 더 강력한 권한을 행사한다. 한 국가가 다른 국가에 비해 월등한 영향력을 미치는 상황은 다음 네 가지(경제적 수단, 군사적 수단, 정치적 수단, 문화적 수단)의 통제기제와 수단에 기반을 두고 일어난다.

'경제적 수단(economic leverage)'은 일국이 다른 국가에 제공할 수 있는 이익이 되는 무역과 재정적 상호행위, 그리고 경제 구조에 기반을 두고 있다. '군사적 수단(military leverage)'은 타국의 군사적 도발, 위협 행동과 같은 부정적 요인이나, 타국 보호를 위한 군사적 원조, 군사 자원의 저장, 훈련 등과 같은 긍정적 요인 양 측면을 모두 포함한다. '정치적 수단(political leverage)'은 협상 기술과 효율적인 정치제도, 그리고 국가 상호 간의 정치적 자원 행사 등을 통해 상대 국가의 행위에 영향을 발휘할 수 있다. '문화적 수단(cultural leverage)'은 자국의 종교, 언어, 영화 등과 같은 문화적 요소의 전파 혹은 이식을 통해 상대 국가의 행위에 영향을 끼치는 것을 의미한다.

강대국으로 표현되는 몇몇 국가의 영향력은 여전히 많은 나라에 미치고 있다. 제2차 세계대전 이전 식민지들은 이후 50년 동안 식민 지배에서 벗어났다. 하지만 여전히 완전한 정치적 독립을 이루지 못하였다. 때로는 정치적 독립을 이루었다 하여도 문화적 영향력은 무시할 수 없는 영향력을 가지고 있다. 강대국의 영향에서 벗어나지 못하고, 신식민주의라는 이름의 새로운 지배와 종속 관계가 나타났다.

식민 지배국의 철수에도 불구하고, 기존 식민지 내의 정치·군사적 상황은 여전히 지배국에 의해 좌우되었고, 그들의 경제적 영향력 또한 심대하였다. 원조와 차관, 기술 이전, 군사력 유지, 그리고 경제적 관여 등을 통해 지배국은 과거 식민지 통치를 했던 국가에 지속적인 통제를 지속할 수 있었다. 프랑사프리크(Françafrique, 또는 프랑스령 아프리카)가 대표적인 예가 될 수 있을 텐데, 아프리카 대륙의 약 40%에 가까운 식민지를 보유했던 프랑스는 탈식민기에도 현지 지도자들과의 관계 등을 활용해 과거 식민지에 대한 정치, 경제, 문화적 관계를 유지하려 하였다. 아울러 겉으로 명확히 드러나지는 않았지만, 소규모 식민지 엘리트와 IMF, 다국적 기업, 그리고 다국적 행위자 등과의 미묘한 제휴를 통해 과거 지배국의 영향력을 유지하고 있다.

월러스타인(Immanuel Wallerstein)은 약소국가에 대한 강대국가의 직접적인 지배체제는 세계체제(world system)에 의해 대체되었다고 주장하였다.[3] 미국과 EU, 그리고 일본과 같은 소수의 강력한 '중심부(core)' 국가는 숙련된 노동과 높은 임금을 특징으로 자본과 기술집약적인 고임금의 재화를 생산한다고 보았다. 반면 개발도상국과 같은 '주변부(periphery)' 국가는 숙련되지 않은 노동과 낮은 임금을 특징으로 하는 노동집약적인 저임금 재화를 생산하며 저발전 단계를 유지한다. 신흥공업국 등의 '반주변부(semi-periphery)' 국가들은 주변부와 중심부의 특징을 모두 지니고 있다. 주변부로부터 원자재를 수입하여 제조하여 중심국에 수출하면서 발전의 단계로 진입한다. 즉, 세계체제는 중심부적 생산과 주변부적 생산 사이의 위계가 형성되었다는 것이다.

또한, 신식민주의는 경제적 종속뿐만 아니라 문화적 종속의 형태로도 나타난다. 즉, 지배국은 자국의 문화를 피지배국들에 전파, 이식하여 피지배국들이 지배국을 동경하면서, 지배국의 정책에 호의적이도록 유도한다. 예를 들어 탈식민 이후에도 프랑스는 구아프리카 식민지에 자국 문화를 전파, 이식시켜 아프리카 엘리트들이 친프랑스정책을 추구하도록 만들었다. 미국은 할리우드 영화, 영어 등으로 대표되는 자국 문화를 다른 국가에 전파, 이식시켜 헤게모니를 추구한다는 비판도 있다.

2010년대 이후로는 일대일로(一帶一路)를 앞세운 중국 헤게모니의 상승세가 두드러졌다. 일대일로정책은 상승하는 경제력을 바탕으로 글로벌 수준에서 중국 중심의 공공기반 인프라를 구축하는 일에 중점을 둬 왔다. 특히 아프리카지역에서 차지하는 중국의 영향력이 두드러지는데, '부채외교(debt-trap diplomacy)'라는 비판에도 불구하고, 2022년 기준으로 중앙아프리카공화국과 부르키나파소, 서사하라 정도를 제외한 사실상 대부분의 아프리카 국가가 일대일로에 가입했다.[4]

중국의 개발원조는 무상원조보다는 유상 채권 형태로 투자하여 설치비용을 계산한 후 해당 국가에 비용을 청구하고 있다. 또한, 원조사업의 주체가 중국기업이어야 한다는 기준을 만들어 국제사회의 원조물자 및 서비스 공급 경쟁에서 배제시켜 원조비용을 상승시킨다. 결국

가시적 성과물인 인프라는 수원국의 경제의존성과 집권세력들의 입지를 강화시켜 아프리카 내 민주주의는 후퇴되고, 중국의 정치적 이해관계만을 확대한다는 비판을 받고 있기도 하다. 이러한 경우는 국제연대에서 배제는 아니지만 오히려 통치세력의 공고화를 가져오게 됨으로 정치적 또는 경제적 위기로 귀결될 가능성이 높다.

케냐의 사례를 살펴보자. 케냐는 자원부국은 아니지만 남수단의 원유확보를 위한 통로의 역할, 동부 아프리카로부터 대륙 진출을 위한 관문으로서의 활용가치가 높기 때문에, 중국은 케냐와의 협력관계를 모색하였다. 중국은 케냐를 일대일로 사업의 대상으로 포함하여 협력관계를 구축하고 있다. 2014년 중국수출입은행은 케냐 항만공사와 철도 공사에 38억 달러 규모의 차관 지원을 계약하였다. 철도 건설에 대한 차관의 총액은 지원금액의 85%인 32억 3,000만 달러였다. 이 중 무상공여가 16억 3,000만 달러였고, 16억 달러는 상업차관으로 5년 유예, 12년 만기로, 이자율 연 4.4%의 대출 조건이었다. 상업차관을 확보하기 위해 케냐는 몸바사 항구와 나이로비~몸바사 철도의 시설물을 담보로 제공하였다. 구속성 원조의 기본으로 본 계약에는 철도 인프라 공사는 중국철도교량공사가 수행하고, 중국철도회사가 철도운영을 한다는 조건이 추가되었다. 2016년 몸바사~나이로비를 연결하는 전체 길이 609.3km의 철도 공사가 완공되었고, 여객운송 및 화물운송 등을 위한 철도가 운행되었다.

2021년 1월 케냐는 차관에 대한 대출만기가 되었다. 하지만 실질적 물류 유동량이 예상보다 적어 중국의 차관을 상환하지 못하는 상황이 발생하였다. 이에 따라 케냐와 중국은 부채조정협상을 통해 몸바사항의 사용권과 철도 운영권에 대해 논의하여 부채 상환일정을 1년 거치 6년 상환으로 재조정 하였다. 지속적인 경기침체에 빠진 케냐는 외채를 상환할 여력이 없다. 따라서 항만 및 철도 소유권에 대한 논란이 제기될 가능성은 매우 높다. 따라서 향후 케냐에서 발생하는 수익이 중국으로 유입될 가능성도 높아서, 케냐는 중국 채무의 덫에 빠져 경제적 예속 관계가 형성될 것이라는 예측이 우세하다.

특히 중국의 부상은 위계적 국제질서의 본질을 다시 한번 드러내고 있다는 점에서 주목이 요구된다. 시진핑이 주창한 '중국 특색의 강대국 외교(中國特色大國外交)'는 비록 여전히 과거 저우언라이(周恩来) 시절 중국 외교의 원칙이었던 주권의 상호존중, 상호 내정불간섭, 상호불가침, 호혜평등, 평화공존 등에 입각해 있다고 하지만, '중화민족의 위대한 부흥'이 대내외정책의 최상위 담론으로 기능한다는 점에서 달라진 중국의 정체성을 확인할 수 있다. 중국의 일대일로는 코로나19 팬데믹 이후 '백신외교'를 통한 보건 실크로드와 개도국들과의 전자상거래 등을 통한 디지털 실크로드로 확장하는 추세다. '중국식 세계질서' 형성을 통한 위계적 세계질서의 구축으로 볼 수 있다.

2. 자유주의적 다자주의

국제사회에서 국가는 외교라는 국가 상호 사이의 메커니즘을 통해 상호 간 격식을 갖추고 대등하게 행위한다. 일반적으로 외교는 국가의 역량 있는 대표자와 다른 대표자의 협상과 토론을 통해 이루어진다.

국가들은 대사, 문화사절단 등의 행위자와 대사관, 무역위원회 등의 형태를 갖추어, '정규적인 외교 통로'와 비공식적 의사 매체를 통해서 다른 국가와 이익을 원활히 공유하고 잠재적인 문제를 해결한다. 나아가 동맹이나 조약을 통해 국가 사이의 이익을 조율한다.

국가 간 이익은 양자 협상을 통해 구성될 수도 있지만, 다자주의 외교(multilateral diplomacy), 즉 다수 국가들의 협력과 소통을 통해 효과적으로 구성될 수 있다. 다수의 참여를 보장함으로 민주성과 정당성을 높일 수 있기 때문이다. 국가 사이의 역할을 조율하기 위한 협의체인 유엔을 비롯한 국제기구가 오늘날 다자주의 외교를 대표한다고 볼 수 있다.

국가들 사이의 상호행위는 동맹, 조약, 레짐에 의해 실질적으로 이루어지고 있다. 국가가 참여하는 동맹이나 조약은 분명한 목적이 있다. 국가 사이의 폭넓은 사항을 규정하기보다는 특정 사안에 대한 국가의 역할을 규정한다. 국제레짐(international regimes)은 기준·규칙·절차로서 협정에 참여한 국가의 행위에 직접적인 영향을 미친다. 무엇이 다자주의를 포괄하는 상위의 개념인지는 학자들에 따라 다르지만, 일반적으로는 국제레짐이 국제제도와 국제기구를 포괄하는 가장 상위의 개념으로 인식되고 있다.[5]

국제협력의 다른 형태로는 협정이 있다. 협정은 참여국들이 협정 조건에 지속으로 동의하거나 일정한 문제 해결을 논의하고, 수용한다는 의사를 약속한 것이다. 협정은 종종 위반되기도 한다. 때로는 협정의 유효성이 협정 당사국의 의지에 전적으로 좌우되기도 한다. 협정뿐만 아니라 국제법을 준수하지 않는 사례도 있다.

국가들은 특별 협정을 맺거나, 협정을 위반하기도 했다. 때로는 협정 위반에 대한 비난까지 부인하기도 한다. 이런 문제를 다루기 위한 것이 헤이그 국제사법재판소(ICJ: International Court of Justice)이다. 국제사법재판소는 실증주의 국제법의 위반을 판결하기 위해 네덜란드 헤이그에 1945년 설립되었고, 세계의 가장 권위 있는 법적 기구 역할을 담당하고 있다.[6]

러시아의 우크라이나 침공 이후에는 국제형사재판소(ICC: International Criminal Court)가 2023년 푸틴 러시아 대통령을 전쟁범죄 혐의로 체포영장을 발부하여 세계적 주목을 받기도 하였다.[7] ICC는 1998년 'ICC에 관한 로마 규정(Rome Statute)'이 채택됨으로써 2003년 발족했으며, 국가 간 법적 분쟁을 다루는 ICJ를 보완해 전쟁범죄와 반인도적 범죄를 저지른 개인을 처벌하려는 목적으로 설립되었다. 국제형사재판소는 실질적으로 제노사이드(인종청소)에 대하여서는 강력한 소추를 담당하고 하였다. 대표적으로, 세르비아 지도자로 알바니아계 주민들을 대상으로 인종청소를 감행했던 전 유고연방 대통령 밀로세비치(Slobodan Milosevic), 다르푸르 사건(Darfur Conflict)으로 알려진 전 수단 대통령 알바시르의 기독교계 흑인 농민 학살 그리고 르완다에서 대량학살을 자행한 후투족(Hutus)과 투치족(Tutsis) 관련자 등이다. 국가 행위자 중심의 국제체제가 지니는 한계를 개인 행위자로 확대하여 자유주의적 가치를 지닌 다자주의적 관점으로 풀어내려는 시도로 볼 수 있다.

'국제기구'의 목적은 무엇일까? 국가들의 행위와 정책에 영향을 주려는 목적을 가진 여러 갈래에 걸친 제도적인 다국적 조직체들을 일컫는다. 국제기구에는 크게 두 유형이 있다.

하나는 국제비정부기구(INGOs)이다. 비정부기구(NGOs)의 범국가적 형태이다. NGOs는 국가정부 기구의 일부가 아니다. 자치적이고 자율적으로 공공정책 진흥을 실천하기도 하면서 정부에 의해 제공되는 서비스, 프로그램, 정보에 대한 제공을 요구 또는 감시를 하기 위하여 활동하는 단체이다. 국제사면위원회(Amnesty International), 국경 없는 의사회(Médecins Sans Frontières), 세계야생동물연합(World Wildlife Federation) 등이 대표적인 INGOs라고 할 수 있다. 이들 모두 강대국 위주, 국익 위주의 세계질서 구축 움직임에 저항하고, 행위자의 다양성을 배태하는 집단이라는 특징을 갖는다.

다른 하나는 국가로서 사적 집단이나 개인들이 아닌, 각국 정부의 대표로 그 기능을 수행하는 정부간기구(IGOs)가 존재한다. IGOs는 정책을 이행하기 위해서 국가 영역을 초월한 문제에 정책 이행을 도모하기 위하여 현재 300여 개의 소수단체들이 활동하고 있다. 국제법을 비롯하여 조약을 제정하고, 국가들 사이의 분쟁에 능동적으로 관여한다.

20세기 강력하고 넓은 범위에 걸쳐 영향력을 행사하는 IGOs는 국제연맹(League of Nations)과 유엔 두 가지 주요 국제기구로 발전해 왔다. 1921년 침략전쟁을 반대하여 집단적 안보를 위한 조직으로 국제연맹이 설립되었다. 그러나 구속력의 부재라는 한계를 극복하지 못하여 소기의 목적을 달성하지 못했다. 국제평화와 안전이라는 목적을 위해 수립된 국제연맹은 1930년대 이탈리아의 에티오피아 침략과 일본의 만주 침략 사례에서 알 수 있듯이 외교적, 정치적 그리고 군사적으로 목적 달성에 실패하는 한계를 드러냈다.

잔혹한 제2차 세계대전을 경험한 후 좀 더 역할을 강화시킨 또 다른 국제적 기구인 유엔이 1945년 창설되었다. 최소한 유엔은 중재자로서 물론 실패의 기록도 있지만, 이익 당사국들의 충돌 부분에 대한 대안으로서 효과적인 역할을 해 오고 있다. 유엔 관리들과 각국 대표들은 전쟁의 단계적 보호와 분쟁 중재 노력을 경주해 왔다. 또한, 국제적 공공 여론을 형성하여 비인도적 행위와 물리적 침략에 대한 반대를 도덕적으로 강제하기 위하여 지속적인 노력을 기울이고 있다.

유엔 평화유지군(United Nations peacekeeping force)의 역할은 유엔의 대표적인 분쟁 중재 행위이다. 유사시 각국의 정부가 자발적으로 파견하는 인력으로 대부분 직접 전투원을 파견해 분쟁지역 내 평화유지

활동과 치안유지에 관여하고 있다. 유엔 평화유지군은 다국적군인 동시에 각국 소속의 정규군으로 유엔 안전보장이사회의 결의를 거쳐 파견된다. 유엔 평화유지군은 실제로 방어의 목적으로 파견되어 평화를 유지하기 위해 무력을 행사하기도 한다. 미국과 소련 사이의 냉전 시기 동안 자신들의 국가이익을 방어하기 위하여 두 국가는 안전보장이사회에서 유엔의 평화유지활동에 대한 거부권을 행사하기도 하였다.[8]

대표적인 사례로 1949년 1965년의 인도와 파키스탄분쟁, 1960년 콩고내전, 1964년 그리스와 튀르키예 간의 분쟁, 1978년 이스라엘과 레바논분쟁 그리고 1988년 이후 평화활동은 늘어나고 있는 추세이다.[9] 2011년부터는 파견된 분쟁지역의 평화협정 이행을 위해 파견된 전투원을 지원하는 다양한 형태의 민간인의 역할까지 포함되고 있다. 상술하였듯이 한국 역시 앙골라, 동티모르, 남수단, 라이베리아, 코트디부아르 등의 분쟁지역에 전투병력과 민간인들을 파견하는 등 국제협력에 적극적으로 참여하고 있다.

유엔은 국제사회에 비군사적 영역에서도 편리를 제공하고 있다. 국가의 안전·안정·번영을 도모해준다. 세계보건기구(WHO), 유엔 교육과학문화기구(UNESCO), 유엔 무역개발회의(UNCTAD) 등의 각종 기구를 비롯하여 위원회들은 세계적으로 어려운 문제들을 해결하기 위해서 노력해 왔다. 동시에 인권, 농업발전, 환경보호, 난민, 아동복지, 재해 구휼사업 등을 통해 인류의 삶의 질을 강화하고 있다. 이런 노력은 인류의 고난과 시련을 극복하는 역할을 하였다. 그리고 정치 폭력이나 경제적 착취와 같은 비인간적 삶에 대한 개선을 위해서도 중요한 역할을 담당하고 있다. 그러나 모든 분쟁을 해결하는데 유엔의 역할은 역부족일 경우가 빈번하다. 대부분의 국가들은 유엔의 재정적, 정치적 지지를 보내지만, 자국의 이익과 배치되는 경우에는 무관심하거나 반대의 목소리를 제기한다.

현실주의와 자유주의는 서로 다른 지향점을 가지고 있지만 국제관계를 이해하기 위하여서는 서로 분리키 어렵다. 코로나19 팬데믹은 현실주의와 다자주의가 공존한 좋은 사례이다. 코로나19의 확산은 세계화가 자리하고 있었기에 바이러스의 확산을 막기 위하여 국경봉쇄 등의 현실주의적 경향의 탈세계화가 반응하게 된다. 하지만 역설적 이게도 감염병문제를 신속하게 해결할 수 있었던 기제는 국제협력체제라는 다자주의적 협력이었다는 것이다. 바이러스는 주류문화와 비주류문화를 구분하지 않는다. 바이러스는 서구와 비서구, 소위 주류 지역과 제3세계를 관통하는 특징을 지닌다. 팬데믹에 따른 위기를 기회로 전환하듯 국제협력체제의 역할은 매우 중요하다는 것이 증명되었다.

상술하였듯이, 러시아의 우크라이나 침범, 이란과 북한의 핵위협, 아프가니스탄정부의 반인권적 행동, 미얀마 정부군의 소수민족탄압, 니제르의 쿠데타 등에 대처하는 국제체제 역할이 제대로 작동하고 있지 않다. 국제질서의 전환기로 볼 수 있지만 다자주의가 붕괴되었다는 것은 아니다. 이제는 지리적, 경제적, 인구학적 조건을 강조하는 지정학적 접근에서 지역현안을 강조하는 지전략적관점(geo-strategic perspective)의 안보적, 경제적, 정치적 다자주의 연맹의 역할이 대안으로 부상하고 있다. 지전략적 관점이란 무엇일까? 지리적으로 경제협력체 또는 안보협력체등을 교차적으로 참여하는 전략적선택이다. 인도·태평양지역의 QUAD(미국, 인도, 일본, 호주 안보협력체), AUKUS(호주, 영국, 미국), 파이브 아이즈(영국, 미국, 캐나다, 오스트레일리아, 뉴질랜드 상호첩보동맹), ARF(아세안지역포럼), EAS(동아시아정상회의), IORA(환인도양연합) 등 여러 가지 형태의 집합들이 각국의 이해관계에 맞추어 선택적으로 모이거나 해체되는 것이다.

소집단 또는 경우에 따라 다집단으로 지역에 관계없이 확대된 역내 현안문제들을 방지 또는 해결하는 대안으로 결성되면서 지역문제에 관련 국가간의 다자주의적 접근이 확대되고 있다. 자국 우선의 고립주의나 민족주의는 국제협력체제뿐 아니라 지역협력체제에서도 배제되면서 오히려 국제사회로부터 고립되곤 한다. 결국 배제의 형태는 일반적으로 무역제재(sanction)와 전략물자관리제도(export control)로 나타나게 되면서 정치적 그리고 경제적 압박으로 인한 국가의 위기로 확대될 수 있다.

한반도는 6·25전쟁의 소용돌이 속에 있었듯, 국제질서의 전환기마다 생존전략을 찾아야 하는 지역이다. 냉전은 종식되었다. 하지만 탈냉전의 지정학이 한반도가 직면하고 있는 안보 딜레마를 해소해 주지는 못했다. 중국의 약진과 함께 등장한 신냉전 체제에서의 우리나라의 선택은 무엇일까? 지역에 기반한 전략적 선택으로 볼 수 있다. 신냉전 시작과 더불어 러시아의 크림반도 병합 후 침공 사태로 우크라이나가 지정학적 비극의 표상이 되었지만, 대만문제와 더불어 한반도문제는 언제든지 신냉전기를 상징 할 수 있는 지역적 대표성을 유지하는 지역이다. 한반도는 미국과 중국 간의 관계에서 모호성을 유지하는 것도 한계에 직면하고 있다. 안보개념 자체가 군사안보와 경제안보의 혼용적 담론으로 활용되고 있는 것이 현실이다. 국제질서의 전환기에 주변국 뿐 아니라 다양한 이해 당사국들과 협력 구도를 심화하는 문제는 곧 복합적 협력구도를 구성하는 일이다. 정치, 경제, 군사안보가 현안에 따라 융합하는 전략적 선택이 필요한 시기이다.

광의의 개념에서도 생각해보자. 우리 인류는 지속가능한 번영, 사이버보안, 전염병 예방, 글로벌 공유지 보존, 핵 확산 억제, 난민문제 등 여러 가지 공동의 과제에 직면해있다. 이러한 전 인류적 과제에 열린 사고로 대응하고 참여하는 것이 바로 자국의 지속가능한 발전과 연계될 수 있다.

주

1) "China's Xi tells Putin of 'changes not seen for 100 years'," *Al Jazeera*, 22 March 2023.
2) "대만을 둘러싼 문제," 『한겨레』, 2023년 5월 7일.
3) Immanuel Wallerstein, *The Modern World-System II: Mercantalism and the Consolidation of the European World-Economy, 1600–1750* (New York: Academic Press, 1980).
4) James McBride, Noah Berman and Andrew Chatzky, "China's Massive Belt and Road Initiative." https://www.cfr.org/backgrounder/chinas-massive-belt-and-road-initiative (2023).
5) John Gerard Ruggie, "International responses to technology: Concepts and trends." *International Organization* 29–3 (Summer 1975), pp. 557–583.
6) 김성수, 『새로운 패러다임의 비교정치』 (파주: 박영사, 2022), p. 476.
7) ICC, "Situation in Ukraine: ICC judges issue arrest warrants against Vladimir Vladimirovich Putin and Maria Alekseyevna Lvova-Belova." https://www.icc-cpi.int/news/situation-ukraine-icc-judges-issue-arrest-warrants-against-vladimir-vladimirovich-putin-and.
8) 존 하비슨 외 지음, 김성수 옮김, 『세계 속의 아프리카』 (서울: 한양대학교 출판부. 2017), p. 270–274.
9) Charles W. Kegley And Eugene R. Wittkopf, *World Politics: Trend and Transformation* (Bellmont: Wadsworth, 2001).

17장

결론

홍하는 한국을 위한 질문이다. 한국은 안녕한가? 전 세계 모든 나라들이 국가의 흥망을 두고 치열하게 경쟁한다. 국토를 두고 서로 싸우기도 하고, 경제적 이득을 위해 뺏고 빼앗는 눈에 보이지 않는 경쟁을 한다. 국제적인 경쟁에서 이기기 위해서는 무엇보다 국가 내부가 안정되어야 한다.

수신제가(修身齊家) 이후에 치국평천하(治國平天下)는 지나간 옛말이 아니다. 국정이 불안한 국가가 국제적인 경쟁력을 가질 수 없다. 국정이 불안한데, 경제가 잘 돌아가고, 국제경쟁을 이겨낼 수는 없다. 설령 그런 나라가 있다고 해도 오래 갈 수는 없다.

국내정치의 안정은 성숙한 민주주의를 통해 이루어진다. 민주주의는 인류의 오랜 역사 경험이다. 우리는 어려서부터 민주주의를 배웠고, 민주주의 제도에 살고 있으면서도 민주주의가 어떤 의미와 논의 속에서 탄생한 이론인지를 잘 알지는 못한다. 정치를 전공으로 하는 대학생들조차 민주주의는 자신이 체험한 경험을 전부라고 생각하기도 한다.

민주주의 등장은 고대 아테네의 직접민주주의로부터 발달하였다. 하지만 현대정치에서 의미하는 현대 민주주의는 자본주의와 함께 등장했다. 현대 민주주의의 본보기 국가인 미국의 경우 종교의 자유와 표현의 자유를 위한 영국 청교도의 미국 이주로 시작되었다. 이러한 배경에서 미국은 자치적이고 자율적인 민주주의 제도에 자연스럽게 안착하였다. 영국으로부터 독립 후 경제성장을 위해 이미 자유로운 권리가 보장된 환경에서 자본주의 제도가 적용되게 되면서 미국은 세계 어느 나라보다 자유시장경제에 가깝다.

자유주의의 등장은 개인의 자유와 권리를 강조한다. 사유 자산의 보장은 자본주의를 빠르게 확산하면서 봉건주의를 무너트린다. 세습된 사회가 아니라 능력 위주의 사회는 소유권의 보장과 더불어 잉여생산물을 자유롭게 교환할 수 있는 시장의 등장으로 능력주의는 더욱 확장된다.

산업화로 더욱 가속화된 성장은 부의 집중을 가져오게 되면서 또 다른 형태의 불평등이 팽배하게 된다. 불평등에서 파생된 사회적 갈등을 해소하는 정치제도인 민주주의가 등장한다. 민주주의는 진화하면서 대중의 의지가 반영될 수 있는 제도적 장치인 정당과 선거로 이어지게 된다. 이렇듯 민주주의는 오랜 역사의 경험을 통해 성숙한 제도이다. 자연생태계와 같은 약육강식의 치열한 전쟁 속에서 터득한 경험이다. 자연 생태계가 균형을 이루는 시간만큼이나 많은 경험과 숙의를 통해 얻어낸 역사의 귀중한 경험이다.

기본적으로 자본주의는 소유의 자유, 시장주의는 교환의 자유 그리고 민주주의는 선택의 자유라는 자유주의 전통의 맥을 같이한다. 자유주의적 자본주의에 관한 관심은 시장 내 인간과 사회의 상호관계에서 발생하는 불평등에 초점을 맞추고 있다. 이러한 긴장관계는 개인의 자유와 권리를 기반으로 하는 민주주의로 인간과 사회의 관계를 제도적 그리고 비제도적 영역에서 바람직한 방향으로 조절할 수 있다.

민주주의를 역사의 교과서와 투쟁의 현장에서 배우고 시장이 아닌 국가에 의해 운영되던 자본주의를 배운 우리의 경험과는 차이가 있다. 민주주의와 자본주의는 가치이자 지향점이다. 민주주의의 구체적인 실체는 국가의 상황에 맞추어 만들어 나가야 한다. 우리는 민주주의 제도를 교과서로 배웠다. 투쟁을 통해 민주주의를 획득하였다. 분단국이라는 특수한 지형 위에 단기간에 이룩한 기적 같은 경제성장이 민주주의의 성숙으로 옮겨가지는 않는다.

문화는 경제보다 늦게 만들어진다. 자동차는 금방 가질 수 있어도 자동차 문화를 만드는 것은 시간이 필요하다. 특정 세대가 경험한 것을 온전히 다음 세대로 물려줄 수는 없다. 국민소득 1,000달러도 안 되었던 세대의 굶주림과 배고픔은 국민소득 2만 달러나 3만 달러의 세대에게 물려줄 수 없다. 같은 땅에 살아도 세대의 눈으로 보면 전혀 다른 생각을 가진 다수 세대가 공존하고 있다.

한국식 민주주의 경험을 숙성시켜나가야 한다. 민주주의 제도는 인류의 합리적인 의사결정 과정이 녹아 있는 결정체이다. 합리적인 결정은 상호 인정과 토론을 통한 합의에 이르는 과정을 동반한다. 한국의 역사에서는 익숙하지 않은 경험이다.

1945년으로부터 오늘날까지 짧은 시간에 이루는 민주주의는 숱한 희생과 시행착오를 동반한 대립과 투쟁의 과정이었다. 합리적인 결정에 이루기에는 척박했다. 국토는 분단되었고, 이데올로기는 치열했고, 경제는 바닥이었다.

분단체제 속에서 적과 나, 우리 편과 다른 편으로 구분하고 적대시하는 지난 경험은 '정치의 부족화'로 이어졌다. 어느 한 편에 들어야 하는, 그래야 안전하다고 느껴지고, 소속감을 느끼게 된다. 정치적 분열과 열악한 경제적 상황, 지역 분열은 진영화를 가속했다. 진영화는 합리적 판단과 국가의 미래보다 중요했다. 합의를 하는 것은 굴복이나 다름없다고 생각하기도 한다. 승리는 민주세력이 오직 투쟁을 통해서 쟁취해야 할 결과였고, 목표였다.

민주주의는 권력을 향한 투쟁의 산물이 아니다. 정치는 '인정'과 '합의'의 산물이다. 민주주의에는 인류의 합리적인 의사결정 과정이 녹아 있다. 오늘날 많은 나라들은 민주주의를 채택하고 있다. 독재국가에서도 명시적으로 채택한 것은 민주주의이다. 민주주의가 인류의 보편적인 제도가 된 것은 민주주의가 바로 '합리적인 분배'와 '정의의 실현'을 축으로 하기 때문이다.

흥하는 나라의 두 축은 합리적 분배와 정의의 실현이라고 할 수 있다. 이념, 종교, 종족 등으로 인한 분열은 오늘날 위기 국가에서 보편적으로 보이는 현상이다. 이념으로 인한 세력화, 종교로 인한 갈등, 종족 사이의 대립은 국내 정치의 불안을 넘어 분열로 이어지게 한다.

흥하는 나라들도 내부 갈등에서 온전히 벗어난 것은 아니다. 민주주의 선진국인 미국에서도 흑백 갈등이 있고, 지역 사이에도 정치적 선택이 분명히 다른 양상을 보인다. 선거 결과를 둘러싼 갈등도 있다. 하지만 이들 국가는 분열을 넘어서는 가치를 제도적으로 운영하고 있다. 그것이 바로 민주주의이며 개인의 소유권을 보장하는 자본주의이다.

민주주의가 균열과 갈등을 넘어서는 가치가 된 것은 경제적 긴장을 해소하는 '합리적인 분배'와 '정의의 실현'을 지향하기 때문이다. 민주주의를 제도로 하는 국가에서 혼란을 겪는 것은 '합리적인 분배'와 '정의의 실현'이 이루어지지 못하기 때문이다.

민주주의가 발전한다는 것은 '합리적인 분배'와 '정의의 실현'을 환경에 맞게 구현한다는 것이다. '합리적'이라는 의미는 상대적이라는 의미다. 세계의 각국은 환경이나 조건이 다르다. '합리적 분배'를 위한 자원이 다르고, 분배의 주체가 다르고, 분배의 방식이 국가의 상황에 맞게 적절해야 한다. 각 국가의 상황에 맞으면서도 타당해야 한다. 정치 선진국이라고 하는 유럽과 미국의 민주주의는 다른 형식을 택하고 있다. 국가가 태동한 조건이 다르고, 환경이 다르고, 상황이 다르다. 국가는 최적의 합리적 선택을 지향한다. 이 '최적의 합리적 선택'의 원칙이 바로 자유주의적 가치를 기반으로 하는 '민주주의'와 '자본주의'이다. 어떤 판단이 합리적인 선택인지에 대한 이론과 논쟁이 정치이론이며 경제이론 그 자체이다.

한국이 겪고 있는 민주주의의 진통은 자본주의에서 파생되는 분배의 문제이다. 세계가 놀라는 경제성장을 이룬 이면에 남은 분배의 불균형, 세계 최첨단의 정보통신 기술 발전 속에 가려진 정보의 편중과 왜곡 역시 분배의 문제이다.

정치이론은 '분배의 불균형'을 바라보는 시선에서 갈린다. '분배의 불균형'을 필연적인 현상으로 보고, 합리적인 분배를 위해 제도를 개선하려는 이론이 있다. 분배의 주체, 불균형의 원인을 찾아서 제도를 개선해야 한다는 주류이론이다. 한편에는 '분배의 불균형'을 없애기 위해서는 '분배의 불균형'을 생산하는 구조를 고쳐야 한다고 주장한다. 마르크스로 대변되는 대안이론이다.

이론을 떠난 현장의 현실은 어느 한 편의 이론으로 설명할 수 없는 복합적인 체계이다. 국가 차원에서 본다면 국가의 생성과 변화의 과정이 같지 않다. 다양한 환경과 발전 과정에서 적절한 선택을 해야 한다. 인간의 이기심도 있다. 인간에 대한 이해를 바탕으로 합리적인 조정과

위기의 국가

정을 만들어야 한다.

합리적인 선택을 위해서는 사회적 토대가 튼실해야 한다. 학문과 양심의 자유, 사상과 표현의 자유라는 기본 토대가 형성되어야 한다. 진영 논리에 빠져서는 안 된다. 특정한 이익을 대변하는 집단 이기주의, '나만 아니면 된다'는 식의 이기적인 사고가 팽배해서도 안 된다. 성숙한 시민사회는 상호 차이를 인정하고 존중하면서도 공동의 가치와 연대성이 형성된 법치주의 사회이다. 민주주의의 가치 함양을 통해 성숙한 시민사회로 전환될 때, 보편적 가치의 공유와 함께 사회적 통합도 이루어질 수 있다. 사회적 차원의 통합은 성숙한 시민의식을 바탕으로 사회적 포용력이 뒷받침될 때 비로소 가능하다. 사회적 포용력은 공통의 가치, 즉 한국의 기본적인 가치인 자유민주주의 제도에 대한 기본적인 이해가 전제되어야 한다.

한국의 위상이 예전과 다르다. 세계 선진국으로 불리는 G7과 어깨를 겨룰 정도로 위상이 달라졌다. 전쟁을 겪은 지 불과 한 세기도 지나기 전에 선진국이 되었다. 전쟁의 폐허 속에서 이룬 성과이다. 하지만 선진국으로서의 새로운 역할, 선진국 시민으로서의 시민의식은 아직 높다고 할 수 없다.

세계는 빠르게 세계화(globalization)를 이루었다. 민주주의와 사회주의로 양분되었던 냉전체제가 해체된 지 오십년도 안 되는 사이에 일어난 변화이다. 중국이 새로운 강대국으로 부상하였다. 러시아도 경제성장을 통해 소련의 영광을 꿈꾸면서, 냉전체제로의 재편을 예상하기도 한다.

그러나 정치적인 냉전보다 많은 경제적인 결합이 일어나고 있다. 미국의 글로벌기업들이 중국기업과 손을 잡았다. 자동차를 비롯한 공산품을 넘어 첨단 정보산업과 연결된 반도체 협력, 미래 먹거리로 불리는 배터리 협력이 일어나고 있다. 미국과 중국은 대만을 둘러싸고는 일촉즉발의 군사적인 대립을 벌이면서도 기후변화, 환경오염을 위한 협력을 하고 있다.

우크라이나전쟁을 둘러싸고는 미국의 우방국이었던 인도와 사우디아라비아가 미국과 일정한 거리를 두면서, 중국과 협력을 강화했다. 일련의 국제정치 상황은 정치 일변도의 시선으로 국제사회를 바라보는 우리의 시선을 혼란케 한다. 세계화로 불리는 세계적인 정치·경제적 통합은 이론을 넘어선다. 현실은 이론보다 훨씬 다양한 형태로 전개되고 있다. 세계화는 국가 경계의 벽을 낮추고, 각종 이해관계가 국가 경계를 넘어 복잡하게 파고들 것이다.

포스트 코로나19 시대의 국제질서 재편을 세계화 퇴조 현상에 따른 자국우선주의로 인한 탈세계화(de-globalization)가 일종의 '글로벌트렌드'로 떠올랐다는 주장도 존재한다. 특히 통상환경 측면에서 다자주의가 약화되고 있음은 주지의 사실이다. 투자 제한이 강화되고 있으며, 리쇼어링(reshoring, 기업의 국내복귀)이 확대되고, 미중 경쟁 심화에 따른 첨단산업(디지털, 반도체 등) 분야의 디커플링(decouping, 탈동조화) 등이 나타나고 있다.

하지만, 팬데믹 확산은 탈세계화를 추동했으나, 팬데믹 극복은 COVAX를 통한 글로벌 백신협력, 정보통신기술 발전에 따른 보건정보 협력 등을 통한 탈세계화가 아닌 세계화를 통해 가능했다. 또한, 러시아-우크라이나전쟁이 역설적으로 트럼프 시대 이후 탈동조화되던 미국과 유럽 간의 관계를 결속하고 있다. NATO 및 G7 정상회의 위상회복되고 있다. 중국 역시 미국, 유럽과의 무역을 통해 상당한 이익을 확보하고 있으며, 노골적으로 '자본주의 대 사회주의' 구도를 부각할 실익이 적다. 실질적으로 중국의 대유럽 수출 규모는 전체의 약 15%

가량을 차지하고 있으며 한미일은 중국 교역액 규모 상위 3개 파트너 국가이다. 달리 말해, 전염병이나 경제처럼 비전통안보는 세계화에 의해 추동될 수 있지만, 반대로 세계화 확산 속도를 조정하거나 둔화할 수 있는 기제가 될 수도 있음을 명확히 인식할 필요가 있다. 또한, 유럽, 인도, 동남아시아, 중동, 태평양 도서국 등 미중 패권경쟁 사이에 놓인 대부분 지역이 진영 간 극단적 대립의 완충 역할을 하고 있다. 이 모든 현상을 볼 때, 탈세계화의 관점이라기보다는 세계화의 조정(adjustment) 또는 둔화(slowbalization) 관점에서 보는 관점이 더욱 합당할 것이다.

세계화는 지역적 다자주의화로 밀도 있게 확산될 것이다. 국가들은 여전히 군사력과 경제력을 통한 직간접적 통제를 할 것이다. 그러나 국가의 경계를 허무는 장벽들은 더 낮아질 것이고, 글로벌 기업을 앞세운 경쟁은 마치 국가 내부의 갈등처럼 전개될 것이다. 정보통신 기술과 같은 신기술의 발달, 경제적 상호의존의 무기화(또는 레버리지화), 세계를 연결해주는 새로운 차원의 네트워크들은 사람과 사람을 연계해주고, 세계체제를 새로운 방식으로 연결할 것이다. 세계 전역에 걸쳐 정보와 행동의 네트워크에 의해 다양한 사회문화적·경제적·군사적·환경적 상황이 연계돼 있다는 점에서 언제든지 세계화의 조정 및 둔화의 기제로 작동할 수 있는 것이다.

자유민주주의는 '모든 인간의 존엄을 보장한다는 약속을 이행하려는 노력의 결과'로 탄생했지만, 최근 40여 년에 걸쳐 국가 개입을 반대하고 시장의 자유를 신봉하는 자유주의 원칙을 절대화한 신자유주의의 폐해인 양극화를 동반하고 있다. 특히 미국과 영국을 포함해 신자유주의 기조를 받아들인 많은 국가에서 거대한 수준의 경제적 불평등을 경험하게 되면서 많은 사람들이 '구조적 차별로 인한 가치의 훼손'

을 경험하고 있다. 이는 영국의 브렉시트와 미국의 트럼프 현상으로 대표되는 포퓰리즘의 흥기(興起)로 이어졌다. 포퓰리즘은 비단 경제적 불평등에서만 기인한 것만은 아니다. 현대의 자유민주주의는 자본주의 경제체제가 민주주의 정치체제를 압도하는 방향으로 진행돼 왔다는 점에 주목할 필요가 있다. 이것이 금융위기에서 나타났듯 금융자본의 도덕적 해이, 지구 온난화로 파괴되는 환경문제, 보편적 복지 축소 문제의 형태로 나타나고 있다. 결국 탈세계화 또는 세계화의 둔화 현상이 일어나게 된 근저에 자본주의의 지속 불가능한 속성이 자리하고 있다는 것을 간과해서는 안 된다. 한국은 자유민주주의 가치를 추구하되, 현대 자유민주주의가 내포하는 신자유주의적 자본주의의 폐해, 즉 제도화된 구조적 모순을 제어할 수 있는 '지속 가능한 자유민주주의 가치'를 적극적으로 선도해 나갈 필요가 있을 것이다. "한국에 경제적 이익을 안겨주는 근본적 토대가 자유민주주의 국제질서"임을 부정할 수 없지만, 여기서 한 걸음 더 나아가 자본주의 내에서의 변화를 추구하는 자유주의와 민주주의 그리고 자본주의가 상생하는 '가치 조정자'로서의 역할을 찾는 것이 필요하다.

최근 몇 년 동안에 세계질서의 대안으로 협약과 협정이 만들어졌고, 새로운 체계들이 제안되었다. 새롭게 떠오른 체계들은 복잡해진 국제사회의 변화를 보여준다. 새롭게 변화되는 질서 속에 한국의 역할도 높아졌다. 따라가기만 하는 국가에서 비중 있게 주도해야 하는 국가로 위상이 달라졌다.

달라진 국가 위상에 비해 글로벌 수준은 아직 미약하다. 국제적 감각의 전문가도 많지 않고, 시민의식이나 정치적 지향성도 아직은 국내에 머물러 있다. 세계화는 새로운 현상이자 새로운 갈림길이다. 우리의 정치 수준이나 시민의식도 한 단계 더 나아가야 한다.

한국은 경제 후진국에서 선진국으로 진입하는 데 성공하였다. 하지만 선진국 진입은 그 자체가 목적지가 아니다. 선진국으로서 국가의 역량을 강화하고, 인류 발전에 기여하는 선진국으로서 위상을 굳건히 해야 한다. 새롭게 맞이하는 달라진 환경과 국제사회의 변화는 한국이 맞이하는 새로운 경험이자 흥망을 결정하는 선택지이기 때문이다.

참고문헌

한글문헌

C.B 맥퍼슨 지음. 김규일 옮김. 『자유민주주의의 발전과정』. 서울: 양영각, 1984.

김성수. 『새로운 패러다임의 비교정치』. 서울: 박영사. 2019, 2022.

_____. 『자본주의와 민주주의: 상생(相生)의 정치경제학을 위하여』. 서울: 박영사, 2020.

김정현. "민족주의, 애국심, 세계시민주의-테일러(C. Taylor)의 견해를 중심으로." 『철학논총』 제73집 3호 (2013).

김준석. "17세기 중반 유럽 국제관계의 변화에 관한 연구." 『국제정치논총』 52집 3호 (2012)

다카하시 가즈오 지음. 이용빈 옮김. 『이란과 미국: 이란 핵 위기와 중동 국제정치의 최전선』. 파주: 한울 아카데미, 2014.

대런 애쓰모글루, 제임스 A. 로빈슨 지음. 최완규 옮김. 『국가는 왜 실패하는가?』. 서울: 시공사, 2012.

데이비드 하비 지음. 강윤혜 옮김. 『자본주의는 당연하지 않다』. 서울: 선순환, 2021.

마이클 샌델 지음. 안규남 옮김. 『민주주의의 불만』. 파주: 동녘, 2012.

마이클 샌델 지음. 안기순 옮김. 『돈으로 살 수 없는 것들: 무엇이 가치를 결정하는가』. 서울: 미래엔, 2012.

마이클 샌델 지음. 이창신 옮김. 『정의란 무엇인가』. 파주: 김영사, 2010.

매튜 그라함 지음. 김성수 옮김. 『현대아프리카의 이해』. 서울: 명인문화사, 2020.

민병원, "네트워크 국가의 등장과 국가론." 『국제정치논총』 62집 3호 (2022).

사이토 고헤이 지음. 김영현 옮김. 『지속 불가능 자본주의: 기후위기 시대의 자본론』. 고양: 다다서재, 2021.

스티븐 레비츠키, 대니얼 지블렛 지음. 박세연 옮김. 『어떻게 민주주의는 무너지는가』. 파주: 어크로스, 2018.

아르네 다니엘스, 슈테판 슈미츠 지음. 조경수 옮김. 『자본주의 250년의 역사』. 서울: 미래의창, 2007.

알렉산더 웬트 지음. 박건영·이옥연·구갑우·최종건 옮김. 『국제정치의 사회적 이론: 구성주의』. 서울: 사회평론, 2009.

야스차 뭉크 지음. 함규진 옮김. 『위험한 민주주의: 새로운 위기, 무엇이 민주주의를 파괴하는가』. 파주: 와이즈베리, 2018.

에이미 추아 지음. 김승진 옮김. 『정치적 부족주의』. 서울: 부키, 2020.

위르겐 하버마스 지음. 한상진 옮김. 『사실성과 타당성: 담론적 법이론과 민주적 법치국가 이론』. 서울: 나남신서, 2007.

윤성원, 김성수. "국제정치와 알제리 문화담론의 재구성." 『세계지역연구논총』 제38권 1호 (2020).

이토 미쓰하루 지음. 김경미 옮김. 『존 케인즈: 새로운 경제학의 탄생』. 서울: 소화, 2004.

조지 레이코프 지음. 유나영 옮김. 『코끼리는 생각하지마』. 파주: 와이즈베리, 2018.

존 하비슨 외 지음. 김성수 옮김. 『세계 속의 아프리카』. 서울: 한양대학교 출판부, 2017.

최병욱. 『동남아시아사: 민족주의의시대』. 서울: 사인, 2016.

최성락. 『규제의 역설』. 파주: 페이퍼로드, 2021

테렌스 볼, 리처드 대거, 대니얼 오닐 지음. 정승현, 강정인 외 옮김. 『현대 정치 사상의 파노라마: 민주주의의 이상과 정치이념』. 서울: 아카넷, 2019.

피터 버거 지음. 이상률 옮김. 『사회학에의 초대: 인간주의적 전망』. 서울: 문예출판사, 1995.

허장 "포용적 성장을 위한 생산성 증대 어떻게? OECD 포용적 성장 논의." 『나라경제』 4월호 (2016).

외국문헌

Ababsa, Myriam. *Territoires et Pratiques Sociales d'une Ville Syrienne*, Beirut, Institut Français du Proche-Orient, 2010.

Acharya, Amitav & Buzan, Barry. *The making of global international relations: Origins and evolution of IR at its centenary*. Cambridge, NJ: Cambridge University Press, 2019.

Agbaje, Adigun A. B. *The Nigerian Press, Hegemony, and the Social Construction of Legitimacy, 1960–1983*. Lewiston, NY: Edwin Mellen Press, 1992.

Akerlof, George. & Shiller, Robert J. *Animal Spirits: How Human Psychology Drives the Economy, and Why It Matters for Global Capitalism*. Princeton, NJ: Princeton University Press, 2010.

Albright, David. "An Iranian Bomb?." *Bulletin of the Atomic Scientists* 51-5 (July 1995).

Alley, April Longley. "Breaking Point? Yemen's Southern Question." *International Crisis Group* (October 2011).

Anderson, Benedict R. *Imagined Communities: Reflections on the Origin and Spread of Nationalism*. London: O'G. Verso, 1991.

Anderson, Lisa. "Ninteenth-Century Reform in Ottoman Libya." *International Journal of Middle East Studies* 16-3 (August 1984).

Balanche, Fabrice. *Sectarianism In Syria's Civil War*. Washington: The Washington Institute for Near East Policy. 2018.

Baradat, Leon P. & Phillips, John A. *Political Ideologies: Their Origins and Impact*. Oxon: Routledge, 2020.

Barnett, Thomas P. M. *The Pentagon's New Map*. NY: Berkeley Books, 2004.

Berger, B. M. *An Essay on culture: Symbolic structure and social structure*. Univ of California Press, 1995.

Berlin, Isaiah. *Vol. XLV, Number 8*. New York Review of Books, 1998.

Berry, Sara S. *Cocoa, Custom, and Socio-economic Change in Rural Western Nigeria*. Oxford: Clarendon Press, 1975.

Bill, James and Hardgrave, Robert L. *Comparative Politics: The Quest of Theory*. MD: University Press of America INC, 1981.

Brandt, Marieke. *Tribes and Politics in Yemen: A History of the Houthi Conflict*. Oxford: Oxford University Press, 2017.

Breen, Michael. *The New Koreans: The Business, History and People of South Korea*, UK: Random House, 2017.

Buchanan, Paul G. *State, Labor, and Capital: Democratizing Class Relations in the Southern Cone*. Pittsburgh: University of Pittsburgh Press, 1995.

Bull, Hedley. *The Anarchical Society*. London: Macmillan Press LTD, 1983.

Byrd, William. "Lessons from Afghanistan's History for the Current Transition and Beyond." *UNITED STATES INSTITUTE OF PEACE* (September 2012).

Cafarella, Jennifer and Casagrande, Genevieve. "Syrian Armed Opposition Powerbrokers." *Middle East Security Report 29. Institute for the Study of War* (March 2016).

Carvalho, Ana Larcher. "Republic of Guinea: an analysis of current drivers of change." *Norwegian Peacebuilding Centre* (March 2011).

Cassanelli, Lee V. *The Shaping of Somali Society: Reconstructing the History of Pastoral People, 1500~1900.* " Philadelphia: University of Philadelphia Press, 1982.

Chabry, Laurent and Chabry, Annie. *Politique et minorités au Proche-Orient: les raisons d'une explosion [Politics and minorities in the Middle East: the reasons for an explosion].* Paris: Maisonneuve et Larose, 1984.

Chilcote, Ronald H. *Theories of Comparative Politics: The Search for a Paradigm Reconsidered. (2nd ed.),* Boulder: Westview Press, 1994.

Clark, Barry. *Political Economy: A Comparative Approach.* London: Westport. Conn. Praeger, 1998.

Connor, Walker. *Ethnonationalism: The quest for understanding.* Princeton University Press, 1994.

Dahl, Robert A. *Who Governs? Democracy and Power in an American City.* New Haven. CT: Yale University Press, 1961.

Darboe, Alieu. "Guinea(1958–present)" *International Center on Nonviolent Conflict* (October 2010).

Diamond, Jared. *Guns germs and steel : the fates of human societies.* NY: W. W. Norton & Co, 1999.

Drysdale, John. *Whatever Happened to Somalia.* London: Haan, 2001.

Duncan, Greg J. et al. "Welfare Dependence within and across Generations." *Science* 239–4839 (1988).

Durkheim, Émile. *Suicide: A Study in Sociology.* Glencoe: Free Press, 1951.

Easton, David. *Varieties of Political Theory.* Englewood Cliffs, N.J: Prentice-Hall, 1966.

Falola, Toyin and Heaton, Matthew M. *A HISTORY OF NIGERIA.* New York: Cambridge University Press, 2008.

Feierstein, Gerald M. "YEMEN: THE 60-YEAR WAR." *Middle East Institute* (February, 2019).

Fitzgibbon, Louis. *The Betrayal of the Somalis.* London: R.Collings, 1982.

Forrest, Tom. *Politics and Economic Development in Nigeria.* Boulder, CO: Westview Press, 1995.

Friedman, Milton. *Capitalism and Freedom.* Chicago: University of Chicago Press, 1962.

Geertz, Clifford. *The Interpretation of Cultures: Selected Essays.* London:

Basic Books, 1973.

Gorrender, J. and Lorent T. "The Reestablishment of Bourgeois Hegemony: The Workers' Party and the 1994 Elections." *Latin American Perspectives* 25-1 (January 1998).

Gottschalk, Peter & Moffitt, Robert A. "Welfare Dependence: Concepts, Measures, and Trends." *The American Economic Review* 84-2 (1994).

Gould, Carol. *Globalizing Democracy and Human Rights.* Cambridge: Cambridge University Press, 2004.

Graham, Matthew. *Contemporary Africa.* London: Bloomsbery Publishing, 2019.

Harries, Martin. "Homo Alludens: Marx's Eighteenth Brumaire." *New German Critique* 66 (Autumn 1995).

Hassan, Riaz. "The Afghanistan Conflict in its Historical Context." *ISAS Working Paper* (June 2014).

Hayek, Frederick. A. *The Constitution of Liberty.* Chicago: University of Chicago Press, 1960.

_____. A. *The road to serfdom.* Routledge, 1976.

Heibner, Stefan. "Caliphate in Decline: An Estimate of Islamic State's Financial Fortunes." *International Centre for the Study of Radicalisation and Political Violence* (2017).

Hines, James R Jr. "Excess burden of taxation." *The Office of Tax Policy Research. Working Paper Series* (May 2007).

Hobbes, Thomas. *Leviathan.* Baltimore: Penguin Books, 1968.

Holsti, Kalevi J. *Taming the Sovereigns: Institutional Change in International Politics.* Cambridge, UK: Cambridge University Press, 2004.

Hoshchild, A. *King Leopard's Ghost: A Story of Greed, Terror and Heroism in Colonial Africa.* New York: Houghton Mifflin Harcourt Publishing Company, 1998.

Hutt, Graham. *North Africa.* Imray, Laurie, Norie and Wilson Ltd, 2019.

Jackson, Robert. "Sovereignty in World Politics: A Glance at the Conceptual and Historical Landscape." *Political Studies* 47-3 (1999).

Jayne, Dusti R. "Settling Lybia: Itailan Colonization, International Competition, and British Policy in North Africa." *The College of Arts and Sciences of Ohio University* (2010).

John, Jonathan Di. "The Political Economy of Anti-Politics and Social Polarisation in Venezuela 1998~2004." *Crisis States Research Centre* (2005).

Jones, Rachel. "Hugo Chavez's health-care programme misses its goals."

in *THE LANCET* (June 2008).

Jones, Stephen. "The Islamic Republic of Iran: An introduction' *House of Commons* (December 2009).

Kay, Cristobal. "Andre Gunder Frank: 'Unity in Diversity' from the Development of Underdevelopment to the World System." *New Political Economy*, 16—4 (October 2011).

Keynes, John Maynard. *The General Theory of Employment, Interest, and Money*. Macmillan, 1936.

Khayre, Ahmed Ali M. "Somalia: An Overview of the Historical and Current Situation." *SSRN Electorinc Journal* (November 2017).

Kingsbury, Damien et al. *International Development: Issues and Challenges*. London: Palgrave. 2016.

Kluckhohn, Richard. *Culture and behavior*. Free Press Glencoe. 1962.

Kroeber, Alfred Louis & Kluckhohn, Clyde. *Culture: A Critical Review of Concepts and Definitions*. New York: The Museum, 1952.

Laitin, David D. *Hegemony and Culture: Politics and Religious Change among the Yoruba*. Chicago: University of Chicago Press, 1986.

_____. "The Political Economy of Military Rule in Somalia." *Journal of Modern African Studies* 14—3 (October 1976).

Lasswell, Harold D. and Abraham Kaplan. *Power and Society*. New Haven. CT: Yale University Press, 1950.

Lindblom, Charles. *Politics and Markets: The World's Political—Economic System*, New York: Basic Books, 1977.

_____. "The Market as Prison." *Journal of Politics*, Vol. 44 (1982).

Lipset, Seymour Martin. & Rokkhan, Stein. *Party Systems and Voter Alignment: Cross-National Perspectives*. NY: Free Press, 1967.

Locke, John. *Second Treastise of Government*. C. B. Macpherson Ed. Indianapolis: Hackett Publishing Company, 1980[1689].

Lund, Aron. "Syria's Salafi Insurgents: The Rise of the Syrian Islamic Front." *Occasional UI Papers* (March 2013).

Martin, Thomas R. et al. "Democracy in the Politics of Aristotle." *Dēmos: Classical Athenian* in C.W. Blackwell, ed. (July 2003).

Marx, Karl and Friedrich Engels. *The Communist Manifesto*. London: Merlin Press, 1988(1848).

Maslow, Abraham H. *Motivation and Personality*. New York: Harper, 1954.

McNamee, Stephen J. *The Meritocracy Myth*. London: Rowman & Littlefield, 2018.

Mills, C. Wright. *The Power Elite.* New York: Oxford University Press, 1959.

Moncreif, J. and Myat, H. "The war on Kachin forests." *The Irrawaddy.* vol. 9, no. 8 (October 2001).

Nozick, Robert. *Anarchy, State, and Utopia.* New York: Basic Books, 1974.

Nyadera, Israel Nyaburi et al. "Transformation of the Somali Civil-War and Reflections for a Social Contract Peacebuilding Process." *Gaziantep University Journal of Social Sciences* Vol. 18 (October 2019).

Omar, Saleem al. "Islamist Groups Ahrar al-Sham and Jund al-Aqsa Go to War." *Atlantic Council* (2016).

Osaghae, Eghosa E. *Crippled Giant: Nigeria since Independence.* London: C. Hurst, 1998.

Ostrom, Elinor. *Governing the Commons: The Evolution of Institutions for Collective Action,* Cambridge: Cambridge University Press, 1990.

Pareto, Vilfredo. *The Mind and Society: A Treat of General Sociology.* New York: Dover, 1935.

Piketty, Thomas. *Capital in the Twenty-First Century.* Cambridge, MA: Harvard University Press, 2017.

Planhol, Xavier de. "Les nations du prophète, Manuel géographique de politique musulmane." *Méditerranée,* tome 79-1, 2 (1994).

Poulantzas, Nicos Ar. *Political Power and Social Classes.* London: Verso Books/NLB, 1973.

Pye, Lucian W. "Political Culture Revisited." *Political Psychology* 12-3 (September 1991).

Reno, William. *Shadow States and the Political Economy of Civil War.* GREED & GRIEVANCE. Colorado: Lynne Rienner Publishers, 2000.

Rindborg, Gabriel V. *Venezuelan Oil and Political Instability.* Stockholm: Stockholms universitet, 2018.

Rousseau, Jean Jacques. *'The Social Contract' and Other Later Writings,* Victor Gourevitch trans. Cambridge: Cambridge University Press, 1997.

Ruggie, John Gerard. "International responses to technology: Concepts and trends." *International Organization* 29-3 (Summer 1975).

Sandel, M. J. *What money can't buy: The moral limits of markets.* Macmillan. 2012.

Seurat, Michel. *"L'Etat de Barbarie".* Paris: Le Seuil, 2012.

Sherman, Howard J. *Reinventing Marxism.* Baltimore and London: Johns Hopkins University Press, 1995.

Simhony, Avital. "Beyond Negative and Positive Freedom: T. H. Green's

View of Freedom." *Political Theory* 21–1 (February 1993).

Simón, Luis. et al.. "Nodal defence: the changing structure of U.S. alliance systems in Europe and East Asia." *Journal of Strategic Studies* 44–3 (July, 2019).

Smith, Adam. *The Wealth of Nations I–III.* Penguin Adult, 1986.

Smith, Martin. "Burma (Myanmar): The time for change." *minority rights group international* (May 2002).

Soltau, Roger Henry. *An Introduction to Politics.* London: Longmans, 1951.

Spiro, Herbert J. "Comparative Politics: A Comprehensive Approach." *The American Political Science Review* 56–3 (1962).

Taylor, Charles. "The Politics of Recognition." in Amy Gutmann (eds.). *Multiculturalism: Examining the Politics of Recognition.* Princeton: Princeton University Press, 1994.

Tilly, Charles. "Reflections on the History of European State Making" in Hall, John A. and Ikenberry, John G (eds). *The State.* Minneapolis: Univeristy of Minnesota Press, 1989

Tocqueville, Alexis de. *Democracy in America.* New York: Bantam Dell, 2002.

Urabe, Noriho. "Rule of Law and Due Process: A Comparative View of the United States and Japan." *Law and Contemporary Problems* 53–1, 2 (Winter 1990).

Vandewalle, Dirk. *A History of Modern Libya.* New York: Cambridge University Press, 2006 (Oxford: Clarendon Press, 1975).

Wallerstein, Immanuel. *The Modern World–System II: Mercantalism and the Consolidation of the European World–Economy, 1600~1750.* New York: Academic Press, 1980.

Walzer, Michael. *Spheres Of Justice: A Defense of Pluralism and Equality.* Basic Books, 1983.

Weber, Max. *The Protestant Ethic and the Spirit of Capitalism.* New York: Scribner's Press, 1958.

Winer, Jonathan M. "ORIGINS OF THE LIBYAN CONFLICT AND OPTIONS FOR ITS RESOLUTION." *Middle East Institute Policy Paper* 2019–12 (May 2019).

Wrong, Dennis H. *Power: Its Forms, Bases, and Use.* Chicago: University of Chicago Press, 1988.

Xavier de Planhol. *Les nations du prophete, Manuel geographique de politique musulmane.* In: Mediterranee, tome 79, 1–2–1994. L'arc mediterraneen en questions, sous la direction de Roland Courtot, Sylvie Daviet et Michele

Joannon, 1994.

Young, Michael. *The Rise of the Meritocracy: 1870–2033*. London: Thames & Hudson, 1958.

언론사 자료

"공정사회의 허상?." 『경기일보』. 2020년 10월 13일.

"나이지리아 대선 후의 혼란과 민주주의의 대가." 『데일리 경제』. 2023년 3월 13일.

"문재인은 실패한 차베스 노선을 가고있나." 『주간조선』. 2020년 8월 6일.

"미얀마 군정 제재 강화하고 임시정부 인정 지원 확대해야." 『연합뉴스』. 2023년 6월 4일.

"베네수엘라 따라가나 … 닮은 게 부동산 정책만은 아니다." 『한경 오피니언』. 2020년 8월 19일.

"소말리아 파견 우간다軍 54명, 이슬람 무장단체 공격에 사망." 『세계일보』. 2023년 6월 5일.

"시리아 정부군, 최대 격전지 알레포 4년 만에 탈환." 『조선일보』. 2016년 12월 24일.

"아프리카는 '오징어게임'이 아니다." 『내일신문』. 2021년 11월 18일.

"아프카니스탄 사태의 파장과 교훈." 『한국대학신문』. 2021년 9월 6일.

"안중근 의사의 소환 그리고 3만원권." 『국민일보』. 2023년 2월 6일.

"예멘은 왜 사우디와 전쟁을 하는가?." 『아틀라스』. 2019년 9월 18일.

"코로나에 떴다, 알프스 마테호른 산자락 천혜의 피신처." 『중앙일보』. 2021년 10월 15일.

"팬덤을 넘어 부족주의로 진화하는 정치." 『국민일보』. 2022년 9월 5일.

"한국의 이란 동결자금 해제 완료—이란 중앙은행(CBI)." 『NEWSIS』. 2023년 8월 13일.

"혼자 가는 것보다 함께 가야 멀리 간다." 『국민일보』. 2022년 4월 18일.

"Alex Saab: quién es y de qué acusan al empresario vinculado al gobierno de Maduro extraditado a EE.UU." *BBC News*. 13 June 2020.

"Analysts predict economic struggles for Zimbabwe in 2023." *Al Jazeera*. 30 December 2022.

"China's Xi tells Putin of 'changes not seen for 100 years'." *Al Jazeera*. 22 March 2023.

"Double bombing kills at least 41 children at school in Syria." *Australian Broadcasting Corporation*. 1 October 2014.

"Down with meritocracy." *Guardian*. 29 June 2001.

"Egypt's Suez Canal revenue hits $7 billion record peak." *Reuters*. 5 July

2022.

"Haiti goes to the polls." *BBC.* 9 May 2000.

"Houla: How a massacre unfolded." *BBC.* 8 June 2012.

"In Syria, Dozens Killed as Bombers Strike in Homs and Damascus, Regime Says." *CNN.* 22 February 2016.

"In Syria, Kidnappings on the Rise as Lawlessness Spreads." by Babak Dehghanpisheh and Suzan Haidamous. *Washington* Post. 21 April 2013.

"Iran delays answer on draft enrichment proposal." *US Embassy London.* 23 October 2009.

"President of Myanmar Reshuffles His Cabinet." *The New York Times.* 27 August 2012.

"Syria: How a new rebel unity is making headway against the regime." *BBC.* May 1 2015

"Talks will not include atomic issue, Iran tells US." *The Daily Telegraph.* 14 September 2009

"The Factions of North Latakia." *Aymenn Jawad Al-Tamimi.* 10 December 2015.

"The Height of Inequality: America's productivity gains have gone to giant salaries for just a few." The Atlantic. September 2006.

"This community's quarter century without a newborn shows the scale of Japan's population crisis." *CNN.* 18 March 2023.

"Who are the Taliban?." *BBC.* 12 August 2022.

인터넷 자료

"The Civil State vs. the Secular State in Arab Discourse: Egypt as a Case Study." https://strategicassessment.inss.org.il/en/articles/the-civil-state-vs-the-secular-state-in-arab-discourse-egypt-as-a-case-study/

BTI Transformation Index. "Haiti Country Report 2022" https://bti-project.org/en/reports/country-report/HTI

CIVICUS. "시민적 자유의 정도." https://monitor.civicus.org/facts/

Davenport, Kelsey. "Timeline of Nuclear Diplomacy With Iran."

Fondapol, "Islamist Terrorist Attacks in the World 1979-2021." https://www.fondapol.org/en/study/islamist-terrorist-attacks-in-the-world-1979-2021/

https://www.armscontrol.org/factsheets/Timeline-of-Nuclear-Diplomacy-With-Iran

ICC. "Situation in Ukraine: ICC judges issue arrest warrants against Vladimir Vladimirovich Putin and Maria Alekseyevna Lvova-Belova." https://www.icc-cpi.int/news/situation-ukraine-icc-judges-issue-arrest-warrants-against-vladimir-vladimirovich-putin-and

James McBride, Noah Berman and Andrew Chatzky. "China's Massive Belt and Road Initiative." https://www.cfr.org/backgrounder/chinas-massive-belt-and-road-initiative

Marchant, Natalie. "Threatened by rising sea levels, the Maldives is building a floating city." https://climatechampions.unfccc.int/threatened-by-rising-sea-levels-the-maldives-is-building-a-floating-city/?gclid=Cj0KCQjwwtWgBhDhARIsAEMcxeCZkY5ca4vcIz5_QvfXxBZ5WNGya-pkX1P9ydc6GIcHc6EBipaIg60aAoV4EALw_wcB

The Equality Trust. "Household Income by Quintile Groups, 2021/22." https://equalitytrust.org.uk/scale-economic-inequality-uk

World Bank. "Urgent climate action crucual for Bangladesh to sustain strong growth." https://www.worldbank.org/en/news/press-release/2022/10/31/urgent-climate-action-crucial-for-bangladesh-to-sustain-strong-growth

정부 및 기관 공식자료

전영선 외. 『대북제재가 북한 경제·사회분야에 미치는 영향 분석』. 통일부, 2016.

헌법재판소. 선고 88헌가7 전원재판부 [소송촉진등에관한특례법 제6조의 위헌심판]. 1989. 1. 25.

Amnesty International. "Myanmar: Exodus from the Shan State." https://www.amnesty.org/en/documents/asa16/011/2000/en/Amnesty

IAEA. "Implementation of NPT Safeguards Agreements and Relevant Provisions of Security Council Resolutions 1737, 1747, 1803, 1835 in the islamic Republic of Iran." Report by the IAEA Director General, 2009.

IAEA. "Implementation of the NPT safeguards agreement in the Islamic Republic of Iran." Resolution adopted by the Board, 2004.

KNU. Report the Facts: The Yadana Gas Pipeline Construction in Tavoy District. Mergui-Tavoy, KNU, 1996.

Statement by the Iranian Government and visiting EU Foreign Ministers, 21 October 2003.

United Nations Security Council(UNSC) Res 1737 (23 December 2006) UN Doc S/RES/1737

유튜브

시리아

[해외]

The Syria Conflict: 10 years in 10 minutes(시리아 내전: 10분 안에 10년간의 분쟁 설명). https://www.youtube.com/watch?v=b7ZH9Wz8ErA

History of Syria, Governments and Conflicts Explained!: Understanding the Syrian Civil War(시리아의 역사, 정권, 그리고 갈등: 시리아 내전의 이해). https://www.youtube.com/watch?v=IyTiJkXS-eU

Syria: Seven years of war explained-BBC News(시리아: 7년간 지속된 분쟁). https://www.youtube.com/watch?v=CoL0L_DbuQQ

[국내]

종교부터 IS의 등장까지, 시리아 몰아보기. https://www.youtube.com/watch?v=yAeUqIMbcSg

시리아 내전 10년, 왜 못 멈추나?. https://www.youtube.com/watch?v=5b2IFi3mcJE

시리아 사태는 왜 일어났나? 왜 계속되나?. https://www.youtube.com/watch?v=sLYbzNlTvb4

소말리아

[해외]

Origins of the Somali Civil War(소말리아 내전의 배경). https://www.youtube.com/watch?v=clsarDL0RQY

The Insane History of Somalia(충격적인 소말리아의 역사). https://www.youtube.com/watch?v=buyMnUs8AO8

[국내]

영화 "모가디슈" 보기 전 꼭 알고봐야 하는 소말리아가 이 지경이 된 이유. https://www.youtube.com/watch?v=_QpPAEid9Sc

사실상의 무정부 상태, 소말리아의 총체적 난국. https://www.youtube.com/watch?v=1kvjOro-58g

리비아

[해외]

Libya: A decade on the frontline(리비아: 전선에서의 10년). https://www.youtube.com/watch?v=HPMBehhdMkc

History of Libya(리비아의 역사). https://www.youtube.com/watch?v=SNTtyIEDrfk

[국내]

리비아 10분 완벽정리. https://www.youtube.com/watch?v=KmtKVO_n3Zg

리비아내전, 뿌리깊은 반목의 역사. https://www.youtube.com/watch?v=
CmPWJf7GXE8

베네수엘라

[해외]

Brief Political History of Venezuela(베네수엘라의 간략한 역사). https://www.
youtube.com/watch?v=fmeyGzsQo8s

베네수엘라의 붕괴, 설명. https://www.youtube.com/watch?v=S1gUR8wM5vA

[국내]

베네수엘라가 완전히 망한 이유. https://www.youtube.com/watch?v=O5bq
y93pZyk

빈곤층 비중 96%!? 위험관리에 실패한 베네수엘라의 믿기 힘든 현실. https://
www.youtube.com/watch?v=HY8Tylg_q0g

아이티

[해외]

Brief Political History of Haiti(아이티의 간략한 역사). https://www.youtube.
com/watch?v=w-ofdpDqOZ8

The Economic Policies that Ruined Haiti(아이티를 망하게 한 경제정책들).
https://www.youtube.com/watch?v=ngslhUA3TAk

[국내]

왜 아이티는 세계에서 가장 가난한 나라가 되었을까?(History of Haiti). https://
www.youtube.com/watch?v=ZOOmTYYiMiQ

값비싼 자유의 대가, 아메리카 대륙 최빈국 아이티. https://www.youtube.
com/watch?v=UqIQ9ZsM96o

기니

[해외]

Why Nobody Visits This African Country: Equitorial Guinea(어째서 아무
도 이 아프리카 국가를 방문하지 않는가: 적도기니). https://www.youtube.
com/watch?v=9nsWFxvk0jI

Insights into Equitorial Guinea's economy(적도기니의 경제 분석). https://
www.youtube.com/watch?v=X1fT8qFJBsA

[국내]

아프리카 기니 10분 완벽정리. https://www.youtube.com/watch?v=h5qLf
bAS4bU

위기의 국가

'자원의 저주' 아프리카 기니, 3번째 군부 쿠데타. https://www.youtube.com/watch?v=h__xp--pzZ0

예멘

[해외]

History of Yemen(예멘의 역사). https://www.youtube.com/watch?v=aiZeSYjj2BU

Yemen: A History of Conflict-Narrated by David Strathairn-Full Episode (예멘: 분쟁의 역사). https://www.youtube.com/watch?v=lpPpXM7hSXk

[국내]

예멘의 전쟁이 멈추지 않는 이유는? 중동의 패권 싸움의 한복판, 예멘 이해하기!: 예멘 반군, 사우디 연합군, 국제정치. https://www.youtube.com/watch?v=SK8j9mhD_zA

우리가 몰랐던 예멘 통일 이야기_전편 몰아보기. https://www.youtube.com/watch?v=is4ghNq00v4

미얀마

[해외]

History of Burma: The Documentary(버마의 역사: 다큐멘터리). https://www.youtube.com/watch?v=Pm0BLPBAqs4

[국내]

파란만장 미얀마 역사 요약 (12분 순삭) l 찬란한 고대부터~현재 쿠데타 사태까지. https://www.youtube.com/watch?v=UgZAGijeuQk

미얀마의 진짜 문제!! 군부를 이긴다고 미얀마에 민주화가 오진 않습니다. https://www.youtube.com/watch?v=4_M9LaUw9YI

나이지리아

[해외]

The history of Nigeria explained in 6 minutes (3,000 years of Nigerian history)(6분만에 설명하는 나이지리아 역사[3,000년간의 나이지리아 역사]). https://www.youtube.com/watch?v=fMmkmHUAAO0

The Entire History of Nigeria from Creation to Civil War(탄생에서 내전까지의 나이지리아의 역사). https://www.youtube.com/watch?v=uPz9AbfufTQ

[국내]

소름 돋는 나이지리아 역사 (Feat.이페왕국) 아프리카뮤지엄토크. https://www.youtube.com/watch?v=dBmxJIXsrNk

과거 나이지리아의 문명이 유럽보다 더 발달했었다?(Feat.녹문화) l 아프리카뮤지엄토크. https://www.youtube.com/watch?v=fCTOjAK0wHQ

아프가니스탄

[해외]

The history of Afghanistan summarized(간략한 아프가니스탄 역사). https://
www.youtube.com/watch?v=T6usr-C3lcQ

[국내]

왜 아프가니스탄은 최근까지 끊임없이 내전이 벌어졌을까? (History of Afghanistan).
https://www.youtube.com/watch?v=uBEe5EDioOo

아프가니스탄 역사 이야기. https://www.youtube.com/watch?v=QgDDUmsUS2s

이란

[해외]

Iran: History, Geography, Economy & Culture(이란: 역사, 지리, 경제, 그
리고 문화). https://www.youtube.com/watch?v=aNxj5Id_UWk

Iran's Revolutions: Crash Course World History 226(이란혁명: 속성강의
226). https://www.youtube.com/watch?v=8w4Ku6l7OEI

[국내]

20분 이란 역사 총정리. https://www.youtube.com/watch?v=ECIuK2HaOOs

한번에 살펴보는 이란 역사. https://www.youtube.com/watch?v=ezL2ghhJOnI

북한

[해외]

How the Kim Dynasty Took Over North Korea | History(어떻게 김씨 왕조가
북한을 지배하게 되었는가). https://www.youtube.com/watch?v=56c6
W8EGfcA

Dictator's Dilemma (Full Episode) | North Korea: Inside the Mind of a
Dictator(독재자의 딜레마 (총 영상) | 북한: 독재자의 머릿속으로). https://
www.youtube.com/watch?v=9qRxNYuR2c4

[국내]

북한 10분 완벽정리. https://www.youtube.com/watch?v=89Vb3o8HWP8

찾아보기

위기의 국가

저자소개

김성수 (skim14@hanyang.ac.kr)

한양대학교 정치외교학과
아메리칸대학교(American University) 정치학 학사
매리마운트대학교(Marymout University) 인문학 석사
서던캘리포니아대학교(University of Southern California) 정치학 석사 및
　비교정치학 박사

현 한양대학교 정치외교학과 교수
　유럽-아프리카연구소 소장
　탄자니아 다르에살렘대학교 한국학연구센터(KSC-UDSM) 코디네이터
　미래문화융합연구센터 센터장
　글로벌 탄소중립정책센터 센터장
　글로벌 거버넌스와 문화(Global Goverance and Culture) 편집장

한국평화학회 부회장 / 한국국제정치학회 부회장 / 한국정치학회 대외협력
　이사 / 한국아프리카학회 고문 / 한국정보학회 이사
　외교부 정책자문위원 / 민주평통 국제협력분과 상임위원 / 한아프리카재단
　연구위원 / 국무총리실 정부업무평가 전문위원 / 재외동포정책실무위원회
　민간위원 / 행정안전부 공익사업선정위원 / 법무부 난민심사위원 /
　대아프리카 독도홍보대사 / 서울클럽 이사장 / 장훈학원 이사 / 넷제로
　2050 자문위원 / 2024년 한아프리카 정상회담 자문위원 역임

주요 저서

『새로운 패러다임의 비교정치, 제3판』 (박영사, 2022)

『자본주의와 민주주의, 상생의 정치경제학을 위하여, 제2판』 (박영사, 2020)

『유해사료, 안중근을 찾아서』 (공저, 진인진, 2023)

『현대 아프리카의 이해』 (역서, 세종도서선정, 명인문화사, 2020)

『세계속의 아프리카』 (역서, 한양대학교출판부, 2017) 외 다수

최근 주요 논문

"Understanding the Relationship among Social Entrepreneurship, Management performance and Social performance: The Case of Nigeria." 『소비문화연구』 제26권 2호, 2023.

"탄자니아 교육정책의 변동을 둘러싼 정치적 동학과 주요 이슈." 『국제지역연구』 제27권 3호, 2023.

"코로나 19이후 아프리카 SIDS의 관광산업회복과 시사점." 『한국아프리카학회지』 제68권, 2023.

"나이지리아 사회적기업의 사회적 성과영향요인." 『한국공공관리학보』 제37권 2호, 2023.

"신공공외교 갱신: 한국-아프리카 기후 거버넌스 구축." 『한국산학기술학회논문지』 제23권 8호, 2022.

"The Effects of Business Strategy and Organizational Culture of Korean Companies on Market Satisfaction." *Sustainability* Vol. 14, No. 11, 2022.

"경제발전과 지속가능성의 사이에서: 알제리 도시화 양상에 대한 경로의존성 분석." 『세계지역연구논총』 제40집 2호, 2022.

"Towards a Korean Sustainable Business Model at National Level: The Influence of Cultural and Political Perception of National Image on Consumers' Behavior." *Sustainability* Vol. 13, No. 12, 2021.

"아프리카내 사회갈등과 이슬람" 『세계지역연구논총』 제39권 2호, 2021.

"Towards New African Security: A Prospective Role of the African Continental Free Trade Area." *The Korean Journal of Defense Analysis*, Vol. 33, No. 2, 2021 외 다수

명인문화사 정치학 관련 서적

정치학 분야

정치학의 이해 Roskin 외 지음 / 김계동 옮김

정치학개론: 권력과 선택, 15판 Shively 지음 /
김계동, 민병오, 윤진표, 이유진, 최동주 옮김

비교정부와 정치, 제12판 McCormick & Hague &
Harrop 지음 / 김계동, 민병오, 서재권, 이유진, 이준한 옮김

정치학방법론 Burnham 외 지음 / 김계동 외 옮김

정치이론 Heywood 지음 / 권만학 옮김

정치 이데올로기: 이론과 실제 Baradat 지음 / 권만학 옮김

국가: 이론과 쟁점 Hay & Lister 외 엮음 / 양승함 옮김

민주주의국가이론 Dryzek 외 지음 / 김욱 옮김

사회주의 Lamb 지음 / 김유원 옮김

자본주의 Coates 지음 / 심양섭 옮김

신자유주의 Cahill & Konings 지음 / 최영미 옮김

정치사회학 Clemens 지음 / 박기덕 옮김

정치철학 Larmore 지음 / 장동진 옮김

문화정책 Bell & Oakl 지음 / 조동준, 박선 옮김

시민사회, 제3판 Edwards 지음 / 서유경 옮김

복지국가: 이론, 사례, 정책 정진화 지음

포커스그룹: 응용조사 실행방법
Krueger & Casey 지음 / 민병오, 조대현 옮김

거버넌스의 정치학: 한국정치의 새로운 패러다임 모색
김의영 지음

한국현대사의 재조명 한국전쟁학회 편

여성, 권력과 정치 Stevens 지음 / 김영신 옮김

국제관계 분야

국제관계와 세계정치 Heywood 지음 / 김계동 옮김

국제개발: 사회경제이론, 유산, 전략
Lanoszka 지음 / 김태균, 문경연, 송영훈 외 옮김

국제관계이론 Daddow 지음 / 이상현 옮김

국제기구의 이해: 글로벌 거버넌스의 정치와 과정, 제3판
Karns & Mingst & Stiles 지음 / 김계동, 김현욱 외 옮김

국제정치경제 Balaam & Dillman 지음 / 민병오,
김치욱, 서재권, 이병재 옮김

글로벌연구: 이슈와 쟁점
McCormick 지음 / 김계동, 김동성, 김현경 옮김

글로벌 거버넌스: 도전과 과제
Weiss & Wilkinson 편저 / 이유진 옮김

현대외교정책론, 제4판 김계동, 김태환, 김태효, 김 현,
마상윤, 서정건, 신범식, 유진석, 윤진표, 이기범 외 지음

외교: 원리와 실제 Berridge 지음 / 심양섭 옮김

공공외교의 이해 김병호, 마영삼, 손선홍 외 지음

세계화와 글로벌 이슈, 제6판 Snarr 외 지음 /
김계동, 민병오, 박영호, 차재권, 최영미 옮김

**세계화의 논쟁: 국제관계 접근에서의 찬성과 반대논리,
제2판** Haas & Hird 엮음 / 이상현 옮김

세계무역기구: 법, 경제, 정치
Hoekman 외 지음 / 김치욱 옮김

현대 한미관계의 이해 김계동, 김준형, 박태균 외 지음

현대 북러관계의 이해 박종수 지음

중국의 외교정책과 대외관계
Shambaugh 편저 / 김지용, 서윤정 옮김

한국의 외교정책과 대외관계
김계동, 김태균, 김태환, 김현, 김현욱, 박영준 외 지음

글로벌 환경정치와 정책
Chasek & Downie & Brown 지음 / 이유진 옮김

지구환경정치: 형성, 변화, 도전 신상범 지음

기후변화와 도시: 감축과 적응 이태동 지음

핵무기의 정치 Futter 지음 / 고봉준 옮김

비핵화의 정치 전봉근 지음

비정부기구(NGO)의 이해, 제2판
Lewis & Kanji & Themudo 지음 / 이유진 옮김

한국의 중견국 외교 손열, 김상배, 이승주 외 지음

신국제질서와 한국외교전략
김상배, 김흥규, 박재적, 배기찬, 부형욱, 신범식 외 지음

갈등과 공존의 인도·태평양: 각국의 인태전략
황재호 편